Kohlhammer

Mirja Kutzer / Ilse Müllner / Annegret Reese-Schnitker (Hrsg.)

Heilige Räume

Verständigungen zwischen Theologie und Kulturwissenschaft

Verlag W. Kohlhammer

Die Drucklegung des vorliegenden Bandes wurde gefördert durch:

1. Auflage 2024

Alle Rechte vorbehalten
© W. Kohlhammer GmbH, Stuttgart
Gesamtherstellung: W. Kohlhammer GmbH, Stuttgart

Print:
ISBN 978-3-17-042503-3

E-Book-Format:
pdf: ISBN 978-3-17-042504-0

Für den Inhalt abgedruckter oder verlinkter Websites ist ausschließlich der jeweilige Betreiber verantwortlich. Die W. Kohlhammer GmbH hat keinen Einfluss auf die verknüpften Seiten und übernimmt hierfür keinerlei Haftung.

Dieses Werk einschließlich aller seiner Teile ist urheberrechtlich geschützt. Jede Verwendung außerhalb der engen Grenzen des Urheberrechts ist ohne Zustimmung des Verlags unzulässig und strafbar. Das gilt insbesondere für Vervielfältigungen, Übersetzungen, Mikroverfilmungen und für die Einspeicherung und Verarbeitung in elektronischen Systemen.

Inhaltsverzeichnis

Mirja Kutzer/Ilse Müllner/Annegret Reese-Schnitker
Heilige Räume – eine Hinführung 9

Bertram Schmitz
Konstruktion heiliger Räume und deren religionsspezifische
Gestaltungsmöglichkeiten 19

Hans Gerald Hödl
Sacred Geography: natürliche Plätze als heilige Räume 34

Jakob Helmut Deibl
Versuch einer Typologie heiliger Räume 48

Susanne Talabardon
Das Heilige Land in der jüdischen Tradition 63

Elisa Klapheck
Schabbat als Raum
Schlussfolgerungen aus dem rabbinischen Mischna-Traktat „Schabbat" 82

Carl Stephan Ehrlich
Die dreifach heilige Stadt Jerusalem 93

Hamideh Mohagheghi
Heilige Räume – eine muslimische Perspektive 124

Martin Matl
Der Dom zu Fulda als heiliger Raum
Architektonische Erfahrungen und Assoziationen 132

Andreas Bieringer
Heilige Räume in der zeitgenössischen Literatur
Liturgiewissenschaftliche Beobachtungen 149

Viera Pirker/Annegret Reese-Schnitker/Judith Roth-Smileski/Joanna Zdrzalek
Zeitgenössische Kunst in Heiligen Räumen 165

Beatrix Ahr
„HÖR-Raum Kirche – Ein Evangelium als Live-Hörbuch"
Doppelte Umsetzung – in einem Kurzvideo und einem Live-Event 192

Christian Preidel
Hütten und Paläste
Architektur und Gemeinwesen als Aufgabe der Kirchen 210

Christian Bauer
Schwellen des Heiligen?
Transitzonen zwischen Sakralem und Profanem 229

Hildegard Wustmans
Umnutzung und Aufgabe von Kirchen oder von pastoralen Zumutungen der
Gegenwart 253

Dagmar Kuhle
Gegenwärtige Gestaltung von Friedhöfen und Friedhofsteilen unter der
Prämisse des „Heiligen" 265

Angela Kaupp
Welche Räume braucht Religion?
Zur Bedeutung von Orten und Räumen für religiöse Lernprozesse 284

Carolin Simon-Winter
„Tritt nicht herzu, ziehe deine Schuhe von deinen Füßen; denn der Ort, darauf
du stehst, ist heiliges Land." (Ex 3,5)
Von dem Entstehen Heiliger Räume im Dialogischen Religions- und
Ethikunterricht 299

Egbert Ballhorn
Das Deuteronomium als Lernlandschaft
Bibeldidaktische Impulse aus Dtn 5 318

Johannes zu Eltz
Wie viel Gegenwart verträgt ein Kirchenraum?
Der Stadtdekan von Frankfurt im Gespräch mit Ilse Müllner 333

Autor_innen 343

Heilige Räume – eine Hinführung

Mirja Kutzer, Ilse Müllner, Annegret Reese-Schnitker

„Komm nicht näher. Nimm deine Sandalen von den Füßen, denn der Ort, wo du stehst, ist heiliger Boden." (Ex 3,5). Die Anweisung ergeht an Mose am brennenden Dornbusch. Der Text entwirft eine Szenerie der Begegnung mit dem Heiligen. Teil dieser Begegnung ist, dass der Ort, der Boden, auf dem sie stattfindet, geheiligt wird. JHWH ruft Mose diesen Satz zu, um an diesem Ort sowohl Nähe und Distanz zum Heiligen als auch ein angemessenes Verhalten zu regulieren. Das Heilige erscheint so als gleichermaßen präsent wie entzogen. Das Ausziehen der Schuhe markiert eine Schwelle zum Übrigen und grenzt den heiligen Raum von der Umgebung ab.

Dass das textlich vermittelte Heilige hier räumlich – im Raum, der dadurch seinerseits geheiligt wird – dargestellt ist, verwundert wenig. Schon die Wortgeschichte von „heilig" zeigt Raum als eine zentrale Medialität des Heiligen.[1] Mit „heilig" werden das griechische ἅγιος (hagios) und das lateinische sanctus wiedergegeben – beides Worte, die einen abgegrenzten Bereich bezeichnen, einen heiligen Bezirk, über den nicht verfügt werden kann. Dies wiederum fließt ein in die Bedeutung des althochdeutschen Wortes „heilag", das etwas bezeichnet, das dem Göttlichen *zu eigen* ist. Ein ursprünglich räumliches Verständnis spiegelt sich auch in dem Gegensatz von „heilig" und „profan": Das profanum ist das, was vor (pro) und damit außerhalb des Tempels/des Heiligtums ist.

Diese Vorstellung des Heiligen im Raum und als Raum ist auch heute Menschen weithin vertraut, ist Religion in ihrem kulturellen Umfeld doch insbesondere dort sichtbar, wo Gemeinschaften physische Orte als „heilig" ausgewiesen haben: Tempel, Synagogen, Kirchen, Moscheen oder auch Räume in der Natur. Oftmals haben solche Räume eine besondere Atmosphäre. Sie laden dazu ein, bestimmte Handlungen durchzuführen, andere aber zu unterlassen. Der Weg in eine katholische Kirche führt am Weihwasserbecken vorbei, in das Menschen ihre Finger tauchen, um sich dann zu bekreuzigen. Kein Mann betritt eine Synagoge, ohne eine Kopfbedeckung aufzusetzen. Wer in eine Moschee geht, zieht die Schuhe aus. Der Religionswissenschaftler Bertram Schmitz

---

[1] Vgl. Günter Lanczkowski, Art. Heiligkeit I – Religionsgeschichtlich: TRE, S. 695–697, hier: 695. Siehe auch die grundsätzlichen Überlegungen in der Einleitung des ersten Bandes dieser Trilogie: Mirja Kutzer / Ilse Müllner, Heilige Texte – eine Hinführung, in: Mirja Kutzer / Ilse Müllner / Annegret Reese-Schnitker (Hg.), Heilige Texte. Verständigungen zwischen Theologie und Kulturwissenschaft, Stuttgart 2023, 9–34, bes. 21–22.

beschreibt in diesem Band eine Vielfalt von Strategien, mit denen Schwellen markiert werden, die den besonderen vom gewöhnlichen Raum abtrennen. Dies wiederum geschieht in Abhängigkeit davon, „was Religionen für sich voraussetzen, damit in ihnen ein spezifischer Ort als heilig gilt."[2]

Was macht einen Raum zum „heiligen" Raum? Ist er es von sich heraus, oder wird er zum heiligen gemacht? Und wie wirkt sich Raum/Räumlichkeit wiederum auf die Konzeptualisierung des Heiligen aus?

Mit dieser doppelten, ebenso kulturwissenschaftlich wie theologisch verstehbaren Frage bildet dieser Band den zweiten Teil einer Trilogie, die sich dem Konzept der Heiligkeit anhand der Medialitäten Text, Raum und Zeit annähert. Wie schon der erste Band, „Heilige Texte"[3], verbindet auch der vorliegende genuin theologische Perspektiven mit deskriptiven, kulturwissenschaftlichen oder religionswissenschaftlichen Herangehensweisen. Die theologischen nehmen ihren Ausgang bei einer notwendigen Vermitteltheit des Heiligen, das es, sofern es für Menschen als solches wahrnehmbar ist, nie „an sich" abzüglich aller Medialitäten gibt. Damit sind aber auch die Art und Weisen dieser Vermittlung von theologischer Relevanz, denn (und diese Einsicht verdankt sich nicht zuletzt kulturwissenschaftlichen Sensibilitäten): Das Medium ist nie bloßer Träger einer vorgängigen Bedeutung, sondern seinerseits sinnproduktiv. Wenn das Heilige in religiös-theologischer Deutung im Raum bzw. als Raum manifest wird, so bleibt dies nicht ohne Rückwirkungen auf die Konzeptualisierungen des Heiligen. Umgekehrt legen gerade Stein gewordene Räume ein teils Jahrtausende überdauerndes Zeugnis davon ab, dass der Umgang mit dem Heiligen kulturproduktiv ist. Was dabei als Raum und im Raum manifest und Gegenstand kulturwissenschaftlichen Interesses wird, ist aber nicht versteh- und somit auch nicht angemessen beschreibbar, ohne den theologischen Kontext zu berücksichtigen und die damit einhergehenden Vorstellungen von Heiligkeit. So fordert die Beschäftigung mit dem Heiligen eine Verständigung zwischen Theologie und Kulturwissenschaft. Sie verlangt angesichts religiöser Pluralität auch die Perspektiven unterschiedlicher Religionen. Um das weite Spektrum des Zueinanders von Raum und Heiligkeit auszuleuchten, versammelt dieser Band Beiträge aus den verschiedenen Disziplinen der christlichen Theologien, der jüdischen Studien und der Islamwissenschaft sowie aus Religionswissenschaft und Architektur, die sich – theologisch wie kulturwissenschaftlich informiert – „heiligen Räumen" als vielgestaltiges Phänomen und Theorem annähern.

Wir haben darauf verzichtet, den angefragten Autor_innen eine Definition oder ein Konzept von den diesen Band tragenden Begriffen vorzugeben. Den-

---

[2] Bertram Schmitz, Konstruktion heiliger Räume und deren religionsspezifische Gestaltungsmöglichkeiten, in diesem Band, 19–33.

[3] Mirja Kutzer / Ilse Müllner / Annegret Reese-Schnitker (Hg.), Heilige Texte. Verständigung zwischen Theologie und Kulturwissenschaft, Stuttgart 2023.

noch oder vielleicht gerade deshalb wird sichtbar, dass in keinem der Beiträge der Begriff des Raumes als selbstverständlich vorausgesetzt wird. Deutlich stehen die hier angestellten Überlegungen und Analysen im Zeichen des *spatial turn*, einer „räumlichen Wende", womit eine sich seit dem späten 21. Jahrhundert etablierende neue Aufmerksamkeit für Raum und Räumlichkeit bezeichnet ist. Diese geht mit einem veränderten Raumverständnis einher: Räume sind keine Behälter für Menschen, Lebewesen oder Güter, in denen dann Handlungen stattfinden. Vielmehr werden Räume durch Handlungen, die in und an ihnen vollzogen werden, allererst konstituiert. Diese Abkehr von der Vorstellung eines euklidischen Containerraums hin zu einem prozesshaften und relationalen Raumbegriff verändert das Verständnis von Räumen/Räumlichkeit in vielfacher Hinsicht. Die Aufmerksamkeit wird von den Gebäuden hin zu den Akteur_innen verlagert, von der Topographie hin zum Prozess, von der Statik zur Dynamik.

Bezüglich des in der eingangs genannten Dornbuschszene dargestellten „heiligen Raums" wird man daher sofort die verschiedenen Akteure und deren Handlungen in den Blick nehmen: den Gottesboten, der sich in einer Feuerflamme sehen lässt, einen Dornbusch, der in Flammen steht und doch nicht verbrennt, JHWH und Mose, die miteinander sprechen. Ein Teil dieser sprachlichen Handlungen ist der göttliche Befehl an Mose, die Schuhe auszuziehen. Die Ausführung dieser Aufforderung wird gar nicht erzählt. Stattdessen wird beschrieben, dass Mose als Reaktion auf den Anblick des göttlichen Boten sein Gesicht verhüllt, um das weitere Schauen des Heiligen zu vermeiden. Alle diese Handlungen zusammen konstituieren in dieser Szene den Raum als Medium des Heiligen in einem Ineinander von Zugewandtheit und Entzogenheit und in Abgrenzung zur Umgebung. Zugespitzt könnte man formulieren: Mose soll nicht die Sandalen von den Füßen nehmen, weil der Ort an sich heilig ist. Sondern das Ausziehen der Schuhe macht – gemeinsam mit anderen Handlungen anderer Akteure – den Ort zu einem heiligen Raum.

Von einem *turn*, einem Wendepunkt innerhalb der Kulturwissenschaften, kann nur deshalb gesprochen werden, weil die raumtheoretische Untersuchung nicht auf ihre klassischen Gegenstände, nämlich auf physische Orte beschränkt bleibt, auch wenn diese nach wie vor eine wichtige Rolle spielen.[4] Ein vom *spatial turn* geprägter Blick weitet mit der Aufmerksamkeit für Räumlichkeit auch den Raumbegriff. Erfasst werden reale wie imaginäre Räume, „die gleichzeitig materiell und symbolisch, real und konstruiert und in konkreten

---

[4] Für diese Bewegung seien hier nur exemplarisch die Arbeiten von Henri Lefebvre, Edward Soja und Martina Löw genannt. Einführend in die Raumtheorie s. Stephan Günzel, Raum. Eine kulturwissenschaftliche Einführung, Bielefeld 2017; für die Theologie vgl. Angela Kaupp (Hg.), Raumkonzepte in der Theologie. Interdisziplinäre und interkulturelle Zugänge, Ostfildern 2016.

raumbezogenen Praktiken ebenso wie in Bildern repräsentiert sind."⁵ In den verschiedenen Konstruktionen und Repräsentationen von Räumlichkeit werden wiederum Machtverhältnisse sichtbar, Geschlechterbeziehungen organisiert, Biographien oder Völkergeschichten als Entwicklungserzählungen darstellbar, entstehen Konstellationen von Inklusion und Ausgrenzung, formen sich Heterotopien als verwirklichte Utopien (Michel Foucault) oder *third spaces* (Homi Babha, Edward Soja), in denen Neues entsteht.

Hinsichtlich theologischer und religionswissenschaftlicher Themenfelder wurde so sichtbar, wie vieles hier räumlich gedacht wird, ohne dass dem zuvor große Aufmerksamkeit geschenkt worden wäre. Biblische Texte strukturieren ihre Themen räumlich, dogmatische Metaphern bedienen sich räumlicher Vorstellungen (etwa die klassischen eschatologischen Metaphern von Himmel und Hölle, aber auch christologische Konzepte wie Kenosis, Himmelfahrt oder Parousie arbeiten mit Raumvorstellungen), Liturgie ist ganz selbstverständlich ein Geschehen des Raums, das Raum-Erleben spielt beim religiösen und spirituellen Lernen eine bedeutsame Rolle usw. Schließlich sind auch interreligiöse Begegnungen, so zeigt es Pfarrerin und Fachleiterin *Carolin Simon-Winter* am Beispiel des interreligiösen Lernens, von Haus aus auf Raumprozesse ausgerichtet, geht es doch darum, Dialogräume in ihren durch Konflikte und Angst besetzten Grenzen wahrzunehmen, diese aber auch immer wieder zu verschieben und Vielfalt „im Raum" zu ermöglichen. Im Kontext Schule lassen sich dazu wiederum didaktische „Räume" gestalten, in denen Schüler_innen – wie Mose – ebenso bildlich wie konkret „die Schuhe ausziehen", um bisher ungekannte Erfahrungen machen zu können.

Auch hinsichtlich der Kategorie des Heiligen kommen räumliche Imprägnierungen in den Blick, die über physische oder territoriale Räume weit hinausgehen. So sind etwa biblische Konzepte von Heiligkeit durch konzentrische Anordnungen von Personen, Tieren und Orten in Beziehung auf eine Mitte hin gekennzeichnet. Diese Mitte steht für den Ort, den JHWH einnimmt – dieses Allerheiligste ist allerdings in der biblischen Tradition leer. Darum herum werden etwa der Tempel, die heilige Stadt Jerusalem, das Land Israel und die gesamte Erde gedacht. Wenn manche Tiere als opfertauglich gelten, noch mehr Tiere als essbar und weitere Tiersorten nicht gegessen werden sollen (was im Deutschen mit dem missverständlichen Begriff der Un/Reinheit bezeichnet wird), dann bildet sich in dieser unterschiedlichen Behandlung der Tiere dieses Heiligkeitskonzept praktisch ab. Die Gottesbeziehung erhält so eine Raumstruktur, in der Heiligkeit und Räumlichkeit unaufhebbar miteinander verbunden sind.

Beschrieben wird dies in Texten der Bibel, die ihrerseits als „heilig" qualifiziert werden, womit sich in der Konzeptualisierung des Heiligen die Mediali-

---

5   Doris Bachmann-Medick, Cultural turns. Neuorientierungen in den Kulturwissenschaften, Reinbek bei Hamburg, ⁵2015, 298.

täten Text und Raum miteinander verschränken, was wiederum auf den ersten Band dieser Trilogie, „Heilige Texte", verweist. Wie das Beispiel der konzentrischen Anordnung von Heiligkeit zeigt, gibt es diese Verschränkung keineswegs nur dort, wo dezidiert heilige Orte im Text beschrieben oder benannt werden. Die Verbindungen von Text und Raum sind vielschichtig. Zunächst nehmen Texte, je nachdem, wie sie materialisiert sind, selbst Raum ein. Wie die königlich geschmückten Torarollen als Zentrum der Synagoge oder das Evangeliar, das durch die Kirche getragen wird, sind sie auch in ihrer Materialität Teil von raumkonstituierenden Handlungen. Auf der Inhaltsebene haben in den Texten entworfene Welten räumliche Dimensionen. Mit den Augen oder auch haptisch unterstützt bewegen sich Leser_innen, wie der Bibelwissenschaftler *Egbert Ballhorn* in diesem Band analysiert, in diesen Texträumen. Diese räumlichen Dimensionen von Texten greifen ineinander, wenn Texte Landschaften entwerfen und im Rezeptionsprozess, der wiederum Raum einnimmt, begehbar machen.

Wie bedeutungsproduktiv textliche Raumstrukturen sind und wie diese im Lektüreprozess wiederum raumbildend wirken können, haben Theologiestudierende der Universität Kassel in dem Projekt Hör-Raum Kirche sichtbar gemacht. In einer textorientierten Aneignung des Kirchenraums haben sie 2022 in der Kasseler Elisabethkirche eine Lesung des kompletten Markusevangeliums inszeniert, die die Pastoralreferentin *Beatrix Ahr* begleitet hat und in diesem Band reflektiert: Im sinnlichen Akt des Lesens/Hörens schreibt sich die Räumlichkeit des biblischen Textes ebenso in den physischen Kirchenraum wie in die im Raum agierenden Körper ein. Darin wird auch erfahrbar, dass das gelesene Wort, das gemeinsam gehört wird, seinerseits raumbildend wirkt. So kann diese Text-Performance paradigmatisch für den Sakralraum Kirche als Ort des Hörens stehen. Das Zuhören, Sehen, Erleben und Agieren im Hör-Raum Kirche lässt den Kirchenraum zudem als einen ästhetischen Lern- und Bildungsort verstehen und ist damit von pastoraltheologischer und auch religionspädagogischer Relevanz.

Diese Perspektiven machen deutlich, dass der *spatial turn* in seiner Aufmerksamkeit für Räumlichkeit zu einem Nebeneinander vieler unterschiedlicher Raumkonzepte geführt hat, was sich in den hier versammelten Beiträgen in ihren Annäherungen an das Heilige im Raum und als Raum spiegelt. In der Folge hat jeder Versuch, diese zu kategorisieren, es mit Formen von Räumlichkeit zu tun, „die nicht unmittelbar vergleichbar sind: der Raum in Gott, der kosmologische, göttliche geschaffene Raum, der von Religionsgemeinschaften verwaltete territoriale Raum, der mit Bedeutung aufgeladene Sakralraum etc."[6] Die vom Professor für Religion und Ästhetik *Jakob Deibl* in diesem Band vorgeschlagenen Kategorien sind dadurch verbunden, dass sie in irgendeiner Weise Unverfügbarkeit organisieren, dabei das Heilige, Gott, aber je verschieden kon-

---

[6] Jakob Helmut Deibl, Versuch einer Typologie heiliger Räume, in diesem Band, 48–62.

zeptionieren. Sie sind überdies nicht in der Weise auf konkrete Räume anwendbar, als sie diese voneinander abgrenzen würden. Vielmehr bezeichnen sie verschiedene Dimensionen von Räumlichkeit, die sich in konkreten Räumen überlagern können. Der jüdische Tempel z. B. hat kosmologische Dimensionen (Jes 6; Ps 93 u. a.), wird ästhetisch entworfen (1 Kön 6–7), ist territorial an Jerusalem gebunden und Brennpunkt bestimmter Kommunikationsformen zwischen den Menschen und Gott – das Opfer etwa bleibt auf den Tempel konzentriert und ist nach der Zerstörung des Zweiten Tempels 70 n. u. Z. nicht mehr möglich.

Dass den vielen Formen von Raum/Räumlichkeit gemäß der von Henri Lefebvre formulierten Einsicht eine soziale Produziertheit eigen ist, lässt auch das Heilige als Produkt einer menschlichen Rauminszenierung verstehen. Theologisch, aber auch kulturwissenschaftlich, greift dies freilich zu kurz. Theologisch ist eine Differenz anzunehmen zwischen dem Heiligen und dessen Vermittlung durch den sozial produzierten Raum. Diese Medialität des Raumes ist im Islam dadurch hervorgehoben, dass Räume prinzipiell nicht als „heilig" bezeichnet werden, da gemäß den Quellen der islamischen Tradition nichts außer Gott selbst heilig ist. Wohl aber, so beschreibt die Theologin und Religionswissenschaftlerin *Hamideh Mohagheghi* in diesem Band, gibt es „gesegnete Orte", an denen eine heiligende Wirkung Gottes erfahrbar werden kann. Dies verweist, neben der Medialität, auf das subjektive Moment, das zum Konzept der Heiligkeit gehört. Christlich gesprochen sind solche Orte Sakramente im weiten Sinne: wirksame Zeichen, die eine Erfahrung des Heiligen vermitteln. Dieses subjektive Moment, die Erfahrung des Heiligen, kann in und durch Räume vorstrukturiert werden. Doch enthalten die Räume diese ebenso wenig, wie sie die Wirkung, die von ihnen ausgeht, gänzlich zu kontrollieren vermögen. Damit ist aber auch eine Grenze der kulturwissenschaftlichen Annäherung markiert: Die subjektive Erfahrung entzieht sich der kulturwissenschaftlichen Beschreibung. Sie wird nur insofern greifbar, als sie den Weg ins Symbolische als kultureller Ausdruck findet.

Beides, die Verwiesenheit des Heiligen auf subjektive Aneignung ebenso wie das Verstehen von Raum als soziale Praxis, macht das Konzept „heiliger Raum" fragil. Denn was bedeutet es, dass heilige Räume selbst dort, wo sie als umbaute Räume quasi in Stein gemeißelt sind, nie „an sich" oder „ein für alle Mal" gegeben sind, sondern dass sie durch unterschiedliche Praktiken, die mit Raumformen interagieren, „hergestellt" und immer wieder aktualisiert werden? Und dass „Heiligkeit" davon abhängt, dass die vollziehenden Subjekte etwas damit verbinden, was ihnen heilig ist? Wenn alle Handlungen, die einen Raum zum heiligen machen, aufhören, dann ist die Kirche vielleicht ein Museum, ein Restaurant oder ein Sozialzentrum, je nachdem, was Menschen an diesem Ort tun. Aber nur das Gebäude erinnert noch an eine Kirche, es ist keine mehr.

Heilige Räume – eine Hinführung

Die gegenwärtige Krise der Kirchen im westlichen Europa, die auch eine Krise des Kirchenraums ist, macht hier nun interessante Konstellationen sichtbar. Erkennbar ist zunächst die paradoxe Situation, dass zwar die Gottesdienste immer leerer werden, aber die Besucher_innenzahlen von Kirchen in städtischen Zentren kontinuierlich steigen. Und während immer mehr Kirchen profanisiert und umgenutzt werden (müssen), bleibt Kirchenbau für moderne Architektur ein attraktives Betätigungsfeld. Das Gebäude selbst tritt so in den Vordergrund, von dem nun erwartet wird, mittels Architektur und Ausstattung Erhabenheit und Atmosphäre zu vermitteln und Erfahrungen der Selbsttranszendierung (Hans Joas) zu ermöglichen. Der Liturgiewissenschaftler *Andreas Bieringer* findet entsprechende Kirchenraumwahrnehmungen in zeitgenössischer Literatur – bei Hanns-Josef Ortheil, Peter Handke oder Christof Ransmayr – die er aus liturgiewissenschaftlicher Perspektive als „Fremdenführer ins Eigene"[7] nimmt. Dagegen erzählt Arnold Stadler von der Resonanzarmut funktionsorientierter Nachkriegskirchenbauten. Ihnen fehlt, worauf die Religionspädagogin *Angela Kaupp* insistiert: eine heterotopische Qualität von Räumen, die es ermöglicht, Alltagserfahrungen zu transzendieren, und die darin einem Grundbedürfnis von Menschen entgegenkommt. Das Potential solcher Räume, und das macht sie auch für religiöse Lehr-/Lernprozesse bedeutsam, liegt nicht zuletzt darin, dass deren Wirkungen ebenso kognitiv wie intuitiv zugänglich sind und sie religiöse wie allgemein menschliche Sinngehalte nicht nur enthalten, sondern sie auch verkörpern und körperlich-sinnlich zugänglich machen.

Gestellt ist mit diesem Anspruch an „heilige Räume" die Frage nach der „guten" Architektur, die ein „Mehr" gegenüber dem bloßen Funktionieren bietet und „aus den Trümmern der Moderne versucht, den sinnsuchenden Menschen eine temporäre Behausung zu bieten".[8] Der Pastoraltheologe *Christian Preidel* bearbeitet dies entlang ausgewählter Bauten und Projekte der Moderne, u. a. von Tadao Ando, Le Corbusier oder Jonathan Haehn, und liest diese in ihrer Wandelbarkeit, Zugänglichkeit und Experimentierfreude als material gewordene Möglichkeiten, das Fundament einer gemeinsamen Gottsuche zu verhandeln.

Dass Kirchen weder auf ihre Funktionen noch auf ihre Kosten zu reduzieren sind, zeigt sich gerade dort, wo deren Nutzung als heiliger Raum endet. Die Praktische Theologin *Hildegard Wustmans* charakterisiert sie in ihrer Reflexion auf Prozesse der Aufgabe oder Umnutzung von Kirchengebäuden als emotionale Räume. „Sie verweisen auf Lebenszusammenhänge, auf Gewesenes und Erhofftes. Sie konfrontieren mit dem, was war, jetzt nicht mehr ist bzw. sich weiterentwickelt hat. Daher erfahren Menschen den Umbau, die Profanierung, den

---

[7] Andreas Bieringer, Heilige Räume in der zeitgenössischen Literatur. Liturgiewissenschaftliche Beobachtungen, in diesem Band, 149–164.

[8] Christian Preidel, Hütten und Paläste. Architektur und Gemeinwesen als Aufgabe der Kirchen, in diesem Band, 210–228.

Abriss von Kirchen auch als Wegnahme eines persönlichen Erinnerungsraumes und das schmerzt."⁹ Wie Kirche selbst sind diese Prozesse nicht in einer rein pragmatisch-funktionalen, sondern in einer pastoraltheologischen Perspektive zu betrachten, die nach neuen Möglichkeiten der Begegnung zwischen Gott und Mensch sucht und die diakonische Perspektive, den Dienst am Anderen, zum Kriterium macht.

Dabei wirken zu physischen Räumen gewordene Raumpraktiken mitunter auch dann fort, wo Kirchenräume profanisiert sind und anders genutzt werden. Wie der Pastoraltheologe *Christian Bauer* zeigt, strukturieren Raumformen – etwa eine Trennung von Altarraum und Kirchenschiff – auch weiterhin das Verhalten. Überdies ist eine Wahrnehmung des Heiligen keineswegs an Räume gebunden, die der Sakralverwaltung unterstehen – so Bauer in seiner an Rahner anschließenden Differenzierung zwischen dem Heiligen und dem Sakralen. Das Heilige wird vielmehr gerade in wenig strukturierten, fluiden *third spaces* an den Übergängen zwischen dem Sakralen und dem Profanen erfahrbar. Diese entstehen auch dort, wo das Profane in den Sakralraum „einbricht", etwa wenn Kirchen wie der Frankfurter Dom in der Corona-Pandemie als Impfzentren gedient haben. Dass hier je neu auszuhandeln ist, welche raumkonstitutiven Handlungsformen dem Heiligen entsprechen und welche auszuschließen sind, ist unter anderem Thema des Gesprächs, das Ilse Müllner mit dem langjährigen Stadtdekan von Frankfurt *Johannes zu Eltz* geführt hat.

Die Landschafts- und Freiraumplanerin *Dagmar Kuhle* erkennt solche *third spaces* auch in historisch gewachsenen Friedhofslandschaften, wo angesichts der Entzogenheit des Todes Religion im zunehmend säkularen Umfeld immer noch eine hohe Bedeutung zukommt. Indem hier Historisches in Gegenwärtigem nachwirkt, können Begegnungen mit dem Heiligen „in einem verschiedentlich entstehenden ‚Dazwischen' aufscheinen"¹⁰. Darin verweisen Friedhöfe als „heilige Orte" auf die Dimension der Zeitlichkeit.

Die durch den *spatial turn* markierte Beachtung von Raum und Räumlichkeit bildete zunächst ein Gegengewicht zum bis dahin vorherrschenden Interesse an Zeit und Zeitlichkeit. Es ermöglichte ein Wahrnehmen von synchronen Relationen gegenüber diachron verlaufenden Gemengelagen. Freilich ist auch die Aufmerksamkeit dafür gewachsen, dass sich in Räumen synchrone und diachrone Perspektiven kreuzen. Nicht zuletzt physische heilige Räume sind dafür ein Stein gewordenes Beispiel. In diesem Band erschließt der Diözesanbaumeister von Fulda *Martin Matl* die Wirkung von Licht, Farben und Formen des Fuldaer Doms ausgehend von der dort entwickelten und realisierten barocken Raumidee und zeigt so „die Verflechtung eines Bauwerks in ein enges

---

[9] Hildegard Wustmanns, Umnutzung und Aufgabe von Kirchen oder von pastoralen Zumutungen der Gegenwart, in diesem Band, 253–264.

[10] Dagmar Kuhle, Gegenwärtige Gestaltung von Friedhöfen und Friedhofsteilen unter der Prämisse des „Heiligen", in diesem Band, 265–283, 267.

Heilige Räume – eine Hinführung

Netz historischer und kultureller Codes"[11]. Diese Verflechtung wiederum führt zu Bruchlinien zwischen der historisch begründeten Konzeption und dem Standpunkt der heutigen Betrachter_innen und provoziert die Frage, ob und in welcher Weise eine Heiligkeit des Raumes heute angeeignet werden kann.

Dass jeweils synchrone Relationen durch historische Entwicklungen nachhaltig geprägt sind, lässt sich besonders eindrücklich an Jerusalem zeigen. Diese Stadt gilt als Repräsentanz einer räumlichen Synchronie und einer zeitlichen Diachronie in der Überlagerung und Überschneidung verschiedener Religionen, Konfessionen und ihrer Narrative, denen der Beitrag des Bibelwissenschaftlers *Carl Ehrlich* nachspürt. Auch die konzentrische Ausbreitung von Heiligkeit vom Tempel ausgehend in das Land Israel hinein, ist diachron im Judentum auf unterschiedliche Weise ausbuchstabiert worden. Einmalige historische Erfahrungen wie z. B. das babylonische Exil werden in ihrer raumkonstitutiven Bedeutung über weitere geschichtliche Ereignisse hinweg transportiert und prägen die Deutungen. Auf der Basis einer dominanten Diasporasituation wird ein Raumkonzept entworfen, das die ganze bewohnte Erde umfasst und dabei weiterhin auf das Land Israel ausgerichtet bleibt. Wie die Judaistin *Susanne Talabardon* in ihrem Beitrag darlegt, ist so die Spannung zwischen Diaspora und Leben im Land stets neu unter den jeweiligen Bedingungen auszuhandeln und jüdisches Leben vor diesem Horizont zu entwerfen.

Eine Verschränkung von Zeit- und Raumkonzeption hält der Religionswissenschaftler *Hans Gerald Hödl* auch für die religiösen (Raum)Vorstellungen der Aborigines fest. In der als *dreaming* bekanntgewordenen Konzeption verbinden sich Mythen mit konkreten Orten und „sakralisieren" die gesamte Landschaft, in die sich so die „Wege" der Vorfahren einschreiben. Die sakralen Landschaften der Aborigines sind dabei nur eines von mehreren in dem Beitrag genannten Beispielen, dass nichtumbaute, „natürliche" Räume zu Vermittlungspunkten zwischen dem Heiligen und dem Profanen werden können. Gleichzeitig macht gerade dieses Beispiel deutlich, dass der Begriff des Heiligen als Verweis auf Transzendenz und Markierung einer Absonderung hier lediglich analog zu gebrauchen ist.

Wie sehr in Konzeptionierungen des Heiligen Zeit und Raum, Diachronie und Synchronie miteinander verbunden sind, rücken schließlich künstlerische Installationen in Sakralbauten ins Zentrum, wie sie die Religionspädagoginnen *Viera Pirker* und *Annegret Reese-Schnitker* sowie die Lehrerinnen *Judith Roth-Smileski* und *Joanna Zdrzalekin* in diesem Band schießen, wobei sie deren Potentiale für religiöse Bildungsprozesse religionspädagogisch reflektieren. Die beiden vergänglichen Werke von Birthe Blauth „My Precious Pearls From Paradise" (2022) auf der documenta fifteen in Kassel und „Eternity" (2024) in Bremen sowie die ebenfalls auf der documenta ausgestellten Arbeiten des ha-

---

[11] Martin Matl, Der Dom zu Fulda als heiliger Raum. Architektonische Erfahrungen und Assoziationen, in diesem Band, 132–148.

itianischen Künstlerkollektivs Atis Resistanz inszenieren ein Ineinander von Zeit und Raum als Medialitäten des Heiligen. Sie schaffen so existentielle Resonanzräume, die den Sakralraum durchqueren und die vorhandenen Raumkonzepte fluide werden lassen.

Schließlich macht die Rabbinerin und Professorin für Jüdische Studien *Elisa Klapheck* deutlich, wie sehr der Schabbat, den man als wöchentlich wiederkehrenden Feiertag intuitiv von seiner zeitlichen Bedeutung her versteht, mit Raumpraktiken verbunden ist. Die beiden Dimensionen von Zeitlichkeit und Räumlichkeit greifen ineinander und strukturieren die Begegnung der Menschen mit dem Heiligen. Dies gibt einen Ausblick auf den letzten Band der Trilogie zur Verständigungen zwischen Theologie und Kulturwissenschaft: „Heilige Zeiten".

Am Ende dieser Einleitung ist der Ort, um alldenjenigen danke zu sagen, die Anteil am Gelingen dieses Buches haben. Unser Dank gilt zunächst den Beitragenden, die mit ihren profunden und innovativen Texten diesen Band zu dem substantiellen Forschungs- und Diskussionsbeitrag gemacht haben, für den wir ihn halten. Institutionelle Unterstützung kam aus dem Projekt Theologische Interdisziplinarität und Interreligiöse Bildung in der Ausbildung von Religionslehrer_innen, das von 2015–2023 im Rahmen des vom BMBF geförderten Projekts PRONET (Professionalisierung durch Vernetzung) finanziert wurde. Einen namhaften Zuschuss zu den Druckkosten hat uns das Bistum Fulda zukommen lassen – vielen Dank hier vor allem an Bischof Dr. Michael Gerber. Diese Förderung hat es uns möglich gemacht, mit wissenschaftlichen und studentischen Mitarbeiter_innen gemeinsam an diesem Band zu arbeiten. Wir danken Mareike Schlehahn, Anne Hofmann, Lena Riese und Kathinka Fuhrmann. Außerdem geht unser Dank an die Mitarbeiter_innen des Kohlhammer-Verlags, insbesondere an Mirko Roth, die all unsere großen und kleineren Fragen mit Geduld beantwortet und uns in der Gestaltung der Druckvorlage unterstützt haben.

Konstruktion heiliger Räume und deren religionsspezifische Gestaltungsmöglichkeiten

Bertram Schmitz

1. Raum als heiliger Raum

In der religionswissenschaftlichen Perspektive auf so genannte heilige Räume wird eine anthropologische Position eingenommen. Ein bestimmter Raum wird von bestimmten Personen innerhalb ihrer religiösen Vorstellung *als heilig angesehen*. Diese Position unterscheidet sich deutlich von der religiösen Position, die davon ausgeht, dass ein Raum an sich heilig sein kann, dass sich Heiligkeit an diesem Raum zeigt oder hervorgerufen werden kann. Wenn sich die religionswissenschaftliche Sicht von der Vorstellung einer solchen angenommenen überweltlichen Faktizität löst, eröffnet sich ihr ein weites und offenes Feld, in dem sie über einzelne Religionsgrenzen vergleichend hinausschauen kann.

Zunächst gilt es grundlegend darzustellen, was Religionen für sich voraussetzen, damit in ihnen ein spezifischer Ort als heilig gilt. Dabei ist in das Selbstverständnis von Religionen hinein zu fragen, ebenso, was innerhalb des heiligen Raums sein oder geschehen soll und wie dieser Raum als solcher konstruiert sein muss, damit er für die Religion als heilig gilt. Schließlich und nicht weniger spannend ergibt sich die ganz konkrete Frage, wie der Raum im Einzelnen de facto gestaltet wird und welche Chancen der künstlerischen Verwirklichung er bietet. Dafür ist zu zeigen, welche Bedingungen für das festgelegt werden, was gestaltet werden muss, etwa im Islam bei Moscheen die Gebetsrichtung, oder auch, was nicht gestaltet werden darf, zum Beispiel ebenfalls im Islam die Statue eines anthropomorphen Wesens.

Auf diese Weise wird also teils implizit, teils explizit von den jeweiligen Religionen vorgeschrieben, worum es geht und wie ihr Inhalt zum Ausdruck gebracht werden muss, darf, soll, kann oder auch welche Möglichkeiten der Gestaltung sie sich selbst verbieten. Dabei verwenden Religionen, mitunter auch spezifisch Konfessionen, ihre je eigene Bildersprache, die vielfach nur innerhalb ihres Kontexts verstanden und durch ihn legitimiert wird. So ist es etwa die Frage, ob man beim reichhaltigen Gebrauch von Gold der Gestaltung von Innenräumen katholischer Kirchen aus deren Innenperspektive von materiellem Reichtum sprechen sollte. Vielmehr könnte es – entsprechend dem modernen ökonomisch verantwortlichen Ausdruck des „ethischen Goldes" – angemessen sein, etwa von „sakralem Gold" zu reden. Gemeint ist damit, dass

Sakralität in bestimmten Fällen durch die Verwendung von Gold zum wahrnehmbar-sichtbaren Ausdruck gebracht werden soll.

Analog könnten die überaus freizügigen Statuen an Hindutempeln etwa von Khajuraho durchaus irdisch hochgradig sexuell aufgeladen erscheinen, werden aber im entsprechenden religiösen Kontext zum Ausdruck der unbegrenzten Schöpferkraft, die der Gottheit Shiva zugeschrieben wird, die zusammen mit seiner „Kraft" (Shakti) fortwährend dem gesamten Kosmos ins Dasein verhilft.

Mit den letztgenannten Beispielen wurden bereits positiv Momente genannt, die durch Gestaltung innerhalb der jeweiligen religiösen Strömungen zum Ausdruck gebracht werden sollen: etwa die von Christus in dieser Welt ausgehende Sakralität im katholischen Christentum oder die Schöpferkraft Shivas in der shivaitischen Ausrichtung des Hinduismus. Mit diesem Punkt soll zu der eingangs genannten grundlegenden Frage übergeleitet werden, inwiefern und auf welcher Grundlage in Religionen Räume als heilig verstanden werden.

2. Religionsspezifisch notwendige Komponenten zur Konstruktion heiliger Räume

In Bezug auf die Begriffe Religion und heiliger Raum ist eine klare Bestimmung ebenso naheliegend wie erforderlich, zumal sie vielfach von den Konzepten innerhalb der Religionen selbst in klarer Schärfe vorgenommen wird. So wird etwa der *heilige Raum* grundsätzlich und zumeist sogar minutiös vom *nichtheiligen Raum* durch eine *Trennungslinie* abgegrenzt. Oft handelt es sich um eine Mauer, in all ihren Variationen. Es wird angezeigt, dass hinter der Mauer, Türschwelle oder ähnlichem eine andere Welt beginnt. Das hindert nicht, dass bei den meisten Gebäuden und Arealen ein expliziter Raum des Übergangs zwischengeschaltet ist, dessen Funktion meistens in irgendeiner Form mit Kleidung zu tun hat.

So zeigen zum Beispiel Moscheen wie Hindutempel oder innere Anlagen von buddhistischen Tempeln: Diese Schwelle ist nur zu überschreiten, wenn zuvor die Schuhe ausgezogen werden. Ein einfaches Signal genügt, und dennoch ist die Trennungslinie selbst scharf gezogen. Vor dem Eingang können Schuhe getragen werden, hinter dem Eingang dürfen auf keinen Fall Schuhe getragen werden. Es käme einer Provokation, mitunter sogar einer gewaltsamen Okkupation des Raums gleich, sich an eine solche Regel nicht zu halten.

Bei Synagogen etwa wird in den letzten Jahrhunderten die Linie zwischen heilig i. w. S. und nicht heilig dadurch gezogen, dass Männer eine Kippa tragen. Falls beim Betreten eines synagogal wirkenden Gebäudes oder Raumes von

Männern keine Kippa getragen wird, müsste es sich um ein Museum oder Ähnliches handeln, das z. B. früher einmal eine Synagoge war und grundsätzlich auch wieder zu einer Synagoge werden kann. *Raum* muss nicht unbedingt ein Gebäude meinen. Auch der Raum vor der Westmauer in Jerusalem wird als Synagoge verstanden. Deshalb wird in dem eigentlichen – nur durch ein Band von der übrigen Fläche abgetrennten – Raum von Männern die erwähnte Kippa getragen. Ebenso wie in einer orthodoxen Synagoge werden in diesem Fall Männer und Frauen voneinander getrennt. Diese Beispiele machen deutlich, dass Religionen im Allgemeinen ihre heiligen Räume explizit von nicht-heiligen Räumen abgrenzen, d. h., dass sie sie *definieren* (wörtlich: begrenzen).

Auffällig niederschwellig minimalistisch ist bei modernen protestantischen Mehrzweckräumen eine Form der Abgrenzung, die sich ebenfalls in anderen Religionen findet: die Abgrenzung des „heiligen" Raums nur für eine bestimmte Zeit. Selbst diese *Zeit* hat einen definitiven Anfang, etwa durch eine Formel wie: *Wir feiern diesen Gottesdienst im Namen des Vaters, des Sohnes und des Heiligen Geistes.* Durch die trinitarische Formel wird zugleich eindeutig, dass es sich explizit um einen christlichen Gottesdienst handelt. Segen und Entlassung beenden zumeist diesen Gottesdienst. Während des Gottesdienstes ist der Raum im weiteren Sinn des Wortes heiliger Raum. In der Praxis kann es sich vor und nach den genannten Formeln durchaus um einen Klassenraum in einer Schule handeln. Eine Analogie findet sich im islamischen Gebet bei dem in Richtung Kaaba ausgerichteten Teppich, der während des Zeitfensters der Absichtserklärung zum Gebet und des Abschlusses zum heiligen Raum wird. Auch ein Gongschlag am Anfang und Ende einer Meditation kann einem Raum eine zeitbedingte heilige Qualität geben.

So offen der Religionsbegriff auch sein mag, so verliert er letztlich seinen Sinn, wenn nicht der – zumindest implizite, aber wesentliche – Transzendenzbezug mit hineingenommen wird. Was dieser Faktor bedeutet, soll ebenfalls kurz an einigen Beispielen verdeutlicht werden. Eine Moschee ist vom Wort und seiner Grundbedeutung her nicht mehr oder weniger als der „Raum, an dem man sich niederwirft". Dieser Raum muss zwei Bedingungen erfüllen, die ebenso notwendig wie hinreichend sind. Eine Moschee als heiliger Raum, sei es nun die Sultan Ahmed Moschee in Istanbul oder der bereits erwähnte Gebetsteppich am Straßenrand, muss in Richtung Kaaba weisen und er muss kultisch rein sein.

Der Transzendenzbezug ist damit deutlich: Er richtet sich auf den Ort (die Kaaba), der nach islamischer Vorstellung in Sure 2 des Korans in den Versen 142–145 als irdisch-lokale Verbindung zur Transzendenz eingesetzt wurde. Nachdem die beiden *notwendigen* Bedingungen genannt wurden, folgt nun in Kürze die Nennung der *Möglichkeiten*: Der Gebetsteppich kann das Muster einer Gebetsnische beinhalten, er kann grafisch ausgestaltet, mehr noch in höchstem Maße, wenn auch diskret, durchgestylt sein, in feinster Weise geknüpft, aber er muss es nicht. Die oben erwähnte Sultan Ahmed Moschee ist ein architektonisches Meisterwerk hohen Ranges. Entscheidend ist bei ihr, dass sie wie der Gebetsteppich die beiden genannten Kriterien Gebetsrichtung (Mihrab) und kultische Reinheit erfüllt, – oder dass zumindest, wie bei der gegenüberliegenden Aya Sofya, die zuvor als Hagia Sophia fast ein Jahrtausend lang das bedeutendste Kirchengebäude des oströmischen Reichs war, die Gebetsnische eingebaut wird.

Am Beispiel der Hagia Sophia bzw. Aya Sofya lassen wiederum gerade die wechselnden Grenzziehungen unterscheiden, wie die Bedeutung heiliger Räume und ihre Ausgestaltung bis hin zur Kunst festgelegt wird: Als Kirchengebäude war die Hagia Sophia theologisch gesehen auf Christus hin ausgerichtet, konnte (und sollte) das Bild des christlichen Allherrschers (Pantokrator) tragen und durchaus mit Bildern der Personen der biblischen Überlieferungen geschmückt sein. Geographisch gesehen ist sie nach Osten hin ausgelegt, also im wörtlichen Sinn orientiert. Alle Möglichkeiten dessen, was *Kunst* innerhalb des christlichen Rahmens zu bieten hatte, durfte in ihr verwendet werden, soweit sie christlicher Lehre entsprechen. Eine Statue, die Maria darstellt, ist damit möglich und erwünscht, eine vergleichbare Darstellung der Isis nicht.

Gut ein Jahrhundert nach Fertigstellung der Hagia Sophia wurde allerdings in der orthodoxen Konfession des Christentums diskutiert, ob Bilder von Heiligen inklusive Christus selbst als Gestaltungen der Kunst legitim seien oder gegen das biblische Bilderverbot verstießen. Schließlich wurde entschieden, dass die Bilder als Ikonen – ausgehend von einer tendenziell platonisch verstandenen Lehre – als in die weltliche Gegenwart hineinwirkendes Abbild des Transzendenten nicht nur toleriert und gewürdigt, sondern sogar erwünscht waren und zum Kanon einer orthodoxen künstlerischen Kirchenausgestaltung gehören.

Nach der muslimischen Eroberung Konstantinopels 1453 wurde dasselbe Gebäude zur Aya Sofya Moschee. Damit mussten die menschlichen Darstellungen durchgehend entpersonalisiert, wenn nicht gar übermalt werden. Analog findet sich auch im Zeitalter der Reformation z. B. in Rumänien die Bewegung, den katholischen Bilderkanon zu übermalen, da er durch Vergegenständlichung nicht zum Wort Gottes führe, sondern vielmehr vom Wort ablenken würde. Es wird deutlich, dass auch in Bezug auf das Verständnis von heiligen Räumen gleiche Phänomene in unterschiedlichen Religionen auftauchen und unterschiedliche Phänomene in derselben Religion existieren können. Umso wichtiger werden genaue Unterscheidungen und die Gewichtung der jeweiligen Begründungen dieser Unterscheidungen. Die innerreligiösen und interreligiösen Begründungen sind insofern höchst bedeutsam, geradezu elementar, weil durch sie erst ein Raum zum heiligen Raum wird.

Es wurde bereits darauf hingewiesen, dass jede Religion ihre spezifische *Begründung* hat, warum (ihr) ein Raum heilig ist. In vielen Religionen ergeben sich letztlich klare, oftmals narrative, Linien der Begründung für die Heiligkeit von Raum. So erhielt Muhammad von Gott/Allah den Koran. Im Koran wird die

Kaaba als Zentralheiligtum begründet und die einzelnen Moscheen wurden grundsätzlich als Orte des Gebets eingesetzt. Das heißt in umgekehrter Richtung: Raum ist im Islam deswegen bzw. insofern heilig, weil er als Ort der Niederwerfung eingesetzt oder mehr noch spezifisch als solcher gebaut wurde, – oder, als sekundärer Faktor, unter Umständen, weil durch das Mausoleum einer als heilig verstandenen Person Kraft von ihm ausgeht.

Diese Orte können und sollten schließlich dann im Rahmen des islamisch Gebotenen künstlerisch ausgestaltet werden. Geboten sind vor allem grundsätzlich abstrakte Faktoren, die nicht vorgeben, Gottes Schöpfung des Lebendigen oder gar ihn selbst nachzuahmen. Dabei kann versuchsweise folgende absteigende Linie des in heiligen Räumen als Kunst Verbotenen aufgestellt werden: plastische Darstellungen Gottes, des Propheten, der Heiligen, der Menschen, der Tiere, der Pflanzen; daraufhin bildliche Darstellungen in dieser Reihenfolge.

Positiv bedeutet dies: Architektur in all ihren Formen kann verwendet werden von der klassischen Kuppelbauweise bis hin zum Moscheetyp im Subsahara-Afrika oder dem konfuzianischen Stil der Moschee in Xi'an in China oder der zweistöckigen Moscheen in Kerala. Der kunstvollen Verwendung von Architektur sind wenige Grenzen gesetzt; zumeist wird von einem möglichst rechteckigen Raum ausgegangen, der mit der Längsseite (!) zur Kaaba hin ausgerichtet ist. Als Mittel der inneren Ausgestaltung des Raums sind – aufgrund der Niederwerfung im Gebet Teppiche angemessen, wobei abstrakte Muster und eine Gebetsnische eingewebt sein können. Sie sind tendenziell in möglichst künstlerisch hochwertiger Weise willkommen. Ornamentik und Schriftzüge können die Wände des weitestgehend leeren Raums weiterhin ausgestalten. Auf dieser Grundlage hat sich z. B. eine Innenkuppelgestaltung in höchster architektonischer Feinheit und farbintensiver Bemalung ergeben.

Da es in diesen Ausführungen vor allem um grundsätzliche Betrachtungen geht, sei der Hinduismus dem islamischen Beispiel zumindest punktuell diametral gegenübergestellt. Entscheidend ist im Hinduismus für den heiligen Raum gerade das (zentrale) plastische Kultbild. Es mag sich dabei um eine Steingestalt des Lingam Shivas handeln oder um eine differenzierte Statue seiner imaginären, überanthropomorphen Gestalt als Nataraja. Selbst die ganze Tempelanlage kann anthropomorphe Gestalt (als Purusha) symbolisieren. Die Gegenständlichkeit ist, zumindest seit gut zweitausend Jahren, inhärentes Moment hinduistischer Räume, insbesondere in deren kultischem Zentrum.

Gemeinsam ist den Religionen auf einer abstrakten Ebene weitestgehend, dass die Bedingungen für einen heiligen Raum zwar wesentlich und grundlegend, aber zugleich auch minimal sind. Beim Hinduismus geht es darum, dass die Heiligkeit der jeweiligen Gottheit in ihrem Transzendenzbezug, auf die sich die Zeremonie im Raum bezieht, anhand eines ihr entsprechenden Gegenstands symbolisiert wird oder zumindest in angemessener Weise in den Gegenstand rituell herbeigebeten werden kann. Analog zu den Gebetsteppichen oder auch den für eine Migrationsgesellschaft vielfach beschriebenen so genannten „Hinterhofmoscheen" analysiert Katharina Limacher[1] in geradezu minutiöser Weise, wie heilige Räume als Hindutempel unterschiedlicher Art und religiöser Ausrichtung etwa in ausgelagerten Fabrikräumen gestaltet und rituell prozesshaft zelebriert werden können.

Die Beispiele zeigen, wie anhand der genannten und weiterer Gegenstände und entsprechender Rituale bereits vorhandene, nicht religiös genutzte, nun verlassene Räume explizit *in heilige Räume* des Hinduismus *situativ transformiert* werden können. Gewiss werden bei Gebäuden, die spezifisch als hinduistische Tempel gebaut werden, bereits die Mauern als Abgrenzung nach außen entworfen und konstruiert, vielfach auch dementsprechend z. B. rot-weiß gestreift bemalt, mit Turmaufbauten versehen und so weiter.

Dennoch sind es die von den Angehörigen der Religion gesetzten Grenzen von Innen und Außen, von Vorher, Jetzt und Nachher, sowie die Ausgestaltung vom Zentrum her, die einen Raum zum (ihnen) heiligen Raum machen: Im Moment der Ausgestaltung und des Prozesses der heiligen Zeremonie in, für und durch die heilige Gemeinschaft *wird der Raum ausgehend von seiner symbolisch religiösen qualitativen Mitte her heilig*. Die genannte Mitte kann die geschmückte und geweihte Shiva (oder Vishnu, Ganesha etc.) Statue konkret oder abstrakt ausgestaltet im Hinduismus sein, wie es im Christentum die Bibel, dann für den eigentlichen Prozess der Abendmahlskelch mit Patene, Brot und Wein ist, im Islam das Wort des Korans und das Gebet oder die Torarolle im Judentum.

Bemerkenswert ist bei heiligen Räumen in vielen Religionen, dass davon ausgegangen wird, dass ein zentrales Moment der Heiligkeit auch in physischer Form in dem Raum vorhanden ist, auf das sich die Heiligkeit konzentriert und von dem sie ausgeht. Der Islam als in diesem Sinn weitgehend ungegenständliche Religion bildet dabei tendenziell eine Ausnahme; es ist eher der Klang des Wortes, der den Raum eines Moscheegebäudes erfüllt.

Innerhalb eines katholischen Kirchengebäudes kann es sich um eine Reliquie handeln, die sowohl die kausale wie fundamentale Begründung für die Heiligkeit des Raums liefert, als auch gleichermaßen ihre eigene Heiligkeit in den Raum hineinstrahlt, so dass eine für Lebende wie auch Verstorbene heilbringende Wirkung von ihr ausgeht. Analog dazu kennt der Buddhismus, besonders in seiner Mahayana- und Vajrayana-Richtung, Ausstrahlungen solcher Heiligkeit, die von erleuchteten Meistern, einer mit Buddha oder Buddhas Lehre verbundenen Substanzialität ausgeht. Auch dem Islam in seinen mystischeren Formen ist die Vorstellung nicht fremd, dass die Heiligkeit als Segensmächtigkeit (barakat) von einer verstorbenen heiligen Person ausstrahlt. Der Raum selbst erhält seine Atmosphäre der Heiligkeit in diesen Fällen also von einem Gegenstand ausgehend, bei dem es sich zumeist um verstorbene Perso-

---

[1] Limacher 2021.

nen, Teile oder mit dieser Person in Verbindung zu bringende Gegenstände handelt.

Deutlich abstrahiert findet sich der Gedanke in Theravada-Tempeln, die einen Ableger von dem Bodhi-Baum haben sollen, unter dem Buddha sein Erwachen gefunden habe, oder zumindest auch ein Schriftstück von ihm, oder Statuen, die seine Gestalt und damit sein Wesen verkörpern.

3. Legitimierung religiöser Kunst im heiligen Raum

Bisher wurden viele Komponenten genannt, die in Hinblick auf das Verständnis von Kunst und künstlerischen Möglichkeiten der Gestaltung im Raum weiterführend sind. Es wird deutlich, dass zunächst bei allen heiligen Räumen eine Transzendenzvorstellung die Voraussetzung bildet, um sie grundsätzlich als heilig zu verstehen. Des Weiteren zeigt sich, dass jede Religion jedoch ihr eigenes Verständnis von Transzendenz hat und dementsprechend auch ein eigenes Verständnis, was für sie heilig ist und daraufhin, was für sie ein heiliger Raum bedeutet. Zudem wurde anschaulich, dass innerhalb der Religionen selbst heilige Räume von nicht heiligen Räumen explizit und zumeist definitiv abgegrenzt sind.

Weiterhin wird deutlich, dass heilige Räume von der *Bedeutung* aus bestimmt werden, die ihnen innerhalb der Religionen zugedacht wird. Damit werden die Räume von den Religionen aus festgelegt und *begründet*: Dieser Raum ist – aufgrund dieses Ereignisses oder des Mythos, der Offenbarung des Korans und der daraus abgeleiteten Religion, des Wirkens Christi in der Welt und der daraus abgeleiteten Sakralität etc. – zumindest zu dieser Zeit und unter diesen Umständen heilig. Zudem können heilige Räume auch im Freien sein, wie in der Gegenwart die Westmauer für das Judentum; sie können spezifisch für religiöse Anliegen gebaut worden sein, oder sie werden entsprechend modifiziert. Die Modifikation geschieht auf der Grundlage der jeweiligen Religion und ihrer Bestimmungen.

Unter diesen *expliziten und definitiven* Voraussetzungen, des Bewusstseins um Zentrum, Begründung und Abgrenzung gegenüber anderen religiösen Vorstellungen oder auch der säkularen Welt, können Hindutempel, Synagogen oder Kirchen in Moscheen umgestaltet werden, Kirchen in Synagogen oder Lagerhallen, die dann wieder zu Kirchen werden; auch können Fabrikgebäude zu Moscheen oder Hindutempeln werden, oder Moscheen zu Museen und schließlich wieder wie die Aya Sofya zu Moscheen. Entscheidend sind also Definition und Bestimmung aus der religiösen Binnensicht heraus und die entsprechenden notwendigen Voraussetzungen an religiös aufgeladenen Gegenständen oder Prozessen. Dieses Innen meint gleichermaßen die Personen, die dem

Gebäude ihren heiligen Sinn geben, transformieren oder wieder nehmen können, ebenso wie das Innere, was das Gebäude – über die Anwesenden hinausgehend – statisch oder im Prozess zum Heiligen macht: die Shivastatue, der Abendmahlskelch, die Tora-Rolle etc. Zwischen den beiden Polen der Abtrennung mit spezifischer heiliger Sinngebung und dem Zentrum, durch das die Heiligkeit symbolisiert und verkörpert wird, befindet sich gleichsam der Raum, in dem sich künstlerische Gestaltung vollziehen kann.

Vom Bronzegießer einer Shivastatue wird erwartet, dass er im künstlerischen wie religiösen Sinn eine möglichst ästhetisch perfekte und zugleich religiös aufgeladene Statue erstellt, ohne dass dabei ein Ornament oder Schriftzug verwendet werden muss. Demgegenüber erwartet man – wenn möglich – ornamentale und kalligraphische Vollkommenheit neben architektonischen Meisterleistungen beim Bau einer Moschee, die, wie erwähnt, demgegenüber keinesfalls ein plastisches Kunstwerk beinhalten darf, das im Entferntesten an ein Lebewesen erinnern könnte.

4. Sinnentsprechende Gesamtgestaltung des heiligen Raums

Architektonisch gesehen können in die Gesamtgestaltung des konstruierten, also zumeist: gebauten, heiligen Raums hinein primäre wie sekundäre oder gar tertiäre Aussagen der jeweiligen Religionen ausgestaltet werden. Elementar ist zunächst die Grundform. Im Kuppelbau, insbesondere im Zentralkuppelbau z. B. bei Kirchen und daraufhin auch bei Moscheen, kann die Zentrierung plastisch mit in die Architektur aufgenommen werden, auch wenn das Gebäude selbst eine rechteckige Form hat wie etwa der Petersdom. Das Rechteck wiederum kann *orientiert*, d. h. wörtlich wie bei Kirchen nach Osten ausgerichtet sein, dann aber auch zur bereits erwähnten Kaaba im Islam zeigen, nach Jerusalem im Judentum, oder nach Westen, um den morgendlich von Osten einfallenden Sonnenstrahl aufzunehmen wie bei altägyptischen Tempeln. Beim Rechteck kann auf zwei besondere Formen verwiesen werden: das Quadrat, das auf seine Weise wiederum eine Zentrierung erlaubt, insbesondere, wenn es eine Kuppel trägt, – die Symbolik von Erde als Quadrat und Kuppel als Himmelszelt liegt in diesem Fall nahe; oder spezifisch für das Christentum, dass die Kreuzform mit eingebaut wird, die auf das Kreuz Christi verweist. Bei der architektonischen Kreuzform können beide Arme gleich lang sein und sich in der Mitte treffen, oder aber das Hauptschiff ist länger als das Querschiff und beide treffen sich am nach Osten verlagerten Altar. Ausrichtung und Zentrierung sind dabei zwei wesentliche Momente, die architektonisch gemäß dem Inhalt der Religionen künstlerisch gestaltet werden können. Beide Faktoren können z. B. im Kuppelbau miteinander verbunden werden.

Architektonisch findet sich die Möglichkeit, auch einzelne, nicht periphere Momente der Religionen quasi mit in das Gebäude einzubauen. So können vier Stufen bei buddhistischen Gebäuden auf die vier Wahrheiten der buddhistischen Lehre deuten, oder acht Ringe eines Turms auf den Edlen Achtfachen Weg, der zum Nirvana führt. Im Christentum wird entsprechend die Vierzahl als die Zahl der Evangelisten, die Zwölf als die der Apostel, die Drei als die Zahl der Trinität und so weiter architektonisch verwirklicht.

Bedeutsamer ist in diesem Zusammenhang jedoch die innere künstlerische Ausgestaltung des heiligen Raums. Hierbei haben die Angehörigen der Religionen in hohem Maße insbesondere durch die Malerei und Innenausstattung die Möglichkeit, Inhalte ihrer Vorstellungen zum Ausdruck zu bringen. Auf die Sonderstellung des Islams wurde schon hingewiesen: Die Symbolwelt des Islams ist weitgehend abstrakt und ungegenständlich. Das betrifft die gesamte Gestaltung des Islams im engeren Sinn, die kein Opferritual im Mittelpunkt hat, keine Bilder verwendet und auch weitestgehend auf Gegenstände in der gesamten rituellen Religionsausübung verzichtet.

Religionen, die keine Einschränkung in der bildnerischen Darstellung haben, gestalten mitunter den gesamten heiligen Raum mit ihrem Bilderkanon aus. Das kann etwa für die Tempel des Theravada-Buddhismus in Thailand zutreffen, wenn gemäß dem Kanon sowohl Episoden aus Buddhas Leben oder auch seiner früheren Leben dargestellt werden, den Weg zum überzeitlichen Nirvana und die jenseitigen Welten als zeitbedingte Höllen oder Himmel. Darüberhinausgehend bietet die orthodoxe christliche Konfession mit der Ikonostase eine Bilderwand, die den Raum der Glaubenden vom Allerheiligsten gleichermaßen abtrennt und beide Sphären miteinander verbindet. So kann die gesamte Kirche mit Themen der Religion bemalt werden, die auf die himmlische Welt verweisen und den Partizipierenden Zugang zu ihr verschaffen. In diesem Fall wird ein sakraler, eigentlich schon transzendenter Raum des Priesterkultes definitiv abgesondert, aus dem heraus in den allgemeinen heiligen Raum der Glaubenden als zu beweihräuchende menschliche Ikonen Gottes gewirkt wird.

Die Interpretationen und das Verständnis der Bemalungen der als Beispiel gewählten Räume kann bei einer differenzierten Analyse vielgestaltig sein: Zunächst wird das überzeitliche religiöse Geschehen wie auch der überzeitliche Raum im heiligen Gebäude anschaulich sichtbar gemacht. In symbolischer Weise wird gezeigt, wie der Raum der Trinität, der Heiligen, der Höllen oder des Buddhageschehens aussieht. Im weltlich heiligen Raum der orthodoxen Kirche oder des theravada-buddhistischen Tempels wird der überweltlich transzendente Raum gewissermaßen vor Augen geführt, gleichsam als *demonstratio ad oculos*.

Bemalungen können intentional mit Mahnung und Ermutigung verbunden sein, den von der Lehre der Religion aus gesehen falschen Weg nicht zu gehen, sondern den richtigen Weg zu verfolgen. Weiter geht ein Verständnis, das die religiös überzeitlich-räumliche und damit sowohl höher als auch tieferliegende Wirklichkeit in die zeitliche-räumliche Gegenwart hineinholt, so dass diese Gegenwart dadurch an der überzeitlichen Dimension Anteil hat. Auf die Betrachtenden bezogen bedeutet dies, dass sich die entsprechende Person partiell vor oder gar ganz in dieser übergeordneten Wirklichkeit befindet, soweit sie den entsprechenden Raum betritt. Damit wäre das letzte und eigentliche religiöse Ziel erreicht. Das für die Religion jeweils Heilige wird in diesem Raum als präsent und in diesem Sinn wirklich, real, umgesetzt und kann dadurch von den im Raum befindlichen Personen interaktiv erfasst werden: Sie lassen den profanen Raum zurück und treten im heiligen Raum in Beziehung zur Heiligkeit. Sie kontaktieren die im Raum präsente Heiligkeit aktiv, etwa mit ihren Gebeten, und lassen sich zugleich von ihr bestimmen.

Aus diesem Ziel heraus lässt sich die Aufgabe der Kunst in heiligen Räum ableiten: Durch die künstlerische Gestaltung soll der Weg zur Erfahrung der Heiligkeit in möglichst angemessener und überzeugender Weise vollzogen werden können. Dieses Anliegen richtet sich an die einzelne Person ebenso wie an die Gemeinschaft und ist damit intentional religiös auf das Ziel hin bezogen, dessen Verwirklichung durch das Kunstwerk nahegelegt werden soll.

Bei den genannten Religionen und Konfessionen wird mitunter eine gewisse Vollständigkeit angestrebt, so dass etwa in den Ikonenwänden oder auch in den buddhistischen Darstellungen jeweils möglichst die gesamte Lehre in ihrer Geschichte, Tiefendimension und Intention dargelegt wird. Der ganze Innenraum steht der Kunst zur Verfügung, für Malereien insbesondere die Wände, manchmal aber auch Nischen und Torbögen, die den Kunstwerken zusätzlich plastische Wirkung geben. Dass mitunter auch weltliche Machtinteressen der Mäzene eine Rolle spielen können, soll nicht ausgeschlossen werden. Die grundsätzliche innerreligiöse Bedeutung ist jedoch auf die Überweltlichkeit ausgerichtet, die in diese Welt hineinwirken und präsent gemacht werden soll.

In den beiden ebenfalls als Beispiel genannten Religionen Islam und Hinduismus stehen sich zwei Pole gegenüber, die in Bezug auf andere Religionen punktuell Analogien finden: Innerhalb der einen Religion des Christentums gibt es eine Bandbreite von der bis in die letzte Fläche kunstvoll ausgemalten Kirche, deren Bilder als Ikonen typisiert und kanonisiert sind, bis hin zur protestantischen, insbesondere der darin am weitesten gehenden calvinistischen Kirche, in der ein eher leerer weißer Gottesdienstraum nur im analogen Sinn zu heiligen Räumen im eigentlichen Sinn verstanden und sich auf wenige, einfach gestaltete Gegenstände wie Abendmahlsgeschirr, Bibel und Kreuz konzentriert wird, während die Kunst in den profanen Bereich verwiesen ist. Ebenso steht im Buddhismus einem im höchsten Maße kunstvoll bildnerisch ausgestalteten Theravada-Tempel, wie er sich z. B. auch in Bangkok vielfach findet, ein Raum für Zen-Meditation gegenüber, der praktisch leer sein kann und damit hilft, sich auf die Leerheit (Shunyata) einzulassen.

5. Heilige Areale

Eine weitere Kategorie des heiligen Raums bilden ganze Tempelstädte oder z. B. die altägyptischen Nekropolen, bei denen ein weit gefasstes Areal zum eingegrenzten Raum der Heiligkeit wird. Auch bei diesen umfangreichen heiligen Arealen finden sich vielfach Abgrenzungen, etwa die Mauern von Angkor Wat (Kambodscha) oder die exakte Abgrenzung der Shwedagon Pagode (Yangoon/Myanmar), die letztlich ebenfalls eine Ansammlung von Stupas umfasst, die sich im Umkreis der goldenen Pagode im Mittelpunkt befinden. In diesem Areal kann durchaus ein Picknick abgehalten werden. Verbindlich ist jedoch die Erwartung, dass schickliche Kleidung getragen wird. Es liegen Tücher bereit, die denjenigen gereicht werden, die für das Verständnis dieses heiligen Areals zu freizügig gekleidet sind, – und sollte jemand dieses Angebot beim Hineingehen in den heiligen Bezirk fahrlässig ignorieren, so wird sie oder er höflich aber bestimmt gebeten, sich gemäß dem dort erwarteten Anstand zu bedecken.

Das Bewusstsein, dass es sich bei den gesamten Arealen um durchstrukturierte, geordnete Räume gemäß des jeweiligen Verständnisses von Heiligkeit handelt, wird unter anderem durch die erwartete Kleidung verdeutlicht wie z. B. Ausziehen der Schuhe in Hinduismus oder Islam; bedecken der ‚Aura' im Islam, aber letztlich auch im Buddhismus, oder umgekehrt, der Oberkörper muss frei bleiben und dementsprechende (hinduistische) Tempelareale sind nur Männern zugänglich. Als Besonderheit eines umfangreichen islamischen heiligen Raums sollte noch auf das gesamte Areal um die Kaaba von Mekka verwiesen werden, das von Nicht-Muslimen nicht betreten werden darf.

6. Heiliger Raum und Frieden

Was *Frieden* innerhalb von Religionen meint, ist unterschiedlich. Wörter wie Shanti, Schalom, Salam etc. implizieren je nach Religion unterschiedliche Bedeutungen. Es ist bemerkenswert, dass dem je eigenen Friedensbegriff in heiligen Räumen ein besonderes Gewicht zukommt, denn die Gebäude und Areale, selbst die improvisierten Räume im Freien sollen im Allgemeinen auch kunstvolle Gestaltungen sein, die ihre Art von Frieden für die Anwesenden vermitteln. Vielleicht ist es nicht nur die Würde, sondern auch gerade dieser jeweilige Friede, der – insbesondere von Außenstehenden – nicht gestört werden darf.

Zugleich erlaubt das Verständnis des heiligen Raums als künstlerisch ausgestalteter Ort des intendierten Friedens nachzuvollziehen, warum Personen diese Räume aufsuchen. Sie kommen nicht nur, um zu beten, bitten, opfern, meditieren oder dergleichen, sondern auch um dort zur Ruhe zu kommen. Mitunter mag das plätschernde Wasser des Brunnens für Waschungen im Islam, in der Ulu Cami in Bursa z. B. sogar innerhalb des Gebäudes selbst, einen Moment dieses Friedens ebenso zum Ausdruck bringen wie die vielfach erwartete Stille – was nicht bedeutet, dass es innerhalb des je geordneten Raums und Rahmens nicht klangvolle Rituale geben kann.

Der islamische Frieden findet seinen Ausdruck in der Offenheit und Leere, dem weiten Raum innerhalb der Moschee: Es gibt nur den einzelnen Glaubenden, die Muslimin und den Muslim, die dann wieder als einheitliche Gemeinschaft (Umma) vor Gott stehen, sich ihm hingeben und sich seinem Wort (als Koran) unterordnen. Es braucht nicht mehr. Dafür ist Raum und Ruhe. Die Teppiche mögen eventuelle Missklänge noch abmildern. Zugleich erleichtern sie die Niederwerfung. Das Schöne, Kunstvolle dieses heiligen Raumes liegt in seiner Einfachheit und in einer mitunter – insbesondere in Nischen und Kuppel – hoch komplexen und doch ausgewogenen Architektur, die in ihrer Ausgestaltung das Auge zur Ruhe kommen lässt. Der Moscheekomplex ist weiträumig, im Idealfall zweigeteilt in einen offenen, zwar abgegrenzten, aber nach oben hin nicht abgedeckten Raum der Vorbereitung und der Waschungen und einen weiteren Raum des expliziten Gebets, der je nach Kulturkreis und Klima mehr oder weniger weitläufig abgedeckt ist.

In anderen Religionen mag dieser Frieden dadurch zum Ausdruck gebracht werden, dass die ungeordnete diesseitige Welt zwar – mitunter auch humorvoll – durchaus abgebildet werden kann. Buddhistische Tempelmalereien in Thailand können wieder als Beispiel verwendet werden. Bilder der Höllen (naraka) können zwar auch Schrecken hervorrufen, doch die eigentliche in Spannung dazu stehende Wirkung des Friedens wird von der Buddhastatue und dem positiven Bilderkanon der überzeitlichen buddhistischen Gegenwart ausgestrahlt. Der vielfach rhythmische Vortrag buddhistischer Hymnen mag den Raum ebenfalls mit einer Atmosphäre des Friedens erfüllen.

Die Glaubenden in orthodoxen Kirchen werden mit dem ewigen Frieden der Heilsgeschichte und spezifisch dem Frieden Christi umgeben. Soweit sie oben in die Apsis sehen, wissen sie, der Pantokrator (Allherrscher) schaut sie an, bereit, mit ihnen das Mahl des ewigen Friedens zu feiern.

Die schon implizit angesprochene Spannung von Schrecklichem und Harmonie lässt sich bei fast allen Religionen in heiligen Räumen finden. So kann das Schreckliche im christlichen Rahmen im Kruzifix gefunden werden, wenn mitten in der Umgebung von Harmonie sich das Bild des Gekreuzigten findet, mitunter im weiteren Raum noch die Bilder von Märtyrern, gelegentlich mit ihren Marterinstrumenten ergänzt. Im Alten Israel waren es die geschlachteten Tiere im Tempel. Im rabbinischen Judentum lässt sich auf das Leichenhemd verweisen, das zu Jom Kippur getragen wird und den Ernst des Gerichts deutlich werden lässt. Im Islam findet sich ebenfalls nur ein einzelnes Moment des Schrecklichen, nämlich gegen Ende der Wallfahrt in Mekka, wenn hunderttausende von Tieren innerhalb von drei Tagen geschlachtet werden. Im Hinduismus und Buddhismus begegnen Darstellungen von Gottheiten mit Schädelkränzen, im Hinduismus mitunter auch blutige Tieropfer.

Die Momente des Schrecklichen stehen entsprechend Husemanns Ausführungen in ihrem Artikel „Schön traurig"[2] der Ästhetik des Schönen spannungsreich gegenüber, um ihm Tiefe und Ernst zu verleihen, anzusprechen und im Innersten zu bewegen, – wobei auch das Schreckliche zumeist in schöner Weise dargestellt wird. Durch das negative Element kann das Positive umso intensiver erlebt werden und es entsteht nicht nur ein oberflächlich heiliger Raum eitler Harmonie. Aus der damit gewonnenen tieferen Ebene des Friedens kann wiederum Kraft geschöpft werden. Denn der heilige Raum an sich und in sich ist zugleich geordnet, gestaltet und sicher, also im modernen Vokabular ein *Safe Space*, in dem sich in manchen Religionen sogar gut und geschützt schlafen lässt.

Zugleich wird der Raum zur Sprache, die die komplexe Bedeutung der Religion in sich konzentriert: im Judentum in der Fokussierung auf die Weisung, der man sich anvertraut und die einem zur Erfüllung anvertraut ist, die durch die Torarolle im Raum verkörpert sein kann; im Christentum durch den Erlöser, der sich in seiner Gnade am Altar in (gewandeltem) Brot und Wein reicht; im Islam durch den einzigen Gott, dem und dessen Rechtleitung man sich in diesem Raum explizit auf dem dort liegenden Teppich unterwirft; dem Gebet und der Meditation gegenüber der Buddhastatue und umgeben von der buddhistischen Bilderwelt des Raums, oder auch dem Shiva-Lingam in der hinduistischen Tempelcella, um je zentrale Raummomente und Vorgänge in diesem Safe Space noch einmal konzentriert einander gegenüber zu stellen.

An diesen Beispielen wird wieder deutlich, dass eine adäquate Einschätzung religiöser Kunst in heiligen Räumen von der jeweiligen, zentralen Gesamtintention der Religionen oder religiösen Strömung ausgehen muss, um sie schätzen und würdigen zu können. Besonders deutlich werden solche Momente an Ausgestaltungsformen, die einander diametral gegenüberstehen und sich dabei mitunter sogar noch innerhalb ein und derselben Religion finden können. Mehr noch, selbst innerhalb des Hinduismus shivaistischer Prägung kann der heilige Raum durch ein fast formloses Shiva-Lingam ebenso ausgefüllt werden wie auch durch eine fein gestaltete überanthropomorphe Shivastatue wie die berühmte klassische Gestalt des Nataraja aus dem Tamilnadu des 9.–13. Jahrhunderts, in der der Gott bei aller erschaffenden Dynamik mit seiner Trommel in einer Hand und der Zerstörung durch das Feuer, das er in einer

---

[2] Husemann 2018.

anderen Hand hält, zugleich den Betrachtenden die Handgeste (Mudra) der Furchtabwehr und damit des Friedens entgegenhält.

Literatur

in Auswahl (aus dem nicht-christlichen Bereich; insbesondere mit instruktiven Abbildungen)

Allgemein:

Stierlin, Henri (2006): Heilige Stätten der Menschheit: Kathedralen, Tempel und Moscheen (Unsere Geschichte in Flugbildern 3), München.

Glancey, Jonathan (2017): Architektur, Bauwerke, Geschichte, Stile, Kulturen (Kompakt & Visuell), München.

Schmitz, Bertram (2022): Religion als Kunst. Von der religionswissenschaftlichen Theorie bis zum interreligiösen Kunstwerk, Baden-Baden.

Altes Ägypten:

Erik Hornung (1996): Tal der Könige – Ruhestätte der Pharaonen, Augsburg.

Kurth, Dieter (1994): Edfu – Ein ägyptischer Tempel gesehen mit den Augen der Alten Ägypter, Darmstadt. *(Ein Tempel, der durch die Hieroglyphen an seinen Wänden ein beschriebenes Buch darstellt.)*

Judentum:

Krinsky, Carol Herselle (1998): Europas Synagogen – Architektur, Geschichte, Bedeutung, Stuttgart. *(Eine weitgefächerte Übersicht)*

Clorfene, Chaim (2005): The Messianic Temple, Understanding Ezekiel´s Prophecy. Illustrated, Jerusalem. *(Der dritte, noch zu erwartende, messianische Tempel nach den Beschreibungen des Propheten Ezechiel)*

Islam:

Frischmann, Martin / Khan, Hasan-Uddin (2002): Die Moscheen der Welt, Köln. *(Historischer und universaler Überblick)*

Korn, Lorenz (²2023): Geschichte der islamischen Kunst, München. *(Heilige Räume im Kontext der Kunst)*

Hinduismus:

Limacher, Katharina (2021): Donig mandir, doing kovil. Eine empirische Untersuchung hinduistischer Tempelpraktiken in der Schweiz und in Österreich, Baden-Baden. *(Eindrückliche Beschreibung des Tempelrituals in einem ehemaligen Fabrikgebäude)*

Stierlin, Henri (1998): Hinduistisches Indien, Tempel und Heiligtümer von Khajuraho bis Madurai, Köln. *(Überblick)*

Vogel, Claus (1963): Tempel der Liebesfreuden, Wiesbaden. *(Speziell zu den Bildern in Khajuraho)*

Buddhismus:

Kanchana, Piyaphon (Hg.) (1996): Wat Suthat Dhepwararam, Bangkok. *(Detaillierter Einblick in eine einzelne Tempelanlage und ihre Bilderwelt)*
Jacques, Claude (1999): Angkor, Köln. *(Überblick über ein Tempelareal als heiliger Raum)*

Allgemein zur Spannung zwischen Harmonie und dem Schrecklichen in der Kunst:

Husemann, Anna (2018): „Schön traurig" – Negative Gefühle genießen – eine neue Studie zeigt, warum uns das in Film, Musik und Kunst gelingt, in: Forschung & Lehre 25 3.18, 250.
Eco, Umberto (Hg.) (2014): Die Geschichte der Schönheit. München. *(Zu dem Thema Kapitel V)*

Sacred Geography: natürliche Plätze als heilige Räume

Hans Gerald Hödl

Ursprünglich ist menschliche Raumerfahrung nicht die eines umbauten Raumes, der ja erst von Menschen errichtet werden muss. Sodann sind umbaute Räume nicht die einzigen Orte, die Menschen für die Ausübung von Riten markieren oder aufsuchen. Schließlich können natürliche Plätze, Orte oder Phänomene in der Landschaft selbst „Heiliges" markieren.[1] In diesem Essay wird „Heiliges" und „heilig" nicht in dem Sinne derjenigen Religionswissenschaftler_innen verstanden, die von einer eigenen ontologischen Sphäre ausgehen, die sich in religiösen Hierophanien manifestiert (etwa Rudolf Otto, Gerardus van der Leeuw oder Mircea Eliade), sondern als Zuschreibung von Menschen an bestimmte Orte, Ereignisse usw. Weiterhin wird, Carsten Colpe folgend,[2] die Analogie – sowohl im diachronen Gebrauch des Wortes und seiner Äquivalente in europäischen Sprachen und als Entsprechungen erachteter Konzepte in anderen Sprachen, als auch zwischen den einzelnen Sprachen – nicht auf einen äquivoken Begriff reduziert. Der Artikel gibt einen knappen Überblick über die Funktion natürlicher Räume als Schnittpunkte zwischen dem Profanen und dem Heiligen, resp. als besonderen Orten in einer „heiligen Landschaft" in verschiedenen Kulturen und Religionen.[3]

---

[1] Für letzteres kann man zahllose Beispiele aus der Religionsgeschichte beibringen.

[2] „Die Untersuchung der Terminologien kann nur auf Gegebenheiten führen, die einander sachlich nahestehen, aber nicht miteinander identisch sind. Nur, wenn man sie in diesem Status beläßt, kann die [...] Forderung erfüllt werden, individuell den Sinn zu erfassen, den ein Volk, eine Tradition oder eine begriffsgeschichtliche Entwicklungsstufe einem Wort jeweils mitgibt" In: Colpe 1993, 79.

[3] Auch nicht im Geringsten wird hier ein Anspruch auf Vollständigkeit erhoben. Aus Gründen des beschränkten Raumes wurde auch darauf verzichtet, auf Höhlen und Wegkreuzungen einzugehen, die thematisch hierher gehören.

1. Altjira Ngambukala[4]

Wer kaum etwas über die Aborigines Australiens weiß, hat dennoch höchstwahrscheinlich schon einmal den Begriff „Traumzeit" für die mythische Welt, in der die Aborigines leben, gehört. Diese Welt wird üblicher Weise wie folgt dargestellt[5]: Alles, was in der Welt ist, wird im Laufe der Wanderung der Totemvorfahren über das Land erschaffen, sowohl die Naturphänomene als auch die Pflanzen, Tiere und sozialen Institutionen. Diese mythischen Wesen gaben somit der Welt ihre Ordnung; die sakrale Topographie des Landes, das der jeweilige Totemclan bewohnt, gibt die Wege der Totemvorfahren und deren Aufenthaltsorte an. Die Mythen, die sich darauf beziehen, sind somit so etwas wie eine sakrale Kartographie, durch die auch die einzelnen Gruppen miteinander verbunden sind.[6]

Dass der besondere Bereich, von dem diese Mythen und die in der sakralen Landkarte abgebildeten Orte erzählen, als „Traumzeit" bezeichnet wird, ist aber irreführend.[7] Der Begriff selbst ist aus der Übersetzung eines Wortes aus der Sprache der Aranda entstanden. *Altjira* bezeichnet das „Ewige", „Ungeschaffene", das, was aus sich selbst entspringt. In der Verbindung *altjira rama* („das Ewige sehen") bezeichnet es das nächtliche Träumen.[8] Die Zusammensetzung, die im Englischen als *dreaming* und in der Folge im Deutschen als „Traumzeit" wiedergegeben worden ist, *altjira ngambukala*, bedeutet „das, was aus seiner ihm eigenen Ewigkeit hervorgeht"[9] und ist weniger ein zeitlicher als ein räumlicher Begriff. Über das Zeitverständnis der Aborigines ist viel gemutmaßt worden.[10] Was dem_der Europäer_in aufgefallen ist, ist zunächst, dass

---

[4] Dieser Abschnitt folgt der Interpretation des *Dreaming* bei Swain 1995, 19–25; es ist hier nicht möglich, auf die Diskussion um Swains Interpretation einzugehen, die sich – mit den hier angeführten Argumenten – gegen eine „zeitliche" Lesart des *Dreaming* wendet: „It is inevitable that some will feel reluctant to concede [...] that the Dreaming lacks some temporal qualities. After all, do not Aboriginal people themselves speak of residing in the past? The answer is yes, but they also say Dreaming Events exist now, and in this regard ritual performances do not so much perform a past Ancestral action as make manifest something eternally recurring" (ebd., 21).

[5] Vgl. etwa Bräunlein 2006; Schlatter 2005, 5–6.

[6] Vgl. Swain 1995, 27.

[7] „[...] nur wenige Begriffe werden so gründlich falsch verstanden wie derjenige der ‚Traumzeit'. Das ursprüngliche Wort der Aranda *altjira* bedeutet ‚ewig, unerschaffen'. Die Aranda kennen keine abgeschlossene Traumzeit im Sinne einer Vergangenheit, sondern verbinden mit *altjira* die Vorstellung einer Welt, die in der Ewigkeit begonnen hat, deren Ende aber nicht absehbar ist. Die mythischen Totemvorfahren [...] leben heute ebenso fort wie schon seit aller Ewigkeit und sie werden das ewig tun." In: Schlatter 2005, 7; Hervorhebung im Original.

[8] Swain 1995, 21.

[9] Ebd.

[10] Vgl. ebd.

Ereignisse, die mehr als zwei Generationen zurück liegen, nicht erinnert wurden und dass Aborigines, obwohl sie Wörter für Zweiheit und Dreiheit hatten, nicht zählten.[11] Daraus ergibt sich schon, dass sie keine größeren zeitlichen Abläufe in unserem Sinn untergliederten. Daraus wurde geschlossen, dass die Aborigines in der Gegenwart lebten und wenig Sinn für Vergangenheit und Zukunft entwickelt hatten, oder aber, dass sie in einem zyklischen Zeitverständnis befangen gewesen seien. Im Vergleich mit Kosmologien wie der indischen, in der ungemein große und genau abgezählte Zyklen die zeitliche Vorstellung beherrschen, wie auch mit der linearen Zeitauffassung der abrahamitischen Religionen zeigt sich aber, dass die Zeitvorstellung der Aborigines weder zyklisch noch linear gewesen ist. Tony Swain spricht in Anlehnung an Paul Ricœur von einem „rhythmischen Zeitverständnis", in dem konkrete Ereignisse zur Strukturierung der Zeit nach einem Muster gebraucht werden (etwa 30 verschiedene wiederkehrende Begebenheiten, die einen Tag strukturieren, wie z. B. die Farbe des Himmels zu einer bestimmten Zeit).[12] *Altjira ngambukala* oder *dreaming* bezieht sich nun nicht auf einen Zeitraum, der vor oder neben der alltäglichen Zeit liegt, sondern auf zwei Kontexte: Ereignisse, die in Geschichten, Liedern und Emblemen eingebettet sind und *die Orte, an denen die „heilige" Macht, von der die Geschichten erzählen, anwesend ist.* Es sind nicht Zeit und Geschichte, sondern das Land und die genannten Plätze, die die primären Bezugspunkte der mit dem Wort *dreaming* erfassten mythischen Begebenheiten darstellen. Auf der einen Seite sind diese also in einem Jenseits des Rhythmus der täglichen Begebenheiten angesiedelt, auf der anderen Seite mit dem Land verbunden. Dadurch erhalten gewisse Orte in der Landschaft, die man als „geronnene Mythen" bezeichnen könnte, als Repräsentation des Mythischen die Qualität dessen, das in einer Analogie, aber nicht in einer Deckungsgleichheit zu unserem Begriff des „Heiligen" steht.

2. Natürliche Plätze als heilige Stätten

Es handelt sich also bei der „sakralen" Topographie der Ureinwohner_innen Australiens um eine Art der Inskription der Ursprungsmythen in die bewohnte Landschaft – unzählige Totemvorfahren wandern über das Land und transformieren sich in „heilige" Orte. Wir finden auch anderswo hervorgehobene Orte in der Landschaft, die als lokale Repräsentationen des „Heiligen" gelten, jedoch unterschieden von dieser Art der „Sakralisierung" des Raumes. Sie sind oft mit Bereichsgottheiten verbunden, wie etwa in der Religion des antiken Griechen-

---

[11] Vgl. ebd., 19–20.
[12] Ebd., 20.

land.¹³ In der andinen Religiosität unserer Tage sind die Apus, Berggottheiten, immer noch zentral, auch wenn die sie Verehrenden formell Christ_innen sind. Die Erde insgesamt wird mit einer vorinkaischen Gottheit, der Pachamama identifiziert.¹⁴ Sie ist es, die die Früchte wachsen lässt. Ihr ist die Macht gegeben, Leben zu bringen und zu bewahren. Man kann sie als eine typische Fruchtbarkeitsgöttin ansehen.¹⁵ Dem Prinzip der Reziprozität¹⁶ entsprechend, das wir öfter in Religionen der Menschheit im Verhältnis zu Gottheiten finden, wird sie nicht nur angerufen, um Fruchtbarkeit und Gesundheit zu bringen, sondern es werden ihr, die auch als „Heilige Erde" bezeichnet wird, Opfergaben dargebracht.¹⁷ Im Inkareich selbst wurden die Gottheiten der eroberten Völker in das Pantheon integriert, es wurden aber auch „heilige Stätten" als Pilgerziele definiert,¹⁸ unter denen der Titicacasee als besonders heiliger Ort galt, als einer der mythischen Ursprungsorte der Inka, die „eine sakrale Landschaft am Ufer des Sees und vor allem auf den beiden größten Inseln [schufen]".¹⁹ Die unterworfenen Völker wurden von den Herrschern des Inkareiches zur Pilgerschaft zu den heiligen Stätten verpflichtet, die somit direkt der Stabilisierung der Herrschaft dienten.

Vor allem im Theravāda-Buddhismus wird der „Fußabdruck des Buddha", verehrt, der als Zeichen der Anwesenheit des Buddha angesehen wird. Neben künstlich hergestellten „Fußabdrücken", auf denen oft andere Symbole des

---

13   „Jeder Ort kann zum Kultplatz, zum Heiligtum oder *hieron* (heiligen Platz) werden. Es genügt, daß die Griechen ihm einen heiligen Charakter zuerkennen, der sich manchmal in der Erhabenheit der Landschaft gründet [...] oder auch auf irgendein anderes Zeichen göttlicher Präsenz (ein Felsen, ein Baum, eine Quelle etc.)." In: Bruit Zaidman / Schmitt Pantel 1994, 55.

14   Im inkaischen Reich korrespondierte die „Erdmutter" *Pachamama* dem Schöpfer *Pachacamac* (aus *pacha*, Erde, und *camac*, Schöpfer), einem Sohn der Sonne, woraus sich eine Dualität von Himmel und Erde ergab (vgl. Lanczkowski 1989, 106).

15   Vgl. Thonhauser 2001, 96–98.

16   Man gibt der Gottheit, damit sie gibt, und man gibt ihr dafür, dass sie gegeben hat. Es gibt – wie auch zwischen Menschen in entsprechenden Kulturen – die Regel des Ausgleichs der Gaben.

17   In einem Interview, das Thonhauser geführt hat, erzählt ein Bewohner von Quico, dass Pachamama Gaben dargebracht werden, vor allem Cocablätter und auch Cocasamen. Die Cocablätter werden gekaut, mit den Blättern wird das Opfer vorbereitet. Die Coca wird auf ein Blatt Papier gelegt und dann werden verschiedene Gaben – der Interviewpartner nennt „kleine Dinge, die wir haben" – dargebracht. Bestimmte Opfer werden im Feuer verbrannt, andere in ein Loch in der Erde gegeben. Pachamama wird als in der Erde residierend gedacht. Unter den regelmäßig dargebrachten Opfergaben finden sich vor allem „süße Dinge", wie Zucker oder Süßigkeiten. Diese werden etwa im August dargebracht, einer Zeit, in der die Erde lebt. Besonders liebt die Pachamama Blumen. In Erwiderung der dargebrachten Gaben gibt sie Gesundheit und Kraft, um den Boden erfolgreich zu bestellen. Sie ist die heilige Erde, die respektiert wird, auf Spanisch *Santa Tierra* genannt (vgl. Thonhauser 2001, 155–157).

18   Vgl. Oshige Adams 2013, 62–63.

19   Ebd., 63.

Buddhismus zu finden sind, Glückssymbole, mit denen der Tradition gemäß die Füße des Buddha bedeckt gewesen sein sollen[20] – Objekte, die den Menschen zur Besinnung dienen sollen –, werden auch natürliche Vertiefungen in der Landschaft als solche interpretiert. Am Gipfel des auch als Adam's Peak bekannten Berges Samanaḷa Kanda in Sri Lanka befindet sich eine Vertiefung in einem Felsen, Sri Pada („heiliger Fuß") genannt, die als Fußabdruck des Buddha verehrt wird. Der Berg – seit langem das Ziel von Wallfahrten – wurde bereits in vorbuddhistischer Zeit als Sitz eines Gottes (Samanta) angesehen. Für Hindus hat Shiva den Fußabdruck geprägt, für Chines_innen Pangu (盤古) – aus dessen Körper nach seinem Tod einer chinesischen Schöpfungsmythe zufolge die Elemente der jetzigen Welt entstanden sind[21] – während für Christ_innen und Muslim_innen Adam dort gestanden haben soll und den Abdruck seines linken Fußes hinterlassen.[22] Daran zeigt sich, was Günter Lanczkowski als „das Beharrungsvermögen des religiösen Phänomens"[23] bezeichnet hat – so wie etwa katholische Heiligtümer in Mexiko die indigenen überlagert haben.[24] Es zeigt sich daran aber auch die allgemeine Zeichenhaftigkeit der Religionen: Alles kann zu einem Zeichen des Sakralen werden, im Falle des Fußabdruckes des Buddha handelt es sich um ein indexikalisches Zeichen und um eine Metonymie.[25] Metonymisch ist das Verhältnis auch, wenn Gottheiten durch ihren Bereich symbolisiert werden, denn dieser ist eben das, woran sie angrenzen. Himmelsgottheiten können mit Bergen assoziiert sein, denn diese ragen in den Himmel und grenzen an diesen an – man denke an den „Himmelsvater"[26] Zeus, den Gott der atmosphärischen Phänomene, Wettergott und „Blitzeschleuderer", der hoch oben nicht nur auf dem Olymp residiert, sondern insgesamt auf jenen Bergen, „um die Gewitterwolken sich sammeln".[27] Ein Beispiel aus Ostafrika ist Ngai (auch Engai oder Enkai), der androgyne Hochgott der Maasai. Er ist

---

[20] Vgl. Bechert 2002, 157.
[21] Vgl. Malik 1996, 22–23.
[22] Vgl. Dhamikka 2008.
[23] Lanczkowski 1990, 42.
[24] Vgl. ebd., 41–42.
[25] Ein Fußabdruck gehört in der Peirce'schen Einteilung der Zeichen zu den indexikalischen oder hinweisenden Zeichen. Diese sind wie die ikonischen Zeichen motivierte (mit dem symbolisierten Gegenstand verbundene) Zeichen, anders als das Symbol, wie in der Semiotik nach Peirce das arbiträre Zeichen genannt wird. Während das ikonische Zeichen auf der Ähnlichkeit beruht, beruht das indexikalische Zeichen (wie eben ein Fußabdruck) auf dem Angrenzen resp. der Spur des symbolisierten Objekts. Die rhetorische Figur der Metapher funktioniert, wie das ikonische Zeichen, über Ähnlichkeit (paradigmatisch), die rhetorische Figur der Metonymie über das Angrenzen (syntagmatisch; etwa der Stoff und das daraus Gefertigte: „die Bretter, die die Welt bedeuten").
[26] Die Etymologie ist klar: Der Name entspricht dem indischen Himmelsgott *Dyaus pitar*, dem römischen *Diespiter/Juppiter*, gehört zu *Deus* und *dies*, *T*ag, im Griechischen *eudia* „schönes Wetter" (vgl. Burkert 1997, 200).
[27] Ebd.

Sacred Geography

ein typischer ostafrikanischer mit dem Himmel identifizierter *deus remotus*, wie er bei Hirtenvölkern öfter zu finden ist. In Maa, der Sprache der Maasai, bedeutet sein Name „Himmel". Die Gottheit residiert auf dem Vulkan Ol Doinyo Lengai (übersetzt: „der Berg Gottes") im Norden Tansanias.[28]

Eine besondere Art von Grenze stellen die Orte dar, die in Hindu-Religionen Ziel einer Pilgerreise (*tīrthayātrā*) sein können: Schreine von Gottheiten, Tempel, lebende Gurus, aber auch Plätze in der Natur (prominent etwa Flüsse). Das Wort *tīrthayātrā* meint eine Reise (*yātrā*) zu einer Furt (*tīrtha*). Indem die Furt ein Ort ist, der einen Übergang ermöglicht, dient sie als Metapher für den Übergang zwischen Immanenz und Transzendenz.[29] Im Jainismus wird *tīrtha* auch als Bezeichnung für die Gemeinschaft gebraucht; Mahāvīra („großer Held"), der in historischer Perspektive als Gründer des Jainismus gilt, ist dem Glauben der Jains zufolge einer der 24 Furtmacher, *tīrthaṅkaras*, die die Lehre der Jains wieder aufgerichtet haben.[30]

Hier ist die Metapher die des Flusses als Grenze; Flüsse gelten aber auch als Bereiche von (zumeist weiblichen) Gottheiten. Zu dem jährlichen Ritual, das zur Ehre der Yorùbá Gottheit Òṣun – Patronin des gleichnamigen Flusses in Òṣogbo, der Hauptstadt des Òṣun State im heutigen Nigeria – durchgeführt wird, gehört eine Prozession zum Fluss, in deren Mittelpunkt die Arugbá, eine – jeweils mittels Divination bestimmte – Jungfrau, die Òṣun repräsentiert, steht. Diese bringt in Trance die Opfer an Òṣun zum Fluss, von einer größeren Menge begleitet, die allerdings den Hain, der rituellen Zwecken vorbehalten ist, nicht betreten. Ein eigener Pfad zum Fluss wird nur von der Arugbá und diese begleitender Priesterschaft eingeschlagen.[31] Die teils vernachlässigten heiligen Haine in Òṣogbo wurden in der frühen nachkolonialen Zeit für wirtschaftliche Projekte umgewidmet. Eine dagegen gerichtete Bewegung, in der die österreichische Künstlerin Susanne Wenger (1915–2009) eine wichtige Rolle spielte, konnte einen Großteil für rituelle Zwecke erhalten. Wenger hat in Kooperation mit Künstler_innen vor Ort diesen heiligen Hain,[32] als dessen Hüterin sie galt, neu gestaltet.[33]

Heilige Wälder und Haine findet man in Westafrika öfter, etwa in Togoville (am lac Togo), wo eine Priesterin dem *forêt sacrée* vorsteht. In der Regel sind diese „heiligen Wälder" Initiierten vorbehalten, die in ihnen ihre speziellen Rituale in dafür errichteten Schreinen durchführen. Der früher nur Eingeweihten vorbehaltene Heilige Wald (Kpasezun, auf Französisch: *forêt sacrée de Kpassè*) in Ouidah, Benin, wurde 1992 teilweise der Öffentlichkeit (somit dem Tourismus) zugänglich gemacht und man kann Führungen durch diesen Teil buchen,

---

[28] Vgl. Mazama 2009.
[29] Vgl. Johnson 2010, 236–237.
[30] Vgl. Mette 2010, 203.
[31] Vgl. die Beschreibungen bei Wenger 1980, 136–151; Olupona 2001, 57–61.
[32] Seit 2005 Unesco-Weltkulturerbe.
[33] Vgl. Wenger 1980, 151.

in dem verschiedene auf die Geschichte Ouidahs und vor allem auf die Religion des Vodun bezogene Skulpturen von regionalen Künstlern gestaltet worden sind.[34] Davon abgetrennt ist ein Teil, der noch der initiierten Priesterschaft vorbehalten ist. Seinen Namen hat der Wald von König Kpassè, dem Begründer des kleinen Königreichs Ouidah. Der Überlieferung zufolge ist er auf mysteriöse Weise verschwunden, hat sich aber dann am Fuße eines Iroko-Baumes (der Kpasseloko[35] genannt wird) manifestiert,[36] was diesen Baum zu einem heiligen Baum gemacht hat, der den Besucher_innen heute noch gezeigt wird. An ihm ist das in der Gegend übliche Leintuch, auf dem die Spuren von Opfergaben aufgetragen werden,[37] angebracht. Ebenso findet sich ein Schrein am Fuß des Baumes.[38] Ein „heiliger Wald" ist auch zentral im Neujahrsfest (Epe-Ekpe) der Gê, einer Ethnie im Süden Togos, in Glidji. Am ersten Tag des Festes,[39] zu dem viele Menschen anreisen (und über den auch das Fernsehen regelmäßig berichtet), wird ein zweifarbiger Stein von einem männlichen Medium aus dem Wald geholt und den Priestern präsentiert. Je nachdem, welche Farbe oben ist, wird ein gutes oder schlechtes Jahr kommen und die Priester machen entsprechende Voraussagen. Zum Programm an den Folgetagen gehören u. a. auch Opfer an die Zwillingsgötter in einem ihnen geweihten heiligen Wald.[40]

Bei den angesprochenen „heiligen Wäldern" handelt es sich um Wälder als Kultplätze, heilige Haine, von Menschen mehr oder weniger kultivierte Orte.[41]

---

[34] Ich habe die Stätte im Rahmen von Exkursionen mit Studierenden im September 2009 und im September 2012 besucht, die uns auch zur Priesterin des *forêt sacrée* in Togoville geführt haben.

[35] Kontraktion von *Kpassè iroko*. Die kleine Broschüre, die ich in Ouidah erworben habe, beschreibt den Wald wie folgt: „l'emplacement où le Roi Kpassè, fondateur de la ville, aurait miraculeusement disparu. Il se serait transformé en un Iroko, chlosophora excelsa[,] devenu par la suite, le principal arbre sacré de ce bois", in: Seglonou o. J., 1.

[36] Zur Diskussion der Überlieferungen über die Gründung von Ouidah vgl. Law 2004, 20–25; die Erzählung von der Transformation Kpassès wird dort, 21, referiert.

[37] Diese hängen nicht nur an Bäumen, sondern sind auch in Schreinen zu finden. Sie erinnern frappant an die Schüttbilder des österreichischen Künstlers Hermann Nitsch (1938–2022), oder umgekehrt.

[38] Abbildung dieses Schreins bei Rush 2001, 33.

[39] Diesen habe ich jeweils im September 2007, 2008, 2009 und 2012 besucht. Lt. der Broschüre *Epe Ekpe 2007* war das Fest 2007 das 345. in der Geschichte der Gê (die an ihren jetzigen Wohnort migriert sind), womit die Tradition 1663 begonnen hat. Prinzipiell stimmt die Schilderung des Festablaufes, wie in genannter Broschüre angegeben, an den ersten sechs Tagen (in Glidji, die restlichen Tage sind für September und Dezember angegeben, in Agbodrafo und Aneho) mit der Darstellung bei Armattoe 1951 (er bezieht sich auf das Jahr 1948) überein.

[40] Die Praxis des Infantizides an Zwillingen hat sich hier und im Yorùbáland zu einer Verehrung der Zwillinge als Repräsentanten einer Gottheit gewandelt.

[41] Dorothea Baudy (2000) gibt für diesen Umstand eine „evolutionistische" Erklärung: „Die Ausstattung h[ei]l[iger] Ort durch Tempelanlagen nimmt häufig natürliche Vorgaben auf, indem sie Quellen, Bäume, Haine, Erhebungen, Höhlen oder große Steine mit einbezieht. Diese landschaftlichen Merkmale lösen [...] starke Emotionen aus; da sie in

Solche Haine gab es etwa auch im antiken Griechenland[42] oder in der germanischen Religion.[43] Die legendenhafte religiöse Biographie des Buddha lässt diesen im Lumbini-Hain das Licht der Welt erblicken, wobei die Mutter aufrecht stand, sich am Ast eines Baumes festhaltend, als das Kind, ohne Schmerzen zu bereiten, aus ihrer Seite trat – ein Ereignis, an dem viele Götter teilhatten.[44] Auch seine erste Predigt hielt er in einem Park am Rand von Benares (= Varanasi).[45] Rainer Flasche erwähnt noch die Haine an den Shinto-Tempeln und an heiligen Bergen Chinas.[46] Man muss aber von diesen (teilweise) kultivierten Wäldern als Orten der rituellen Praxis oder der Gegenwart des Heiligen den Wald in seiner unkultivierten Form unterscheiden. Auch dieser hat in verschiedenen Kulturen religiöse Bedeutung als das Gegenüber zum kultivierten Land. Aufenthalte im Wald werden aus dem Leben von Religionsstiftern berichtet, so vom Buddha,[47] es gilt aber gemäß den *Dharmasūtras*[48] in der klassischen hinduistischen Lehre von den Lebensaltern der Männer auch von den Asketen allgemein, den *vānaprastha*, den Waldmenschen, die sich als Einsiedler in den Wald zurückgezogen haben und sich von Wurzeln und Früchten nähren.[49]

Ein instruktiver Fall aus Westafrika ist die Biographie von Samuel Oschoffa, dem Gründer des Christianisme Celeste, einer autochthonen christlichen Kirche.[50] Seine Tätigkeit als Prophet hub an, nachdem er im Jahr 1947 drei Monate im Wald der Lagune bei Porto Novo (Benin) verschollen gewesen war.[51] In

---

der Umgebung, an die unsere Gefühlsstruktur[en] stammesgesch[ichtlich] angepaßt sind, Zufluchtsstätten darstellten." Ob diese quasi monokausale Erklärung alle Aspekte des Einbezugs – bereits kultivierter – natürlicher Orte in Tempelanlagen u. Ä. abdeckt, könnte man durchaus diskutieren, worauf ich hier nur hinweisen will.

42 Vgl. Burkert 1977, 145.
43 Vgl. Simek 2006, 175–76.
44 Vgl. Prebish / Keown 2007, 30.
45 Vgl. ebd., 38.
46 Vgl. Flasche 1994, 5.
47 Vgl. Prebish / Keown 2007, 35.
48 Schriften der (spät)vedischen Literatur, die die ethischen Vorschriften für die – männlichen – Haushaltsvorstände enthalten, wahrscheinlich im 3. bis 1. Jahrhundert v. u. Z. entstanden (vgl. Johnson 2010, 105).
49 Bei Flasche 1994, 3 ohne genaue Quellenangabe erwähnt, lt. Johnson 2010, 341 eher symbolisch für das Alter, in dem man sich den religiösen Übungen widmet: „few seem to have taken literally to the forest as hermits". Malinar erläutert die Grenzen, die durch die vedische Opferpraxis (Haustiere) zwischen dem Dorf und dem Wald (als Gebiet der Wildtiere) gezogen werden und führt aus, dass die „Unterscheidung zwischen dem ‚Dorf' als Kultur- und Ritualraum und dem ‚Wald' [...] als Ort ohne rituell geregeltes Sozialleben [...] auch in späteren religiösen Traditionen wichtig" geblieben ist, „wenn z. B. bestimmte Formen der Askese oder auch manche Gottheiten dem Wald zugeordnet werden." In: Malinar 2009, 43.
50 Siehe dazu insgesamt Hödl 2011 und Hödl 2017.
51 Zum Folgenden s. Hödl 2011, 21–22.

dieser Zeit hatte er Visionen und erlebte eine totale Sonnenfinsternis. Nach seiner Rückkehr vollbrachte er der offiziellen Biographie zufolge mehrere Wundertaten. Oschoffa verbrachte als Holzhändler viel Zeit im Wald/Busch, der als der „andere" Bereich gegenüber der kultivierten Welt des Dorfes oder der Stadt gilt. Sein Aufenthalt im Wald zeigt eine deutliche Parallele zu Initiationsriten traditioneller Priester.[52]

Der Wald ist im Denken der Menschen dieser Gegend auch der Aufenthaltsort der Aziza, den Wesen, die vor den Menschen da waren und ihnen die basalen Kulturtechniken (u. a. die Kenntnis der Heilkräuter) beigebracht haben. Sie werden als affen – oder menschengestaltig beschrieben, aber auch als „fairies having one leg, one arm, having a single long hair that covers them entirely and makes them invisible".[53] Es handelt sich um Wesen, die in der anderen Welt als einem Gegenüber zur kultivierten Welt des Dorfes leben. Die Grenze vom Dorf zum Busch/Wald markiert also auch hier die Grenze zwischen zwei Welten, wie es in obigen Beispielen zu Furt und Fluss, sowie zu Bergen in Bezug auf den Himmel gezeigt worden ist. Der unkultivierte Wald ist ein Pendant zur Wüste als das dem sozial geregelten Leben entgegengesetzte Gebiet, die uns aus der Bibel, aber auch kirchengeschichtlich von den frühen Anachoreten in der Geschichte des christlichen Mönchtums bekannt ist, den „Wüstenvätern". Beide, Wüste und Wald, sind Metaphern für die Transzendenz gegenüber der Immanenz.

3. Heiliger Kosmos

Den nordamerikanischen Ureinwohnern ist es lt. Jordan Paper gemein, dass die Zahl 4 für sie grundlegend in ihrer Welteinteilung ist, während ihm zufolge andere Völker/Kulturen der Erde eine Vorliebe für die Zahl 5 resp. 6 (China) oder, wie die auf semitischem Denken beruhende „westliche Kultur" für die Zahl 7 haben.[54] Die grundlegende Idee hinter der Favorisierung der Zahl 4 ist die Darstellung der Himmelsrichtungen, die in der Welteinteilung und den ihr entsprechenden Riten prominent sind. Dazu kommen die Erde und der Himmel. So ist es etwa zentral im Ritual der Visionssuche (*Hanblecheyapi*) bei den Oglala Sioux – dem Bericht von Black Elk gemäß, wie von Joseph Epes Brown aufgezeichnet[55] –, dass der junge Mann, der sich auf den Weg machen will, eine rituell vorbereitete Pfeife mitnimmt, die er der Gottheit Wakan Tanka (symbolisch)

---

[52] In einigen Gesellschaften des subsaharischen Afrika wurden auch Pubertätsriten – meist in einer eigens dafür erbauten Seklusionshütte – im Wald durchgeführt.
[53] Preston-Blier 1995, 83.
[54] Vgl. Paper 2006, 7–8.
[55] Zum Folgenden vgl. Brown 1953, 46–52.

Sacred Geography

darbringen wird. Er hat sie zunächst, mit Tabak gefüllt, dem Leiter der vorbereitenden Zeremonie gebracht. Sie wird den sechs Richtungen dargeboten, bevor sie entzündet und von den Anwesenden geraucht wird. Dann bekommt der Visionssuchende (als *lamenter* bezeichnet) die Anweisungen, was er für das *Inipi*-Ritual, mit dem er auf den Weg geschickt wird, bereitstellen muss. Das Ritual findet in einer *Inipi*-Laube („Schwitzhütte") statt, die der Visionssuchende errichtet hat. Es wird ein gereinigter/geheiligter Platz in der Hütte eingerichtet, in dem ein Kreuz – für die vier Himmelsrichtungen – mit einem Stab eingezeichnet wird. Darauf wird glühende Kohle gelegt, auf der Süßgras verbrannt wird. Der „heilige Mann", der die Zeremonie leitet, hält die Pfeife über den Rauch, wobei er das Mundstück zu jeder der vier Himmelsrichtungen, dann zum Himmel hält, und schließlich mit ihrer Unterseite die Erde berührt. Die vier Himmelsrichtungen, Himmel und Erde werden sodann auch jeweils angerufen, wenn die Pfeife mit Tabak gefüllt wird, sodass sechs Mal eine Prise Tabak in die Pfeife gegeben wird, bis sie gefüllt ist. Die Mächte aller Himmelsrichtungen, die des Himmels und die der Erde – als Mutter und Großmutter betrachtet – sind jetzt in der Pfeife.[56] Die *Inipi*-Laube als Ort der Reinigung kann als ein heiliger Raum angesehen werden, der mit der Heiligkeit der Welt insgesamt verbunden worden ist, deren zentrale Mächte wiederum in der Pfeife vereinigt sind, die die Kräfte des heiligen Kosmos repräsentiert.

Die Himmelsrichtungen sowie Himmel und Erde spielen auch eine zentrale Rolle in der Kosmologie der Navajo (auch: Navaho). Die Navajo/Diné[57] sind Athapasken aus dem Norden Nordamerikas, die spät in den Süden eingewandert und dort von der Pueblo-Kultur beeinflusst worden sind.[58] Sie leben heute in einem Reservat, das in dem Gebiet liegt, in dem die 4 Bundesstaaten Arizona, New Mexico, Utah und Colorado aneinander grenzen.[59] Das Gebiet ist ihre „ursprüngliche" Heimat, aus der sie – die immer wieder die Siedlungen der Spanier, Mexikaner und schließlich der US-Amerikaner geplündert hatten – nach der Niederlage gegen Kit Carson 1864 deportiert wurden, mit dem Ziel, sie zu „zivilisierten Menschen" zu erziehen. Dieses Projekt scheiterte, und so kamen sie nach vier Jahren in das Gebiet, das sie als ihr Land betrachten, das Diné Bikéyah, zurück. Dieses Land hat durchaus die Qualitäten einer heiligen Land-

---

[56] „Thus the Earth, which now is in the tobacco, is placed in the pipe, and in this manner all the six Powers of the universe have here become one", in: ebd., 51.

[57] Der Name Navajo stammt von der Bezeichnung *Apaches de nabaju* („Apachen der bebauten Felder"), den die Spanier dem Volk gaben (Hultkranz 1994, 239). Sie selbst bezeichnen sich als „Diné", was so viel wie „Leute/Menschen" bedeutet, abgeleitet von *Diyin Dine'é*, den Menschen mit übernatürlichen Kräften (oder dem „heiligen Volk"); vgl. Lamphere / Verney 2005, 6441.

[58] Zunächst noch Jäger und Sammler, haben Sie sich im Laufe der Zeit der Pueblokultur angepasst, deren Einfluss auch daher stammt, dass nach dem Puebloaufstand (um 1680) die Pueblobewohner_innen z. T. zu den Diné flüchteten (vgl. Hultkranz 1994, 240).

[59] Hauptsächlich in Arizona und New Mexico, kleinere Gebiet in Utah und Colorado.

schaft, zunächst, weil den Ursprungsmythen der Diné zufolge die Welt, in der sie leben, dort entstanden ist. In verschiedenen Varianten überliefert, ist die Grundstruktur dieser kosmogonischen Mythen die der *Emergence Myths*[60] – Auftauchen aus der unteren Welt durch mehrere Ebenen. Die jetzige Welt der Diné ist eben das Diné Bikéyah. Das zeigt einerseits deutlich, dass Mythen nicht historische Ereignisse memorieren, sondern die gegebene Ordnung der Welt erklären.[61] Andererseits zeigt es die Bedeutung des Landes, des Diné Bikeyah, für die Diné. Dieses Land ist begrenzt von vier Bergen, die sich in den jeweiligen Himmelsrichtungen befinden[62]: Dibé Nitsaa (Hesperus Peak, Colorado) im Norden, steht für Dunkelheit und die Farbe Schwarz, assoziiert mit *Darkness Woman*; Siis Naajiní (Blanca Peak, Colorado) im Osten, steht für die Farbe Weiß und die Morgendämmerung, verbunden mit *Dawn Man*; Tsoodził (Mount Taylor, New Mexico) im Süden, steht für die Farbe Blau und den Mittagshimmel, assoziiert mit *Horizontal Blue Man*; Dook'o'oosłid (San Francisco Peak, Arizona) im Westen, steht für die Farbe Gelb und die Abenddämmerung, verbunden mit *Evening Twilight Woman*. Die Berge, mit Mitgliedern des „heiligen Volkes" assoziiert, sind jeweils mit der Farbe des Himmels zur entsprechenden Tageszeit verbunden; die Farben entsprechen auch den Himmelsrichtungen. Für die Diné wird mit dem weißen Licht der Morgendämmerung im Osten Stärke und alles Gute empfangen. In den in Ritualen verwendeten Sandbildern ist der Osten auch oben, und der *Hogan*, die Ritualstätte, ist nach Osten offen.[63] Der *Hogan* stellt auf diese Weise eine Reduplikation der „heiligen Landschaft" des Diné Bikéyah dar. Zu den genannten Bergen kommen als „heilige Berge" noch Huerfano Mountain und Gobernador Knob, die die zentralen Berge im Diné Bikéyah darstellen (beide in New Mexico).[64] Hat das ganze Diné Bikéyah sakrale Qualitä-

---

[60] Es handelt sich wohl um eine Übernahme kosmologischer Ideen der Pueblo-Kultur (Bierhorst 1997, 78). Eine ausführliche Version des *Chanters Gishin Biye'* hat der Franziskanerpater Berard Haile im ersten Jahrzehnt des 20. Jahrhunderts aufgezeichnet. Sie wurde 1981 von Karl W. Luckert ediert. Davor ist eine kürzere Version, die auf Father Haile zurückgeht, von Mary C. Wheelwright (1949) publiziert worden, auf der die kurze Zusammenfassung in Long 1963, 53–57, fußt. Eine andere Version referiert etwa Bierhorst 1997, 78–79. Vgl. auch Hultkrantz 1994, 241; 318 (Anm. 9).

[61] Baudy 2005, 60. Schon Malinowski hat an Mythen v. a. den Aspekt der Fundierung der gegenwärtigen Welt hervorgehoben: „I maintain that there exists a special class of stories, regarded as sacred, embodied in ritual, morals, and social organization, and which form an integral and active part of primitive culture. These stories live not by idle interest, not as fictitious or even as true narratives; but are to the natives a statement of a primeval, greater, and more relevant reality, *by which the present life, fates and activities of mankind are determined*", in: Malinowski 1984, 108; Hervorhebung HGH.

[62] Vgl. Griffin-Pierce 1994, 70–72; 90–92; Blake 2001, 33–34.

[63] Der *Hogan*, eine runde Hütte aus Holz, ist die traditionelle Behausung der Navajo, die heute in Häusern europäischer Bauart leben, aber für Ritualzwecke immer noch einen Hogan errichten bzw. benutzen.

[64] Blake 2001, 29; 33–34. Diese beiden Berge sind auch die einzigen unter den sechs „heiligen" Bergen, die auf dem Gebiet des heutigen Reservats liegen.

Sacred Geography

ten, so kommt den Bergen eine besondere Stellung zu, wie Kevin S. Blake ausführt:

> Within the Navajo homeland nearly all aspects of the natural world have cultural meaning, but mountains are especially significant in oral traditions and ceremonies, forming the cornerstone of a Navajo sacred geography.[65]

Ein zentraler Punkt an der *sacred geography*, die in Mythen niedergelegt ist, besteht im „Sitz im Leben" derselben: Sie sind Teile der *Chantways*, der Heilungs- Segens- und apotropäischen Rituale der Diné, also weniger als Erklärungen der Weltentstehung denn als Teil von *Rites of Affliction*[66] anzusehen:

> [...] the haneelnéehee myth was never told to enlighten curious listeners about human origins [...] It was narrated [...] to get into focus the process by which ‚downward illness' and the corresponding ‚upward healing power' were brought into the proximity of humankind. This myth was told [...] to substantiate Navajo soteriology and medicinal knowledge.[67]

Es ist hier nicht mehr der Raum, auf die komplexen Heilungsrituale der Diné, zu denen eine umfangreiche Literatur vorliegt, näher einzugehen. Der wichtige Punkt ist, dass die Mythen, in denen das „heilige Volk" eine wichtige Rolle spielt, auf die Kosmologie der Diné bezogen sind und Heilung, Reinigung, Abwehr von Schaden auf Wiederherstellung von hozho, der richtigen Ordnung des Kosmos, wie vom „heiligen Volk" eingerichtet, zielt. Die Heiligkeit des Landes steht in direkter Korrespondenz zur rechten Ordnung des Kosmos.[68]

4. Zusammenfassung

Einerseits haben wir zwei Beispiele für die Heiligkeit des Landes, eine *sacred landscape*, etwas genauer betrachtet, bei deren Konstitution jeweils die Vorfahren eine Rolle spielen: die Totemvorfahren der Aborigines und das heilige Volk, Diyin Dine'é, von dem sich die Diné herleiten. Man muss warnen, hier vorschnell einen Vergleich anzustellen, ohne die jeweiligen Kontexte zu betrachten. In beiden Fällen sind jedoch ausgezeichnete Orte mit der „Heiligkeit" des Landes verbunden. Ein Überblick über natürliche Stätten in weiteren Kul-

---

[65] Blake 2001, 30.
[66] Zu Deutsch „Riten zur Wende/Abwehr einer Not", also Heilungs- und Reinigungsriten im weiten Sinn. Catherine Bell hat eine überzeugende Typologie von sechs Arten von Ritualen ausgearbeitet, die man als Standardeinteilung betrachten kann. Unter ihnen finden sich auch „Rites of affliction" (vgl. Bell 1997, 115–120): „[...] rituals of affliction attempt to rectify a state of affairs that has been disturbed and disordered; they heal, exorcise, protect, and purify" (ebd. 115).
[67] Luckert 1981, IX.
[68] Vgl. dazu insgesamt Griffin-Pierce 1992.

turen/Religionen hat gezeigt, wie diesen die Qualität des Heiligen – die wir in ihrer Bedeutungsvielfalt belassen wollen – zugesprochen wird, und so zu rituellen Zwecken dienen, als Wohnsitz von Gottheiten angesehen werden, Stätten der Verehrung sind, weiterhin Grundlage für religiöse Metaphern und Metonymien werden, die religiöse Vorstellungen und Sprache prägen. Wird das unkultivierte Land als das „Andere" gegenüber der vom Menschen bewohnten Welt zur Metapher der Transzendenz, werden auch natürliche Stätten in von Menschen angelegte „heilige Räume" einbezogen, die die ursprüngliche Raumerfahrung der Natur in neuem Rahmen bewahren. Natur wird dabei, in Hainen, Wäldern, Flüssen, Bergen usw. in ihrem Bezug zur „Hinterwelt" erfahren, in einer noch nicht „entzauberten" Welt.

Literatur

Armattoe, Raphael Ernest Grail (1951): Epe-Ekpe, in: African Affairs 50, 326–329.
Baudy, Dorothea (2000): Art. „Heilige Stätten. Religionswissenschaftlich", in: Religion in Geschichte und Gegenwart⁴ 3, 1551.
Baudy, Gerhard (2005): Heiliges Fleisch und sozialer Leib. Ritualfiktion in antiker Opferpraxis, in: Gottwald, Franz-Theo / Kolmer, Lothar (Hg.): Speiserituale. Essen, Trinken, Sakralität. Stuttgart, 45–68.
Bechert, Heinz (2002): „Das Lieblingsvolk Buddhas": Buddhisten in Birma, in: Ders. / Gombrich, Richard (Hg.): Die Welt des Buddhismus. Geschichte und Gegenwart, München, 147–158.
Bell, Catherine (1997): Ritual. Perspectives and Dimensions, New York / Oxford.
Bierhorst, John (²1997): Die Mythologie der Indianer Nordamerikas, München.
Blake, Kevin S. (2001): Contested Landscapes of Navajo Sacred Mountains, in: The North American Geographer 3.2, 29–62.
Bräunlein, Peter J. (2006): Art. „Australien", in: Wörterbuch der Religionen, 57.
Brown, Joseph Epes (1953): The Sacred Pipe. Black Elk's Account of the Seven Rites of the Oglala People, Norman.
Bruit Zaidman, Louise / Schmitt Pantel, Pauline (1994): Die Religion der Griechen. Kult und Mythos, München.
Burkert, Walter (1997): Griechische Religion der archaischen und klassischen Epoche (Die Religionen der Menschheit 15), Stuttgart u. a.
Colpe, Carsten (1993): Art. „heilig (sprachlich)", in: Handbuch religionswissenschaftlicher Grundbegriffe 3, 74–80.
Dhammika, Venerable S. (2008): Art. Sri Pada. Buddhism's Most Sacred Mountain, Zugriff am 06.10.2023 https://www.buddhanet.net/e-learning/buddhistworld/sri-pada.htm
Epe-Ekpe, Fete traditionelle du peupe [sic!] Gê. 345ᵉᵐᵉ edition. Septembre 2007. Programme des manifestations, o. O.
Flasche, Rainer (1994): Wald und Baum in den Religionen, in: Forstwirtschaftliches Centralblatt 113, 2–11.
Griffin-Pierce, Trudy (1992): Earth is my Mother, Sky is my Father. Space, Time, and Astronomy in Navajo Sandpainting, Albuquerque.

Hödl, Hans Gerald (2011): By the Power of the Holy Ghost. The Blurred Line between „Liturgy" and „Magic" in the Rituals of the Celestial Church of Christ, in: Hood, Ralph Jr. / Motak, Dominika (Hg.): Ritual: New Approaches and Practice Today, Kraków, 19-50.

Hödl, Hans Gerald (2017): Aladura: Ritualwandel in Westafrikanischen Kirchen, in: Ders. u. a. (Hg.): Christliche Rituale im Wandel. Schlaglichter aus theologischer und religionswissenschaftlicher Sicht, Göttingen, 41-61.

Hultkrantz, Åke (1994): Schamanische Heilkunst und rituelles Drama der Indianer Nordamerikas, München.

Johnson, William J. (2010): A Dictionary of Hinduism, Oxford / New York.

Lamphere, Louise / Notah Verney, Marilyn (^{2}2005): Art. Navajo Religious Tradition, in: Encyclopedia of Religion 9, 6441-6443.

Lanczkowski, Günter (1989): Die Religionen der Azteken, Maya und Inka, Darmstadt.

Lanczkowski, Günter (^{2}1990): Einführung in die Religionsphänomenologie, Darmstadt.

Law, Robin (2004): Ouidah. The Social History of a West African Slaving ‚Port' 1727-1892, Athens/Ohio.

Long, Charles H. (1963): Alpha. The Myths of Creation, New York.

Luckert, Karl W. (1981): Editor's Introduction, in: Haile, Berard. Upward Moving and Emergence Way. The Gishin Biyé Version (American Religions 7), Lincoln, VII-XV.

Malik, Roman (1996): Das Tao des Himmels. Die religiöse Tradition Chinas, Freiburg u. a.

Malinar, Angelika (2005): Hinduismus, Göttingen.

Malinowski, Bronislaw (^{2}1984): Myth in Primitive Psychology, in: Ders.: Magic, Science and Religion. Westport, Connecticut, 93-148.

Mazama, Ama: Art. „Ngai", in: Encyclopedia of African Religion 2, 447-448.

Mette, Adelheid (2010): Jainismus - Jina - Jaina, in: Die Erlösungslehre der Jaina. Legenden, Parabeln, Erzählungen. Aus dem Sanskrit und Prakrit übersetzt und herausgegeben von Adelheid Mette, Berlin, 201-240.

Olupona. Jacob K. (2001): Òrìṣà Òṣun: Yoruba Sacred Kingship and Civil Religion in Òṣogbo, Nigeria, in: Murphy, Joseph F. / Sanford, Mei-Mei (Hg.): Òṣun across the Waters. A Yoruba Goddess in Africa and the Americas, Bloomington, 46-67.

Oshige Adams, David (2013): Inca Viracocha - die erste Expansion an den Titicacasee, in: Kurella, Doris / de Castro, Inés (Hg.): Inka. Könige der Anden, Darmstadt.

Paper, Jordan D. (2006): Native North American Religious Traditions. Dancing for Life, Bloomsbury.

Prebish, Charles S. / Keown, Damien (2006): Introducing Buddhism, New York.

Preston-Blier, Suzanne (1995): African Vodun. Art, Psychology, and Power, Chicago/London.

Rodriguez, Hillary P. (2006): Introducing Hinduism, New York / London.

Rush, Dana (2001): Contemporary Vodun Arts of Ouidah, Benin, in: African Arts, Vol. 34, 4, 32-47; 94-99.

Schlatter, Gerhard (2005): Art. „Aborigines", in: Metzler Lexikon Religion 1, 5-7.

Seglonou, Rémi (o. J.): Forêt Sacrée de Kpassè. Sacred Forest of Kpassè, o. O.

Simek, Rudolf (^{3}2006): Lexikon der germanischen Mythologie.

Swain, Tony (1995): Australia, in: Ders. / Trompf, Garry (Hg.): The Religions of Oceania (The Library of Religious Beliefs and Practices), Oxon, 19-118.

Thonhauser, Matthias (2001): Im Angesicht der Erde. Zur Bedeutung indianischer Religiosität in Befreiungsbewegungen am Beispiel einer Gemeinschaft im Surandino Perus, Wien.

Wenger Susanne (1980): Ein Leben mit den Göttern, in: Chesi, Gert (Hg.): Susanne Wenger. Ein Leben mit den Göttern, Wörgl, 61-226.

Wheelwright, Mary (1949): Emergence Myth According to the Hanelthnayhe or Upward-Reaching Rite. Recorded by Father Berard Haile, O.F.M. Rewritten by Mary C. Wheelwright (Navajo Religion Series 3), Santa Fe.

Versuch einer Typologie heiliger Räume

Jakob Helmut Deibl

1. Auftakt

Der folgende Beitrag unternimmt den Versuch, eine Typologie verschiedener in Religionen inszenierter Raumformen zu geben und stellt dabei die Frage, inwiefern diesen Formen von Raum ein je spezifisches sakrales Moment korrespondiert. Ich unterscheide einen theologischen, kosmologischen, territorialen, kommunikativen und einen symbolischen oder ästhetischen Raum. Vorweg seien sechs Probleme und Einschränkungen benannt, vor denen dieser Versuch steht.

Erstens: Mit der Wendung des Inszenierens von Raum – *wie Religionen verschiedene Raumformen inszenieren* – möchte ich einer grundsätzlichen methodischen Schwierigkeit aus dem Weg gehen, die ich gleichwohl benennen muss. Spätestens seit den Arbeiten von Henri Lefebvre gibt es ein starkes Bewusstsein dafür, dass Räume, mit denen wir umgehen, stets geschaffene, von bestimmten Praktiken produzierte Räume sind und nicht als bloß vorhanden vorausgesetzt werden können. So heißt es in der Einleitung zum *Oxford Handbook of Religious Space*: „religious space is created space, the material result of idea and activity".[1] Das widerspricht aber zumindest teilweise der Erfahrung jener Menschen, die mit heiligen Räumen Umgang haben und die diese Räume als heilig betrachten: Der Raum ist heilig, weil ihm eine göttliche Kraft innewohnt und diese ihn heiligt, nicht durch die Handlungen von Menschen. Gott sagt zu Mose: „Komm nicht näher heran! Leg deine Schuhe ab; denn der Ort, wo du stehst, ist heiliger Boden." (Ex 3,5) Was heilig genannt wird, hat mit einer Form von Unverfügbarkeit zu tun und kann nicht hergestellt werden. Dennoch bedarf es irgendwelcher Handlungen, die den Raum als Heiligen inszenieren. Mit dem Wort der Inszenierung, das auf einen performativen Charakter des Umgangs mit dem Raum verweist, versuche ich die Dichotomie eines allzu aktivisch verstandenen Schaffens von Räumen und deren passivisch behaupteter Ursprunglosigkeit als heiligen Raumes zu unterlaufen.

Zweitens: Eine weitere Schwierigkeit zeigt sich darin, dass die verschiedenen Arten von Räumen, die im Folgenden behandelt werden, kategorial nicht auf einer Ebene liegen; es geht um verschiedene Formen von Räumlichkeit, die nicht unmittelbar vergleichbar sind: der Raum in Gott, der kosmologische,

---

[1] Kilde 2023, 1.

göttliche geschaffene Raum, der von Religionsgemeinschaften verwaltete territoriale Raum, der mit Bedeutung aufgeladene Sakralraum etc. Was verbindet all diese Formen von Räumlichkeit und lässt uns legitimerweise den Begriff Raum verwenden? Ohne weiter auf eine transzendentalphilosophische Bestimmung des Raumes einzugehen, können wir mit Kant immerhin sagen, dass „Raum" eine Prädisposition unseres Erkennens überhaupt ist.[2] Räume – imaginierte wie reale – sind Ausgestaltungen dieses in all unserem Erkennen präsenten Raumbezuges.

Drittens zeigt sich das Problem der Übersetzung. Im Folgenden werden vor allem aus der griechischen und lateinischen Sprache übernommene Bezeichnungen für die jeweiligen Raumformen verwendet: theologischer (*theós*), kosmologischer (*kósmos*), symbolischer (*sýmbolon*), ästhetischer (*aísthesis*), territorialer (*territorium*) und kommunikativer (*communio*) Raum. Sprachen sind gegenüber spezifischen Erfahrungen von Räumlichkeit nicht neutral. Wie sehr die aus bestimmten Sprachen genommenen Bezeichnungen der Register des Raumes die Überlegungen präfigurieren und in welchem Maße sie überhaupt in andere Sprachen übersetzbar sind, sind Fragen, die diskutiert werden müssten, aber über diesen Beitrag hinausweisen. Das Problem der Übersetzbarkeit stellt sich auch im Hinblick auf die verwendeten Beispiele, zumal diese aus der biblischen Tradition, insbesondere der christlichen stammen. Wie sehr sind die damit evozierten Illustrationen von Raumkonzepten auch auf andere religiöse Traditionen übertragbar? Sind darüber hinaus sämtliche vorgeschlagenen Register des Räumlichen tatsächlich in allen Religionen anzutreffen? Ich hoffe, dass die folgenden Überlegungen insofern heuristischen Charakter haben, als sie zur Frage nach Raumkonzepten in anderen, nicht behandelten religiösen Traditionen anregen können.

Viertens: Jede Typologie bleibt schematisch, immer gibt es Fälle, die sich nicht eindeutig zuordnen lassen. So haben etwa der päpstliche Segen *Urbi et Orbi* („der Stadt [Rom] und dem Erdkreis") und die Inschrift auf der Lateranbasilika *omnium urbis et orbis ecclesiarum mater et caput* („Mutter und Haupt aller Kirchen der Stadt [Rom] und des Erdkreises") sowohl eine territoriale Komponente (der Segen und die Bedeutung der Lateranbasilika erstrecken sich auf ein bestimmtes Territorium: die Stadt und den Erdkreis) als auch eine kosmologische (die Bedeutung der Stadt Rom dehnt sich auf die gesamte Welt aus und gibt ihr einen Mittelpunkt). An konkreten Orten wie z. B. dem Jerusalemer Tempel können sich mehrere Raumformen überlagern.

Fünftens: Eine Definition, was „heilig" bedeutet, kann aus zwei Gründen nicht gegeben werden: Zum einen ist der Vorgang des Definierens als genauen Eingrenzens eines Begriffes selbst schon ein räumlicher Vorgang und würde das Heilige somit bereits einer räumlichen Operation unterwerfen. Demgegenüber müssen wir davon ausgehen, dass sich das Verständnis von Heiligkeit mit

---

[2] Vgl. Kant 1998, § 2, A 22–30, B 37–45.

den unterschiedlichen Raumkonzeptionen ändert. Zweitens ist das Heilige immer mit einer Form von Unverfügbarkeit verbunden und versagt sich darum prinzipiell des begrifflichen Zugriffs, der es von dem abgrenzen müsste, was nicht-heilig ist. Wo jedoch das Heilige nicht als Unverfügbares gewahrt wird, hat es sich je schon entzogen. Es hat kein Gegenteil, mit dem es in einer binären Opposition stünde. Mit Blick auf die folgenden Überlegungen können wir formulieren: Das Heilige zeigt sich dort, wo ihm Raum eröffnet wird, der nicht durch Praktiken der Machtausübung besetzt wird.

Sechstens: Der Bezug von Religionen auf den Raum hat ambivalenten Charakter, insofern Religionen Räume schaffen und eröffnen, diese aber auch besetzen und somit wieder verschließen können. In jeder der im Folgenden beschriebenen Raumkonzeptionen müsste man diese Ambivalenz herausarbeiten, was aber den Rahmen dieses Beitrags sprengen würde.[3]

2. Theologischer Raum

Unter theologischem Raum verstehe ich den Versuch, das Göttliche (Gott, die Göttinnen und Götter, das Absolute) als Raum zu denken, und die damit korrespondierende Frage nach seinem Verhältnis zur Schöpfung und den Geschöpfen.

Einen ersten Ausgangspunkt bildet Genesis 28,11, wo es von Jakob, dem Enkel Abrahams und Sarahs, dem Sohn Isaaks und Rebekkas, heißt: „Er begegnete einem Ort/Raum". Der Ort oder Raum (*makom*) kann auf Gott hin gedeutet werden, ist doch die gesamte Erzählung von Jakob in Bet-El in unfassbar dichter Weise von der Präsenz des Göttlichen getragen. Eine dementsprechende Auslegung der Stelle findet sich bei Philo von Alexandrien, eine weitere im Midrasch *Bereshit Rabbah*. Darüber hinaus wird *ha makom* in der jüdischen Tradition zu einer Umschreibung des Gottesnamens, mit der auch das Tetragramm JHWH wiedergegeben wird.[4]

Bei Philo findet sich im ersten Buch von *De Somniis* unter Bezugnahme auf Gen 28,11 eine interessante Differenzierung des Raumes:

> [11] [...] Als Drittes und Folgendes aber ist zu untersuchen, was unter dem Ort zu verstehen ist, dem er [Jakob] begegnet; denn es heißt: „Er begegnete einem Ort"

---

[3] Vgl. das Projekt *Religious Exits: Transformative Trajectories and Transitions into Alternative Worlds* des Forschungszentrums *Religion and Transformation in Contemporary Society*, das sich u. a. der Frage nach dem Öffnen und Verschließen von Räumen in und durch die Religionen widmet. Vgl. Religious Exits.
[4] Die „Bibel in gerechter Sprache" übernimmt, indem sie das Tetragramm durch unterschiedliche Ersatzbegriffe wiedergibt, diese Praxis an einigen Stellen (vgl. Wellmann: *Gott als sichere Zuflucht*, 10–11).

(1 Mos. 28, 11). Der Begriff „Ort" ist dreifach zu verstehen: einmal als vom Körper erfüllter Raum, auf die zweite Art als der göttliche Logos, den Gott selbst ganz und gar mit unkörperlichen Kräften ausgefüllt hat. Denn „sie sahen", heißt es, „den Ort, wo der Gott Israels stand" (2 Mos. 24, 10), an dem allein er auch den Gottesdienst zu verrichten erlaubt hat, nachdem er es an allen anderen Stellen verboten hatte; er hatte nämlich bestimmt, man solle zu dem Orte hinaufsteigen, den Gott der Herr ausgewählt hätte, und dort die Ganzopfer darbringen und die Dankopfer, dorthin die übrigen makellosen Opfertiere hinaufführen (5 Mos. 12, 5ff.). 63 Der dritten Bedeutung entsprechend aber wird Gott selbst „Ort" genannt, weil er das All umfaßt, aber von gar nichts umfaßt wird,[...] und weil er selbst die Zuflucht aller ist, und weil er selber der Raum seiner selbst ist, der sich selbst aufgenommen hat und sich allein in sich selbst bewegt. 64 Ich nun bin nicht ein Ort, sondern an einem Orte, und ebenso jedes Ding. Das, was umfaßt wird, unterscheidet sich nämlich von dem, was umfaßt, Gott aber, der von nichts umfaßt wird, ist notwendig selbst sein eigener Ort.[5]

Für unseren Zusammenhang relevant ist die Abhebung der dritten von der zweiten Raumkonzeption: Ihr zufolge „wird Gott selbst ‚Ort' genannt, weil er das All umfaßt, aber von gar nichts umfaßt wird." In Gott als Raum fallen die Bestimmung als Ort und dessen Erfüllung zusammen. Es gibt keine Trennung von Form und Inhalt: Gott ist „der Raum seiner selbst [...], der sich selbst aufgenommen hat und sich allein in sich selbst bewegt." Er ist mithin absoluter Raum. Wichtig ist, dass diese Raumkonzeption nicht in erster Linie metaphysische Spekulation ist, sondern auf die biblische Grundfrage nach dem rettenden Gott antwortet, heißt es doch, dass „er selbst die Zuflucht aller ist". Liest man weiter, können wir die Frage stellen, ob Philo die Kühnheit der Bestimmung von Gott als Raum (und seine Differenz zum jeden Raum erfüllenden Charakter Gottes, der zweiten Form des Raums) nicht doch zurücknimmt, sodass sie letztlich zur Chiffre für den transzendenten, sich entziehenden Charakter Gottes wird, der spezifische Raumaspekt dabei aber in den Hintergrund tritt.[6]

Im Midrasch *Bereshit Rabbah* 68,9 findet sich ebenfalls eine Interpretation der oben genannten Passage aus Genesis 28,11:

---

[5] Philon 1938, 185–186.
[6] Philo interpretiert dabei Gen 22,3-4 – „Er kam an den Ort, den ihm Gott genannt hatte; und als er seine Augen auftat, sah er den Ort von ferne" – und frägt nach der Bedeutung des zweiten hier erwähnten Ortes, den Abraham von ferne sah: „66 Wer nämlich, von der Weisheit geleitet, an den ersten Ort kommt, findet als Gipfel und Ende seines Strebens den göttlichen Logos; ist er bei ihm angekommen, so kann er nicht bis zu dem vordringen, der seinem Wesen nach Gott ist, sondern er sieht ihn von ferne; besser gesagt: er ist nicht einmal imstande, ihn selbst von ferne zu schauen, sondern er sieht nur, daß Gott fern von der ganzen Schöpfung ist und daß seine Erkenntnis ganz ferne, jeder Menschenvernunft entzogen ist. 67 Aber vielleicht hat er hier allegorisierend auch gar nicht den Ort auf den Schöpfer bezogen, sondern was er klarmachen will, ist: ‚Er kam an den Ort, und als er die Augen aufschlug, sah er', daß der Ort selbst, an den er gekommen war, weit entfernt war von dem unnennbaren, unsagbaren und in jeder Beziehung unerkennbaren Gott." (Philon 1938, 187).

> „He encountered [*vayifga*] the place" – Rav Huna said in the name of Rabbi Ami: Why do they change the name of the Holy One blessed be He and call Him the Omnipresent [*hamakom*]? It is because He is the place [*mekomo*] of the world, and His world is not His place. From what is written: „Behold, there is a place [*makom*] with Me" (Exodus 33:21) – the Holy One blessed be He is the place of the world, and His world is not His place.

Aus der Frage, mit der die Passage eingeleitet wird, wird klar, dass Ort/Raum/*makom* zu einem Namen Gottes wird. Der sich bildlicher Darstellung entziehende Gott Israels wird auf abstrakte Weise als Raum zu fassen versucht. Bedenkt man den Impuls, der im biblischen Narrativ vom raumschaffenden Exodus (der Erzeltern ebenso wie des Volkes Israel) ausgeht, ist es nachvollziehbar, dass sich eine Tradition entwickelt, Gott als Raum (*makom*) zu denken. Von hier ausgehend muss entfaltet werden, wie Gott, der als Raum gedacht wird, sich mit der Schöpfung vermittelt: Wo und wie kann Gott, der absolute Raum, dem Raum der Geschöpfe Raum geben? Diese Thematik deutet sich im biblischen Text ebenfalls an, wie die folgenden Zitate zeigen:

> Ex 33,21: Und dann sagte der HERR: Siehe, ein Ort bei mir, stell dich da an den Felsen. (EÜ 2016)
> Esth 4,14: Wenn du in diesen Tagen schweigst, dann wird den Juden anderswoher [von einem anderen Ort] Hilfe und Rettung kommen. (EÜ 2016)

Die Frage, wie Gott der Schöpfung Raum geben kann, wird in der kabbalistischen Lehre vom Zimzum, der Selbstbeschränkung Gottes wieder aufgenommen: „Er gibt einen Raum frei, in dem er die Schöpfung vollzieht."[7]

Diese Frage taucht auch im Briefwechsel zwischen Leibniz und dem Newtonianer Samuel Clarke aus den Jahren 1715/16 auf und zwar in Zusammenhang mit der Diskussion, ob es einen absoluten Raum und eine absolute Zeit gebe.[8] Jürgen Moltmann nennt den Briefwechsel die „letzte große Diskussion über das theologische und naturwissenschaftliche Problem des Raumes"; sie sei der Ort, an den eine „neue theologische Diskussion des Raumproblems"[9] anknüpfen müsste. Leibniz unterstreicht, dass er „den Raum ebenso wie die Zeit für etwas rein Relatives halte; für eine Ordnung der Existenzen im Beisammen, wie die Zeit eine Ordnung des Nacheinander ist".[10] Demgegenüber sei für Newton der Raum absolut. Zwar nicht bei Newton selbst, aber in seinem Umkreis hätten sogar „manche geglaubt, es [der Raum als ein reelles absolutes Wesen] sei Gott selbst oder doch sein Attribut, seine Unermeßlichkeit. Da der Raum

---

[7] Davidowicz 1997, 1127.
[8] Es ist bekannt, dass Newton ein hervorragender Kenner des jüdischen Denkens war.
[9] Moltmann 1993, 151, vgl. Leibniz: *Hauptschriften zur Grundlegung der Philosophie* I, 81–182. Im Folgenden wir das jeweilige Schreiben von Leibniz bzw. Clarke, der Paragraph und die Seitenzahl genannt.
[10] Leibniz' drittes Schreiben, § 4, 93.

Versuch einer Typologie heiliger Räume

aber Teile hat, so ist er mit dem Begriff Gottes unverträglich."[11] Für unseren Zusammenhang wichtig ist, dass Leibniz behauptet, der Raum sei bei Newton „das Organ, dessen Gott sich bediene, um die Dinge wahrzunehmen",[12] in anderen Worten „das Sensorium Gottes".[13] Clarke schwächt dies ab, indem er entgegnet, er verhalte sich nur bildlich „wie das sensorium"[14] Gottes. Gott wird zwar nicht als Raum gefasst, der Raum aber metaphorisch oder synekdochisch (wie die Rede vom Angesicht oder der Hand Gottes) als Organ Gottes verstanden, das ihn mit der Welt vermittelt. In dieser theologischen Raumkonzeption geht es um ontologische und naturphilosophische Bestimmungen, der Aspekt der Verehrung Gottes wird jedoch nicht angesprochen, weshalb ich zögern würde, in diesem theologischen Raumbegriff, anders als dem der biblischen und kabbalistischen Tradition, eine Komponente des Heiligen zu sehen. Vermutlich wären die Überlegungen aber dafür anschlussfähig.

Auch in gegenwärtiger christlicher Theologie taucht in einschlägigen Lexika die Rede von Gott als Raum auf. In Kurzform gefasst: „Als hl. Geist ist Gott der R[aum], in den alle Geschöpfe hineingenommen werden."[15] Wieder geht es um die Frage der Vermittlung des Verhältnisses von Gott als Raum und den Geschöpfen, was im folgenden Beispiel etwas ausführlicher in einer raumhaften Rekonstruktion der Trinität geschildert wird:

> Diese transzendente Immanenz göttlichen Handelns kann mit der metaphorischen Rede [...] von den drei ineinander verschränkten Räumen, des primären R., der immanenten Trinität, des sekundären R. der Geschöpfe und des tertiären R. des Wirkens des Hl. Geistes ausgedrückt werden. Dabei ist die Tätigkeit des Hl. Geistes für den geschöpflichen Zwischenraum konstitutiv, so daß der Hl. Geist der Geist der Schöpfung ist und so Gottes Allgegenwart repräsentiert. Ähnlich wie die Inkarnation des Sohnes als lokale Selbstbegrenzung Gottes innerhalb der Raumzeit zu verstehen ist (→ kenotische Christologie), kann die Schöpfung selbst als allgegenwärtige Kenosis des Hl. Geistes, die geschöpfliche Freiheit innerhalb der Raumzeit garantiert, verstanden werden [...].[16]

Es gibt einen Raum Gottes (den primären Raum), der sich (ähnlich dem Gedanken des Zimzums) in der Inkarnation beschränkt, um den (sekundären) Raum der Geschöpfe freizugeben, in dem der Geist die Allgengegenwart Gottes zum Ausdruck bringt – als tertiärer Raum, der die lebendige Vermittlung Gottes und der Geschöpfe in ihrer Freiheit bedeutet. Die Rede von der Räumlichkeit Gottes wird hierbei als metaphorisch ausgegeben, ein Verständnis von Heiligkeit

---

[11] Leibniz' drittes Schreiben, §3, 93; vgl. dazu auch § 3, 99 der dritten Entgegnung Clarkes: „Der unendliche Raum ist die Unermeßlichkeit, die Unermeßlichkeit aber ist nicht Gott und deshalb ist der unendliche Raum nicht Gott." Immerhin aber sei Gott in allem Raum gegenwärtig (vgl. Clarkes vierte Entgegnung, § 9, 113).
[12] Leibniz' erstes Schreiben, § 3, 81.
[13] Leibniz' zweites Schreiben, § 3, 86.
[14] Clarkes zweite Entgegnung, § 3, 90.
[15] Menke 1999, 854.
[16] van der Brom 2004, 64–65.

prägt sie dabei in expliziter Weise nicht aus. So ist es erstaunlich, dass die Rede von Gott als Raum, wenn es um die Frage der Vermittlung „zwischen dem absoluten Raum Gottes und dem relativen Raum seiner Schöpfung"[17] geht, nicht unbedingt mit einer Wahrnehmung dieses Raumes als eines heiligen korrespondieren muss. Die Raummetaphorik scheint eher dazu zu dienen, ein metaphysisches Problem zu behandeln. Der theologische Raum – die Rede von Gott als Raum – kann mithin zweierlei Gestalt haben: Sie kann einerseits anzeigen, wie Raum in einer unüberbietbaren Dichte heilige Gestalt annimmt (Gen 28,11; Ex 33,21), und andererseits unter erkenntnistheoretischen Vorzeichen die Vermittlung von Göttlichem und Menschlichem thematisieren.[18]

3. Kosmologischer Raum

Unter kosmologischem Raum verstehe ich mit Bezug auf diverse Schöpfungsmythen und deren Rezeption die aus Chaos gestaltete Ordnung, die den ungeformten Raum in Sphären unterteilt (Himmel und Erde, Ober- und Unterwelten etc.), Bereiche des Sakralen und des Profanen voneinander abgrenzt, dem grenzenlosen Raum Orientierung und einen Mittelpunkt gibt und ihn bewohnbar macht. Im Folgenden geht es weder primär um die kultische Vergegenwärtigung dieser Ordnung noch um ihre gesellschafts- und herrschaftsstabilisierende Funktion oder ihr Erklärungspotential für gegenwärtige Verhältnisse (Ätiologie), sondern – vor all diesen Funktionalisierungen – um die Ordnung des Raumes.[19]

Anders als beim theologischen, ist beim kosmologischen Raum nicht mehr das Göttliche der Raum (der mit dem Geschöpflichen vermittelt werden muss),

---

[17] Vgl. Moltmann 1993, 152.

[18] An dieser Stelle ist ein Hinweis auf Hans-Joachim Sanders theologischen Entwurf wichtig. Er sieht die „Wissensform der Gottesrede topologisch bestimmt. [...] Mit der Rede von Gott treten Topologien auf, die zu den Menschen gehören, die diese Rede besprechen und denen diese Rede gilt." (Sander 2016, 17) In der Konsequenz dessen rekonstruiert er die Rede von Gott ausgehend von der Kategorie des Ortes, was mit der Thematik des Raumes verwandt ist, aber damit nicht einfachhin zusammenfällt. Dieses Verhältnis zu untersuchen, ginge über den Umfang des vorliegenden Beitrags hinaus, erwähnt sei jedoch Sanders Aufmerksamkeit für Heterotopien, die als Anders-Orte nicht der Logik herkömmlicher Orte folgen und so deren Machtstrukturen enthüllen können (vgl. ebd. 34-35). Wo sich die Rede von Gott mit solchen Heterotopien zu verbinden vermag, kann auch die Frage nach der Heiligkeit des Raumes, die sich jedem intentionalen Zugriff entzieht, neu gestellt werden.

[19] Vgl. Hutter 1997, 398. Aufgrund der uns leitenden Fragestellung nach den heiligen Räumen kommen nur religiöse bzw. philosophische Kosmologien in Betracht, da moderne wissenschaftliche Kosmogonien keine sakrale Komponente der Räumlichkeit kennen.

sondern geht es um die Stiftung von Lagebeziehungen der göttlichen und geschöpflichen Bereiche im Raum und um die grundlegende Strukturierung des bewohnbaren Raumes. Entworfen wird eine Karto- oder vielleicht besser eine Kosmographie des Himmels und der Erde, in der das Göttliche spezifische Orte hat und auch als allesumgrenzender Rand fungieren kann. Diese Raumkonzeption hat einerseits als solche einen sakralen Ursprung, sie ist ein „rel[igiös]. kodiertes Ganzes";[20] andererseits werden in ihr aber auch heilige Räume spezifisch ausgezeichnet, z. B. Berge, die den Göttern vorbehalten, und Gebiete, an denen die Ahnen bestattet sind.

Im Unterschied zum theologischen Raum, der vor allem im und als Text[21] und in der mystischen Praxis existiert, hat der kosmologische Raum eine stärker kartographische Komponente und treibt zu bildlicher Darstellung, wie schon die aus der Bronzezeit stammende Himmelsscheibe von Nebra als eines der frühesten Beispiele zeigt. Wie auch immer die kosmologische Kartographie gestaltet ist, sie hat einen bild- oder modellhaften Charakter. Zeigen lässt sich dies etwa an den mittelalterlichen OT-Radkarten. Einer kreisrunden Begrenzungslinie (O), dem Ozean, ist ein T eingeschrieben, welches den Kreis in drei Teile untergliedert. Die Hälfte über dem Querbalken des T ist der Raum Asiens, die beiden Viertel, die vom Querbalken und dem Längsbalken begrenzt werden, sind Europa und Afrika. Die bewohnte und die imaginierte Welt sind auf diese Weise in ihrer Gesamtheit zur Darstellung gebracht. Der Längsbalken, der Afrika und Europa begrenzt, ist das *mare magnum*, das Mittelmeer. Der Querbalken, der Asien von Afrika und Europa trennt, wird aus den beiden Flüssen Nil und Tanais (Don) gebildet. In Asien sind ferner die unzugänglichen und monströsen Gebiete von Gog und Magog sowie ganz oben am Kreisbogen das Paradies lokalisiert. Den Mittelpunkt am Schnittpunkt der beiden Balken des T bildet die Stadt Jerusalem. Das Modell dieser räumlichen Grundordnung der Welt wird von zahlreichen Karten des Mittelalters vorausgesetzt und bildhaft ergänzt.[22] Gehen wir nun nach dieser Illustration für das Bildwerden kosmologischer Raumvorstellungen an den Anfang des biblischen Kanons zurück.

Der biblische Text lässt uns bereits in seinem ersten Satz, der die Überschrift über das in der folgenden Erzählung Entfaltete bildet, in einen kosmologischen Raum eintreten. „Im Anfang schuf Gott den Himmel und die Erde" (Gen 1,1). Kurz darauf wird der Raum in die drei Bereiche Himmel – Meer – Erde (Schöpfungstage zwei und drei, Gen 1,6–10) geordnet. Der 115. Psalm präzisiert die beiden anfangs genannten Bereiche Himmel und Erde als die Orte Gottes und der Menschen: „Gesegnet seid ihr von JHWH, der Himmel und Erde gemacht hat. Der Himmel ist Himmel JHWHs, die Erde aber gab er den Menschen." (Psalm 115,15f.) Diese grundlegende Ordnung des kosmologischen

---

[20] Auffahrth 2001, 1707.
[21] Vgl. Huber 2022, 217–243.
[22] Vgl. Boffi 2017, 90–123.

Raumes übernimmt das Neue Testament und verbindet sie mit Christus. Im Brief an die Gemeinde von Kolossä heißt es:

> Er [Christus] ist Bild des unsichtbaren Gottes, der Erstgeborene der ganzen Schöpfung. Denn in ihm wurde alles erschaffen im Himmel und auf Erden, das Sichtbare und das Unsichtbare, Throne und Herrschaften, Mächte und Gewalten; alles ist durch ihn und auf ihn hin erschaffen. Er ist vor aller Schöpfung und in ihm hat alles Bestand. Er ist das Haupt, der Leib aber ist die Kirche. Er ist der Ursprung, der Erstgeborene der Toten; so hat er in allem den Vorrang. Denn Gott wollte mit seiner ganzen Fülle in ihm wohnen, um durch ihn alles auf ihn hin zu versöhnen. Alles im Himmel und auf Erden wollte er zu Christus führen, der Frieden gestiftet hat am Kreuz durch sein Blut. (Kol 1,15–20)

Diese Vorstellung fand eine bildliche Ausgestaltung in den mittelalterlichen *mappae mundi*. So stellt die Ebstorfer Weltkarte (entstanden vermutlich zwischen 1235 und 1240) die Welt als eine große Scheibe dar, an deren oberem Rand sich Christi Haupt und an deren unterem Rand sich seine Füße befinden, während die Hände an der linken und rechten Seite der Scheibe herauswachsen. Die Karte zeigt geographische Orte, aber hat auch eine zeitliche Dimension, inkludiert sie doch Ereignisse wie den Sündenfall, den babylonischen Turm oder Noahs Arche. Christus „vermengt seinen eigenen Körper mit dem kreisförmigen der Erde, die er umfasst, um auf diese Weise ihr Bild zu einer riesigen Hostie zu machen".[23] Als Mitte des 15. Jahrhunderts Fra Mauro aus dem Kamaldolenserkloster San Michele in Venedig beauftragt wird, eine neue Weltkarte von bisher unerreichter Genauigkeit herzustellen, verschwinden die biblischen Erzählungen aus der Weltscheibe. Die Vertreibung aus dem Paradies wird nun in einem kunstvollen Medaillon am linken unteren Rand der Karte platziert, ist aber nicht mehr Teil des kosmographisch dargestellten Raumes. Die Karte repräsentiert nun vielmehr einen homogenen, vermessbaren Raum. Die Dokumentation des Verschwindens des Paradieses aus der Karte markiert eine zentrale Etappe auf dem Weg von einer religiösen Kosmologie, die heilige Räume kannte, zur modernen, primär naturwissenschaftlich verstandenen Kosmologie einerseits, zum Entstehen des territorialen Raumes andererseits.[24]

4. Territorialer Raum

Unter territorialem Raum verstehe ich den lokalen, regionalen oder überregionalen Bereich der Erstreckung der Zuständigkeit einer Religion oder religiösen Gemeinschaft. Im Gegensatz zum theologischen Raum, der seinen Ort im Text und der Mystik, und zum kosmologischen Raum, der seinen Ort im Modell und

---

[23] Farinelli 2009, 22 [Übersetzung JD].
[24] Vgl. ebd., 20–25.

im Bild hat, geht es nun um konkrete Gebiete, die mit einem Anspruch verbunden und mit Bedeutung aufgeladen werden.

In einer besonders ausgearbeiteten Form zeigt sich das christlich im sogenannten territorialen Prinzip:

> Wenn man die frühkirchlichen Grundlagen für dieses Prinzip sucht, dann findet man solche zeitlich kurz vor dem Konzil von Serdika (343) hauptsächlich in Kanon 9 einer Synode von Antiochien (341?), etwas abgewandelt auch in dem späteren Apostolischen Kanon 34, der gern als zutreffende Beschreibung des orthodoxen Verständnisses der sichtbaren Kirchengemeinschaft zitiert wird [...]. [...] Aus Kanon 9 können die ekklesiologischen Grundlagen der Kanonizität von kirchlichen Territorien dahingehend festgestellt werden, dass einmal die Vollgewalt des Bischofs für die Jurisdiktion in der Ortskirche und zum anderen die kollegiale und synodale Gemeinschaft von Ortsbischöfen unter der Leitung eines Erstbischofs für die Jurisdiktion in dem Territorium einer Gemeinschaft von Ortskirchen genannt werden. In den beiden miteinander kollegial und synodal verschränkten jurisdiktionellen Aufgaben des Bischofs in der Ortskirche und des Erstbischofs in der communio von Ortskirchen kann eine ekklesiologische Begründung für alle denkbaren kanonischen Territorien bis hin zur Gesamtkirche gefunden werden.[25]

Entscheidend für unseren Zusammenhang ist, dass hier erstens Zuständigkeiten für bestimmte Territorien klar festgelegt werden:

> Bischof Ossius sagte: Auch dies [ist] notwendig hinzuzufügen, daß keiner der Bischöfe von seiner Provinz, in der es Bischöfe gibt, hinübergehe, es sei denn, er wäre von seinen Brüdern eingeladen worden, damit wir nicht den Anschein erwecken, wir verschlössen die Pforten der Liebe.[26]

Zweitens wird die Verschränkung einer niedrigeren mit einer umfassenderen territorialen Ordnung geregelt, was sich als Prinzip auf kleinere und größere Ebenen übertragen lässt – eben eine „Begründung für alle denkbaren kanonischen Territorien bis hin zur Gesamtkirche".[27]

Das Spektrum, welche Bedeutung diesem Modell gegeben wird, halte ich für sehr groß: Die territoriale Komponente des Raumes kann primär Verwaltungscharakter im Sinne einer Gebiets- und Zuständigkeitsaufteilung haben und somit auch ohne grundsätzliche Schwierigkeiten veränderbar sein wie etwa das Netz der Pfarrgemeinden im katholischen und protestantischen Christentum, das gegenwärtig in den deutschsprachigen Ländern einen Prozess massiver Umstrukturierung durchläuft. Auch mit der Einteilung der Gebiete der Diözesen ist man in der Geschichte dieser Kirchen pragmatisch verfahren.[28]

---

[25] Speigl 2003: Das Prinzip des kanonischen Territoriums – ein ekklesiologisches Thema.
[26] Hünermann 2005, DH 133.
[27] Speigl 2003: Das Prinzip des kanonischen Territoriums – ein ekklesiologisches Thema.
[28] Um ein Beispiel zu geben: Papst Franziskus zitierte nach der Zusammenlegung vieler italienischer Diözesen 2016 Papst Paul VI.: „Es wird daher notwendig sein, die Grenzen einiger Diözesen zu verändern. Vor allem aber muss eine Zusammenlegung nicht weniger Diözesen erfolgen, damit die sich daraus ergebende Zirkumskription einen territorialen Umfang, eine demographische Zusammensetzung, eine Ausstattung mit

Vor allem da das Territorialprinzip, dem entsprechend alle Gläubigen bestimmten Pfarren und Diözesen zugeordnet sind, ein „Organisationsprinzip"[29] ist, kann man in diesem Zusammenhang wohl nicht von der Ausprägung heiliger Räume sprechen. In den orthodoxen Kirchen kommt dem territorialen Raum eine größere symbolische und theologische Bedeutung zu. Die Brisanz dessen spiegelt sich in der jüngeren Geschichte in den Konflikten, was der Rang der orthodoxen Kirchen der Ukraine gegenüber der Russisch-Orthodoxen Kirche ist, wieder.

Metropolit Filaret von Minsk hat 2002 nach der für große Irritation in der Russisch-Orthodoxen Kirche sorgenden Errichtung des katholischen Erzbistums von Moskau festgestellt, dass die Frage nach den kanonischen Territorien „nicht nur eine Frage des Kirchenrechts [...] und vor allem keine Frage von dogmatischem Charakter ist, sondern eine Frage der Kirchenpolitik, die immer in größerem oder kleinerem Maße in einem Wechselverhältnis zur nationalstaatlichen Problematik stand".[30] Die Frage nach einer möglichen heiligen Komponente des territorialen Raums verlangt in diesem Fall auch eine eingehende historische Analyse. Ferner wäre in diesem Zusammenhang zu diskutieren, ob auch die Idee des Kalifats in dieses Register gehört.

5. Kommunikativer Raum

Als kommunikativen Raum bezeichne ich den Raum einer Wir-Gruppe, der durch Vorgänge der Resonanz innerhalb der Gruppe eröffnet wird. Vorgänge der Resonanz entstehen bei gemeinsam vollzogenen Ritualen, der Feier der Liturgie, der gegenseitigen Unterstützung innerhalb der Gruppe und der nach außen gerichtete sozialen Aktion sowie dem gesellschaftlichen Engagement. Sie formen – in Präsenz oder virtuell, real oder imaginiert – einen Raum gemeinsam geteilten Lebens.

Kosmologische und territoriale Räume werden überwiegend im *visuellen* Register verhandelt: Sie stellen modell- oder bildhaft die Lagebeziehungen unterschiedlicher räumlicher Sphären dar oder repräsentieren kartographisch verschiedene Elemente in einem gleichzeitigen Nebeneinander. Der sich durch Vorgänge der Resonanz in der Gruppe eröffnende kommunikative Raum hingegen hat stärker *auditiven* Charakter, d. h., er lässt sich eher ausgehend vom

---

Klerus und Werken hat, die geeignet sind, eine wirklich funktionale diözesane Organisation zu unterhalten und eine wirksame und einheitliche pastorale Tätigkeit zu entfalten.'" (Papst Franziskus: Ansprache von Papst Franziskus an die Generalversammlung der CEI).

[29] Walser 2000, 1341.
[30] Metropolit Filaret 2002.

Hören als vom Sehen denken. Jean-Luc Nancy hat dem Hören folgende Bestimmung gegeben: „Hören heißt in die Räumlichkeit eintreten, von der ich *zur selben Zeit* durchdrungen werde. Denn sie öffnet sich in mir ebenso wie um mich herum, und von mir ebenso wie zu mir hin: Sie öffnet mich in mir ebenso wie draußen".[31] Es handelt sich um ein responsives Geschehen, in welchem ein innerer Raum Teil des ihn umgebenden äußeren Raumes wird und Senden-Aufnehmen-Weitergeben sich durchdringen: Auf die Schallquelle wirkt der von ihr selbst ausgesandte und zurückgeworfene Schwall wieder ein, sodass sie auch selbst aufnehmend ist, bevor sie den Schall wieder reflektiert. Rückkoppelungsprozesse lassen den Innenraum einer Gruppe entstehen, den Peter Sloterdijk als „sonosphärischen Zusammenhang"[32] bezeichnet hat. Dieser Hörraum fasst seine Teilnehmenden letztlich nicht als statische Größen, die grundsätzlich passiv sind (Objekt), zu bestimmten Zeiten aber in eine aktive Rolle wechseln können (Subjekt), sondern integriert sie kontinuierlich in ein responsives Geschehen, das von einer Anregung in einem bestimmten Frequenzbereich getragen ist.

Die den kommunikativen Raum bestimmende Interaktionsform lässt sich beispielhaft am Hören darstellen, ist aber auf andere Interaktionsformen übertragbar. In besonders dichter Weise zeigt sie sich jedoch tatsächlich in der Musik. Man denke nur an die große Bedeutung, die Kantor*innen und Vorsänger*innen in verschiedenen religiösen Traditionen zukommt und wie die Art und Weise ihres Gesanges und ihrer Rezitation eine Gemeinde formen und anregen kann. Eine religiöse Gemeinschaft erkennt sich selbst an der je spezifischen Klangsphäre. Sloterdijk spricht von der „Selbstbestimmung der Gruppe über das Ohr".[33]

Heiligkeit ereignet sich in dieser Raumgestaltung als Phänomen der Resonanz. Sie ist nicht herstellbar und nicht vorhersehbar und kann nur in einer nachträglichen Interpretation konstatiert werden. Nicht überall, wo Resonanz gelingt, findet sich eine Form des Heiligen – so würde ich die sich aufschaukelnde Resonanz der Gesänge bei Paraden, Demonstrationen oder Sportevents nicht mit dem Heiligen in Verbindung bringen. Wo es sich aber ereignet, hat es den Charakter der Resonanz. Dem intentionalen Erfassen des Sehens, das auf etwas gerichtet ist, verschließt es sich. Dem Heiligen haftet die Unkontrollierbarkeit des Mystischen, des inneren und des gemeinschaftlichen Resonanzraumes an. Seine Rückkoppelungsprozesse sind nicht ins letzte steuerbar, nachträglich aber beschreibbar.

---

[31] Nancy 2014, 26.
[32] Sloterdijk 2004, 377.
[33] Ebd., 381.

6. Symbolischer oder ästhetischer Raum

Unter symbolischem oder ästhetischem Raum verstehe ich konkrete Orte, die in besonders dichter Weise mit Bedeutung aufgeladen sind. An ihnen laufen viele Stränge der Bedeutung zusammen (*sym-ballein*). Mit ihnen verbinden wir stets mehr an Bedeutung, als sich „in einem bestimmten Begriff zusammenfassen lässt",[34] sie werden von einer nicht kontrollierbaren und nicht im Voraus bestimmbaren Fülle an Vorstellungen *begleitet* – ein mitgängiges Moment, das Kant im Anschluss an Alexander Baumgarten als ästhetisch bezeichnet.[35] Sakralbauten, heilige Stätten, Erinnerungsorte können über diese Form der Räumlichkeit gedacht werden.

Der kommunikative Raum der Wir-Gruppe ereignet sich dann, wenn sich Menschen treffen und unter ihnen Phänomene der Resonanz entstehen. Dieser Raum kann mit bestimmten geographischen Orten verbunden sein, sich aber auch davon ablösen oder überhaupt beweglich sein. Die Bezogenheit auf einen geographischen Ort ist nicht zwingend. Im Unterschied dazu geht es beim symbolischen oder ästhetischen Raum um konkrete und reale Orte, die an einer bestimmten Stelle im Raum und der Zeit auch ohne die Menschen vorhanden sind, die sie frequentieren (wenngleich sie ohne Menschen sukzessive ihre Bedeutung verlieren würden). Zu diesen Orten führen *Wege* hin; an ihnen *überkreuzen* sich die Wege, welche die Menschen gegangen sind, um sie aufzusuchen; sie sind *Zentren*, in Auseinandersetzung mit denen Menschen sich eine Bestimmung geben. Mit Marc Augé können wir die symbolischen oder ästhetischen Räume auch als anthropologische Orte verstehen. Als solche sind sie dadurch ausgezeichnet, dass sie Identität, Relation und Geschichte stiften.[36] Sie stiften Identität, weil an ihnen Menschen verwandelt werden und von ihnen anders weggehen. Sie stiften Relation, weil sich Menschen an diesen Orten begegnen und diese Orte dadurch zum kommunikativen Raum werden können. Sie vermögen mitunter über Jahrhunderte oder gar Jahrtausende bestimmte Erinnerungen zu bewahren und weiterzugeben. Dadurch werden sie zu ausgezeichneten Orten im kosmologischen Raum und vermögen als konkrete Orte auch den territorialen Raum zu strukturieren.

Der Charakter des Heiligen hat in dieser Gestalt der Räumlichkeit mit dem Bedeutungsreichtum der Orte zu tun: Das Heilige erscheint als eine Gestalt des Übergangs. Es zeigt sich nicht in einer bestimmten Verwendung oder Vorstellung des Ortes, sondern im Übergehen von einer zur nächsten, sozusagen in den Zwischenräumen. Es verhindert, dass *eine* Form der Bedeutungsgebung die Vorherrschaft über den Ort übernimmt, und hält all seine möglichen Bedeu-

---

[34] Kant 1974, § 49, 251.
[35] Vgl. ebd., § 49, 249–256.
[36] Augé 2019, 59, vgl. 49–77.

tungen im Spiel. Als heiliger Ort kann er niemals einer bestimmten Gruppe allein gehören, die über seine rechtmäßige Interpretation wachte; immer kann es auch andere und neue Deutungen des Ortes geben. Der Ort bewahrt, wenn er heiliger Raum ist, damit eine Offenheit. Er verweist über seine aktuelle Gestalt und Deutung hinaus.

Literatur

Auffahrth, Christoph (2001): Art. Kosmologie. I. Zum Begriff, in: Religion in Geschichte und Gegenwart[4] 4, 1706–1707.
Augé, Marc ([5]2019): Nicht-Orte, übersetzt von Michael Bischoff, München [1992].
Boffi, Gudio (2017): Without Mapping. Una rilettura di Gn 10,1–32–11,1–9 in prospettiva geoestetica, in: Interdisciplinary Journal for Religion and Transformation in Contemporary Society 3.1, 90–123.
Davidowicz, Klaus S. (1997): Art. Luria, Isaak, in: Lexikon für Theologie und Kirche[3] 6, 1126–1127.
Denzinger, Heinrich ([40]2005): Kompendium der Glaubensbekenntnisse und kirchlichen Lehrentscheidungen. Verbessert, erweitert, ins Deutsche übertragen und unter Mitarbeit von Helmut Hoping herausgegeben von Peter Hünermann.
Farinelli, Franco (2009): La crisi della ragione cartografica.
Huber, Konrad (2022): Gottes Raum und Gott als Raum. Ein Beitrag zur Metaphorik der Gottesrede in der Offenbarung des Johannes, in: Burz-Tropper, Veronika (Hg.): Gottes-Bilder. Zur Metaphorik biblischer Gottesrede, Stuttgart, 217–243.
Hutter, Manfred (1997): Art. Kosmogonie, in: Lexikon für Theologie und Kirche[3] 6, 397–398.
Kant, Immanuel (1998): Kritik der reinen Vernunft, hrsg. von Jens Timmermann. Felix Meiner: Hamburg.
Kant, Immanuel ([21]2014): Kritik der Urteilskraft, hrsg. von Wilhelm Weischedel, Frankfurt [1974].
Kilde, Jeanne Halgren (2023): Art. Thinking of Religious Space. An Introduction to Approaches, in: The Oxford Handbook of Religious Space, 1–22.
Leibniz, Gottfried Wilhelm (1996): Streitschriften zwischen Leibniz und Clarke, in: Hauptschriften zur Grundlegung der Philosophie I, übersetzt von Artur Buchenau, hrsg. von Ernst Cassirer. Hamburg [1904], 81–182.
Menke, Karl-Heinz (1999): Art. Raum II. Systematisch-theologisch, in: Lexikon für Theologie und Kirche[3] 8, 854–855.
Metropolit Filaret (2002): Eine orthodoxe Stimme zum Konzept des „kanonischen Territoriums", übersetzt von Thomas Bremer, in: OST-WEST Europäische Perspektiven 4, Zugriff am 10.12.2023 https://www.owep.de/artikel/142-eine-orthodoxe-stimme-zum-konzept-des-kanonischen-territoriumsdiskussion
Moltmann, Jürgen ([4]1993): Gott in der Schöpfung. Ökologische Schöpfungslehre, Gütersloh [1985].
Nancy, Jan-Luc ([3]2014): Zum Gehör, übersetzt von Esther von der Osten. Zürich/Berlin [2002].
Papst Franziskus (2018): Ansprache von Papst Franziskus an die Generalversammlung der CEI, Zugriff am 10.12.2023 https://www.vatican.va/content/francesco/de/speeches/2018/-may/-documents-/papa-francesco_20180521_cei.html

Philon (1938): Über die Träume [De somnis], übersetzt von Maximilian Adler. H. & M. Marcus: Breslau.
Religious Exits, Zugriff am 20.04.2024 https://www.religionandtransformation.at/forschung/research-topic-of-the-current-term-religious-exits/
Sander, Hans-Joachim (2006): Einführung in die Gotteslehre, Darmstadt.
Sloterdijk, Peter (2004): Sphären III. Schäume, Frankfurt.
Speigl, Jakob (2003): Das Prinzip des kanonischen Territoriums – ein ekklesiologisches Thema, in: OST-WEST Europäische Perspektiven 2, Zugriff am 10.12.2023 https://www.owep.de/artikel/349-prinzip-des-kanonischen-territoriums-ekklesiologisches-thema
van der Brom, Luco Johan (2006): Art. Raum III. in: Religion in Geschichte und Gegenwart[4] 7, Tübingen 2004, 64–65.
Walser, Markus (2000): Art.Territorialprinzip, in: Lexikon für Theologie und Kirche[3] 9, 1341.
Wellmann, Bettina (2015): Gott als sichere Zuflucht. Ha-Makom: ein ungewöhnlicher Name für Gott. Interview mit Luise Metzler, in: Bibel heute 51.3, 10–11

Das Heilige Land in der jüdischen Tradition

Susanne Talabardon

1. Grundlagen: Das Heilige Land

1.1 Die Hebräische Bibel

Schon ein flüchtiger Blick auf die Hebräische Bibel genügt, um festzustellen, dass die biblische Tradition auf das Thema der Landgabe, des Landbesitzes und des Verlusts desselben immer wieder zurückkommt. Die Möglichkeit, im einmal erworbenen Territorium dauerhaft wohnen zu können, erweist sich beinahe als Gradmesser einer gelingenden Beziehung zwischen dem Gott Israels und seinem Volk. Nur im Falle einer umfassenden Treue zur sinaitischen Offenbarung und den Geboten – so schärft es insbesondere die Tora immer wieder ein – kann mit einem sicheren Verbleib im Land gerechnet werden, das ehemals den kanaanitischen Stadtstaaten zu eigen war.[1]

Die eindringliche Warnung davor, sich dem sicheren Wohnen im Lande als unwürdig zu erweisen und daher (wie die einstigen Besitzer des Landstrichs) daraus vertrieben zu werden, speist sich aus der bitteren Erfahrung des Babylonischen Exils (ab ca. 597/587 BCE).[2] Der *Verlust* der einstigen Heimat in der südlichen Levante inspirierte die ins ferne Mesopotamien deportierten judäischen Autoren zu jener tiefgründigen und erschütternden Theologie des heiligen Landes, die weite Strecken der Tora und der Propheten prägt.[3]

Die einschneidende historische Erfahrung, von einem mächtigen fremden Heer erobert zu werden, den Untergang von Königtum und Tempel erleben zu müssen, mündet bei den frühen biblischen Autoren nämlich *nicht* – wie allgemein üblich – in das Bestreben, nun auch den Kult der Sieger und dessen Lebensweise für sich zu übernehmen. Vielmehr wird (wider alle Evidenz) die Theorie entwickelt, dass nicht etwa das Pantheon der militärisch Überlegenen, sondern der eigene Gott Herr des Weltgeschehens sei.

---

[1] Vgl. Ex 3,6–8; 6,2–8; Dtn 4,1–6.25–31.37–40; 8,7–10; 9,1–6; 11,8–17; 26,1–9; 30,19 u. ö.

[2] Es kann aufgrund der historisch-kritischen Perspektive kein Zweifel daran bestehen, dass den verschriftlichten Texten der Tora/des Pentateuchs weit überwiegend die Erfahrung des Exils zugrunde liegt.

[3] Vor diesem Hintergrund ist es erstaunlich, wie wenig Raum eine Theologie des Heiligen Landes in der wissenschaftlichen Befassung mit der Bibel einnimmt. Vgl. dazu Orlinsky 1986, 41–42.

Nur unter dieser Maßgabe lässt sich der Verlust des Landes als Strafmaßnahme des Ewigen erklären. Dies wiederum setzt voraus, dass das fragliche Territorium eine besondere Qualität hat, so dass es als Leihgabe unter klaren Bedingungen bestimmten Menschengruppen zuerkannt werden kann. Diesen Grundsätzen unterliegt die Theologie des Heiligen Landes, wie sie das Deuteronomium/Devarim besonders prägnant formuliert:

> Und ihr sollt jedes Gebot bewahren, welches ich dir heute geboten habe, damit ihr stark seid, wenn ihr kommt und das Land in Besitz nehmt, welches ihr durchzieht, um es in Besitz zu nehmen. Auch damit die Tage lang seien auf der Erde, welche der EWIGE euren Vätern zugeschworen hat, es ihnen und ihren Nachkommen zu geben – ein Land, fließend von Milch und Honig. Denn das Land, in welches du kommst, es in Besitz zu nehmen: nicht wie das Land Mizrajim ist es, aus welchem ihr ausgezogen seid! In welches du deinen Samen säst und welches du mit deinen Füßen tränkst wie einen grünen Garten. Das Land aber, welches ihr durchzieht, es in Besitz zu nehmen, ist ein Land der Berge und Hügel, vom Tau der Himmel trinkt es Wasser. Ein Land, welches der EWIGE, dein Gott, einfordert [דרש]; stets sind die Augen des EWIGEN, deines Gottes, auf ihm, vom Anfang des Jahres bis zum Ende des Jahres. (Dtn 11,8–12)

Die für die Perspektive des Buches Devarim auf das Land prägenden Theologumena sind in diesem knappen Zitat beinahe vollständig versammelt:

a) Das Land „fließt von Milch und Honig"; es kann also seine Bewohner_innen sicher ernähren

b) Dieser Reichtum entstammt, im Gegensatz zu Mizrajim/Ägypten, nicht aus natürlichen Ressourcen, sondern wurzelt in einer besonderen Fürsorge Gottes.

c) Daher ist der Besitz dieses Landes an das Tun der Gebote gekoppelt: Gott selbst fordert von den Bewohner_innen Rechenschaft ein, *wie* auf diesem besonderen Boden gelebt wird.

Folgerichtig wird das solcherart gekennzeichnete Territorium in der priesterlichen Theologie als „heilig" gekennzeichnet und aufgewertet. Mit dem Terminus „heilig" inkorporiert die Land-Theologie jene besondere Sphäre, die das Profane und Alltägliche abgrenzt und einhegt. In der Hebräischen Bibel ist es in erster Linie der EWIGE selbst, der als heilig erkannt wird. Dies bedingt eine Äquivalenzforderung an Menschen, die Gott zu begegnen trachten: sie müssen sich beständig um Reinheit bemühen. Die notwendige Eignung erreicht man durch kultische Verrichtungen und die Beachtung der Gebote, was die Wahrung heiliger Zeiten und Orte einschließt.

Überraschend selten wird das gesamte Land Israel als „heilig" apostrophiert; explizit geschieht dies nur in Sach 2,16, wodurch eine überaus einflussreiche Begriffsbildung angestoßen wird:[4]

---

[4] Auch Jos 5,15 bezeichnet ein innerhalb des „Zwölf-Stämme-Territoriums" gelegenes Stück Land (!) als „heiliges Land". Dies bezieht sich jedoch nur auf den unmittelbaren Ort, an dem Josua dem „Heerführer Gottes" begegnet. Vgl. dazu Plöger 1973, 101.

Das Heilige Land in der jüdischen Tradition

> Und es erwarb der EWIGE Jehuda als Seinen Anteil auf dem Heiligen Land [אדמ הקדש] und Er erwählt Jerusalem erneut.

Das früh-nachexilische Prophetenwort fügt der Theologie des Landes, den politischen Gegebenheiten der Perserzeit folgend, den Topos der Erwählung Judas hinzu. Was der Ewige dem Abraham, Isaak und Jakob „zugeschworen" hatte,[5] was durch die Landnahme realisiert und alsdann durch verkehrten Lebenswandel verloren ging (Ez 36,17; Jer 35,15–17), soll durch einen erneuten Akt der Annahme und Bevorzugung restituiert werden. Zwar scheint die Heiligkeit des Landes zunächst (wie bei Ez 45,3; Sach 8,3 u. ö.) auf den Tempel und Jerusalem zentriert, sie strahlt jedoch (mit Blick auf die Rezeptionsgeschichte) auf das gesamte Territorium aus. Was die Hebräische Bibel indessen konkret unter „Heiligkeit des Landes" fasst, kann man am besten aus einer Perikope ersehen, die den Begriff nicht führt, wohl aber die Sache treffend beschreibt:

> Ihr sollt aber all meine Satzungen und all meine Rechtssetzungen bewahren und sie tun, dann wird euch das Land nicht ausspeien, in das ich euch bringe, um dort zu wohnen. Ihr sollt aber nicht in den Satzungen des Volkes [גוי] wandeln, das ich von vor euch wegschicke, denn all dies taten sie – mich aber ekelte vor ihnen. So sagte ich euch: Ihr werdet ihren Ackerboden in Besitz nehmen, ich aber will ihn euch zum Besitz überschreiben: ein Land, fließend von Milch und Honig. Ich bin der Ewige, euer Gott, der euch von den Völkern [עמים] unterschieden hat. So sollt ihr denn unterscheiden zwischen dem reinen Großvieh und dem unreinen, und zwischen dem unreinen Vogeltier und dem reinen. Nicht aber sollt ihr euer Leben zum Abscheu machen durch Großvieh und Vogeltier und alles, was da auf der Erde kriecht, was Ich euch als unrein unterschied. So seid mir denn Heilige, denn heilig bin Ich, der Ewige. Ich unterschied euch von den Völkern, Mir zu sein. (Lev 20, 22–26)[6]

Wieder wird der Zusammenhang zwischen dem Tun der Gebote und dem Verbleib im Lande betont, den bereits Devarim unablässig einschärft. Wieder wird der überfließende Ertrag des Landes gepriesen – der entscheidende *Unterschied* zwischen ihm und den anderen Gegenden der bewohnten Welt wird hier jedoch völlig anders gefasst als in Devarim. Nicht auf die Differenz zwischen Ägypten und Kana'an kommt es an, sondern auf die Unterscheidung zwischen rein und unrein. Diese kultischen Grundkategorien markieren das Schibbolet zwischen Israel und den Völkern, denen Gott das Recht im Lande zu wohnen entzogen hat.

Die Heiligkeit des Ewigen duldet keine Unreinheit. Und *Sein* Land tut dies offensichtlich auch nicht, denn es wird Israel „ausspeien", wenn es sich nicht an die Satzungen der Tora hält. Obwohl das Land nicht explizit als „heilig" apostrophiert wird, verhält es sich wie ein selbständiger Akteur, der bei sich nur Bewohner kultischer Äquivalenz erträgt. Israel, das „Volk von Priestern" (Ex 19,6), darf nur in Israel, dem Heiligen Land, leben, wenn dessen Reinheit und die Heiligkeit Gottes respektiert wird.

---

[5] Vgl. Num 11,2; 32,11; Dtn 11,9.21; 28,11 u. ö.
[6] Vgl. Lev 18,24–30.

2. Rabbinische Theologie (2.–6. Jahrhundert CE)

Mit der (erneuten) Zerstörung Jerusalems und des Tempels im Jahre 70 und der gravierenden Niederlage im Bar-Kochba-Aufstand (132–135) manifestierte sich die Notwendigkeit, den Kult Israels ohne Priestertum, Opfer und Zentralheiligtum neu zu fassen.[7] Auf dem Boden der Hebräische Bibel entwickelten sich in den ersten Jahrhunderten zwei neue Kulte, die man späterhin als „Judentum" und „Christentum" bezeichnete. Beide erhoben den Anspruch, legitime (Allein-) Erben der alt-israelitischen Tradition zu sein.

Bereits vor den verheerenden antirömischen Aufständen des ersten und zweiten Jahrhunderts existierten große judäisch-jüdische Diaspora-Gemeinschaften, die durch die Niederlagen der Jahre 70 und 135 CE erheblich anwuchsen.[8] Nach dem gescheiterten Bar-Kochba-Aufstand verlagerte sich das Zentrum beider werdender Kulte von Judäa nach Galiläa. Bei den zunehmend nichtjüdischen Anhängern Jesu spielte die Heiligkeit des Landes bis zur Herrschaft Konstantins im 4. Jahrhundert indessen keine große Rolle.[9]

Anders verhielt es sich bei den rabbinischen Gelehrten, einer anfangs marginalen Gruppe judäisch-jüdischer Traditionalisten, die sich im Laufe der ersten fünf Jahrhunderte als zunehmend prägend erweisen sollten. Die Rabbinen[10] entwickelten eine auf der Hebräischen Bibel fußende Form der Verehrung Gottes, die ohne Tempel und Opfer auskam. In ihrem Zentrum standen das Studium der Tradition (*Talmud Tora*), das Gebot (Mizwa) sowie das Gebet (T'fila).[11]

Das mutmaßlich früheste erhaltene Dokument der werdenden rabbinischen Strömung (des werdenden Judentums) ist die Mischna.[12] Sie setzt der durch Fremdbestimmung und Feindseligkeit geprägten Situation des jüdischen Volkes eine utopische Ordnung entgegen, die ein Leben in Reinheit und Gottbezogenheit, in Einklang mit den väterlichen Überlieferungen ermöglichen soll. Das Heilige Land spielte für das verzweifelte Streben nach Klarheit und Struktur eine wesentliche Rolle – stand doch die Wirklichkeit der Verfasser in

---

[7] Vgl. Stroumsa 2015, 30–41.
[8] Es ist in der gegenwärtigen Forschung umstritten, ab wann man tatsächlich von einer inklusiven *jüdischen* Kultur sprechen kann. Im Unterschied zur „judäischen" Lebensweise wäre dies dann der Fall, wenn man von einer gemeinsamen Identität ausgehen kann, welche z. B. die galiläischen, idumäischen, samaritanischen Bevölkerungsteile integrierenden Identität ausgehen kann. Eine mögliche Übergangsphase von einer judäischen zu einer jüdischen Kultur bildet die Herrschaft des Herodes (37–4 BCE).
[9] Vgl. Wilken 1992, 55–100.
[10] Von hebr. רב (rav), Meister.
[11] Vgl. zum Beispiel Schwartz 2004; Satlow 2006, 115–186; oder Boyarin 2004.
[12] Von hebr. שנה (schana), Lernen durch Wiederholen. Nach gegenwärtigem Stand der Forschung entstand sie Ende des 2./Anfang des 3. Jahrhunderts CE.

Das Heilige Land in der jüdischen Tradition

erheblicher Spannung zum Ideal eines geheiligten Volkes in den Grenzen des ihnen verheißenen Siedlungsraumes.

So entwirft die Mischna in ihrer zentralen Aussage zum Thema auch nichts Geringeres als eine zehnstufige „Hierarchie":

> [⁶]Zehn Heiligkeiten sind es: Das Land (ארץ) Israel ist geheiligter als alle Länder. Und was ist seine Heiligkeit? Dass man von ihm den Omer und die Erstlingsfrüchte und die zwei Brote darbringt [vgl. Lev 23,9–7]; was man nicht so darbringt in allen [anderen] Ländern.[⁷] Städte, die mit einer Mauer umgeben sind, sind heiliger als [das Land Israel], da man aus ihrer Mitte die Aussätzigen fortschickt. Aber man darf in ihrer Mitte einen Toten herumtragen, solange man will. Ist er aber hinaus, darf man ihn nicht wieder hereinbringen. [⁸] Innerhalb der Mauer [Jerusalems] ist es heiliger als es [die ummauerten Städte] sind, weil man dort Minderheiliges und den zweiten Zehnt isst.¹³ Der Tempelberg ist heiliger als es [Jerusalem intra muros] ist, denn dort treten keine mit Genitalkrankheiten behaftete Männer und Frauen, keinen Menstruierenden und Wöchnerinnen ein. Der [Tempel-]Umgang ist heiliger als [der Tempelberg], denn Nichtjuden und Totenunreine treten dort nicht ein. Der Frauenhof ist heiliger als der [Tempelumgang], denn niemand, der am selben Tag getaucht hat¹⁴, tritt dort ein. Aber man ist kein Sühnopfer schuldig. Der Hof der Israeliten ist heiliger als der [Frauenhof], denn niemand, dem es an Sühne fehlt, tritt dort ein und man ist deshalb ein Sühnopfer schuldig. Der Priesterhof ist heiliger als der [Hof der Israeliten], denn kein Israelit darf dort eintreten – außer in der Stunde, da er der Handauflegung [Lev 3,2], der Schlachtung oder des Schwingens [Lev 7,30] bedarf. [⁹]Zwischen der Vorhalle und dem Altar ist es heiliger als [im Priesterhof], denn dort dürfen die mit einem Makel behafteten [Priester] und die mit ungezähmtem Haar nicht eintreten. Die Haupthalle ist heiliger als [die Vorhalle], denn dort tritt niemand ein, der sich nicht Hände und Füße gewaschen hat. Das Allerheiligste ist heiliger als sie [alle], denn dort tritt niemand ein außer dem Hohenpriester an Jom Kippur in der Stunde des Kults. (mKelim I, 6–9)

Der Traktat der Mischna konstruiert eine zehnstufig ansteigende Heiligkeit von außerhalb des Landes Israels bis hin zum Allerheiligsten des Tempels, der allerdings zur Zeit der Abfassung der Mischna gar nicht mehr bestand. Daraus wird einerseits deutlich, dass es sich bei der vorgetragenen Hierarchie um eine utopische Struktur handelt, um eine Projektion in eine nicht näher bezeichnete ideale Zukunft hinein. Andererseits zeigt sich in der Rezeption der priesterlichen Konzepte innerhalb der Tora ein überwiegend kultisch geprägtes Ver-

---

13 Sowohl die Bibel wie auch die rabbinische Tradition unterscheidet zwischen einem einfachen Grad an Weihe (rabbinisch: קָדָשִׁים קַלִּים) und dem „Hochheiligen" (קֹדֶשׁ קָדָשִׁים), welches im Tempel durch einen Vorhang voneinander getrennt wird (Ex 26,33–34 u. ö.). Der Zweite Zehnt (מעשר שני) ist ein im 1., 2., 4. und 5. Jahr eines Schabbatjahr-Zyklus auszusondernder Teil der Ernte, der im Zuge einer Wallfahrt in Jerusalem dargebracht und vom Produzenten verzehrt werden soll (Dtn 14,22–26).

14 Einer, der „am selben Tag getaucht hat" (טבול יום), hat zwar das nach einer persönlichen Verunreinigung (etwa durch Kontakt mit Blut) vorgeschriebene Untertauchen in der Mikwe absolviert, ist aber noch nicht „rein", da die kultische Reinheit erst am nächsten Tag – also nach Sonnenuntergang – eintritt.

ständnis von Heiligkeit. Dies steht in Spannung zu einer ethisch dominierten Interpretation dieses Begriffs, wie sie in Devarim anzutreffen ist.

Die Konsequenz dieser Verknüpfung von (kultischer) Heiligkeit und dem Land Israel ist allerdings gravierend, denn sie legt nahe, dass man nur *innerhalb* des Landes alle Gebote erfüllen und auf diese Weise die für eine Begegnung mit dem Ewigen notwendige persönliche Disposition erreichen kann. Man geht sicherlich nicht fehl, wenn man hinter einer solchen Konstitution eine kritische Anfrage an die zahlenmäßig stark wachsende jüdische Diaspora vermutet.[15]

> Ein Kasus von R. Jehuda ben Batyrá und R. Mat'ja ben Cheresch und R. Chaniná ben Achi. R. Jehoschu'a und R. Jonatan zogen nach außerhalb des Landes und näherten sich Paltum.[16] Da erinnerten sie sich des Landes Israel und rissen ihre Augen auf und vergossen Tränen und zerrissen ihre Kleider und riefen diesen Vers [Dev 12,29bβ]: „Und ihr sollt in ihrem Land bleiben". Da kehrten sie zurück und kamen an ihren Ort und sagten: Die Ansiedlung [Das Bleiben] im Lande Israel wiegt alle Gebote auf, die in der Tora sind. (SifDev ראה §53)

Der Midrasch Sifré Devarim (spätes 3. Jh.) bestätigt eindrucksvoll, dass das Verbleiben im Heiligen Lande trotz aller ökonomischer Härte und politischer Unwägbarkeiten in den Rang eines überragenden Gebots erhoben wurde. Mit zunehmendem Einfluss des Christentums nach der „Konstantinischen Wende" und, mehr noch, unter der Herrschaft der ersten christlichen Kaiser zeigten sich jedoch immer deutlichere Absetzbewegungen auch der gelehrten Elite aus den Provinzen Palaestina vor allem in das von den Sassaniden beherrschte Mesopotamien.[17]

In jedem Fall lässt sich konstatieren, dass bereits zum Beginn der Entwicklung des „Judentums", wie es sich mit der Abfassung der Mischna dartut, dass das dort vorgestellte Konzept der Heiligkeit des Heiligen Landes eine klare utopische Dimension aufwies. Schon im späten 2. Jahrhundert war die Kongruenz zwischen Land und Volk Israel entscheidend eingeschränkt. Der Tempel lag auf unabsehbare Zeit in Trümmern; die Fremdherrschaft dauerte an und der Anteil nichtjüdischer Bevölkerung nahm in der Provinz Syria Palaestinas (wie sie nach dem Bar-Kochba-Aufstand benannt wurde) beständig zu.

Im christianisierten Imperium Romanum, wo die jüdischen Gemeinschaften auch durch die kaiserliche Gesetzgebung zunehmender Diskriminierung

---

[15] Dieser Konnex zeigt in der Position im Lager der Haredim (sog. „Ultra-Orthodoxie") bis heute Wirkung. Er findet dort allerdings auch umgekehrt Anwendung: Wer im Heiligen Land lebt, muss „alle Gebote erfüllen", womit die Lebensweise säkularer und nichtjüdischer Bewohner im modernen Staat Israel von dieser Seite in fundamentale Kritik genommen wird.

[16] Jastrow, Dictionary, vermutet eine Verschreibung von פּוּטִיוֹלִין (Puteoli).

[17] Seit dem Babylonischen Exil wird dort eine bis zur islamischen Zeit durchgängige bedeutende jüdische Gemeinschaft vermutet. In der Traditionsliteratur wird das Gebiet ungeachtet seiner jeweiligen politischen Zugehörigkeit beharrlich als „Babylon" bezeichnet. Vgl. Gil 2011, 49.

ausgesetzt waren, gewann die Diskussion über die Möglichkeit, *doch* außerhalb des Heiligen Landes zu leben, stetig an Bedeutung. Ohnehin verlagerte sich der Lebensmittelpunkt der rabbinischen Gelehrten zunehmend nach „Babylon".

Als Spiegel dessen kann eine markante Diskussion im Babylonischen Talmud (bKetubbot 110b–111a) gelten. Sie verhandelt die Frage des „Aufenthaltsbestimmungsrechts" für den Fall, dass einer der zukünftigen Partner aus dem Heiligen Land, der oder die andere aus der Diaspora entstammt.[18] Dabei gilt es als die oberste Direktive, im Lande (oder, wenn bereits dort ansässig) in Jerusalem Wohnung zu nehmen – wenn eine/r der beiden Partner_innen dies wünscht. Das Prinzip der Ansiedlung im Lande rangiert in der palästinisch-rabbinischen Werteskala so hoch, dass es sogar die zeitbedingt übliche Unterordnung der Frau unter die Wünsche ihres Gatten transzendiert.

Der Talmud bestätigt also zunächst die Aussagen palästinischer Gelehrter, nach denen man nur im Heiligen Lande wirklich als Jude leben kann (mKelim I, 6–9) bzw. die Ansiedlung im Lande Israel alle Gebote aufwiegt (SifDev ראה § 53). Dabei nimmt er die politischen und demographischen Gegebenheiten durchaus in den Blick, wenn er statuiert, dass man das Heilige Land stets zu seinem Wohnort wählen solle, auch wenn in der gewählten Stadt Nichtjuden die Mehrheit der Bevölkerung bilden. Die Position der (vermutlich palästinischen) Rabbinen gipfelt in der Aussage:

> Jeder, der im Lande Israel wohnt, ähnelt einem, der einen Gott hat. Jeder aber, der außerhalb des Landes wohnt, ähnelt einem, der keinen Gott hat. Wie gesagt ist: ‚Euch das Land Kana'an zu geben, um euch zum Gott zu sein.' [Lev 25,38] (bKet 110b)

Diese für alle Diaspora-Gemeinschaften extrem unerfreuliche Einschätzung ruft selbstverständlich die Fraktion der babylonischen Rabbinen auf den Plan. Da diese die überragende spirituelle Bedeutung des Heiligen Landes nicht bestreiten können noch wollen, greifen sie zu einem anderen probaten Mittel der Argumentation: sie differenzieren. So, wie nämlich Israel über eine besondere Heiligkeit und Würde verfügt, so sind auch die Länder des Exils kein homogener Raum. „Babylon" nämlich, so postulieren es die Gelehrten – Babylons, nimmt unter den Ländern der Diaspora ebenfalls eine herausragende Stellung ein: Immerhin habe der Prophet Jeremia (Jer 27,22) die jüdische Ansiedlung dort sanktioniert. So liegt es nahe, dass die „mesopotamische Fraktion" feststellt, dass man genauso gut in Babylon leben könne:

> Sagte Rav Jehuda, sagte Sch'mu'el: So, wie es verboten ist, aus dem Lande Israel nach Babel auszuziehen, so ist es auch verboten, aus Babel in den Rest der Länder

---

[18] Ausgangspunkt der Debatte ist die folgende Feststellung der Mischna: „Ein jeder muss zum Land Israel hinaufziehen; niemand aber [von dort] hinaus. Ein jeder muss nach Jerusalem hinaufziehen; niemand aber [von dort] hinaus. [Dies gilt] sowohl für die Männer wie für die Frauen." (mKet XIII,11)

hinauszuziehen. Raba und Rav Josef, sie beide sagten: Nicht einmal von Pumbedita nach Bé Kube [darf man ausziehen]. (bKet 111a)

Nicht nur die Überordnung der alten Exilsgemeinschaft im Sassanidenreich über alle anderen jüdischen Exklaven in der spätantiken Welt hat sie mit dem Heiligen Land gemeinsam, sondern auch die Binnendifferenzierung innerhalb des herausgehobenen Gebietes. Auch in „Babylon" gestaltet sich der Raum nicht homogen. Den Standorten der bedeutenden „Akademien" (Jeschivot), den Zentren rabbinischer Gelehrsamkeit, wie Pumbedita eine gewesen ist, kam nach Auffassung der Gelehrten ebenso eine besondere Würde zu wie der Stadt Jerusalem.

Im Ergebnis der Debatte zwischen den palästinischen und babylonischen Rabbinen hält der Talmud fest, dass es *nicht* zwingend erforderlich sei, dauerhaft im Lande Israel zu leben: „Jeder, der vier Ellen im Lande Israel wandelt, dem ist zugesichert, dass er ein Sohn der kommenden Welt ist." (bKet 111a) Mit dieser Kompromisslinie gelingt es den talmudischen Gelehrten, sowohl die Besonderheit des Lebens im Lande Israel zu bestätigen als auch die Möglichkeit jüdischen Wohnens im Exil theologisch zu begründen.

3. Jüdisches Leben und Leiden am Exil: Mittelalter

Mit der Eroberung der südlichen Levante durch die muslimischen Araber im 7. Jahrhundert beginnt für die weitaus meisten jüdischen Gemeinschaften rund um das Mittelmeer eine neue Epoche. Deshalb terminiert man mit dieser Zäsur gewöhnlich den Einsatzpunkt des jüdischen Mittelalters.[19] Man kann es als Ära der Diaspora-Existenz unter Christentum und Islam definieren. Ihr Ende lässt sich – analog zum christlich geprägten lateinischen Europa – mit der Renaissance oder mit der gewaltsamen Vertreibung und Vernichtung der jüdischen Gemeinschaft auf der Iberischen Halbinsel in den Jahren 1492 und 1496/97 bestimmen.

Unter dem Einfluss der arabischen Wissenschaft und Kunst vollzog sich eine umfassende Neuorientierung der jüdischen Kultur. Anstelle der dominierenden Kollektivliteratur der klassischen („rabbinischen") Epoche entwickelten sich wieder von einzelnen, namentlich bekannten Autoren geprägte Werke. Diese gliederten sich, wiederum im Gegensatz zum enzyklopädisch angelegten

---

[19] Dieser Begriff ist auch für das christlich geprägte Europa sperrig und unpassend, da er von den Humanisten des 14. Jahrhunderts als abqualifizierender Hinweis auf das „dunkle Zeitalter" (aetas obscura) zwischen der als vorbildlich geltenden Antike und der Renaissance entwickelt wurde. Weil es sich aber um einen eingeführten Terminus handelt, den man mit einigen Modifikationen auch auf die jüdischen Gemeinschaften anwenden kann, soll er hier Verwendung finden.

Talmud, in Einzeldisziplinen auf: Es wurden Bücher u. a. zu Grammatik, Poetik, Medizin, Astronomie, Philosophie verfasst. Sie bezogen sich somit auf Forschungsgebiete, auf die sowohl die griechisch-römische Antike wie auch die arabische Kultur ausgerichtet war. Durch die frühe Teilhabe der jüdischen Gemeinschaften an der arabischen Sprache profitierten die jüdischen Eliten von der intensiven Übersetzungstätigkeit arabischer Gelehrter z. B. an der Bibliothek von Bagdad.

3.1. Leben in der Diaspora oder Ansiedlung im Heiligen Land?

Mit dem Ende der Ummayyaden-Dynastie von Damaskus (Mitte des 8. Jahrhunderts) verlagerte sich das Zentrum jüdischer Gelehrsamkeit sukzessive auf die Iberische Halbinsel. Dort hatte sich ein ummayyadisches Emirat[20] etabliert. Den rabbinischen Gelehrten „Babylons" war es jedoch zuvor gelungen, den (babylonischen) Talmud als maßgebliche Richtschnur jüdischen Lebens und Wissens durchzusetzen.[21] Insofern scheint es wenig verwunderlich, dass die dort angestoßene Diskussion darüber, ob das Leben im Heiligen Lande für die Erlösung Israels notwendig sei, lebhafte Fortsetzung fand. Zwei der größten Vertreter der jüdischen Elite der Iberischen Halbinsel (S'farad), Jehuda Halevi (1075–1141) und Mosche ben Maimun (Ramba"m; 1138–1204) können als Exponenten entgegengesetzter Grundpositionen zum Thema gelten.

Jehuda Halevi, ein Universalgelehrter und Dichter, rang sich nach einigen inneren Kämpfen und im fortgeschrittenen Alter im Jahre 1140 zur Auswanderung nach Israel durch. Hintergrund dessen mag auch die Verfolgung jüdischer und christlicher Minderheiten durch die ab 1090 herrschenden berberischen Almoraviden gewesen sein.

In seinem religionsphilosophischen Hauptwerk, dem Sefer ha-Kusari,[22] begründete Jehuda Halevi seinen Schritt mit der besonderen Fähigkeit des Heiligen Landes, seine jüdischen Bewohner_innen zu heiligen:

---

[20] Dieses firmierte ab 929 als *Kalifat* von Córdoba. Die jüdische Gemeinschaft „Babylons" hingegen verlagerte sich vom Land in die Städte. Die alten Standorte der rabbinischen „Akademien" (Sura, Pumbedita, Nehardea) verloren völlig an Bedeutung. Insbesondere Bagdad, Hauptstadt der nunmehr herrschendenden Abbasiden, entwickelte sich zu einem Zentrum jüdischen Lebens.

[21] Günter Stemberger bezeichnete den Talmud einmal treffend als „eine im Aufbau an der Mischna orientierte Nationalbibliothek des babylonischen Judentums." (ders., Talmud, 46). Der Talmud entwickelte sich zu einer einzigartigen kultur- und identitätsprägenden Größe, deren Einfluss Jahrhunderte lang währte.

[22] Im arabischen Original *Kitab al-Ḥujjah wal-Dalil fī Nuṣr al-Din al-Dhalil* (Buch der Widerlegung und des Beweises im Namen der verachteten Religion). Der Titel der hebräischen Übersetzung (ספר הכוזרי) lautet prosaischer auf „Chasarenbuch". In seiner hebräischen Fassung hat das Sefer ha-Kusari einen enormen Einfluss auf fast alle jüdischen Gemeinschaften ausgeübt und wird noch heute intensiv rezipiert.

> Das Land Kana'an aber ist für den Gott Israels einzigartig. Und das Tun [der Gebote] kann nirgendwo sonst als in ihm vollkommen sein. Viele der Gebote Israels nämlich sind aufgehoben für den, der nicht im Lande Israel wohnt. Herz und Seele sind nur an dem Ort rein und würdig, den man als den für Gott einzigartigen kennt. (Jehuda Halevi, Kusari V,23)[23]

Jehuda Halevi geht über die bereits in der Bibel und der rabbinischen Tradition festgehaltene Ansicht hinaus, der zufolge man nur im Land Israel alle Gebote angemessen erfüllen könne. Im Gegensatz zu der in Lev 20,22 geäußerten Ansicht, das Heilige Land würde untaugliche Bewohner ausspeien, schreibt er ihm die Fähigkeit zu, seine jüdischen (!) Bewohner zu heiligen. Nur dort konnte sich die Prophetie entfalten (II,14).[24] Es hat die Bestimmung, die Weltvölker zur Geradheit anzuleiten (II,16). Durch die Wiederbelebung der Liebe der Israeliten zum Heiligen Land würde die endzeitliche Erlösung schneller herbeigeführt (V,27).

Völlig konträr dazu präsentieren sich die Auffassungen des Mosche ben Maimun/Maimonides[25], zur Frage von Exil und Heimkehr. Auch er und seine Familie hatten aufgrund der Schreckensherrschaft einer berberischen Dynastie, der Almohaden, aus ihrer Heimatstadt Córdoba fliehen müssen. Nach längeren Irrfahrten, zu denen auch ein Aufenthalt in Jerusalem gehörten, ließ er sich schließlich im nordägyptischen Fustat nieder. Maimonides der sich nicht dauerhaft im Heiligen Lande angesiedelt hatte, entwickelte naturgemäß eine andere Haltung zur Immigration dorthin.

In seinem ebenso umstrittenen wie überaus einflussreichen talmudischen Kompendium, dem Mischné Tora, bestreitet er jedwede soteriologische Wirkung einer jüdischen Masseneinwanderung nach Israel. Die Sammlung der Diaspora und deren Rückführung ins Gelobte Land sei vielmehr Aufgabe des messianischen Königs.

> Der gesalbte König [der König Messias] wird zukünftig erstehen, um das Königtum (des Hauses) Davids wiederkehren zu lassen wie ehedem, entsprechend des ersten Königtums. Und er wird das Heiligtum erbauen und die Versprengten Israels sammeln. Und alle Satzungen werden wiederkehren in seinen Tagen, wie sie ehedem waren: Opfer werden dargebracht, man begeht Schabbat- und Joveljahre – alles den Geboten entsprechend, die in der Tora gesagt sind. Jeder aber, der nicht auf ihn [den gesalbten König] vertraut und der nicht auf sein Kommen wartet, der ist nicht nur ein Leugner der übrigen Propheten, sondern der Tora und unseres Lehrers Mo-

---

[23] Der Kusari präsentiert sich als fiktives Religionsgespräch, bei dem schließlich der Herrscher der Chasaren zum Judentum konvertiert. Er ist in weiten Teilen ein Dialog zwischen einem jüdischen Meister und dem König. Die klassische rabbinische Position über die besondere Würde des Heiligen Landes wird in II,22 (Cassel 1990, 1140–1143) vorgetragen.

[24] Silman 1995, 153–158, akzentuiert die Entwicklung der Ansichten Halevis hinsichtlich der Bedeutung von Exil und Eretz Israel. Erst in der Spätphase seines Denkens dominiere die Auffassung, dass die Immigration in das Heilige Land für Juden unabdingbar sei. Vgl. auch Grözinger 2004, 611–613.

[25] Aufgrund seiner hohen Bedeutung für die Philosophie gräzisiert man seinen Namen.

sche. Denn, siehe, die Tora bezeugt über ihn, wie gesagt ist: ‚Und es wird der Ewige, dein Gott, dein Exil wenden und sich erbarmen, er wird umkehren und dich sammeln.' (Dtn 30,3). (Maimonides, Mischné Tora Hilkhot Melakhim 11,1)

Im Gegensatz zur Konzeption Jehuda Halevis, nach der das Heilige Land gewissermaßen seine Bewohner_innen heiligt, geht es bei Mosche ben Maimun prosaischer zu. Die Wieder-Besiedlung des Heiligen Landes ist organischer Bestandteil des bereits durch die biblischen Propheten bezeugten eschatologischen Szenarios. Der messianische König, der ein durch und durch diesseitiger Herrscher sein wird, bringt seine Untertanen in das alte Heimatland zurück und alles wird sein wie ehedem. In die Schöpfungsordnung wird nicht eingegriffen; die alte Ordnung bis hin zum Tempelkult wird re-etabliert.

Mit dieser immanenten Konzeption der endzeitlichen Restitution Israels begründet Maimonides nicht nur die *Möglichkeit* eines Lebens in der Diaspora, sondern postuliert sogar etwas wie eine *Notwendigkeit* jüdischer Existenz außerhalb Israels, denn schließlich erscheint, wie in der Bibel vorgeprägt, die Rückkehr ins Heilige Land als Indiz für den tatsächlichen Anbruch der messianischen Ära. Im klaren Gegensatz dazu hält Jehuda Halevi ein dauerndes Festhalten am Exil für wenig ertragreich, da ein messianisches Zeitalter durch eine namhaften individuelle (Jeschiva) oder kollektive (Jischuv) Ansiedlung im Lande Israels befördert werden kann.

Zwischen diesen beiden Positionen werden sich in den folgenden Jahrhunderten viele weitere namhafte Denker und Gelehrte orientieren – sie werden entweder, wie Jehuda Halevi, eine möglichst umfassende Immigration des Volkes Israel ins Land Israel befürworten[26] oder, wie Maimonides, die Sammlung des jüdischen Volkes als Teil der eschatologischen Ereignisse betrachten.[27] Unterschiedliche Erlösungsszenarien führen demnach zu sehr gegensätzlichen Kausalketten. Immerhin besteht aber Einigkeit darin, eine Verbindung zwischen dem Heiligen Land und der Heiligkeit seiner Bewohner_innen zu postulieren; sowie dem Land Israel eine wesentliche Funktion bei den messianischen Ereignissen zuzumessen. Damit sind zugleich wesentliche Grundüberzeugung im gegenwärtigen haredischen („orthodoxen") Judentum umrissen.

---

[26] So zum Beispiel der bereits erwähnte Mosche ben Nachman (Nachmanides), der ebenfalls gegen Ende seines Lebens ins Heilige Land auswanderte; viele kabbalistische Meister insbesondere nach 1492; Martin Buber (1878–1965) oder Abraham Jitzchak ha-Rav Kook (1865–1935).

[27] So etliche chassidische Meister (wie z. B. R. Zadoq ha-Kohen mi-Lublin, 1823–1900) vor allem mit Blick auf nicht haredische Jüdinnen und Juden.

4. Der moderne Staat Israel – Das säkulare Judentum

Zum Wegbereiter einer völlig anders gelagerten Sicht auf das Land Israel wurden Baruch Spinoza (1632–1677) und Moses Mendelssohn (1729–1786), beide fungierten als entscheidende Protagonisten im Prozess der Emanzipation und der europäischen Aufklärung.

In seinem berühmten *Tractatus theologico-politicus*, der im Jahre 1670 anonym publiziert wurde, trägt Spinoza seine Überzeugung vor, dass sich ein Großteil der biblischen Gebote auf die Existenz Israels als Königtum bezogen, weswegen diese nach dem Ende seiner politischen Autonomie keine Bedeutung mehr hätten. Demgegenüber ist das gleichermaßen in der Bibel enthaltene „natürliche göttliche Gesetz" universal-ethisch, ewig und aus der Natur erkennbar.[28] In derselben Radikalität, in der die Erwählung Israels und der überwiegende Teil der Gebote entmythologisiert und politisiert werden, erfährt auch das Gelobte Land eine gründliche Entzauberung. Es ist nicht heiliger als andere Länder, sondern einfach nur das Territorium, in dem das Staatswesen der Hebräer seinen Sitz hatte.

Moses Mendelssohn, deutlich weniger radikal als sein sefardischer Vordenker in Sachen Vernunft und Religion, unterschied zwar auch zwischen (allgemeingültig-)ethischen und partikular-zeremoniellen Geboten innerhalb der Tora, hielt aber an der bindenden Kraft beider für die jüdische Gemeinschaft fest.[29]

> Staat und Religion waren in dieser ursprünglichen [mosaischen] Verfassung nicht vereiniget, sondern eins, nicht verbunden, sondern ebendasselbe. Verhältnis des Menschen gegen die Gesellschaft und Verhältnis des Menschen gegen Gott trafen auf einen Punkt zusammen und konnten nie in Gegenstoß geraten. Gott, der Schöpfer und Erhalter der Welt, war zugleich der König und Verweser dieser Nation, und er ist ein einiges Wesen, das so wenig im Politischen als im Metaphysischen die mindeste Trennung oder Vielheit zulässt. […] [Es haben aber], wie die Rabbinen ausdrücklich sagen, mit der Zerstörung des Tempels alle Leib- und Lebensstrafen, ja auch Geldbußen, insoweit sie bloß national sind, aufgehöret, Rechtens zu sein. […] Die bürgerlichen Bande der Nation waren aufgelöst, religiöse Vergehen waren keine Staatsvergehen mehr, und die Religion als Religion kennt keine anderen Strafen, keine andere Buße, als die der reuevolle Sünder sich freiwillig auferlegt.[30]

Bei aller grundsätzlichen Verschiedenheit in ihrer Betrachtung stimmten Spinoza und Mendelssohn (trotz des Titels Jerusalem in seinem bahnbrechen-

---

[28] Vgl. Baruch de Spinoza 2011, 160–171; 174–177.
[29] „Mendelsohn, defending the Jews against Spinoza's attack, began by accepting many of his adversary's premises – not least the disjunction between religion (which was necessarily rational and universal) and the unique system of "divine legislation" binding only upon the Jews." (Eisen 1986, 266) Grundlegend dazu: Guttmann 1931.
[30] Mendelssohn 1989, 447; 449.

den Essay) darin überein, dass sie dem Heiligen Land keine wesentliche Rolle bei der künftigen Entwicklung ihrer Religion mehr zubilligten. Damit prägten beide Denker maßgeblich das Antlitz des modernen europäischen Judentums. Es vollzog sich nicht weniger als das Ende der Jahrhunderte währenden Einheit von Ethnos und Kult; das „Judentum" existierte von nun an in den zwei Aggregatzuständen Nation und Konfession.[31]

Um in der Vielfalt der modernen Konzeptionen von Israel als Religion bzw. Konfession[32] oder als Volk bzw. Nation die Orientierung nicht zu verlieren, soll im Folgenden eine These Arnold Eisens vorgestellt und kritisch angewendet werden, der zufolge man die sehr disparaten Entwürfe der jüdischen Strömungen zum Land unter den Stichworten „Entmythologisierung", „Re-Symbolisierung" und „Politisierung" zusammenfassen kann.[33]

Dabei wird unter dem Stichwort „Entmythologisierung" die bereits referierte Auffassung Spinozas und Mendelssohns gefasst, wonach die „mosaische Verfassung" der Vergangenheit angehöre und das Land Israel nicht heiliger sei als andere Länder (Spinoza). Vor allem in den europäisch-jüdischen Konfessionen wandelte sich daraufhin der Begriff „Israel" bzw. „Jerusalem" von einer spirituell aufgeladenen, aber real existierenden Lokalität in ein Symbol für das Judentum als universale Vernunftreligion oder eines für den universalen Frieden und menschliche Brüderlichkeit („Resymbolisierung"). Im Gegensatz dazu behaupten die im 19. Jahrhunderts entstehenden säkularen Strömungen, das jüdische Volk sei eine „Nation" wie andere „Nationen" auch.[34]

---

[31] Der Begriff „Konfession" wird hier phänomenologisch verwendet. Es wäre sicherlich der Mühe wert, die hier bewusst gewählten klassisch-antiken Begriffe Ethnos und Kult in den jeweiligen modernen Ausführungen von Nation und Volk einerseits bzw. Religion und Konfession andererseits zu konjugieren. So wäre es vermutlich einfacher, die tiefe Wandlung in der europäisch-jüdischen Kultur zu erfassen, die mit Spinoza und Mendelssohn begann. Leider liegt es in der Natur insbesondere der Begriffe Religion und Konfession, dass sie sich nicht leicht entziffern lassen wollen.

[32] Die klassische Formulierung dessen wäre „deutsche Staatsbürger jüdischen/mosaischen Glaubens", wie sie im 19. Jahrhundert aufkam.

[33] Vgl. Eisen 1986, 264.

[34] Vgl. ebd.; vgl. Brenner 2016, 7–19. Eine umfassende Würdigung des religions- und geistesgeschichtlichen Potentials des Zionismus bietet Grözinger 2015, 65–466.

		Säkulare Konzeptionen: Nation		Religiöse Konzeptionen: Konfession	
Konzept		Politisierung:	Resymbolisierung und Politisierung:	Resymbolisierung:	Resymbolisierung und Politisierung:
		Welches Land man besiedelt, spielt geringe Rolle	Heimstatt Israel	Utopia; universaler Auftrag	Erneuerung im Gelobten Land
Beispiel		Leo Pinsker[35] Theodor Herzl (Judenstaat)	Moses Hess[36] Nationale Heimstatt nur in Israel; messianischer Sozialismus universaler Brüderlichkeit	Abraham Geiger, Samson R. Hirsch,[37] Hermann Cohen: Judentum als „Konfession"; Mission im Exil	Martin Buber Erneuerung der Gemeinschaft, biblisches Gebot Abraham I. Kook Anfang der Erlösung

Es sei einmal unterstellt, dass die klassischen säkular-zionistischen Konzeptionen in der Literatur häufiger Erwähnung finden als die religiösen. Hinter letzteren könnte man die Fortsetzung der alten Debatte zwischen Maimonides und Halevi vermuten – also letztlich die Frage, ob in der prae-eschatologischen Zeit das Leben in der Diaspora einer umfassenden Immigration ins Heilige Land vorzuziehen sei oder nicht. Die jüdischen Konfessionen, und unter ihnen besonders deutlich die liberale/progressive Strömung, haben diesen Disput sehr klar zugunsten einer bewussten Teilhabe an der modernen europäischen (und US-amerikanischen) Kultur entschieden.

Weniger Aufmerksamkeit haben womöglich diejenigen Stimmen erfahren, die in der modernen Debatte eine „Halevi-Position" bezogen haben – darunter Martin Buber und Abraham Isaak Kook.

Bubers Verhältnis zum Heiligen Land und zur zionistischen Bewegung stellt sich weitaus komplexer und interessanter dar, als man es in wenigen Worten zusammenfassen kann und war zudem tiefgreifenden Wandlungen unterworfen.[38] Insbesondere seine beständige Mahnung, die friedliche Koexistenz mit der arabischen Bevölkerung im Heiligen Lande als Prüfstein des Judentums zu betrachten,[39] verdiente neuerliche Würdigung. Eine (zugegeben) verkürzte Darstellung von Bubers Perspektive auf die Heiligkeit des Landes zeigt an, wie sehr er es mit spiritueller Bedeutung aufgeladen hat:

---

[35] Leon Pinsker (1821–1891 greg.), „Autoemanzipation!".
[36] Moses Hess (1812–1875), Rom und Jerusalem.
[37] Samson Raphael Hirsch (1808–1888), Horev.
[38] Martin Bubers zahlreiche Stellungnahmen zum Themenkomplex finden sich nunmehr dankenswerterweise in zwei Bänden der monumentalen Martin-Buber-Werkausgabe (MBW) versammelt, und zwar die frühen Texte in MBW 3 2007, 69–172; 351–362; die späten Schriften in der MBW, Bd. 21. Zusammenfassend dazu der einleitende Essay Brodys in MBW 21, 15–45.
[39] Vgl. Brody 2020, 15 in MBW.

Das Heilige Land in der jüdischen Tradition

Aber hier dies ist nicht irgendein Boden, es ist der Boden am Jordan. Nirgendwo anders ist das Gefühl des „Hier" so mächtig, und hinwieder nirgendwo anders ist man so überwältigend in die Mitte der Unendlichkeit gestellt. Der schweifende Geist des Juden ist nicht mehr in seiner Substanz bedroht, wenn er sich dieser Scholle wiedervermählt; vermählen soll er sich ihr, nicht um seine Fahrten zu vergessen, vielmehr um sich nun erst zu den großen Flügen zu erheben – und immer wieder heimzukehren.[40]

Parallel zur Spiritualisierung eines Territoriums, welches zum Staatsgebiet eines modernen und säkularen Gemeinwesens wurde, beharrt Buber auf der besonderen prophetischen Mission des jüdischen Volkes, auf der nicht auflösbaren Verbindung zwischen Ethnos und Kultus.[41] Allerdings besteht der Sinn dieses Nexus bei ihm darin, das „echte Streben nach dem Gerechtsein" sowohl individuell wie auch politisch zur allgemeinen Norm zu machen.[42]

Völlig anders gestaltet sich die „Resymbolisierung und Politisierung" bei dem aus Litauen stammenden Abraham Isaak Kook, dem Mitglied der berühmten Jeschiva von Volozhin und ersten aschkenasischen Oberrabbiner im britischen Mandatsgebiet (ab 1921).[43] Er war einer der wenigen Vertreter eines strengen jüdischen Traditionalismus, welcher der zionistischen Bewegung aus theologischen Gründen positive Akzente abgewinnen konnte. Nach dem Sechstagekrieg und unter dem Einfluss seines Sohnes Zvi Jehuda (1891–1982), der die Lehren seines Vaters redigierte und wohl auch ideologisierte,[44] avancierte das Werk Kooks – respektive einige Schlagworte und aus dem Zusammenhang gerissene Sätze daraus – als Begründungshilfe für die religiöse Siedlerbewegung. Bei allen Schwierigkeiten, das Werk des Vaters von den redaktionellen Eingriffen seiner Herausgeber zu befreien, steht außer Frage, dass Kook – in deutlicher Anlehnung an Jehuda Halevi[45] – dem Heiligen Land eine besondere Bedeutung bei der Erwählung Israels als dem „Herzen der Völker" zumisst.[46]

'Das Gold dieses Landes ist gut' [Gen 2, 12] – keine Tora ist wie die Tora des Landes Israel (Midrasch Rabba). In jeder Generation mussten wir die Tora des Landes Israel sehr lieben und noch mehr müssen wir dies in unserer Generation, der Generation

---

[40] Buber 2007, 370. Das Zitat entstammt einer kurzen Rede, die Buber im Jahre 1927 anlässlich eines Besuchs im Kibbuz Degania gehalten hat. Sie erschien erstmal in den „Blättern der Zionistisch-Sozialistischen Jugend" (Jg. 1, Heft 1, März 1928, 2–3). Zu den Angaben vgl. MBW 21, 670.

[41] „Dieses, als Volk auf den Weg Gottes bezogen zu sein, ist Judentum, oder es hat nie ein Judentum gegeben." – schreibt Buber in einem Artikel für die erste Ausgabe der Zeitschrift Ner im April 1949, der den bezeichnenden Titel „Die Söhne Amos'" trägt (vgl. MBW 21, 305). Buber attestiert dem neu gegründeten Staatswesen die schwere Aufgabe, die von den Propheten der Bibel eingeforderte Gerechtigkeit als „heilige Lebensnorm" (ebd., 307) zu setzen.

[42] Vgl. Buber, ebd.

[43] Zu Leben und Werk Kooks vgl. Grözinger 2015, 318–408, sowie Dan 1995

[44] Vgl. dazu die Diskussion bei Grözinger 2015, 320–327.

[45] Grözinger, ebd., 384–385.

[46] Jehuda Halevi 1990, 36.

von Absterben und Belebung, die der Zeit von Dunkel und Licht, Verzweiflung und Kraft angehört. [...] Die Tora des Auslandes beschäftigt sich mit der Vervollkommnung der einzelnen Seele, mit der Sorge um ihre Materialität und ihr Geistigkeit, um ihre Läuterung und ihre Erhöhung im momentanen und im ewigen Leben, aber nur bezogen auf die einzelne Seele. Nicht so die Tora des Landes Israel. Sie sorgt ständig für die Gesamtheit, für die Allgemeinheit der Seele der Nation. [...] Der allgemeine göttliche Strom, der durch jedes der Teile der Tora strömt und ihnen Leben gibt, ist gewöhnlich nur hier auf dem Boden des Heiligtums ein gültiger Begriff. [...] Sie erlangt die Wahrheit und den lauteren inneren Inhalt vom Glanz der Innerlichkeit des göttlichen Gefühls, das auf die Bewohner des Bodens des Heiligen leuchtet. Nur die Luft des Landes Israel kann diejenigen, die sich mit der Tora beschäftigen, in einem solch inneren hohen und veredeltem Maße weise machen.[47]

Mit dem expliziten Rückgriff auf die biblische, rabbinische und mittelalterlich-philosophische und -kabbalistische Tradition, wie er sich bei Rav Kook vollzieht, schließt sich gewissermaßen der Kreis – in der Theorie. In der Praxis bleibt die Anfrage Bubers danach aktuell, wie sich das Postulat nach prophetischer Gerechtigkeit im individuellen Handeln und auf staatlicher Ebene umsetzt. Die Diaspora-Gemeinschaften halten es nach wie vor mit der maimonidischen Devise, den eschatologischen Ereignissen nicht vorgreifen zu wollen oder gar zu müssen.

5. Warum soll man also im Heiligen Land leben?

Auf die Frage, warum Jüdinnen und Juden im Heiligen Land leben sollten, gibt die jüdische Tradition höchst unterschiedliche Antworten. Die säkular ausgerichteten Staatsbürger*innen Israels (die immer noch die Mehrheit der jüdischen Bewohner*innen darstellen) dürften noch immer den klassischen zionistischen Konzeptionen nahestehen, der jüdischen Nation eine nationale Heimstatt zu schaffen. Mit Buber könnte man den (zahlenmäßig weniger ins Gewicht fallenden) idealistisch gesinnten Menschen zusätzlich die Mission unterstellen, einen vorbildlichen Staat zu entwickeln. Seit der Schoa tritt dringlicher das Anliegen hinzu, für das Judentum in aller Welt einen sicheren Hafen zu haben, da man letztlich immer mit antisemitischen Umtrieben rechnen muss.

Hinsichtlich der in diesem Essay thematisierten „religiös-spirituellen" Konzeptionen gilt es festzuhalten, dass die traditionellen biblisch-rabbinischen Auffassungen zu den Vorzügen des Heiligen Landes bis in die Gegenwart hinein weiterwirken. Zu diesen gehört die Überzeugung, dass Tora-treue Jüdinnen und Juden im Heiligen Land die Gebote besser leben können. In der zu Teilen erbittert geführten Auseinandersetzung zwischen haredischen und säkularen Strömungen im modernen Israel verkehrt sich dieser Zusammenhang häufig

---

[47] Kook 1995, 114–115.

zur Anklage der Haredim, die Gründung eines säkularen Staates auf dem biblisch verheißenen Territorium behindere wahrhaft jüdisches Leben und somit die Erlösung.

6. Der Umfang des Heiligen Landes

Eine in diesem Zusammenhang kaum erschöpfend zu verhandelnde Frage wäre diejenige nach dem konkreten Umfang des Heiligen Landes, wie sie etliche äußere und innere Konflikte in und um den modernen Staat Israel beherrscht.

Es sollte unter ernsthaft historisch (und religionshistorisch) denkenden Menschen kein Zweifel daran bestehen, dass biblische Topographien als Richtschnur politischen Handelns völlig untauglich sind. In der fraglichen Epoche gab es keine mit „Staatsgrenzen" fest umrissenen Territorien, sondern allenfalls Einflusssphären bestimmter Herrscher. In den biblischen Texten dominieren dem zufolge utopische Perspektiven bzw. literarische Topographien – wie etwa die Darstellung Jerusalems und des Tempels bei Ez 40-48.

Unter Rückgriff auf den reichen Fundus der jüdischen Religions- und Geistesgeschichte können sehr unterschiedliche Positionen über den Umgang mit dem Staatsgebiet Israels resp. dem Heiligen Land begründet werden. Man könnte mit Mendelssohn (oder Jehuda Leibowitz, 1903-1994) argumentieren, dass das Judentum als Religion und Israel als Staat nichts miteinander zu tun hätten.[48] Man kann das Prinzip „Land für Frieden" halachisch gut begründen oder auch rigoros ablehnen.[49]

Was man indessen zugunsten einer redlichen Auseinandersetzung nicht tun kann, ist eine der vorgestellten Positionen auf Kosten der anderen als allein maßgeblich zu behaupten. Die Heiligkeit des Heiligen Landes und was darunter konkret zu verstehen sei, gestaltet sich als offener Diskurs, wie es bereits im Talmud Usus ist. Sie kann als literarische Utopie, als universale Mission im Streben nach Gerechtigkeit, als endzeitliche Hoffnung oder schlicht als Hoffnung auf Zuflucht gedacht werden.

Literatur

Boyarin, Dani'el (2004): Border lines. The partition of Judaeo-Christianity. Philadelphia.
Brenner, Michael (⁴2016): Geschichte des Zionismus, München.
Buber, Martin, u. a. (2007): Frühe jüdische Schriften 1900-1922 (Martin-Buber-Werkausgabe 3), Gütersloh.

---

[48] Leibowitz 1994, 15; 27-31.
[49] Zemer 1999, 168-199.

Ders. (2020): Schriften zur zionistischen Politik und zur jüdisch-arabischen Frage (Martin-Buber-Werkausgabe 21), Gütersloh.
Cohen, Shaye J. D. (2022): What is the Mishnah? The state of the question: the proceedings of a conference at Harvard University, Washington, D. C.
Dan, Joseph (1995): Rav Kooks Stellung im zeitgenössischen jüdischen Denken, in: Goodman-Thau, Eveline / Schulte, Christoph (Hg.): Orot ha-Tora (Jüdische Quellen 4), Berlin, 125–133.
Eisen, Arnold M. (1986): The Land of Israel Concept in Modern Jewish Thought, in: Hoffman, Lawrence (Hg.): The Land of Israel Biblical Perspectives (University of Notre Dame Center for the Study of Judaism and Christianity in Antiquity 6), 263–269.
Gil, Mosheh (2011): Jews in Islamic countries in the Middle Ages (Études sur le judaïsme médiéval, 28), Leiden.
Grözinger, Karl Erich (2004): Jüdisches Denken Theologie – Philosophie – Mystik (Band 1: Vom Gott Abrahams zum Gott des Aristoteles), Frankfurt a. M.
Ders. (2005): Jüdisches Denken. Theologie - Philosophie – Mystik (Band 2: Von der mittelalterlichen Kabbala zum Hasidismus), Darmstadt.
Ders. (2015): Jüdisches Denken. Theologie - Philosophie – Mystik (Band 4: Zionismus und Schoah), Frankfurt a. M.
Guttmann, Julius (1931): Mendelssohns Jerusalem und Spinozas theologisch-politischer Traktat, in: Bericht der Hochschule für die Wissenschaft des Judenthums in Berlin, 31–67, Zugriff am 01.05.2024 https://digital.ub.uni-potsdam.de/periodical/pageview/77025
Halevi, Jehuda (1990): Der Kusari. ספר הכוזרי, Übersetzung ins Deutsche und Einleitung von Dr. David Cassel mit dem hebräischen Text des Jehuda ibn Tibbon, Basel.
Hess, Moses (1919): Rom und Jerusalem. Die letzte Nationalitätenfrage, Wien.
Hirsch, Samson Raphael (1889): Horev, oder Versuche über Iissroéls Pflichten in der Zerstreuung, zunächst für Iissroéls denkende Jünglinge und Jungfrauen, Frankfurt a. M.
Hoffman, Lawrence A. (Hg.) (1986): The land of Israel: Jewish perspectives (University of Notre Dame Center for the Study of Judaism and Christianity in Antiquity 6).
Jastrow, Marcus (1996): A dictionary of the Targumim, the Talmud Babli and Yerushalmi, and the Midrashic literature with an index of scriptural quotations, New York.
Kook, Abraham Isaak (1995): Orot ha-Tora, hg. von Eveline Goodman-Thau, Christoph Schulte, Jüdische Quellen 4, Berlin.
Leibowitz, Jeshajahu (1994): Gespräche über Gott und die Welt. Frankfurt a. M.
Maimonides, Mosche (1987): משנה תורה Bd. 9: שופטים. משפטים, Eschkol, Jerusalem.
Mendelssohn, Moses (1989): Jerusalem oder über religiöse Macht und Judentum, in: Ders. (Hg.): Schriften über Religion und Aufklärung, Berlin, 351–458.
Orlinsky, Harry M. (1986): The Biblical Concept of the Land of Israel. In: Hoffman, Lawrence (Hg.): The Land of Israel Biblical Perspectives, 27–64.
Pinsker, Leon (1917): „Autoemanzipation!": Mahnruf an seine Stammesgenossen von einem russischen Juden. Mit einem Vorwort von Achad Haam, Berlin.
Plöger, Josef Georg (1973): Art. אֲדָמָה 'ǎdāmāh, in: Theologisches Wörterbuch zum Alten Testament I, I 95–105.
Satlow, Michael L. (2006): Creating Judaism. History, tradition, practice, New York.
Schwartz, Seth (2004): Imperialism and Jewish Society. 200 B.C.E. to 640 C.E (Jews, Christians, and Muslims from the Ancient to the Modern World Ser), Princeton.
Silman, Yochanan (1995): Philosopher and Prophet: Judah Halevi, the Kuzari, and the Evolution of his thought, New York.
Spinoza, Baruch de (2011): Tractatus theologico-politicus (Opera – Werke 1), Darmstadt.
Stemberger, Günter (^{3}1994): Der Talmud. Einführung, Texte, Erläuterungen. München.

Stroumsa, Gedalyahu G'. (¹2015): The making of the Abrahamic religions in late antiquity (Oxford studies in the Abrahamic religions), Oxford.
Wilken, Robert L. (1992): The land called holy. Palestine in christian history and thought. New Haven u. a.
Zemer, Moshe (1999): Jüdisches Religionsgesetz heute. Progressive Halacha, Neukirchen-Vluyn.

Schabbat als Raum
Schlussfolgerungen aus dem rabbinischen Mischna-Traktat „Schabbat"

Elisa Klapheck

1. Öffentlicher und privater Raum

Wir denken uns den Schabbat zumeist als ein Prinzip der Zeit. Nach sechs Tagen folgt ein siebter Tag. Ein Tag, der anders ist: ein Tag, der heilig ist. Ein Tag, dessen Heiligkeit die Zeit strukturiert, indem er die Zeit durch die Zahl Sieben unterteilt. Alle sieben Tage ein heiliger Tag. Sieben Tage Festwoche für Pessach – sieben Wochen von Pessach bis Schawuot, sieben Tage Laubhüttenfest. Aber auch alle sieben Jahre ein Schabbatjahr für das Land – und nach sieben mal sieben Jahren ein Jobel – ein Jubeljahr, in dem Freiheit ausgerufen wird. Schabbat bestimmt die Struktur der Zeit – und ermöglicht es damit, eine parallel sich entfaltende heilige Zeit wahrzunehmen, ausgedrückt in den jüdischen Festen und feierlichen Begebenheiten.

Der Mischna-Traktat[1] „Schabbat", der die Bestimmunen für den Schabbat enthält, versteht den Schabbat jedoch nicht nur als ein zeitliches Prinzip. Für die Rabbinen kommt mit dem Schabbat mindestens ebenso ein räumliches Prinzip zur Geltung. Der Schabbat strukturiert für sie auch den Raum. Er teilt die Schabbatwirklichkeit in verschiedene Räumlichkeiten ein. Der Mischna-Traktat „Schabbat" drückt dies gleich am Anfang aus anhand des Verbots, Dinge von draußen ins Haus zu tragen sowie umgekehrt, aus dem Haus nach draußen zu tragen. Dabei stellt sich hinter dem Arbeitsverbot eine komplexere Vorstellung heraus als gemeinhin angenommen. Verboten ist nicht jede Tätigkeit an sich. Verboten ist vielmehr eine Handlung in ihrer „Vollständigkeit". Es ist danach nicht erlaubt, in einer vollständigen Handlung, eine Sache von einer bestimmten Art von Raum in eine andere Art von Raum zu platzieren. Die

---

[1] Die Mischna, auch als „mündliche Tora" bezeichnet, hat im Judentum den Status der „zweiten" beziehungsweise „wiederholten Tora". Sie wurde im 2. Jh. kanonisiert. Der Talmud-Wissenschaftler Jacob Neusner spricht von System der „dualen Tora": dem Pentateuch (schriftliche Tora) mit seinen Bestimmungen und der Mischna (mündliche Tora) mit ihren Bestimmungen. Aus der Intertextualität beider ist die jüdische Tradition hervorgegangen. Die Mischna bildet die rabbinische Basis des Talmuds, sie ist das Grundgesetz für die rabbinischen Auseinandersetzungen. Siehe Jacob Neuser, Introduction to Rabbinic Literature, New York u. a. 1994, 5–7.

Schabbat als Raum

Mischna veranschaulicht dies an dem Beispiel der Gabe eines Hausherrn an einen Armen:

> Wenn ein Armer draußen und der Hausherr im Inneren ist; reicht der Arme seine Hand hinein und gibt etwas in die Hand des Hausherrn, oder er nimmt etwas aus derselben und zieht es heraus, so ist der Arme schuldig und der Hausherr frei. Reicht der Hausherr seine Hand hinaus und legt etwas in die Hand des Armen, oder nimmt aus dieser etwas und bringt es herein, so ist der Hausherr schuldig, aber der Arme frei. Reicht der Arme seine Hand hinein und der Hausherr nimmt etwas aus derselben, oder legt etwas hinein und jener bringt es zu sich heraus, so sind sie beide straflos. Reicht der Hausherr seine Hand hinaus und der Arme nimmt etwas daraus, oder legt etwas hinein und jener bringt es zu sich herein, so sind beide straflos. (mSchab 1,1)

Man hätte erwartet, dass der eröffnende Passus des Mischna-Traktats „Schabbat", der das Trageverbot am Schabbat definiert, Tragen mit einer Arbeitstätigkeit an Werktagen verbindet – und diese entsprechend am heiligen Tag verbietet. Aber hier wird das Tragen weniger als Arbeitstätigkeit an Werktagen vorgestellt, sondern vielmehr als ein Passieren verschiedener Arten von Räumen, beziehungsweise Gebieten oder Orten, deren Verschiedenheit durch den Schabbat verstärkt und nicht ohne Weiteres überwindbar ist. Es geht um die beiden Orte: „reschut ha-rabim" (öffentlicher Ort) und „reschut ha-jachid" (privater Ort). Später erklärt die Mischna:

> Wer [am Schabbat, EK] etwas aus einem Privatort in einen öffentlichen oder aus einem öffentlichen in einen Privatort wirft, ist schuldig ... (mSchab 11,1)

Der Traktat „Schabbat" ist voller solcher Beispiele, die zu definieren versuchen, wann eine Handlung durch verbotenes Passieren von privaten auf öffentlichen Raum zu einer „vollständigen" Handlung wird – oder auch nicht. Etwa:

> Wenn jemand [am Schabbat, EK] im Begriff, Esswaren hinauszutragen, dieselben auf die Schwelle niedersetzt, mag er selbst sie nachher völlig hinausgebracht haben oder ein anderer, so ist derselbe frei, weil er die Tat nicht mit einem Male verrichtet hat. Ebenso, wenn er einen Korb voll Früchten auf die äußere Schwelle niedersetzt, ist er, obgleich die meisten Früchte sich nach außen hin befinden, frei, so lange er nicht den ganzen Korb hinausgetragen hat. (mSchab 10,2)

Oder:

> Wer ein großes Brot auf einen öffentlichen Ort hinträgt, ist schuldig. Haben es zwei zugleich getragen, so sind sie frei. Konnte einer es nicht hinaustragen und es taten es zwei, sind sie schuldig. R. Simeon spricht sie frei. (mSchab 10,5)

Bezogen auf das Geben des Hausherrn würde der Schabbatverstoß darin bestehen, dass der Hausherr aus dem Haus, also dem Privatort, in einer vollständigen Handlung eine Gabe in die Hand des auf einem öffentlichen Ort stehenden Armen legen würde. Und umgekehrt: Wenn der Arme von außen ins Innere des Hauses reichen und sich in derselben Handlung aus der Hand des im Haus stehenden Hausherren die Gabe nehmen würde. Das Verbot bezieht sich einmal auf die zwei verschiedenen Arten von Räumen – den öffentlichen und den privaten Raum – sowie auf das Verbot, eine vollständige Handlung zu vollführen, die in einen anderen Raum hineinreicht. Anders ist es jedoch mit einer „halben" Handlung – einer nicht vollständigen Handlung. Wenn der Arme die Hand ins Haus reicht und der Hausherr den zweiten Teil des Vorgangs ausführt, indem er seine Gabe in die Hand des Armen legt. Beide vollbringen dann jeweils nur einen Teil der Handlung, keiner von beiden die ganze Handlung. Das birgt durchaus eine ethische Dimension: Der Geber ist nicht vollständig Gebender. Der Nehmende nicht vollständig Nehmer. Die Beziehung zwischen dem Geber und dem Nehmer wird vielmehr ein Stück weit modifiziert, indem sich der Gebende im eigenen Part der Handlung passiver verhalten muss, der Nehmende hingegen aktiver seinen Part der Handlung vollführt. Beide werden in der Handlung anders aufeinander bezogen als in einem fixierten Statusgefälle von Geber und Nehmer. Beide bedürfen jeweils der halben Handlung des Anderen.

2. Eruv

Was hat es auf sich mit dem Raum? Welchen tieferen Sinn offenbart uns der Schabbat, wenn wir ihn als räumliches Strukturprinzip denken, das verschiedene Arten von Räumen unterscheidet? Bei dieser Frage muss der Eruv ins Spiel gebracht werden. Seine Einrichtung war in der Tora noch unbekannt. Dort wird vielmehr verlangt, dass niemand am Schabbat sein Haus verlasse:

> Sehet, dass der Ewige euch gegeben hat den Schabbat, deswegen gibt er euch am sechsten Tage Brot für zwei Tage; bleibet jeglicher an seinem Orte, gehe keiner von seiner Stelle am siebenten Tag. (Ex. 16,29)[2]

In anderen antiken jüdischen Quellen: dem Jubiläen-Buch (2. Jh. v. Z.) und dem Schabbat-Kodex der Damaskus-Schrift (Qumran, 2. Jh. v. Z.), zeigt sich, wie strikt das Gebot, „an seiner Stelle" zu bleiben, aufgefasst wurde und keine Dinge in ihrer räumlichen Platzierung zu bewegen.[3] Auch im Jubiläen-Buch ist es verboten, Dinge herein- oder hinauszutragen, etwas aufzuheben, um es aus der Wohnstätte hinauszutragen, wie es überhaupt grundsätzlich verboten ist, am Schabbat einen Weg zu gehen. Ebenso scheint die Schabbat-Halacha der Qumran-Texte vielen der Schabbat-Bestimmungen der Mischna vorzulaufen, vor al-

---

[2] Die Übersetzungen der Bibeltexte sind aus Leopold Zunz, „Die vierundzwanzig Bücher der Heiligen Schrift nach dem masoretischen Text", Sinai Verlag, Tel Aviv 2008.

[3] Jub 50,6–13 ähnelt den Regeln der Damaskus-Schrift (Qumran) und nimmt spätere Schabbatregeln (Halachot) der Sadduzäer und der Mischna vorweg.

lem das Verbot des Tragens aus einem Haus beziehungsweise einer Hütte nach draußen und umgekehrt.

Tatsächlich erahnen wir anhand der Rigidität, mit der das Jubiläen-Buch und der Schabbat-Kodex der Damaskus-Schrift Stillstand verlangten, eine kosmische Vorstellung vom Schabbat, in der der Schabbat die Bewegung im Raum unterbindet. Wenn Gott am siebten Tag von seinem Schöpfungswerk ruht, steht auch das Universum still. Nicht nur zeitlich – auch räumlich. Die Bewegung in der Zeit ist aufgehoben, genau wie auch die Bewegung zwischen den verschiedenen Arten von Räumen. Wenn Menschen den Schabbat halten, tun sie nichts anderes als Imitatio Dei. Sie verhalten sich wie Gott. So wie Gott am siebten Tag ruht, ruhen auch wir Menschen am Schabbat und verrichten keinerlei schaffende Tätigkeit.

> Und Gott hatte vollendet am siebten Tag sein Werk, das er gemacht, und ruhte am siebten Tag von all seinem Werk, das er gemacht. Und Gott segnete den siebten Tag und heiligte ihn, denn an demselben ruhte er von all seinem Werk, das Gott geschaffen, um es zu fertigen. (Gen 2,2-3)
>
> Sechs Tage kannst du arbeiten und all deine Werke verrichten: Aber der siebte Tag ist Feiertag dem Ewigen deinem Gott; da sollst du keinerlei Werk verrichten, du und dein Sohn und deine Tochter, dein Knecht und deine Magd und dein Vieh, und dein Fremder, der in deinen Toren. Denn sechs Tage hat der Ewige gemacht den Himmel und die Erde, das Meer und alles, was darin ist, und geruht am siebten Tage; deswegen hat gesegnet der Ewige den Schabbattag und ihn geheiligt. (Ex 20, 9-11)

Doch mit dem Eruv wird die Stasis des Schabbat aufgehoben. Der Sinn des Eruv ist es, ein Schabbat-Gebiet herzustellen, in dem die Unterscheidung zwischen privatem und öffentlichem Raum aufgehoben, wörtlich „vermischt" wird. (Die hebräische Wortwurzel Ajin-Resch-Bet, die dem Nomen Eruv zu Grunde liegt, bedeutet „vermischen".) Das rabbinische Judentum hat drei verschiedene Arten von Eruv bestimmt.[4] Seine Funktion ist es jedes Mal, die strikte Unterscheidung durch eine „Vermischung" der Grenzen aufzuheben. In allen drei Fällen geht es um die Bedeutung des Heiligen in seinem Verhältnis zur säkularen Realität. Der Eruv hebt die harte Unterscheidung auf, damit Beweglichkeit zwischen dem Heiligen und der säkularen Wirklichkeit möglich wird. Die säkulare Wirklichkeit ist in diesem Fall der Ort, an dem Juden und Jüdinnen leben sowie die Nachbarschaft, mit der sie verbunden sind. Es ist aber auch die Zeit, in der Dinge wie die Vorbereitungen für die Feste und das Kochen der Speisen verrichtet werden müssen. Jedes Mal hebt der Eruv eine Trennlinie auf und erlaubt die Überschreitung.

An dieser Stelle will ich nicht auf die spezifischen Bestimmungen des Eruv eingehen, wie sie im Detail in der Mischna aufgeführt werden, sondern allein auf die Schabbat-Bedeutung des Eruvs als ein raumstrukturierendes Prinzip. Nach den Bestimmungen der Mischna wird ein Eruv hergestellt mit einer rea-

---

[4] Siehe den Mischna-Traktat „Eruvin".

len oder auch nur symbolischen Umzäunung. Damit verbindet der Eruv etwa mehrere Häuser eines Gehöfts oder auch mehrere Gehöfte zu einer neuen Gemeinschaft. In dieser „Wohngemeinschaft" ist am Schabbat nicht nur die Unterscheidung zwischen privatem Raum und öffentlichem Raum aufgehoben, sondern auch zwischen privatem und öffentlichem Eigentum. Symbolisch für den Eruv kann nach den Bestimmungen der Mischna Essen in die Mitte des Gehöfts gestellt werden, normalerweise Brot, das von allen geteilt wird. Charlotte Fonrobert hat in verschiedenen Aufsätzen die Bedeutung des Eruvs für ein rabbinisches Konzept der Nachbarschaft dargestellt.[5]

Die wohl wichtigste Funktion des Eruvs ist, dass Menschen das Haus verlassen und im Gebiet des Eruvs Dinge tragen dürfen – also Dinge aus dem Haus herausbringen und umgekehrt. Damit wird das Gebot des Stillstands, das wir aus der Tora sowie dem Jubiläen-Buch und den Qumran-Schriften kennen, aufgehoben. Heute haben Großstädte mit einer signifikanten jüdischen Bevölkerung einen Eruv, eine symbolische Umzäunung. Meistens wird hierfür Stahldraht verwendet, das entlang der Elektrizitätsmasten um das jeweilige Stadtviertel mit seiner jüdischen Bevölkerung geknüpft wird.[6] Da der Eruv zwischen den anderen Elektrizitätsdrähten für ungeschulte Augen kaum zu erkennen ist, nimmt die übrige nicht-jüdische Bevölkerung vom ihm zumeist auch keine Notiz, ist sich sogar oft gar nicht bewusst, dass es einen solchen Eruv in ihrer Stadt gibt. Bemerkbar wird er für sie allenfalls durch die vielen orthodoxen jüdischen Familien, die am Schabbat mit ihren Kinderwagen spazieren gehen und dabei das Verbot des Tragens nicht brechen. Denn nach dem orthodox-jüdischen Gesetzesverständnis ist es innerhalb des Eruvs erlaubt, sich am Schabbat frei zu bewegen und zu tragen. Der Eruv gestaltet den Schabbat räumlich. Und auch das enthält eine ethische Dimension. Ähnlich wie oben beim Verbot vollständigen Gebens oder Nehmens von einem Raum in den anderen der soziale Status aufgehoben wird, wird bei der Schaffung einer Schabbat-Räumlichkeit durch den Eruv der soziale Status aufgehoben. Der Eruv schafft „räumlich" eine jüdische Schabbat-Gemeinschaft, indem symbolisch alle jüdischen Haushalte in der betreffenden Gegend verbunden werden. Zugleich vermischt der Eruv den privaten und den öffentlichen Ort zu einem zusammenhängenden Schabbatraum.

---

[5] Charlotte Fonrobert (2005): „The Political Symbolism of the Eruv", in: Jewish Social Studies, New Series, Vol 11, No. 3, Jewish Conceptions of Practices of Space, Indiana University Press, Spring – Summer 2005, 9–35; „From Separatism to Urbanism. The Dead Sea Scrolls and the Origins of the Rabbinic ‚Eruv'", in: Dead Sea Discoveries, Vol. 11, No. 1, Brill 2004, 43–71.

[6] Ein Blick ins Internet zeigt, wie viele jüdische Gemeinden weltweit einen Eruv in ihrer jeweiligen Stadt pflegen.

3. Der Tempel und der Schabbatraum

Wofür steht der Eruv? Ist das Schabbatgebiet, das symbolisch durch die Umzäunung gebildet wird, ein imaginärer Tempelraum? Wird mit dem Eruv ein imaginärer Tempelbezirk geschaffen?

Oder offenbart sich durch den Eruv, wie überhaupt der räumlichen Auffassung von Schabbat, eine umgekehrte Vorstellung vom Tempel? Nämlich der Tempel als Symbol für den hergestellten, sich erweiternden Schabbatraum?

An dieser Stelle weise ich auf einen Vers in der Tora hin, der viel über die räumliche Auffassung vom Tempeldienst besagt:

> we-assu li mikdasch we-schochanti betocham.
> Macht mir ein Heiligtum, damit ich unter ihnen wohne. (Ex 25,8)

In dieser Formulierung sind das Heiligtum und die erweiterte Präsenz ganz allgemein „unter" den Menschen nicht dasselbe. Der Sinn, den Tempel zu bauen, erscheint vielmehr dahingehend, dass Gott erst durch die Existenz einen solchen begrenzten Ortes, seine Präsenz in einem sich erweiternden Raum, jenseits vom Tempel ausdehnen und „unter den Menschen" wohnen kann. Die Grenze, die mit dem Tempelbau gesetzt ist, ist zugleich Voraussetzung, um sie in einem größer werdenden Raum, in dem Gott präsent sein kann, zu „vermischen".

Wenn diese Darstellung zutrifft und der erweiterte göttliche Wirkungsraum unter den Menschen der Vorstellung von der Erweiterung des Schabbatraums durch den Eruv entspricht, wäre der Tempel der Ort, an dem die Vermischung des Heiligen mit der säkularen Wirklichkeit ihren Ausgang nimmt.

An dieser Stelle kommen die 39 verbotenen Tätigkeiten am Schabbat ins Spiel. Sie sind Tätigkeiten in der säkularen Wirklichkeit und konkretisieren das Arbeitsverbot am Schabbat in einem ganz eigentlichen Sinn. Die Mischna bezeichnet sie als „Hauptarbeiten":

> Die Hauptarbeiten sind vierzig weniger eine, nämlich: Säen, Ackern, Ernten, Garben binden, Dreschen, Worfeln, Früchte säubern, Mahlen, Sieben, Kneten, Backen; Wolle scheren, sie waschen, klopfen, färben, spinnen, anzetteln, zwei Binde-Litzen machen, zwei Fäden weben, zwei Fäden trennen, einen Knoten machen, einen Knoten auflösen, mit zwei Stichen festnähen, zerreißen, um mit zwei Stichen festzunähen; ein Reh fangen, es schlachten, dessen Haupt abziehen, sie salzen, das Fell bereiten, die Haare abschaben, es zerschneiden: zwei Buchstaben schreiben, auslöschen, um zwei Buchstaben zu schreiben; bauen, einreißen. Feuer löschen, anzünden, mit dem Hammer schlagen, aus einem Bereiche in einen anderen tragen. Dies sind die Hauptarbeiten vierzig weniger eine. (mSchab 7,2)

Nicht jede Art von Arbeit ist verboten. An anderer Stelle macht der Talmud deutlich, dass es geradezu vorgeschriebene Arbeiten am Schabbat gibt. Wenn etwa Lebensgefahr besteht, bricht das Gebot der Lebensrettung (*„Pikuach nefesch"*) grundsätzlich und immer den Schabbat.

> Wenn jemand Halsschmerzen hat, so darf man ihm am Schabbat Medizin in den Mund einflößen, weil hierbei ein Zweifel der Lebensgefahr vorliegt, und jeder Zweifel der Lebensgefahr verdrängt den Schabbat. Wenn über einen Menschen Trümmer zusammengestürzt sind, und es zweifelhaft ist, ob er sich darunter befindet oder nicht, ob er lebendig ist oder tot, ob es ein Nichtjude ist oder ein Israelit, so lege man seinethalben die Trümmer frei. (mJoma 3,7)

Das Gebot der Lebensrettung beschränkt sich nicht nur auf Menschen. Die milchgebenden Tiere dürfen am Schabbat genauso gemolken werden wie die Pflanze bewässert, wenn damit Gefahr für den Lebenserhalt abgewendet wird. Allein daran ist zu erkennen, dass das Arbeitsverbot am Schabbat kein absolutes ist. Ihm wohnt vielmehr ein Schlüssel inne, der am Leben seine Grenze hat. Hierzu geben die Rabbinen selbst den Aufschluss. Alle verbotenen Arbeiten haben mit dem Bau des Heiligtums zu tun:

> Jede Arbeit, die bei der Errichtung der Stiftshütte zur Anwendung kam, gilt als Hauptarbeit, auch wenn eine andere ihr gleicht. (bSchab 73b)

Nach dem rabbinischen Verständnis betreffen alle 39 „Hauptarbeiten", unter die der Talmud noch unzählige zugehörige Arbeiten subsummiert, nur eine bestimmte Tätigkeit – den Bau des Tempels. Ein Beispiel: Weben und Nähen sind verbotene Tätigkeiten am Schabbat, weil im ganzen Jahr für den Tempel Vorhänge gewebt und genäht wurden. Ein anderes Beispiel: Das Backen ist am Schabbat verboten, weil für den Tempel Schaubrote hergestellt wurden. Eine zugehörige Arbeit zum Backen war für die Rabbinen das Ernten von Getreide und deshalb ebenfalls am Schabbat verboten. Nebenbei: Mit diesem Wissen lesen sich die Passagen in den Evangelien um das „Ährenraufen" am Schabbat in einem ganz anderen Licht als nur dem Bedürfnis, den Hunger zu stillen. (Mk 2,23–28; Mat 12,1–8) Nach rabbinischem Maßstab begehen Jesu Jünger, wenn sie am Schabbat ins Feld gehen, um Ähren zu abzureißen, eine gezielte Provokation. Sie vollführen eine der den 39 verbotenen Hauptarbeiten zugeordnete Tätigkeit, nämlich das Ernten von Ähren als Voraussetzung für das Backen der Schaubrote im Tempel. Die Evangelien verweisen selbst auf diesen Bezug. (Mk 2,25–26; Mat 12,3–4) Es geht um eine religiöse Performance, die im jüdischen, pharisäischen Kontext auch genau verstanden wird. Eine Attacke gegen die Schabbat-Halacha für das Hier und Jetzt, verknüpft mit einer messianischen Botschaft: Der Messias in Gestalt von Jesus ist da! Die Grenzen sind aufgehoben – und damit auch der Tempel als Ursprung des Schabbatgebiets. Die Performance hat dabei nur bedingt mit dem Stillen des Hungers zu tun, was am Schabbat keine große Schwierigkeit darstellen sollte. Jede Synagoge, jede Eruv-Gemeinschaft, jede jüdische Gemeinde bietet typischerweise als Ausdruck ihres heiligen Sozialverhaltens am Schabbat gemeinsame Mahlzeiten an, zu denen auch fremde Gäste willkommen sind. Der Akt des Ährenraufens, wie die Evangelien ihn erzählen, greift demgegenüber die räumlichen Vorstellungen vom Schabbat auf, übersetzt sie aber in eine entgrenzte Vision. Was für eine überschaubare Eruv-Gemeinschaft hergestellt wird, aber in der nachbarschaftlichen Situation gewisse Grenzen nicht überschreitet, wird nunmehr in einem großen Grenzenlosen manifestiert: in der Aufhebung des Privateigentums. Die Jünger bedienen sich in den Feldern. Diejenigen, die indes noch kein angebrochenes messianischen Zeitalter zu erkennen vermögen, können das Verhalten der Jünger nur als gezielten Gesetzesübertritt ansehen.

Zurück zu den Tempeltätigkeiten. Das Verbot der 39 Hauptarbeiten, die für die talmudischen Rabbinen alle auf die ein oder andere Weise eine Arbeit am Tempel darstellten, kann nur heißen: In der Werkwoche, nur in der säkularen Arbeitswoche (!), wird das Heiligtum als Ort der Grenzen definiert, hergestellt. Doch am Schabbat ist gerade das verboten. Am Schabbat ist die Präsenz Gottes, seine Einwohnung, gerade nicht auf ein von Menschen hergestelltes Gehäuse beschränkt. Diese Unterscheidung verweist zugleich auch in eine strikte Unterscheidung zwischen Gottes „Privatort" (Heiligtum) und dem „öffentlichen Ort" der Allgemeinheit, an dem säkulare Tätigkeiten verrichtet werden. Im selben Zuge bedeutet uns die Unterscheidung auch schon ihre Überwindung. Indem der Tempel gerade nicht gebaut wird, kann sich die göttliche Präsenz unter den Jüdinnen und Juden ausweiten – kann Gott am Schabbat unter ihnen wohnen. Damit ist das physische Heiligtum nicht überwunden. Es ist ein in der Woche mit materiellen Tätigkeiten hergestellter Ort, der Privatort Gottes, der am siebten Tag durch die Vermischung der Grenze zu einem Schabbatgebiet, zu einer riesigen Eruv-Zone wird.

In der Tora ist der Tempel der Ort, an dem Aspekte der Mensch-Gott-Beziehung auf ritualisierte Art manifestiert werden. In der rabbinischen Schabbat-Auffassung erweist sich der Tempel weniger als abgeschlossener Ort göttlichen Wirkens, sondern genau umgekehrt, als ein Raum „aktiver" Nichterschaffung – ein Ort der nicht vollendeten Handlung – der halben Handlung beim Geben und Nehmen – der räumlichen Neubestimmung der Gebiete und damit des Verhältnisses des Gebenden und des Nehmenden. Die Schöpfung, das Herstellen, ist an diesem Tag gelöst vom Menschen, frei von gestaltender Menschenhand. Aber genauso ist sie auch frei von gestaltender Gotteshand. Denn am siebten Tag ruhte Gott von seinem Schöpfungswerk. Und wir tun es ebenso.

Theologisch gesehen kann dies nur als ein Zurücktreten Gottes verstanden werden. Mit der Herstellung des Schabbat-Gebietes treten Mensch und Gott in ein neues Verhältnis zueinander. Zunächst besteht auch zwischen ihnen die Grenze des Privatorts und des öffentlichen Ortes. Beide können nicht die jeweilige Grenze ihres Ortes passieren. Die Begegnung wird zunächst nur möglich, indem sich der Mensch aktiver gegenüber Gott präsentiert – und sich Gott dabei ein stückweit zurücknimmt, damit in einer jeweils „halben" Handlung eine reale, von beiden Seiten hergestellte Beziehung erfahrbar wird. Aber im Weiteren, durch das Stillstehen der schaffenden Tätigkeiten und die Neugründung der Gemeinschaft im Raum des Eruvs, können sich die beiden Arten von

Räumen mischen – können sich Gott und die Menschen in einer modifizierten Beziehung begegnen.

Wie bereits gesagt, ist der Eruv eine erst von den Rabbinen eingeführte Institution. In der Tora gibt es sie nicht. Auch die späteren jüdischen Schriften, wie das Jubiläen-Buch und die Qumran-Schriften hatten eine strikte Auffassung vom Schabbat als Gebot eines allgemeinen Stillstands. Der Eruv durchbricht dieses Gebot, indem er die Auffassung vom privaten und öffentlichen Raum ändert und einen Schabbatraum herstellt, in dem Bewegung und Tragen möglich werden.

Ist der Eruv somit eine Bestimmung „gegen" die Tora – eine Korrektur des göttlichen Gesetzes, das verlangt, das jede*r an seiner*ihrer Stelle bleibe? Tatsächlich muss die Mischna, die auch die mündliche Tora genannt wird und das Grundgesetz der rabbinischen Literatur bildet, in einem konstruktiven Spannungsverhältnis zur geschriebenen Tora, dem Pentateuch, gelesen werden. Es sind Menschen, Rabbinen, die in der Mischna die Gesetze feststellten – sie sogar neu aushandelten. Viele der Mischna-Gesetze verstehen sich als Präzisierungen und Ergänzungen der göttlichen Gesetze in der Tora, sind aber de facto Korrekturen, die neue Praktiken schufen. In einer solchen Spannungsbeziehung ist der Eruv zu sehen. Er ändert das Gebot der Imitatio Dei in eine aktive Partnerschaft der Menschen mit Gott – anhand eines räumlichen Schabbat-Verständnisses.

4. Pessach als Schabbat – aus dem Engen in die Weite

Bekanntermaßen wird das Schabbatgebot in den Dekalogen zweifach begründet. In Exodus wird gesagt:

> Denn sechs Tage hat der Ewige gemacht den Himmel und die Erde, das Meer und alles, was darin ist, und geruht am siebenten Tage; deswegen hat gesegnet der Ewige den Schabbat-Tag und ihn geheiligt. (Ex 20,11)

Aus dieser ersten Begründung in Exodus spricht ein Zeitverständnis – sechs Tage Schöpfungswerk, auf die ein geheiligter siebter Tag der Ruhe folgt.

Bei der Begründung des Schabbatgebots in Deuteronomium klingt jedoch ein räumliches Verständnis an. Genannt wird ein Ort: Mizrajim.

> Und sollst bedenken, dass du ein Knecht gewesen im Lande Mizrajim und dich herausgeführt der Ewige dein Gott von da mit starker Hand und ausgestrecktem Arm; darum hat dir der Ewige dein Gott geboten den Schabbat-Tag zu halten. (Dtn 5,15)

Gott hat das Volk Israel aus Mizrajim geführt – aus einem bestimmten Ort der Welt, der von Enge gekennzeichnet ist. „Zar" in Hebräisch heißt „eng" – mit der Endung „ajim" wird eine Doppelung ausgedrückt – doppelt „eng". „Mi" lässt sich auch als „von dort her" oder „aus" übersetzen. Mi-zrajim = aus einem doppelt Engen, physisch sowie geistig-seelisch. An Pessach, dem Fest der Freiheit, an dem sich jedes Jahr Jüdinnen und Juden vorstellen sollen, wie sie selbst den Weg in die Freiheit gehen, wird Mizrajim regelmäßig als „aus einem doppelt engen Ort" interpretiert. Dem gegenüber wird Gott in der Haggada mehrfach „Makom" genannt, einer der vielen Gottesnamen. Makom bedeutet „Ort" oder „Raum". Es geht um den Weg aus der Enge der Unterdrückung in eine Vorstellung, die räumliche ebenso wie geistig-seelische Weite erfahrbar macht, in der Neues und Anderes möglich wird. Es ist kein Zufall, dass gerade in der Haggada der Gottesname „Makom" mehrfach vorkommt. Er entspricht einer Gotteserfahrung, bei der vor allem der Ort, der Raum in einer besonderen transzendenten Intensität erfahren wird, in der sich ein Geschehen vollzieht.

Wie der siebte Tag nach sechs Werktagen wird auch Pessach als „Schabbat" bezeichnet. Die Tora spricht über den Tag nach Pessach, mit dem die 49-tägige Omerzeit beginnt, als *mi-machorat ha-Schabbat* – der Tag nach dem Schabbat. (= Pessach, Lev 23,11)[7] In der Mischna können wir einen Streit zwischen Rabbinen und anderen Gruppen, wie den Sadduzäern zur Frage verfolgen, ob deshalb Pessach unbedingt und immer auf einen Schabbat fallen muss – oder ob der Schabbat an jedem Tag sein kann und nicht zwingend den siebten Tag der Woche bildet. Die eine Gruppe, die die Ansicht vertritt, dass Pessach zwingend am Schabbat als dem siebten Tag nach sechs Werktagen beginnt, hat ihr Echo im Christentum, in dem Ostern grundsätzlich an einem Sonntag gefeiert wird. Das rabbinische Judentum macht jedoch klar, dass Pessach immer in der Nacht vom 14. auf den 15. Nissan stattfindet, was durchaus auf einen Wochentag fallen kann. Auch das birgt eine ethische Dimension: Jeder Tag der Woche kann Schabbat sein – jeder Tag hält das Potential eines Weges aus der Unterdrückung bereit. Gerade nicht nur der geheiligte siebte Tag, an dem Gott „ruht". Daran erkennen wir, dass die jüdische Tradition den Schabbat vielschichtiger versteht, als allein als einen Ruhetag nach sechs Tagen Schöpfungswerk. Er ist eben zugleich auch ein ganz aktiver Tag – ein Tag des Aufbruchs aus der Unterdrückung in die nicht vollendete Freiheit, räumlich: aus der Enge in eine Weite. Entsprechend ausgedrückt als zwei Schabbatgebote in den beiden Dekalogen haben wir also auch zwei Auffassungen von Schabbat – zum einen eine zeitliche: als den heiligen Tag nach sechs Arbeitstagen, an dem Gott ruht; zum anderen – als den heiligen Raum, in den Gott das Volk aus der Enge in eine Weite führt und somit sehr aktiv ist.

---

[7] Ebenso wird auch Jom Kippur als Schabbat bezeichnet (Lev 23,32).

5. Fazit

Erst nach der Tempelzerstörung hat der Schabbat die Bedeutung erhalten, die er heute im traditionellen Judentum hat – ein Tag der Familie und der Gemeinschaft. Die 150 Psalmen in der Hebräischen Bibel enthalten bezeichnenderweise nur einen einzigen Psalm, der den Schabbat zum Thema hat: Psalm 92. Er wird auch als der „Schabbatpsalm" bezeichnet – doch er besagt nichts über das Ruhen, über die gelöste Schabbatstimmung, das Zusammensein mit der Familie und Freund*innen, die Gottesdienste in der Synagoge... Ganz sicher wurde die kultische Schabbatpraxis zur Zeit des Ersten Tempels mit den vorgeschriebenen Schabbatopfern ganz anders aufgefasst als später in der Diaspora, als der Schabbat zum zentralen, identitätsstiftenden Merkmal jüdischer Praxis zuhause wurde.

Nach der Zerstörung des Tempels wurde der Schabbat zu einem Raum, der alle in der Diaspora lebenden Jüdinnen und Juden miteinander verbindet. Er kann sich weltweit erweitern. Im Lichte der verbotenen 39 Tätigkeiten besagt dieser Raum, dass die Arbeit in der Woche Tempeldienst ist – doch am Schabbat eben dieser Tempeldienst nicht stattfinden soll, die Schöpfung gerade nicht gestaltet werden darf.

Der Schabbat als identitätsstiftende Gemeinsamkeit in der Diaspora wurde zu einer riesigen Eruv-Zone, in der nunmehr auch Gott vollständig geben und nehmen darf, wie wir Menschen in einem kleinen Eruv-Gebiet. Aber das sollte die ursprüngliche Unterscheidung nicht ganz überdecken und verdrängen. Für die jüdische Tradition wurde im räumlichen Aspekt des Schabbats eine Zurücknahme Gottes denkbar, damit zugleich aber eine geradezu moderne Neuauffassung der Mensch-Gott-Beziehung möglich. Gott nimmt sich dahingehend zurück, dass Menschen in der Beziehung zu ihm einen aktiveren Part einnehmen können – und zu Handelnden werden. Wenngleich sich die Handlung am Schabbat nur als halbe Handlung verstehen darf, und es weiterhin beider aktiven Seiten bedarf.

Literatur

Fonrobert, Charlotte (2005): The Political Symbolism of the Eruv, in: Jewish Social Studies, New Series 11.3, 9–35.

Fonrobert, Charlotte (2004): From Separatism to Urbanism. The Dead Sea Scrolls and the Origins of the Rabbinic ‚Eruv, in: Dead Sea Discoveries 11.1, 43–71.

Neusner, Jacob (1994): Introduction to Rabbinic Literature, New York u. a.

Zunz, Leopold (2008): Die vierundzwanzig Bücher der Heiligen Schrift nach dem masoretischen Text, Tel Aviv.

Die dreifach heilige Stadt Jerusalem[1]

Carl Stephan Ehrlich (York University)

1. Ironisches Vorspiel

Die „Heilige Stadt" Jerusalem ist ein Unikum, da sie von drei verwandten Religionen als heilig betrachtet wird. Jedes Jahr strömen unzählige Anhänger_innen des Judentums, des Christentums und des Islams nach Jerusalem, um ihre zahllosen heiligen Stätten zu besuchen. Da diese Religionen nicht nur Geschwister, sondern auch Rivalen sind, erscheint Jerusalem des Öfteren als Pulverfass, insbesondere zu Zeiten von zeitüberschneidenden Feiertagen. Wie kam es, dass diese ursprünglich abgelegene und kleine Stadt im kanaanäischen Hügelland zum religiösen Nabel etwa der Hälfte der Menschheit geworden ist? Auf den folgenden Seiten wird der Versuch unternommen, diese Frage durch eine kurze Betrachtung der Achsenzeiten der Entwicklung der Geschichte Jerusalems als heiliger Stadt zu beantworten.

Weil Jerusalem im Laufe der Jahrtausende so sehr umkämpft gewesen ist, mutet es seltsam an, dass der Name Jerusalem gemäß einer gängigen Behauptung die Bedeutung Friedensstadt besitzt.[2] Allerdings ist diese Worterklärung ohnehin eine Fehleinschätzung, die auf einer falschen Etymologie des Namens der Stadt basiert. Da Jerusalem auf Hebräisch *Jeruschalajim* (ursprünglich vermutlich *Jeruschalem*, Akkadisch *Ursalim*) ausgesprochen wird, liegt es nahe, *schalajim* mit Schalom „Frieden" in Verbindung zu bringen. Jedoch geht der Name Jerusalem nicht auf das Wort Schalom, sondern auf einen göttlichen Namen zurück. Denn im zweiten Jahrtausend v. d. Z. wurde diese ziemlich unbedeutende Stadt im kanaanäischen Hügelland nach Schalim bzw. Schalem, dem Gott des Abendsterns[3], benannt. Seither trägt Jerusalem seinen Namen als „Gründung (*jrh*)[4] des Schalim".[5] Es wird sogar vermutet, dass die Namen zweier der bekanntesten Söhne König Davids – nämlich Absalom (Abschalom) und Salomo (Schlomo) – auch auf den Namen Schalims zurückzuführen sind, ob-

---

[1] Die Forschungen für diesen Aufsatz wurden während zwei Aufenthalten in Jerusalem 2022 und 2023 betrieben. Ich bin dem W. F. Albright Institute for Archaeological Research in Jerusalem und dem Israel and Golda Koschitzky Centre for Jewish Studies an der York University in Toronto für ihre Unterstützung zu Dank verpflichtet.
[2] Vgl. Talmon 1992, 87–88.
[3] Vgl. Huffmon 1999.
[4] Oder vielleicht „Erbe (*jrš*)".
[5] Vgl. Bieberstein 2017, 4–5.

wohl die wesentlich spätere Einfügung von Vokalen in den hebräischen Text diesen Bezug zu einer fremden Gottheit durch eine vermeintliche Anlehnung an Schalom zu vertuschen sucht.[6]

Schalem als die Kurzform des Namens Jerusalems kommt in Gen 14,18(–20) vor, in dem der Erzvater Abraham von Melchisedek, dem Priester von Salem (Schalem), gesegnet wird. Hier wie auch in Ps 76,3 fungiert Salem/Schalem als Kurzbezeichnung für Jerusalem, wobei die Kurzform vermutlich die midraschische Parallele zu Schalom hervorhebt.[7] In Ps 76,3 steht Salem in einem Parallelismus membrorum zu Zion, jener Jerusalemer Festung, die David erobert hat (2 Sam 5,6–9), als er Jerusalem für sich und seine Dynastie erwarb. Zion wird seither als poetische Bezeichnung für Jerusalem benutzt. Auf diesen Namen bezieht sich auch die moderne zionistischen Bewegung, die als Ziel hat, einen jüdischen Staat zu gründen und seither aufzubauen.[8] Wie wir sehen werden, trug und trägt Jerusalem noch viele weitere Namen.

Abbildung 1: Ein modernes Kunstwerk, das die Liebe für Jerusalem zum Ausdruck bringt. Im Hintergrund links ist die Mauer der Altstadt zu sehen, wie auch die Dormitio zwischen dem L und M. Foto ©CSE.

---

[6] Vgl. Huffmon, 1999, 755; Frevel ²2018, 150.
[7] Vgl. Sarna 1989, 109–110.
[8] Vgl. Avineri 1981.

2. Die Davidstadt

Der wichtigste Anstoß zum Aufstieg Jerusalems als heilige Stadt war, dass David die Stadt eroberte und sie zu seiner Hauptstadt erhob. Gemäß der biblischen Überlieferung war Jerusalem bis zur Zeit Davids eine kanaanäische Stadt namens Jebus, die von dem ansonsten unbekannten Stamm der Jebusiter bewohnt wurde. Nach dem Tod des ersten israelitischen Königs Saul (1 Sam 31; 1 Chr 10) zerfiel sein Königreich in zwei Teile. Ein Sohn Sauls regierte im Norden, dem späteren Königreich Israel; und David regierte im Süden, dem späteren Königreich Juda.[9] Nach einem siebenjährigen Bürgerkrieg konnte David die Nord- und Südstämme unter seiner Herrschaft vereinen. Da aber seine bisherige Hauptstadt Hebron ziemlich tief im Süden verortet war, eroberte er die Stadt Jerusalem, die mehr oder weniger an der Grenze zwischen Israel und Juda lag und bezeichnete sie als Davidstadt. Damit war Jerusalem zur Hauptstadt eines größeren Königreichs aufgestiegen.

Obwohl die biblischen Überlieferungen David und seinem Nachfolger Salomo ein Großreich zuschreiben (z. B. 1 Kön 5,1), scheint die historische Lage etwas bescheidener gewesen zu sein. Einige Wissenschaftler_innen folgen mehr oder weniger der biblischen Beschreibung des Davidischen Reichs, jedoch die Hauptströmung der modernen Forschung neigt dazu, David höchstens als Lokalfürst und die glorreiche Beschreibung des Königtums Salomos als fiktives goldenes Zeitalter zu verstehen.[10] Bis in die neunziger Jahren hinein war es möglich, die Historizität Davids zu leugnen. In den Jahren 1993 und 1994 jedoch wurden Bruchstücke einer beschrifteten Stele bei Tel Dan im Norden Israels gefunden, die vermutlich von dem Aramäer König Hasael errichtet wurde, um einen Sieg über Israel im ausgehenden neunten Jahrhundert v. d. Z. zu feiern. Dort wird „[der Kön]ig von Bet-David" erwähnt.[11] In diesem Zusammenhang bedeutet Bet-David „das Haus/die Dynastie/das Land Davids" bzw. der Staat Juda, da das Nordreich Israel auch in diesem Text erwähnt wird. Die Inschrift aus Tel Dan überliefert nichts weniger als eine Notiz, dass man sich an David über ein Jahrhundert nach seiner wahrscheinlichen Zeit als Staats- und Dynastiegründer erinnert hat. Somit rückte David aus der Welt der Legende in die der Geschichte. Von Salomo kann nicht das Gleiche behauptet werden, da er bislang in keiner außerbiblischen Quelle zu finden ist.

---

[9] Es ist aber auch möglich, dass die Tradition eines vereinigten israelitischen Königreichs eine Rückprojektion eines späteren Einigungsversuch gewesen ist.
[10] Vgl. Frevel ²2018, 136.
[11] Vgl. Weippert 2010, 267–269.

Die Stadt, in der David und Salomo regierten, war eine kleine Siedlung am schmalen Bergkamm südöstlich der modernen Altstadt Jerusalems,[12] die dort gegründet wurde, weil am Fuße der nordöstlichen Seite des Kamms die einzige dauerhafte Wasserquelle Jerusalems, die Gihonquelle, zu finden ist. Wegen der vielen Bauarbeiten und Zerstörungen Jerusalems im Laufe der Jahrtausende sind die frühesten Schichten der Stadtgeschichte archäologisch schwer zu erfassen und es gibt keine unumstrittenen architektonischen Reste aus der Zeit des vermeintlichen davidischen Königreichs. Zwar hat die vor kurzem verstorbene israelische Archäologin Eilat Mazar behauptet, den Palast Davids gefunden zu haben, doch ihre Vermutung wird nur von sehr wenigen Kolleg_innen geteilt. Mit der Frage danach, wo der Palast Davids gelegen haben mag, ist auch die Frage nach der Ausdehnung der Stadt in nördlicher Richtung verbunden. Da das Areal der vermuteten nördlichen Ausdehnung unter dem heutigen Podium des jüdischen Tempelbergs bzw. des muslimischen Haram al-Scharif liegt, konnten dort bis dato keine Ausgrabungen stattfinden, eine Lage, die sich noch lange – falls je – nicht ändern wird.

In dieser vermuteten nördlichen Ausdehnung der davidischen Stadt soll nun auch König Salomo seinen Tempel für den Israelitischen Gott JHWH gebaut haben.[13] Höchstwahrscheinlich hatte die vorisraelitische Stadt Jerusalem einen oder mehrere Tempel, wenn sie bis zur israelitischen Epoche nicht nur ein Dorf gewesen ist. Es ist möglich, dass Salomo einfach einen schon existierenden Tempel renoviert hat. Gemäß der biblischen Tradition jedoch hat Salomo seinen Tempel *de novo* errichten lassen, ein schicksalhafter Vorgang, der Jahrhunderte danach dazu führte, dass Jerusalem zur heiligen Stadt schlechthin für Milliarden Menschen geworden ist.

Abbildung 2: Ein Geschäft im arabischen Viertel der Altstadt mit religiösen Waren für christliche und jüdische Tourist_innen. Foto ©CSE.

---

[12] Neuerdings aber wird behauptet, dass Jerusalem zu jener Zeit größer war, als bislang vermutet, und dass sich die Stadt schon im neunten Jahrhundert nach Westen ausgedehnt hat. Vgl. Regev u. a. 2024.

[13] Zur Lage des Tempels, vgl. 2005; Ritmeyer 2006, 239–268.

3. Jerusalem als zentrales Heiligtum

Obwohl der Salomonische Tempel in der hebräischen Bibel ausführlich beschrieben wird (1 Kön 6–8 und 2 Chr 2–4), wurden noch keine architektonischen Reste davon entdeckt, da die Stelle, wo der Tempel vermutlich errichtet wurde, aus religiösen und politischen Gründen nicht ausgegraben werden kann. Wenn die biblischen Beschreibungen in etwa den historischen Bau beschreiben, war das Tempelgebäude rechteckig mit dem Haupteingang auf der Schmalseite im Osten.[14] Das Gebäude selbst wurde in drei Teile gegliedert: die Eingangshalle (*ulam*), die Haupthalle (*hechal*) und das Allerheiligste (*debir*), wo die Bundeslade unter zwei Keruben[15] ruhte. Dieses dreigeteilte langräumige Muster für Tempelanlagen ist auch aus zwei Ausgrabungen in der nördlichen Levante bekannt: aus Tell Tayinat im Südosten der Türkei und aus Tell Ain Dara im Nordwesten Syriens.[16] Da diese Tempel etwas später als der Salomonische Tempel zu datieren sind, liegt die Vermutung nahe, dass die biblischen Berichte einen späteren Zustand beschreiben.

Ohne Zweifel steht fest, dass der Ritus des Tempels sich um einen Opferkult drehte, der im Vorhof des Tempels stattfand. Der Zweck eines Opferkults ist, das Gleichgewicht zwischen den Gottheiten und den Menschen herzustellen und zu stabilisieren.[17] Dafür wurde ein kompliziertes Ritual ausgearbeitet, in dem für verschiedene Begebenheiten unterschiedliche Opfergaben darzubringen waren. Es wurden sowohl zugelassene bzw. koschere Tiere wie auch essbare Pflanzen und Weihrauch geopfert. Eine Priesterschicht, bestehend aus Priester (*kohanim*) und Leviten (*leviim*), beaufsichtigte das Ganze. Das gewöhnliche Volk hatte keinen Zugang zum Tempelgebäude selbst.

Der Jerusalemer Tempel war das zentrale Heiligtum Judas gewesen, allerdings nicht das einzige im Land. Judäische Tempel und Opferstätten wurden auch bei Ausgrabungen u. a. in Arad und Beerscheba wie auch in der Nähe Jerusalems bei Tel Moza[18] gefunden. Diese Lage änderte sich im ausgehenden 8. bzw. 7. Jahrhundert v. d. Z. Um die Zeit der Zerstörung des Nordreichs Israel hat Jerusalem einen großen Bevölkerungszuwachs erlebt, vermutlich als Folge

---

[14] Zur Auslegung des Baus und der Ausstattung des Tempels, vgl. Tilly / Zwickel 2011, 86–89.
[15] Im Gegensatz zu ihrer üblichen Darstellung in der christlichen Kunst, waren Keruben nicht süße kleine Engelchen, sondern sie waren furchterregende Mischwesen, die ein Menschengesicht, Adlerflügel und den Körper eines Löwen oder Stier besaßen. Im Tempelkontext hatten sie eine schützende und wachende Aufgabe. Vgl. Mettinger 1995, 189–192; Zevit 2001, 316–317; de Hulster 2015, 157–159.
[16] Zum salomonischen Tempel, seiner Ausstattung und seinen Parallelbauten vgl. Hurowitz 2009.
[17] Zum Sinn des Opferkults, vgl. Miller 2000, 121–130.
[18] Vgl. Kisilevitz / Lipschits 2020.

des Zuströmens von Flüchtlingen aus dem Norden zur nördlichsten Stadt Judas, nämlich Jerusalem. Dieser Zuwachs wird durch eine außermauerliche Besiedlung des größeren westlichen Hügels bezeugt, die dann größtenteils von einer ca. 7 Meter dicken Mauer in die befestigte Stadt integriert wurde. Die Zuschreibung der Bauarbeiten an König Hiskija scheint am wahrscheinlichsten zu sein. Somit wuchs Jerusalem um das Drei- bis Vierfache und wurde nun endlich eine echte Hauptstadt. Als Hiskija nach einem fehlgeschlagenen Aufstand gegen die assyrische Oberherrschaft in der südlichen Levante zumindest die Stadt Jerusalem retten konnte, entwickelte sich eine Zionstheologie, die Jerusalem als heilige und geschützte Heimatstadt des judäischen Gottes JHWH betrachtete.

Obwohl die Bibel dem Hiskija auch eine religiöse Reform und eine Kultzentralisierung in Jerusalem zuschreibt, scheinen diese Tendenzen mit der sog. deuteronomistischen Kultzentralisation des Königs Joschija (640–609 v. d. Z.) nachhaltiger gewesen zu sein, womit auch ein Wohnen Gottes in Jerusalem verbunden ist.[19] Die Ausübung des Kults, insbesondere des Opferkults, wurde auf Jerusalem begrenzt, eine Tatsache, die nur zu einer Zeit möglich war, als das Land Juda verhältnismäßig klein war. Dieser Vorgang hat auch die religiöse Zentralität Jerusalems als die Heilige Stadt schlechthin unterstrichen, da das Land und die Stadt kaum voneinander zu trennen waren. Juda war also kaum mehr als ein Stadtstaat.

4. Sehnsucht nach Zion

Nachdem die letzten Herrscher des Königreichs Juda ihre Selbständigkeit durch ihre internationale Bündnispolitik aufs Spiel setzten, wurde Juda 586 v. d. Z. von den Babyloniern erobert. Staat, Stadt und Tempel wurden zerstört, und ein Großteil der Oberschicht wurde ins Exil nach Babylonien verschleppt, während andere Einwohner_innen Judas nach Ägypten flohen. Zwar hat der Prophet Jeremia den Exilierten empfohlen:

> [5]Baut Häuser und wohnt darin, pflanzt Gärten und esst ihre Früchte! [6]Nehmt euch Frauen und zeugt Söhne und Töchter, nehmt für eure Söhne Frauen und gebt eure Töchter Männern, damit sie Söhne und Töchter gebären! Ihr sollt euch dort vermehren und nicht vermindern. [7]Suchet das Wohl der Stadt, in die ich euch weggeführt habe, und betet für sie zum HERRN; denn in ihrem Wohl liegt euer Wohl! (Jer 29,5–7)

---

[19] Vgl. Bieberstein 2014.

Nichtsdestotrotz gab es eine starke Sehnsucht nach dem verwüsteten Heimatland und der Heiligen Stadt, die in bekannten Gedichten wie Ps 137 zum Ausdruck kommt:

> ¹An den Strömen von Babel, /
> da saßen wir und wir weinten,
> wenn wir Zions gedachten.
> ²An die Weiden in seiner Mitte
> hängten wir unsere Leiern.
> ³Denn dort verlangten, die uns gefangen hielten, Lieder von uns, /
> unsere Peiniger forderten Jubel:
> Singt für uns eines der Lieder Zions!
> ⁴Wie hätten wir singen können die Lieder des HERRN,
> fern, auf fremder Erde?
> ⁵Wenn ich dich je vergesse, Jerusalem,
> dann soll meine rechte Hand mich vergessen.
> ⁶Die Zunge soll mir am Gaumen kleben,
> wenn ich deiner nicht mehr gedenke,
> wenn ich Jerusalem nicht mehr erhebe
> zum Gipfel meiner Freude. (Ps 137,1–6)

Nachdem der Perserkönig Kyros II. der Große das babylonische Reich 539 v. d. Z. eroberte, ließ er kurz darauf die von den Babyloniern verschleppten Völker, wenn sie wollten, in ihre Heimatländer zurückkehren und ihre zerstörten Tempel wieder aufbauen und ihre Kulte wieder einrichten.[20] In den nächsten Jahren kehrten einige der Exilierten nach Juda – bzw. Jehud wie es nun hieß – zurück, wo sie an der Stelle des zerstörten Tempels wieder einen Opferkult eingerichtet hatten. Jedoch erst 515 v. d. Z. wurde der Zweite Tempel in der nun kleinen Stadt Jerusalem[21] eingeweiht, der bis zu seiner Zerstörung durch die römische Besatzungsmacht ca. 600 Jahre danach im Zentrum der Ausübung der judäischen bzw. jüdischen Religion stehen sollte.

5. Das Ende der jüdischen Tempelreligion

Die Rückkehrer_innen aus dem babylonischen Exil scheinen eine neue Form der israelitischen Religion mit sich gebracht zu haben. Von nun an war das Judentum schon in seiner vorrabbinischen Ausübung eine monotheistische Religion, die nur einen Gott als existent und wirksam anerkannte. So wurde der Gott der Judäer bzw. Juden von diesen als universelle Gottheit betrachtet. Diese

---

[20] Vgl. Weippert 2010, 453–456 (Der Kyros-Zylinder). Eine auf Juda gerichtete Fassung davon ist in 2 Chr 36,23 und Esra 1,1–4 zu finden. Für eine Besprechung der Politik des Kyros gegenüber Juda, vgl. Briant 2002, 44–48.
[21] Zur Archäologie Jerusalems während der Perserzeit, vgl. Ristau 2016, 13–88.

theologische Einstellung sollte im Laufe der Zeit für die Anhänger_innen der antiken jüdischen Religion zum Verhängnis werden, als ihre monotheistische Einstellung von ihrer polytheistischen Umwelt nicht als legitime religiöse Haltung akzeptiert wurde.

Obwohl die jüdische Gemeinschaft die Herrschaft der Perser anfangs begrüßten,[22] waren sie nach zwei Jahrhunderten für den Wechsel von der persischen zur griechischen Oberherrschaft bereit, als Alexander der Große von Makedonien das Persische Reich 330 v. d. Z. eroberte und das hellenistische Zeitalter mit sich brachte. Nach dem plötzlichen Tod Alexanders 323 v. d. Z. spaltete sich sein Reich, und Juda/Jehud, nun Judäa genannt, fiel abwechselnd unter die Herrschaft der ägyptischen Ptolemäer und der syrischen Seleukiden. Im Jahre 200 oder 198[23] entschied sich der andauernde Kampf zugunsten der Seleukiden, unter deren Herrschaft das Amt des Hohepriesters im Jerusalemer Tempel versteigert wurde.

Diese Art der Einmischung in die religiösen Angelegenheiten des Tempels war eine der Ursachen eines wachsenden Unmuts gegenüber den hellenistischen Herrschern. Denn letztendlich waren die monotheistische Weltanschauung der judäischen Religion und die polytheistische des Hellenismus[24] nicht in Einklang zu bringen. Auch innerjüdisch kam es zu Auseinandersetzungen zwischen Traditionalisten und Hellenisten. Es ist nicht klar, ob der Seleukidenkönig Antiochus IV. Epiphanes (175–164 v. d. Z.) aus eigenem Antrieb heraus die Hellenisierung der Judäer durch das Verbot jüdischer Praktiken wie Beschneidung, koscherem Essen und Tora-Lernen beschleunigen oder ob er einfach die Seite der jüdischen Hellenisten unterstützen wollte. Auf jeden Fall brach 167 v. d. Z. ein Aufstand gegen seine Herrschaft über Judäa los, die von einem Priester namens Mattatias an- und nach seinem Tod von seinen Söhnen weitergeführt wurde. Obwohl der Kampf gegen die Seleukiden ein paar Jahrzehnte dauerte, erreichte der Aufstand der Makkabäer[25] unter der Führung von Judas Maccabeus gegen Ende 164 v. d. Z. das Ziel, den Jerusalemer Tempel einzunehmen und ihn von der Verunreinigung durch polytheistische Praktiken wieder zu reinigen. Dort wurde am 25. Kislew[26] ein Fest der Einweihung in Anlehnung an das Laubhüttenfest gefeiert, das in dem Jahr im Tempel nicht gefeiert werden hatte können.[27] Obwohl das damit eingeführte Chanukkafest einen menschlichen Sieg der Makkabäer über ihre Feinde feierlich beging, haben die Rabbinen einige Jahrhunderte danach eine Wundergeschichte erdichtet, um eine religiösere Begründung für Chanukka zu finden. Nach dieser immer noch

---

[22] Vgl. Jes 44,24–45,6 bes. 44,28–45,6.
[23] Vgl. Frevel ²2018, 372.
[24] Das geistige Ethos der griechisch-römischen Welt.
[25] Nach Judas Makkabäus (Jehuda haMakkabi) dem dritten der fünf Söhne des Mattatias genannt.
[26] Der 9. Monat des jüdischen Jahres, der sich mit November bzw. Dezember deckt.
[27] Vgl. Levine 2002, 82–84.

beliebten Geschichte soll der Feiertag die Erinnerung an einen kleinen Krug Öl sein, der in wunderbarerweise acht Tage lang den Tempelleuchter gefüllt hat, bis man mehr koscheres Öl erzeugen konnte.[28]

Obwohl der Aufstand der Makkabäer von den jüdischen Traditionalisten angeführt und unterstützt wurde, ist das Geschlecht der Hasmonäer, wie die Familie nach ihrem Vorfahren Hasmon (Haschmon) genannt wurde, vieles von dem geworden, wogegen sie ursprünglich gekämpft hatten. Nach dem Tod Judas auf dem Schlachtfeld 161 v. d. Z., wurde sein Bruder Jonatan (161–142 v. d. Z.) der politische Anführer Judäas. Obwohl nicht ein Priester vom Geschlecht Zadoks, ernannte sich Jonatan zum Hohepriester in Jerusalem, ein Amt, das die Hasmonäer für sich bis Ende ihrer Dynastie behielten. Und ab der Zeit seines Großneffen Aristobulus I. (104–103 v. d. Z.) bezeichnete sich der Hasmonäische Herrscher Judäas als König, obwohl das Geschlecht der Hasmonäer nicht davidischer Abstammung waren. Als es zu einer Auseinandersetzung um die Nachfolge zwischen den Söhnen der Königin Salome Alexandra (76–67 v. d. Z.) kam, mischte sich der römische General Pompeius Magnus 63 v. d. Z. ein, und Judäa wurde ein Klient Roms. Der letzte hasmonäische Herrscher Antigonus (40–37 v. d. Z.) wurde im Jahr 37 von den Römern abgesetzt, sodass der römerfreundliche Idumäer Herodes der Große König über Judäa werden konnte.

Die Idumäer, die gegen Ende das 2. Jahrhundert v. d. Z. die jüdische Religion – gezwungenerweise oder freiwillig – angenommen hatten, waren die Nachkommen der eisenzeitlichen Edomiter, die in der Hebräischen Bibel ziemlich schlecht abschneiden und deren Name später als Metapher für das gehasste Römische Reich in der rabbinischen Literatur verwendet wurde. In Anbetracht dessen, ist es verständlich, dass die Judäer von Anfang an Herodes gegenüber nicht gut eingestellt waren, ein Sachverhalt, der den paranoiden Herodes in seiner Haltung bestärkte.

Herodes war im Römischen Reich für seine Großbauten bekannt. In diesem Sinne hat er dazu beigetragen, dass Jerusalem fast von Grund auf neu gebaut wurde. Die Stadt wurde größer und prunkvoller. Diese Baumaßnahmen betrafen auch den Tempel und seine Umgebung. Das Tempelareal bzw. der Tempelberg wurde erweitert, und der Tempel selbst soll gemäß den antiken Schriften zu einem der herrlichsten Bauten im ganzen Römischen Reich geworden sein. Die Mauern, die Herodes um das Tempelareal herum hat bauen lassen, bestimmen noch immer den Grundriss des Tempelbergs bzw. des Haram al-Scharif und sind zum Teil noch sichtbar. Obwohl dieser Tempel immer wieder als Res-

---

[28] Deshalb ist es Tradition, an Chanukka in Öl gebratene Speisen wie Kartoffelpuffer oder Berliner o. ä. zu essen. Vgl. Babylonischer Talmud, Traktat Schabbat 21b.

taurierung des Zweiten Tempels angesehen wird, war er eigentlich ein kompletter Neubau.[29]

Leider wurde dieser prächtige Tempel nach weniger als einem Jahrhundert infolge eines Aufstands der Judäer gegen Rom zerstört, nachdem Judäa als abgelegene römische Provinz von ihren eingesetzten Herrschern über die Jahrzehnte lang ausgebeutet und schlecht regiert wurde.[30] Angefangen hatte der Aufstand 66 u. Z. Nach einigen ersten Erfolgen und einer Kriegspause als Kaiser Nero 68 u. Z. Selbstmord beging, wurde der Aufstand in brutaler Weise durch Titus, den Sohn des neuen Kaisers Vespasian, niedergeschlagen. Jerusalem wurde 70 u. Z. zerstört und der Tempel niedergebrannt. Zwar behauptet der jüdisch-römische Historiker Flavius Josephus, dass Titus den Tempel erhalten wollte; doch scheint dies ein Versuch gewesen zu sein, seinen Mäzen von der Schuld an der Tempelzerstörung freizusprechen.[31] Auf wessen Befehl auch immer der Tempel zerstört wurde – als Ergebnis blieb, dass die Juden von diesem Zeitpunkt an keinen Tempel mehr als Mittelpunkt ihres Gottesdienstes besitzen.

Abbildung 3: Ein Modell des Zweiten bzw. Herodianischen Tempels, das ursprünglich auf dem Gelände des Holy Land Hotels errichtet wurde, aber heute im Israel Museum zu besichtigen ist. Foto ©CSE.

---

[29] Vgl. Levine 2002, 219–253. Zur Rekonstruktion des herodianischen Tempelbezirks und des Tempels selbst, vgl. Ritmeyer 2006, 339–400.
[30] Zur längeren Geschichte der Auseinandersetzungen zwischen Rom und Juda, vgl. Goodman 2007.
[31] Für eine Titus-freundlichere Auslegung, vgl. Goodman 2007, 420–423.

6. Jerusalem als Nabel der jüdischen Welt

Der letzte Versuch, sich von den Römern zu befreien, fand in den Jahren 132–135 u. Z. statt, als die Judäer wieder gegen die Römer rebellierten. Die führende Person im Aufstand war Schimon bar Kochba,[32] der zumindest von dem einflussreichen Rabbiner Akiba als messianische Gestalt betrachtet wurde. Aber wieder konnten sich die Judäer gegen die überlegene Macht Roms nicht behaupten. Auch dieser zweite jüdische Aufstand wurde in brutalster Weise niedergeschlagen. Die reichhaltige Münzprägung der Aufständischen zeigt, dass die Befreiung der heiligen Stadt Jerusalem und des Tempels im Zentrum ihrer Bemühungen stand.[33] Doch die unerwarteten Folgen des Aufstands waren, dass den Juden der Zutritt zu Jerusalem lange Zeit verboten blieb, dass Jerusalem in eine römische Stadt namens Aelia Capitolina umbenannt wurde und dass Rom versuchte, den Namen Judäas durch die Umbenennung der Provinz in Syria-Palaestina – ein Bezug zu den lang verschollenen Philistern – zu tilgen.

Dass das Judentum dieses letzte nationale Desaster überstehen konnte, wurde durch eine radikale Erneuerung der Religion und ihrer Institutionen ermöglicht, die schon während der letzten Jahre des Zweiten Tempels angefangen hatte. Obwohl die Hoffnung auf eine Rückkehr nach Jerusalem bzw. Zion und einen Wiederaufbau des Tempels weiterhin fester Bestandteil der jüdischen Religion blieb, gab es jetzt Institutionen, die den Tempelkult ersetzten, nämlich die Synagoge und das Familienleben, sowie eine neue religiöse Leitschicht anstelle von Leviten und Priestertum, nämlich das Rabbinat. Das rabbinische Judentum entzog sich der machtpolitischen Kämpfe der spätrömischen Zeit und widmete sich einer intensiven Auseinandersetzung mit den heiligen Texten und der ererbten Tradition. Der Talmud, der um das Jahr 500 u. Z. in zwei Versionen (dem Jerusalemer und dem als normativ anerkannten Babylonischen Talmud) verfasst wurde, ist das größte Ergebnis ihrer Auslegungsbemühungen, die sich jedoch bis in die Gegenwart erstrecken. Obwohl kein Tempel mehr existierte, kreisten große Teile der rabbinischen Literatur um den Tempel und die Ausübung seiner Riten.

Dass Hoffnung auf einen wiedererbauten Tempel nie aufgegeben wurde, kommt in der Liturgie des synagogalen Gottesdiensts sehr klar zum Ausdruck, in der es eine Vielfalt an Gebete gibt, die auf Jerusalem und ihre Wiederherstellung Bezug nehmen. Im Laufe der Zeit gab es zumindest einen Versuch, einen dritten Tempel zu bauen, als der Kaiser Julian (361–363 u. Z.), der in der christlichen Kirche als Julian der Apostat bezeichnet wird, es, in seinem Versuch die Kirche zu schwächen, den Juden erlaubte, den Tempel wieder zu errichten. Angeblich wurde mit den Vorbereitungen für den Bau begonnen,

---

[32] D h., Sohn des Sterns. Eigentlich hieß er Simon (Schimon) bar Kossiba.
[33] Vgl. Mildenberg 1990.

aber Julians Tod im Kampf gegen die Sassaniden Persiens brachte ein plötzliches Ende seiner antichristlichen Politik und somit auch der Unterstützung des Baus eines neuen Tempels zu Jerusalem.

Im Laufe der nächsten Jahrhunderte wurde der verwüstete Tempelberg in seinem verfallenen Zustand als Zeichen der göttlichen Verweigerung der Juden als Mahnung unter christlicher Oberherrschaft während der byzantinischen Zeit belassen. Nach der islamischen Eroberung des Heiligen Landes im siebten Jahrhundert u. Z. wurde der Tempelberg in ein muslimisches Areal verwandelt. Seit ungefähr 700 u. Z. stehen dort der Felsendom, die Al-Aqsa Moschee und ihre Nebengebäude. Jedoch blieb der Tempelberg für das Judentum – obwohl schwer- oder unzugänglich – der heiligste Ort schlechthin, der Nabel der Welt,[34] von dem aus die Weltschöpfung ihren Anfang nahm. Weiterhin beteten alle Juden und Jüdinnen in Richtung Tempelberg und Synagogen wurden danach orientiert. Durchgehend gab es eine jüdische Gemeinschaft im Heiligen Land, obwohl das Schicksal der Jerusalemer Gemeinde im Laufe der Jahrhunderte sehr schwankte. Aber egal wie weit entfernt ein Jude/eine Jüdin von Jerusalem lebte, blieb die eventuelle Rückkehr dorthin und der Wiederbau des Tempels – mit einigen Ausnahmen – ein zentraler Bestandteil der religiösen und ethnischen Identität.

Stellvertretend für diese Fixierung auf Jerusalem ist der jüdische Dichter Rabbi Jehuda Halevi (ca. 1075–1141), der während des jüdischen „goldenen Zeitalters" in Spanien lebte. Trotz seiner erhabenen Position in einer der glücklichsten Diasporagemeinden der jüdischen Geschichte, sehnte er sich nach Jerusalem, wie es in seinem berühmtesten Gedicht zum Ausdruck kommt:

> Mein Herz liegt im Osten, aber ich bin in den westlichsten Gefilden –
> Wie kann ich schmecken, was ich esse; und wie kann es mir bekommen?
> Wie soll ich meine Eide und Schwüre erfüllen, während Zion im Lande Edom ist und ich mit Ketten an den Westen gefesselt bin?
> Es würde mir ebenso leichtfallen, auf alle Güter Spaniens zu verzichten, wie
> Es mir Wert wäre, den Staub des zerstörten Tempels zu sehen.[35]

Halevis Sehnsucht nach Jerusalem wird auch in Heinrich Heines (1797–1856) Gedicht *Jehuda ben Halevy* zum Ausdruck gebracht:

> (...)
> Auch der Held, den wir besingen,
> Auch Jehuda ben Halevy
> Hatte seine Herzensdame;
> Doch sie war besondrer Art.
> (...)
> Jene, die der Rabbi liebte,
> War ein traurig armes Liebchen,

---

[34] Zu dieser Bezeichnung Jerusalems im Judentum, vgl. Tilly 2002, 155–239.
[35] Zitiert nach Ehrlich 2005, 76.

Der Zerstörung Jammerbildnis,
Und sie hieß Jerusalem.[36]
(...)

Es war auch um die Zeit Halevis, also im hohen Mittelalter, dass es üblich wurde, das Festmahl am Sederabend mit den Worten „nächstes Jahr in Jerusalem" (ba-schana ha-ba'a biruschalajim) zu beenden.[37] Dieser hoffnungsvolle Wunsch wird von den Juden/Jüdinnen, die im Lande Israel leben, zu „nächstes Jahr im wiederaufgebauten Jerusalem" erweitert. Diese Aussage, egal ob in der Diaspora oder im Heiligen Land selbst, wird auf mindestens zwei Ebenen gesehen. Erstens ist sie als eine messianische Hoffnung auf Erlösung zu verstehen, wobei Jerusalem eine Metapher ist; und zweitens ist sie wortwörtlich als ein Sehnen nach der eigentlichen Stadt Jerusalem und ihrer Wiederherstellung zu begreifen.

Politisch blieb Jerusalem den Juden und Jüdinnen entzogen, da es wechselweise unter muslimischer und christlicher Vorherrschaft stand. Da es keinen Tempel mehr gab, bauten die Juden Jerusalems unter muslimischer und christlicher Oberherrschaft Synagogen, wenn es denn erlaubt war. Aber der Tempelberg und ein gewisser Teil von ihm waren die heiligen Stätten der Stadt und – aus jüdischer Sicht – der Welt schlechthin. Obwohl es oftmals behauptet wird, dass die Westmauer (ha-Kotel ha-Ma'aravi oder einfach ha-Kotel/die Mauer), die etwas abwertend von Nichtjuden als die Klagemauer bezeichnet wird, der letzte Überrest des Zweiten Tempels ist, ist diese Annahme falsch.[38] Die Westmauer, die als heiligste Stätte des modernen Judentums gilt, ist eigentlich ein Teil der westlichen Stützmauer des riesigen herodianischen Tempelplatzes. Da die jüdische Gemeinde nicht auf dem Tempelberg selbst beten durfte und weil einige Rabbiner den Zutritt zum Tempelberg verboten hatten, da sie Angst hatten, man könnte unabsichtlich auf den Platz des verschollenen Allerheiligsten treten, hat sich im Mittelalter die Tradition zum Teil gezwungener Maßen etabliert, dieses Mauerstück, dass unbebaut war und vermutlich nicht weit vom Allerheiligsten des Tempels entfernt lag, als heiligste jüdische Stätte Jerusalems und der Welt insgesamt zu betrachten. Im sechzehnten Jahrhundert hat Sultan Suleiman der Prächtige diese Tatsache anerkannt und befohlen, dass dieses Mauerstück weiterhin freigelassen werden sollte. Jedoch blieb der jüdische Zugang zur Mauer in den folgenden Jahrhunderten beschränkt, weil nur ein sehr schmaler Platz – kaum mehr als ein Pfad – vor der Mauer freigehalten wurde und es zu gewissen Zeiten der ottomanischen und britischen Herrschaft Einschränkungen gab, was die Juden und Jüdinnen dort tun konnten. Z. B. durften sie im Gebet nur stehen und nicht sitzen, usw.

---

[36] Heine 1997, 564 (557–582).
[37] Vgl. Gribetz 2021.
[38] Zur Entwicklung dieser Tradition, vgl. Goren 2019, 212.

Abbildung 4: Die Westmauer. Im Vordergrund der Frauenbereich, im Hintergrund der Männerbereich. Foto ©CSE.

Dennoch blieb die Westmauer der heiligste Ort des Judentums, weil man dort am nächsten zur göttlichen Gegenwart war. Als Folge der jordanischen Besetzung der Jerusalemer Altstadt im Laufe des israelischen Befreiungskriegs 1948 wurden die Juden und Jüdinnen aus dem arabischen Osten der nun geteilten Stadt verbannt und hatten bis zur israelischen Eroberung Ostjerusalems im Sechstagekrieg 1967 keinen Zugang zur Westmauer. Während der Zeit der jordanischen Besetzung Ostjerusalems, zu dem die Jerusalemer Altstadt gehört, wurden die dortigen Synagogen gesprengt und der große jüdische Friedhof am Ölberg verwüstet.

Nach der israelischen Vereinigung Jerusalems während des Sechstagekriegs wurden die Synagogen wiederaufgebaut, der Friedhof restauriert und die Westmauer durch die Räumung des davorliegenden arabischen Mughrabiviertels für religiöse und nationale Zwecke freigelegt.[39] Von nun an hatte die jüdische Gemeinschaft der Welt freien Zugang zum heiligsten Ort des Juden-

---

[39] Vgl. Marglin 2024.

tums. Jüdinnen und Juden aus aller Welt strömen seither zur Westmauer, obwohl in unmittelbarster Nähe dazu Männer und Frauen nach orthodoxem Ritus getrennt werden, mit der größeren Männerseite am nächsten zum vermeintlichen Ort des Tempels.⁴⁰

Abbildung 5: Das Anzünden des Chanukkaleuchters an der Westmauer 2022. Foto ©CSE.

7. Jerusalem als Heilige Stadt des Christentums

Um das Jahr 30 u. Z., ungefähr eine Generation vor der Zerstörung des Zweiten Tempels, kam ein charismatischer jüdischer Prediger namens Jesus (Jeschua) aus der nördlichen Stadt Nazareth in Galiläa mit seinen Jünger_innen um die Zeit des Pessach Fests nach Jerusalem. Leider gibt es keine zeitgenössischen Quellen zu seinem Leben und Wirken. Also müssen wir die Geschehnisse der nächsten Tage aus späteren, einander oftmals widersprechenden Quellen – hauptsächlich aus den Evangelien des Neuen Testaments – ableiten. Kurz gefasst hat Jesus die Priester des Tempels verärgert, diese wiederum haben ihn als Aufständischen den Römern übergeben, die ihn dann zum Tode verurteilt haben. Jesus wurde wie viele anderen nach römischer Art gekreuzigt. Somit hätte seine Geschichte enden sollen, aber viele seiner Anhänger_innen haben weiterhin an seine Botschaft geglaubt und ihn als auferstandenen Messias (lateinisch: Christus, deutsch: Gesalbter) angesehen.

Obwohl alle Indizien bezeugen, dass Jesus sein Leben in einem ausschließlich jüdischen Rahmen betrieben hat und keine Absicht hatte, eine neue Religion zu gründen, hat der Apostel Paulus von Tarsus den Glauben an Jesus als

---

⁴⁰ Zu diesen Themen, vgl. Goren 2019, 218–219.

messianischen Erlöser durch seine Völkermission verbreitet und somit vermutlich einen Prozess eingeleitet, der dazu führte, das Bekenntnis an Jesus von seinen jüdischen Wurzeln zu lösen und eine neue Religion zu gründen, die die praktischen Vorschriften des jüdischen Monotheismus durch den Glauben an Jesus als erlösenden Sohn Gottes ergänzte. Die zwei jüdischen Aufstände gegen Rom hatten als Nebenfolge, die frühchristliche Gemeinde von der jüdischen zu unterscheiden und somit eine Trennung zwischen den religiösen Traditionen zu beschleunigen.

Obwohl die zentrale Gründungsgeschichte des Christentums, nämlich die des Leidens und der Auferstehung Jesu, sich in Jerusalem abspielte, musste im Bewusstsein der Christ_innen im Laufe der ersten paar christlichen Jahrhunderte das weltliche Jerusalem hinter das himmlische zurücktreten. Dies änderte sich während der Regierungszeit Konstantins des Großen als römischen Kaiser (306–337 u. Z.). Die sogenannte konstantinische Wende wenige Jahre nach seinem Regierungsantritt führte dazu, dass das Christentum nun eine offiziell anerkannte Religion war und wenige Jahrzehnte nach seinem Tod zur offiziellen Religion des Römischen Reiches erhoben wurde.

Helena, die Mutter Konstantins, pilgerte 326 in das Heilige Land und nach Jerusalem, wo sie Stätten identifizierte, die angeblich mit der Passion Jesu in Verbindung zu bringen waren, an denen sie dann Kirchen bauen ließ. Damit begann ein Vorgang, der Jerusalem zum wichtigsten Wallfahrtsziel des Christentums hat werden lassen und die Stadt selbst in einen „christlichen Vergnügungspark"[41] verwandelte.

Die zwei wichtigsten heiligen Stätten in Jerusalem, die Helena identifizierte, waren die Orte, wo Jesus gekreuzigt und wo er begraben wurde. Beide befanden sich auf dem westlichen Hang gegenüber dem Tempelberg. Der erste Ort wurde durch den Fund des angeblich wahren Kreuzes identifiziert und der zweite durch eine nahgelegene Grabeshöhle, die in den folgenden Jahrhunderten wegen Bauarbeiten fast ganz abgeschliffen wurde. Über diese zwei Stellen ließ Konstantin eine doppelte Kirche bauen. Der Teil, der den Ort der Kreuzigung abdeckte, erhielt den Namen Martyrium und wurde im Stil einer Basilika gebaut, während der westliche Teil die Form einer Rotunde über dem vermeintlichen Grab erhielt und als Anastasis (Auferstehung) bezeichnet wird.[42] Da Konstantin 330 die Stadt Byzanz zu seiner Hauptstadt machte, wird diese Zeit der christlichen Herrschaft im Heiligen Land bis zur islamischen Eroberung des frühen siebten Jahrhunderts als byzantinische Zeit bezeichnet.

---

[41] Zank 2018, 104: „Christian theme park".
[42] Für eine architektonische und archäologische Analyse der Grabeskirche der byzantinischen Zeit, vgl. Krüger 2021.

Die dreifach heilige Stadt Jerusalem

Abbildung 6: Die Grabeskapelle (bzw. die Heilig-Grab-Ädikula), die im frühen neunzehnten Jahrhundert nach einem Brand über das Grab Jesu gebaut wurde. Foto ©CSE.

Obwohl die meisten Kirchen der byzantinischen Stadt Jerusalems im Laufe der Zeit zerstört wurden, haben Archäolog_innen viele Überreste dieser Kirchen ausgegraben, und in der zeitgenössischen christlichen Literatur gibt es eine Anzahl Beschreibungen von ihnen. Jedoch das vielleicht wichtigste Zeugnis für die spätbyzantinische Stadt wurde als Mosaikfußboden in einer Kirche im Ostjordanland entdeckt. Die nach ihrem Fundort benannte Madabakarte stammt vermutlich aus der zweiten Hälfte des sechsten Jahrhunderts und stellt eine Karte des Heiligen Landes dar, auf der „die Heilige Stadt Jerusalem" (ΗΑΓΙΑΠΟΛΙϹΙΕΡΟΥϹΑ[ΛΕΜ]) als solche bezeichnet und hervorgehoben wird.[43]

---

[43] Vgl. Donner 1992, 87–94.

Abbildung 7: Eine moderne Nachbildung der Madabakarte. Foto ©CSE.

Die Madabakarte verleiht einen Einblick in die Topografie des byzantinischen Jerusalems, worauf einige der wichtigsten Kirchen zu erkennen sind. Unter diesen sind die Grabeskirche[44] (bestehend aus Anastasis und Martyrium) aus dem vierten Jahrhundert und die Nea Theotokos (Neue Kirche der Muttergottes) am Zionsberg aus dem sechsten Jahrhundert ohne Zweifel die wichtigsten. Die ursprüngliche Grabeskirche wurde 1009 von Kalif El-Hakim niedergerissen. Obwohl Restaurierungsarbeiten schon ein paar Jahrzehnte danach anfingen, war es erst unter der Herrschaft der Kreuzritter, dass die Kirche 1149 wieder eingeweiht wurde und die Form annahm, die sie auch heute noch hat.[45] Die Nea-Kirche dagegen erlitt schon im siebten Jahrhundert Schäden und wurde bis zum neunten Jahrhundert abgerissen.

Abbildung 8: Ein Modell der byzantinischen Grabeskirche am Gelände der Kirche St. Peter in Gallicantu. Das Martyrium liegt auf der rechten Seite und die Anastasis Kirche auf der linken. Foto ©CSE.

---

[44] Zur Geschichte der Grabeskirche, vgl. Boomer / Ousterhout 2019.
[45] Vgl. Boas 2019, 97.

Die dreifach heilige Stadt Jerusalem

Obwohl das byzantinische Jerusalem vor Kirchen und Pilgern wimmelte, gab es ein Areal, das verwüstet blieb, nämlich der Tempelberg.[46] Denn durch diese Verwüstung wollte die christliche Gemeinschaft offensichtlich machen, dass Gott das jüdische Volk verstoßen hatte. In dieser Hinsicht kann man gut verstehen, wieso der antichristliche Kaiser Julian vorhatte, als Zumutung den Christ_innen gegenüber den jüdischen Tempel wieder zu errichten. Nur sein plötzlicher Tod kam dazwischen. Obwohl die verwüstete Lage des Tempelbergs sich nach der islamischen Eroberung geändert hat, blieb dieses Areal außerhalb des Interessenkreises der christlichen Kirchen. Jedoch identifizierten die fränkischen Kreuzritter den Felsendom mit dem *Templum Domini* (dem „Tempel des Herrn" bzw. dem Salomonischen Tempel) und betrachteten ihn als wichtiges Gebäude.[47]

Im Laufe der Zeit – und nicht nur während des byzantinischen Zeitalters – wuchs die Anzahl der Kirchen und der heiligen Stätten des christlichen Jerusalems. Diese lassen sich in zwei Hauptkategorien einteilen. Es gibt Kirchen, Klöster und Stätten, die mit heiligen Figuren und Ereignissen des Frühchristentums in Verbindung gebracht wurden, wie auch die, die mit der Passionsgeschichte Jesu in spezifischer Weise zu tun haben, wobei der Unterschied zwischen den einen und den anderen nicht immer klar ist. Auf dieser Basis konnten die Pilger_innen sowohl ihre Geschichte ehren wie auch in die Fußstapfen Jesu treten. Besonders zur Zeit des Osterfestes – ob nach römischer oder orthodoxer Zählung – pilgern die christlichen Massen nach Jerusalem.

Abbildung 9: Der Salbungsstein am Eingang zur Grabeskirche. Hier soll der Leichnam Jesu gelegt und gewaschen worden sein, ein Vorgang, den die Pilgerinnen auf diesem Foto nachahmen. Foto ©CSE.

Ein typischer Rundgang für christliche Pilger_innen fängt am Ölberg östlich der Altstadt an, wie viele es am Palmsonntag auch tun. Vom Gipfel des Ölbergs

---

[46] Vgl. Tsafrir 2009.
[47] Vgl. Kedar / Pringle 2009.

hat man einen schönen Ausblick über die Altstadt. Von dort aus nimmt man seinen Weg durch die schmalen Gassen in Richtung Stephanstors (nach dem ersten christlichen Märtyrer, Apg 7,54-60), das auch Löwentor nach den eingemeißelten Löwen auf beiden Seiten des Tores genannt wird. Wenn man Zeit hat, kann man am Weg an verschiedenen heiligen Stätten Halt machen. Unter anderen kommt man an der katholischen Kirche Dominus Flevit (der Herr weinte) vorbei, wo Jesus geweint hat, als er Jerusalem sah (Lk 19,41-44), sowie an der russisch-orthodoxen Maria-Magdalena-Kirche und der Kirche Aller Nationen, die beide im Garten Getsemani liegen. Ein paar Schritte weiter im Kidrontal liegt das Mariengrab.

Abbildung 10: Das Mariengrab. Foto ©CSE.

Nachdem man durch das Stephanstor in die Altstadt gelangt ist, passiert man die St.-Anna-Kirche aus dem zwölften Jahrhundert. Und nun fängt die für den/die christlichen Pilger_in wichtigste Strecke an, denn man ist jetzt auf der Via Dolorosa, einem Weg, der von den meisten Christ_innen als Leidensweg Jesu betrachtet wird. Dort sind die vierzehn Kreuzwegstationen zu finden, die heutzutage mit römischen Ziffern und Erklärungstafeln gekennzeichnet sind. Der Weg führt die Gläubigen in westlicher Richtung durch die Altstadt bis zur Grabeskirche. In der Grabeskirche selbst befinden sich die vier letzten Kreuzwegstationen, wovon die heiligsten Golgota – bzw. der Kalvarienberg – und das Grab Jesu sind. Da die Grabeskirche zwischen den römisch-katholischen, griechisch-orthodoxen, armenischen, koptischen, äthiopischen und syrischen Konfessionen aufgeteilt ist, wurden Kirchen für viele der anderen christlichen Konfessionen im christlichen und im armenischen Viertel der Altstadt gebaut, wie z. B. die evangelisch-lutherische Erlöserkirche und die anglikanische Christ Church (Christuskirche). Auch außerhalb der Altstadtmauern gibt es eine Vielfalt an Kirchen, wie z. B. die äthiopische Kidane-Mihiret-Kirche und die russisch-orthodoxe Dreifaltigkeitskathedrale. Von besonderem Interesse sind zwei Kirchen am Berg Zion: die Dormitio-Basilika, wo Maria „eingeschlafen" bzw. gestorben sein soll, und St. Peter in Gallicantu (St. Peter zum Hahnenschrei), wo der Apostel Petrus Jesus verleugnet haben soll (Mt 26,69–75; Lk 22,31–34.54–62; Joh 18,15–18.25–27). Etwas weiter von der Altstadt entfernt ist das Kreuzkloster, wo der Baum gewachsen sein soll, der für das Kreuz Jesu gefällt wurde. Das befestigte Gebäude liegt im Kreuztal östlich des Israel Museums und südlich der Knesset (des israelischen Parlaments).

Abbildung 11: Das Kreuzkloster. Foto ©CSE.

Obwohl die Grabeskirche von den meisten christlichen Konfessionen als der Ort des Kalvarienbergs und des Grab Jesu anerkannt wird, wird von einigen evangelischen Christ_innen das sogenannte Gartengrab nördlich der Altstadt als diese Stätte betrachtet, da für diese Gruppierungen weder die Lage noch das Aussehen der Grabeskirche ihrer Vorstellung vom heiligsten Orte des Christentums entsprechen. Als der pietistische britische General Charles „Chinese" Gordon (1833–1885) 1883 nach Jerusalem kam, hat er einen Hügel nördlich der Jerusalemer Altstadt als Golgota (der „Schädel") und ein nahgelegenes Grab als Grab Jesu identifiziert.[48] Obwohl Gordon kurz darauf Jerusalem verlassen hat und bei Khartum im Sudan als christlicher Märtyrer – wie es viele seiner Glaubensgenossen ausgelegt haben – getötet wurde, hat die Identifizierung dieser Orte vom gemarterten General Fuß gefasst, und das Areal des Grabs mit Ausblick auf dem vermeintlichen Golgota, an dessen Fuße der Ost Jerusalemer Busbahnhof liegt, wurde in einen ruhigen Garten und ein oft besuchtes Pilgerziel verwandelt. Es gibt also immer Platz für zusätzliche heilige Stätten in der heiligen Stadt!

---

[48] Vgl. Silberman 1982, 151–153.

8. Ilja / Bayt al Maqdis / Al-Quds. Die drittheiligste Stadt des Islams

Im frühen siebten Jahrhundert kämpften Byzanz und die Sassaniden Persiens gegeneinander.[49] Es kam so weit, dass Jerusalem 614 unter Sassanidenherrschaft fiel, bevor Byzanz ein paar Jahre später Jerusalem zurückerobern konnte. Jedoch schwächten diese Kämpfe sowohl Byzanz wie auch die Sassaniden, sodass beide Reiche wenige Jahre danach vor einer neuen Macht aus Arabien – nämlich vor den Streitmächten der neuen Religion des Islams – weichen mussten.[50]

Der Islam wurde von einem arabischen Handelsmann aus Mekka namens Muhammad (570–632) gegründet, nachdem er in seinem 40. Lebensjahr anfing zu erzählen, er habe eine Reihe Offenbarungen von Gott (Arabisch: Allah) erhalten. Unter dem Einfluss des Judentums und des Christentums wollte Muhammad den Polytheist_innen Arabiens den Monotheismus bringen. Von seinen Anhänger_innen als letzter bzw. „Siegel" der Propheten betrachtet, kam es zu Ausschreitungen zwischen Muhammad und der Obrigkeit in Mekka, wo die Kaaba (der „Würfel") das wichtigste Heiligtum der arabischen Stämme war. Die Nullstunde des Islams war, als Muhammad und seine Anhänger_innen aus Mekka nach Yathrib 622 fliehen mussten, ein Ereignis, das auf Arabisch Hidschra „Flucht" heißt. In der Stadt Yathrib, die nach dem Tod Muhammads in Medina (d. h., Medinat al-Nabi „Stadt des Propheten") umbenannt wurde, wuchs die muslimische Gemeinde weiter, während sie wiederum in Streitigkeiten mit umliegenden Stämmen verwickelt war, unter denen auch jüdische waren.

Da Muhammads Prophezeiungen ursprünglich einen Versuch bedeuteten, den Monotheismus des Judentums und des Christentums an die arabischen Stämme zu richten, war die erste Gebetsrichtung (Qibla) der muslimischen Gemeinde in Richtung der heiligen Stadt der jüdischen und christlichen Gemeinden, nämlich in Richtung Jerusalem. Dies änderte sich zwei Jahre nach der Hidschra, also 624, als Muhammad die Qibla in Richtung des arabischen Mekkas verordnete (Koran 2,143–147).[51] Seit vorgeschichtlicher Zeit war Mekka die heiligste Stadt der arabischen Halbinsel und Menschen pilgerten dorthin. Nun wurde Mekka auch die heiligste Stadt des Islams und Medina, wo Muhammad nach seinem Tod begraben wurde, die zweitheiligste. Jerusalem kam auf Platz Drei zu stehen. Jerusalem war heilig, weil sie von den Schwesterreligionen als

---

[49] Vgl. Wiesehöfer 2015, 282–283.
[50] Whitcomb (2011, 399–400) vermutet, dass die Zeugen einer Zerstörung Jerusalems im frühen siebten Jahrhundert eher den Sassaniden 614 als den Arabern 638 zuzuschreiben sind.
[51] Zur Reorientierung des Qiblas von Jerusalem nach Mekka, vgl. Neuwirth 2021, 453–456.

heilig betrachtet wurde, aber die heiligsten Stätten des Islams lagen nun in Arabien.

629 konnte Muhammad wieder nach Mekka pilgern. Im folgenden Jahr eroberte seine Armee die Stadt, worauf Muhammad die Götzenbilder in der Kaaba zerstörte und die Kaaba zum zentralen Heiligtum der islamischen Welt machte. Juden und Christen mochten nach Jerusalem pilgern, aber die muslimische Gemeinschaft pilgerte zur Kaaba nach Mekka, eine Wallfahrt, die als Hadsch (Wallfahrt) bezeichnet wird und bis heute Millionen Menschen im letzten Monat des islamischen Kalenders nach Mekka zieht.

Als Muhammad 632 starb, war das westliche Arabien muslimisch. In den folgenden Jahren dehnte sich die islamische Welt aus, bis die östliche und südliche Mittelmeerwelt sowie Westasien islamisiert waren. Diese Ausdehnung der islamischen Welt geschah sehr schnell und in erster Linie unter den ersten Kalifen, den „Nachfolgern" Muhammads. Schon der zweite Kalif Umar I (634–644) hat 638 Jerusalem erobert. Obwohl in den folgenden Jahrhunderten Jerusalem eine verhältnismäßig kleine und abgelegene Stadt blieb – Bagdad und Damaskus spielten viel wichtigere Rollen als machtpolitische Zentren, war es nichtdestotrotz eine besondere Ehre über Jerusalem zu regieren.

Obwohl Jerusalem auf Arabisch ursprünglich Ilja, abgeleitet vom lateinischen Aelia, hieß, wurde die Stadt auch als Bayt al-Maqdis („heiliges Haus" bzw. „heiliger Tempel")[52] bezeichnet. Somit erinnerte sich die islamische Tradition an den jüdischen Tempel, der einst in Jerusalem gestanden ist. Später wurde diese Bezeichnung auf Al-Quds, „die Heilige (Stadt)", gekürzt, wie die Stadt heutzutage auf Arabisch heißt.

Als die neuen Herrscher aus Arabien nach ihrer Eroberung der Stadt nach Jerusalem kamen, waren sie erstaunt, dass der Tempelberg verwüstet lag. Kalif Muawiya I. (661–680), der Gründer der Umayyadischen Dynastie von Damaskus, hatte eine Vorliebe für Jerusalem. Er fing damit an, Jerusalem zu islamisieren, indem er den verwüsteten Tempelberg räumte und das Areal mit seinem Mauerwerk reparierte und eventuell eine erste Moschee dort hat errichten lassen.[53]

Es war jedoch der fünfte umayyadischer Kalif, Abd al-Malik (685–705), der Jerusalem zu einem festen Wallfahrtsziel für Muslim_innen machte, indem er eins der Prachtstücke der frühislamischen Architektur erbauen ließ, nämlich den weltberühmten achtseitigen Felsendom, der 691 eingeweiht wurde. Ob der Grund dafür sein Versuch war, ein Wallfahrtsziel in seinem Territorium anstatt im weitabgelegenen Mekka zu etablieren, oder ob er ein Gebäude errichten wollte, das prächtiger und höher war als die Jerusalemer Kirchen,[54] wissen wir nicht. Jedenfalls hat er einen Rivalen zu Mekka gebaut, der für die Mehrzahl

---

[52] Vom hebräischen Beyt Miqdaš „Tempel (bzw. Heilige Haus)" abgeleitet.
[53] Montefiore (2012, 188) vermutet, dass er den kleinen Kettendom im Zentrum des Areals hat errichten lassen. Andere (wie z. B. Galor / Bloedhorn 2013, 164) datieren dessen Bau zur Regierungszeit Abd al-Maliks, des dritten umayyadischen Kalifen.
[54] Vgl. Kaplony 2009, 106; Galor / Bloedhorn 2013, 158; George 2019, 190–191.

der damaligen Muslim_innen leichter zu erreichen war als die entfernten heiligen Stätten Arabiens.

Der Felsendom wurde an der Stelle gebaut, wo die zwei jüdischen Tempel vermutlich gestanden haben. Der eigentliche Fels, der im Mittelpunkt des Felsendoms liegt, wird des Öfteren als Stelle des Allerheiligsten der Tempel angesehen und wird auch mit dem Gründungstein der Welt in der jüdischen Tradition identifiziert, was vielleicht den Anstoß für die Errichtung des Felsendoms an dem Ort gab.[55] Somit wollte Abd al-Malik betonen, dass der Islam der echte Nachfolger der biblischen Religion war. Während das Innere des Felsendoms heute mehr oder weniger so aussieht, wie es im ausgehenden siebten Jahrhundert aussah, wurde das Mosaikwerk des Äußeren im 16. Jahrhundert durch überwiegend blaue Fayence Kacheln ersetzt. Die in der Sonne glänzende goldene Kuppel des Felsendoms ist vielleicht das bekannteste Wahrzeichen Jerusalems.

Abbildung 12: Der Felsendom mit dem kleineren Kettendom daneben. Foto ©CSE.

Es gibt mindestens drei Fehleinschätzungen zum Thema Felsendom, die im Laufe der Zeit mehr oder weniger weitverbreitet waren. Erstens, dass der Felsendom eine Nachahmung des salomonischen Tempels sei. Diese Vermutung wird z. B. in der Sprache der mittelalterlichen Kreuzritter, die vom ausgehenden elften bis ins dreizehnte Jahrhundert über Jerusalem regierten, widergespiegelt. Diese bezeichneten den Felsendom als *Templum Domini* („Tempel des Herrn"). Diese Tendenz wird auch in der jüdischen Gemeinde gefunden, wo Abbildungen des Felsendoms in irreführender Weise sowohl in Synagogen wie auch in Büchern und Urkunden als Darstellung des Tempels zu finden sind.[56]

---

[55] Vgl. Mourad 2019, 81–82.
[56] Vgl. Laderman 2019, 204–205 und Abbildungen 17.5 und 17.8.

Die dreifach heilige Stadt Jerusalem

Zweitens, dass der Felsendom eine Moschee sei. Die Innenarchitektur des Felsendoms entspricht der einer Moschee jedoch nicht. Es ist treffender, den Felsendom als einen Schrein zu bezeichnen. Und drittens, dass der Felsendom die drittheiligste Stätte des Islams sei. Eigentlich ist die drittheiligste Stätte die nahegelegene al-Aqsa Moschee.[57]

Abbildung 13: Eine Abbildung des Felsendoms in einer Synagoge im galiläischen Safed. Die hebräische Inschrift lautet: Ort des Tempels. Foto ©CSE.

Die al-Aqsa Moschee liegt auf der südlichen Seite des Tempelareals bzw. des später genannten Haram al-Scharif („Edles Heiligtum") des Islams, das in den frühen islamischen Schriften im Ganzen als Moschee betrachtet wird.[58] Die ursprüngliche Moschee wurde im frühen achten Jahrhundert unter Abd al-Malik und seinem Nachfolger al-Walid I. (705–715) gebaut. Dieses Gebäude wie auch sein Nachfolger fielen Erdbeben 749 und 1033 zum Opfer. Die heutige al-Aqsa Moschee ist eine oftmals reparierte Fassung der Moschee, die vom Fatimiden Kalifen al-Zahir (1021–1036) errichtet wurde. Obwohl sie tausende Gläubige unterbringen kann, ist diese Moschee kleiner als ihre Vorgänger. Die Lage südlich vom Felsendom wurde wahrscheinlich aus religiösen Gründen absichtlich gewählt, sodass die in der Moschee Betenden sich in südlicher Richtung nach Mekka verneigen und den Rücken zum Standplatz des ehemaligen Tempels drehen. Somit wird die Erhöhung Mekkas über Jerusalem in der muslimischen Kultur offen ans Licht gebracht.

---

[57] Oder das ganze Areal des Tempelplatzes. Vgl. Mourad 2019, 78–79.
[58] Kaplony 2009, 118–123.

Abbildung 14: Die Al-Aqsa Moschee. Foto ©CSE.

Gemäß dem Koran 17,2 wurde Muhammad in einem Nachtgesicht „von der Heiligen Moschee zu der Fernen (al-Aqsa) Moschee" gebracht.[59] Obwohl der Text nicht näher bestimmt, wo die Ferne Moschee liegt, wurde sie im Laufe der Zeit in Jerusalem lokalisiert, spätestens, als die al-Aqsa („Ferne") Moschee im frühen achten Jahrhundert in Jerusalem gebaut wurde und diese Tradition sich als Folge langsam etablierte. Spätere Ausleger haben diese Stelle mit dem Bericht im Koran 53,4–10 in Verbindung gebracht, in dem Muhammad in den Himmel aufgestiegen ist.[60] Daraus wurde eine nach-koranische Geschichte, nach der Muhammad auf einem geflügelten Pferd mit Menschenkopf namens al-Buraq von Mekka während einer Nacht mit dem Engel Gabriel geflogen und dann vom Felsen, wo der Tempel stand, in den Himmel gestiegen ist. Somit wurden Jerusalem und der Tempelberg ein fester Bestandteil der Geschichte Muhammads, und deren Zentralität für den muslimischen Glauben wurde damit gesichert.

Abbildung 15: Muslime auf dem Haram al-Scharif. Foto ©CSE.

---

[59] Die Übersetzung dieser Stelle stammt aus Ahmad 2021, 348.
[60] Vgl. die Texte, die in Peters 1985, 182–185 gesammelt sind.

9. Die geschichtete Geschichte Jerusalems

Jerusalem, die angebliche Stadt des Friedens, ist eine der am meisten umkämpften Ortschaften der Welt schlechthin. Die Tatsache, dass drei Weltreligionen die Stadt als heilig betrachten, hat dazu geführt, dass kaum eine Ecke Jerusalems nicht irgendeine religiöse Resonanz für die eine oder die andere religiöse Gemeinschaft hat, und oftmals für mehrere gleichzeitig. Dies führt in der zeitgenössischen Welt zu einer spürbaren Spannung in der Stadt, wo jüdische, christliche und muslimische Menschen aus aller Welt an sich vorbeigehen und miteinander leben müssen. Obwohl das Zusammenleben dort die meiste Zeit mehr oder weniger friedlich verläuft, kommt es gelegentlich zu Ausschreitungen, die in unserer vernetzten Welt sofort überall ausgestrahlt und wahrgenommen werden.

Dadurch, dass Jerusalem seit Jahrtausenden bewohnt ist und lange Zeit eine verhältnismäßig kleine Provinzstadt war, befinden sich die meisten – aber lange nicht alle – heilige Stätten der verschiedenen Religionen in der ein Quadratkilometer großen Altstadt und liegen so oftmals dicht aneinander, nebeneinander oder übereinander.[61] Ein interessantes Beispiel hierfür liegt am Zionsberg knapp außerhalb der Jerusalemer Altstadt:

Abbildung16: Das Abendmahlsaal mit seiner Mischung aus gotischer und islamischer Architektur. Foto ©CSE.

---

[61] Bieberstein (2013) bezeichnet Jerusalem als „Palimpsest".

Südlich des Zionstors und an der Dormitio-Basilika vorbei liegt ein altes Steingebäude, das vom Äußeren her kaum Aufsehen erregt. Doch in diesem Gebäude stoßen die drei Religionen auf- und übereinander. Das Gebäude selbst ist alles, was von der ehemaligen Kirche und dem Kloster St. Maria aus der Zeit der Kreuzritter übrig blieb. Im Erdgeschoss befindet sich das traditionelle Grab des Königs David. Ursprünglich von den Kreuzrittern als solches identifiziert, wurde diese Bezeichnung von der jüdischen Gemeinschaft übernommen, und heute dient Davids Grab als orthodoxe Synagoge. Im ersten Stock des Gebäudes ist ein großer öffentlicher Raum im gotischen Stil, der von der christlichen Gemeinschaft als Abendmahlssaal (Mk 14,12–25; Lk 22,7–23) angesehen wird. Etwas quer darüber liegt ein kleiner Saal, wo Maria und die Jünger den Heiligen Geist empfangen haben sollen (Apg 1,12–14; 2,1–13). Im 16. Jahrhundert ließ Suleiman der Prächtige den großen Saal in eine Moschee verwandeln. Obwohl der Saal heutzutage weder als Kirche noch als Moschee dient, kommen Christ_innen und Muslim_innen dorthin, um die traditionellen Stätten ihrer Traditionen zu besuchen. Und am Dach des Gebäudes gibt es einen Aussichtspunkt, von dem der israelische Ministerpräsident einen Blick in Richtung Westmauer richten konnte, als Jerusalem zwischen 1948 und 1967 geteilt war und der jüdischen Gemeinschaft der Zugang zur Westmauer verboten war. Heute kommen Menschen aus den jüdischen und muslimischen Gemeinden dorthin, um ihren Blick auf die Altstadt zu werfen und um den am Fuße des Gebäudes liegenden islamischen Friedhof zu betrachten. Ein Gebäude, drei Stockwerke, eine Anzahl wichtiger Stätten, drei Religionen, die hier mehr oder weniger friedlich mit-, neben- und übereinander leben. So sieht es im zeitgenössischen Jerusalem an diesem Ort meist aus.

Und die, die hoffen, dass dieser mehr oder weniger friedliche Zustand weiterhin in Jerusalem verweilt, dürfen sich an den folgenden hoffnungsvollen Psalm-Vers erinnern:

> Erbittet für Jerusalem Frieden / Wer dich liebt, sei in dir geborgen. (Ps 122,6 nach der Einheitsübersetzung 1980/1991)

Literatur

Ahmad, Hadhrat Mirza Masroor (Hg.) (2021): Koran. Der Heilige Qur'an (Vollständig überarbeitete und verbesserte Auflage), Frankfurt am Main, Zugriff am 08.05.2024 https://www.alislam.org/quran/Holy-Quran-German.pdf

Avineri, Shlomo (1981): The Making of Modern Zionism. The Intellectual Origins of the Jewish State, New York.

Bieberstein, Klaus (2013): Ein Gott. Ein Ort. Ein Palimpsest: Jerusalems Heiligtum aus drei Perspektiven, in: Bruckmann, Florian / Dausner, René (Hg.): Im Angesicht des Anderen. Gespräche zwischen christlicher Theologie und jüdischem Denken (Studien zu Judentum und Christentum 25), Paderborn u. a., 257–280.

Bieberstein, Klaus (2014): Die Wanderungen der Wohnungen Gottes. Vom Sinai zur Westmauer in Jerusalem, in: Wimmer, Stefan Jakob / Grafus, Georg (Hg.): „Vom Leben umfangen". Ägypten, das Alte Testament und das Gespräch der Religionen (Gedenkschrift für Manfred Görg), Münster, 13–25.
Bieberstein, Klaus (2017): A Brief History of Jerusalem. From the Earliest Settlement to the Destruction of the City in AD 70 (Abhandlungen des Deutschen Palästina-Vereins 47), Wiesbaden.
Boas, Adrian J. (2019): The Crusader Period, in: Mourad, Suleiman A. u. a. (Hg.): Routledge Handbook on Jerusalem (Routledge Handbooks), London / New York, 90–101.
Boomer, Megan / Ousterhout, Robert G. (2019): The Church of the Holy Sepulchre, in: Mourad, Suleiman A. u. a. (Hg.): Routledge Handbook on Jerusalem (Routledge Handbooks), London / New York, 169–184.
Briant, Pierre (2002): From Cyrus to Alexander. A History of the Persian Empire, aus dem Französischen übersetzt von Peter T. Daniels, Winona Lake.
Donner, Herbert (1992): The Mosaic Map of Madaba. An Introductory Guide (Palaestina antiqua 7), Kampen.
Ehrlich, Carl S. (2005): Judentum (Religionen Verstehen), aus dem Englischen übersetzt von Martin Sulzer-Reichel, Köln.
Frevel, Christian (^{2}2018): Geschichte Israels (Kohlhammer Studienbücher Theologie), Stuttgart.
Galor, Katharina / Bloedhorn, Hanswulf (2013): The Archaeology of Jerusalem. From the Origins to the Ottomans, New Haven / London.
George, Alain Fouad (2019): The Dome of the Rock, in: Mourad, Suleiman A. u. a. (Hg.): Routledge Handbook on Jerusalem (Routledge Handbooks), London / New York, 185–197.
Goodman, Martin (2007): Rome and Jerusalem. The Clash of Ancient Civilizations, New York.
Goren, Dotan (2019): The Western Wall or Kotel, in: Mourad, Suleiman A. u. a. (Hg.): Routledge Handbook on Jerusalem (Routledge Handbooks), London / New York, 211–219.
Gribetz, Sarit Kattan (2021): „Next Year in Jerusalem" This Year, in: Sefaria, Zugriff am 21.04.2024 https://www.sefaria.org/sheets/332071
Heine, Heinrich (1997): Prinzessin Sabbat. Über Juden und Judentum (herausgegeben und eingeleitet von Paul Peters), Bodenheim.
Huffmon, H(erbert) B. (1999): Art. „Shalem שלם", in: Dictionary of Deities and Demons in the Bible², 755–757.
de Hulster, Izaak J. (2015): Of Angels and Iconography. Isaiah 6 and the Biblical Concept of Seraphs and Cherubs, in: de Hulster, Izaak J. u. a. (Hg.): Iconographic Exegesis of the Hebrew Bible / Old Testament. An Introduction to Its Method and Practice, Göttingen/Bristol, 147–164.
Hurowitz, Victor Avigdor (2009): Tenth Century BCE to 586 BCE. The House of the Lord (*Beyt YHWH*), in: Grabar, Oleg / Kedar, Benjamin Z. (Hg.): Where Heaven and Earth Meet: Jerusalem's Sacred Esplanade, Jerusalem/Austin, 14–35.
Kaplony, Andreas (2009): 635/638–1099. The Mosque of Jerusalem (*Masjid Bayt al-Maqdis*), in: Grabar, Oleg / Kedar, Benjamin Z. (Hg.): Where Heaven and Earth Meet: Jerusalem's Sacred Esplanade, Jerusalem/Austin, 100–131.
Kedar, Benjamin Z. / Pringle, Denys (2009): 1099–1187. The Lord's Temple (*Templum Domini*) and Solomon's Palace (*Palatium Salomonis*), in: Grabar, Oleg / Kedar, Benjamin Z. (Hg.): Where Heaven and Earth Meet: Jerusalem's Sacred Esplanade, Jerusalem/Austin, 132–149.
Kisilevitz, Shua / Lipschits, Oded (2020): Another Temple in Judah! The Tale of Tel Moẓa, in: Biblical Archaeology Review, January/February 2020, 40–49.

Krüger, Jürgen (2021): Die Grabeskirche. Entstehung und Entwicklung bis in frühislamische Zeit, in: Heyden, Katharina / Lissek, Maria (Hg.): Jerusalem II. Jerusalem in Roman-Byzantine Times (Civitatum Orbis MEditerranei Studia 5), Tübingen, 189–222.

Laderman, Shulamit (2019): Representations of Jerusalem in Jewish Art and Literature in the Late Antique, Medieval, and Modern Periods, in: Mourad, Suleiman A. u. a. (Hg.): Routledge Handbook on Jerusalem (Routledge Handbooks), London / New York, 198–210.

Levine, Lee I. (2002): Jerusalem. Portrait of the City in the Second Temple Period (538 B.C.E. – 70 C.E.), Philadelphia.

Marglin, Jessica (2024): Review of Lemire, Vincent, In the Shadow of the Wall. The Life and Death of Jerusalem's Maghrebi Quarter, 1187–1967, H-Judaic, H-Net Reviews. April 2024, Zugriff am 08.05.2024 https://www.h-net.org/reviews/showpdf.php?id=59626

Mettinger, Tryggve N. D. (1995): Art. Cherubim כרובים, in: Dictionary of Deities and Demons in the Bible[2], Leiden, 189–192.

Mildenberg, Leo (1990): Der Bar-Kochba-Krieg im Lichte der Münzprägungen, in: Kuhnen, Hans-Peter (Hg.): Palästina in griechisch-römischer Zeit (Handbuch der Archäologie, Vorderasien II/2), München, 357–366 und Tafel 14–18.

Miller, Patrick D. (2000): The Religion of Ancient Israel (Library of Ancient Israel), Louisville/London.

Montefiore, Simon Sebag (2012): Jerusalem. The Biography, New York.

Mourad, Suleiman A. (2019): Jerusalem in Early Islam. The Making of the Muslims' Holy City, in: Mourad, Suleiman A. u. a. (Hg.): Routledge Handbook on Jerusalem (Routledge Handbooks), London / New York, 77–89.

Neuwirth, Angelika (2021): Al-masjid al-aqsā – The Qur'anic New Jerusalem, in: Heyden, Katharina / Lissek, Maria (Hg.): Jerusalem II. Jerusalem in Roman-Byzantine Times (Civitatum Orbis MEditerranei Studia 5), Tübingen, 435–457.

Peters, F. E. (1985): Jerusalem. The Holy City in the Eyes of Chroniclers, Visitors, Pilgrims, and Prophets from the Days of Abraham to the Beginnings of Modern Times, Princeton.

Regev, Johanna, u. a. (2024): Radiocarbon chronology of Iron Age Jerusalem reveals calibration offsets and architectural developments, in: Proceedings of the National Academy of Sciences 121.19, Zugriff am 05.06.2024, https://doi.org/10.1073/pnas.232102412

Reidinger, Erwin (2005): Die Tempelanlage in Jerusalem von Salomo bis Herodes. Neuer Ansatz für Rekonstruktion durch Bauforschung und Astronomie, Wiener Neustadt (erweiterter Nachdruck).

Ristau, Kenneth A. (2016): Reconstructing Jerusalem. Persian-Period Prophetic Perspectives, Winona Lake.

Ritmeyer, Leen (2006 [2015]): The Quest. Revealing the Temple Mount in Jerusalem, Jerusalem.

Sarna, Nahum M. (1989): Genesis בראשית (The JPS Torah Commentary), Philadelphia.

Silberman, Neil Asher (1982): Digging for God and Country. Exploration, Archeology, and the Secret Struggle for the Holy Land, 1799–1917, New York.

Talmon, Shemaryahu (1992): Die Bedeutung Jerusalems in der Bibel, in: Ders.: Juden und Christen im Gespräch. Gesammelte Aufsätze, Band 2 (Information Judentum Band 11), Neukirchen-Vluyn, 83–97.

Tilly, Michael (2002): Jerusalem – Nabel der Welt. Überlieferung und Funktionen von Heiligtumstraditionen im antiken Judentum, Stuttgart.

Tilly, Michael / Zwickel, Wolfgang (2011): Religionsgeschichte Israels. Von der Vorzeit bis zu den Anfängen des Christentums, Darmstadt.

Tsafrir, Yoram (2009): 70–638. The Temple-less Mountain, in: Grabar, Oleg / Kedar, Benjamin Z. (Hg.): Where Heaven and Earth Meet: Jerusalem's Sacred Esplanade, Jerusalem/Austin, 72–99.

Weippert, Manfred (2010): Historisches Textbuch zum Alten Testament (Grundrisse zum Alten Testament 10), Göttingen.

Whitcomb, Donald (2011): Jerusalem and the Beginnings of the Islamic City, in: Galor, Katharina / Avni, Gideon (Hg.): Unearthing Jerusalem. 150 Years of Archaeological Research in the Holy City, Winona Lake, 399–416.

Wiesehöfer, Josef (2015): Das Reich der Sasaniden und seine Nachbarn, in: Lehmann, Gustav Adolf / Schmidt-Glintzer, Helwig (Hg.): Antike Welten und neue Reiche 1200 v. Chr. bis 600 n.Chr. (WBG Welt-Geschichte Band II), 281–297.

Zank, Michael (2018): Jerusalem. A Brief History (Wiley Blackwell Brief Histories Series), Hoboken/Chichester.

Zevit, Ziony (2001): The Religions of Ancient Israel. A Synthesis of Parallactic Approaches, London / New York.

Heilige Räume – eine muslimische Perspektive

Hamideh Mohagheghi

In interreligiösen theologischen Gesprächen werden Begriffe verwendet, die für eine Religion zu den elementaren Bestandteilen des Glaubens und der Theologie gehören. Aus der eigenen Perspektive geht man oft davon aus, dass diese Begriffe in der anderen Religion bekannt sind und ähnliche, wenn nicht übereinstimmende Bedeutungen haben. Die Begriffe „Heiligkeit", „heilig" und „Heiligsprechung" sind in der christlichen Tradition mit Deutungen und Konzepten verbunden, die in der islamischen Tradition nicht in dieser Formen zu finden sind. Eine Übereinstimmung ist in der Mose Erzählung zu finden: Der Ort, an dem Mose in besonderer Weise von Gott angesprochen wird, ist in der Bibel und auch im Qurān ein „heiliger Ort".

Im neuen „Lexikon für Theologie und Kirche" heißt es: Das Heilige „bedeutet ursprünglich das Unverfügbare, das dem direkten Zugriff menschlicher Aktivität entzogen ist und von dessen Wirken sich der Mensch im Sein und Handeln ganz und gar abhängig erfährt."[1] Entsprechend dieser Bedeutung kann nur Gott heilig sein, der nicht vereinnahmt werden kann und dessen Wesen immer verborgen bleibt. Die christliche Tradition, Gegenstände und Personen als heilig zu bezeichnen und gar heilig zu sprechen, ist nicht in der islamischen Tradition zu finden. Die Menschen, die Gott nahestehen und in ihren Diensten außergewöhnliche Leistungen bringen, sind keine heiligen, sondern rechtschaffene (*sadiqun*) Menschen, die in einer eminenten Beziehung zu Gott leben und handeln. Sie haben einen hohen Rang, werden verehrt und gelten als Vorbilder.

In diesem Aufsatz wird der Begriff „heilig" im Qurān umrissen, zugleich Orte und Zeiten, die heilende Kraft haben, vorgestellt.

1. Begriffsbestimmung

Der arabische Begriff für „heilig" ist *quddus,* der verwandt mit dem hebräischen Begriff *qadosh* ist. Das Wortfeld aus der Wurzel *qadusa* hat die Bedeutungen „rein sein, frei von Schwächen sein, verehren". In der Primärquelle der islamischen Lehre, Qurān, werden Begriffe „heilig", „Heiligkeit" marginal verwen-

---

[1] Paus 1995, SP 1267.

det. Gott wird als „der Heilige, der Einzigartige, der sich von allem Unterscheidende (al-Quddūs)" bezeichnet. Der Name Gottes Al quddūs (an zwei Stellen im Qurān, 59:23; 62:1), ist einer der neun und neunzig Namen Gottes, die Attribute benennen, durch die der unbeschreibliche und unverfügbare Gott, der größer als alles ist, was der Mensch über ihn denken kann (Allahu akbar, Gott ist größer), zu erkennen ist.

Al Quddūs wird folgendermaßen gedeutet: „Gott ist der Reinste, bar jeden Makels, jeder Unzulänglichkeit, Schwäche, Unachtsamkeit und jedes Versehens."[2] Gott ist der Einzigartige, der frei von Abhängigkeiten und Schwächen ist. Der Unbedingte ist dem Menschen näher als seine Schlagader (Q50:16) und er ist in seinem transzendenten Sein unverfügbar. Der Name Al Quddūs teilt mit, dass jegliche menschenmögliche Beschreibung von Gott an die bedingten Grenzen kommt. Jedoch bedarf der Mensch Eindrücke, wie Gott ist, der ihm so nah und doch so fern zugleich ist. Der unverfügbare Gott ist der barmherzige, zugewandte und nahestehende Gott, der stets begleitet und wirkt.

Die Konnotationen des Wortes qadūsa kommen im Qurān einmal als Verb in Sure 2:30 und als Substantiv in acht Versen vor. In Q2:30 als Gott verkündet, dass er einen Statthalter (khalifa) erschaffen will, stellen die Engel die Frage, warum er ein Wesen erschaffen will, das Unheil stiftet, während sie Gott lobpreisen und heiligen. An dieser Stelle ist das Verb nuqaddesu laka (wir verehren/heiligen dich) verwendet. In der Erzählung über die Empfängnis Marias und die Geburt Jesu steht das Wort rūḥ al qudus (2:87, 253; 5:110; 16:102), das angelehnt ist an den christlichen Begriff, der in Deutsch in „heiliger Geist" übersetzt wird. In den Qurānkommentaren jedoch wird rūḥ al qudus als ein anderer Name für den Engel Gabriel gedeutet, der zuständig war, im Auftrag Gottes seine Botschaft an die Propheten zu verkünden.

Als Adjektiv „heilig" für einen Ort ist dieser Begriff im Qurān nur in Bezug auf die Mose Erzählung zu finden. Er wird aufgefordert, die Schuhe auszuziehen, wenn er das heilige Tal Tuwa betritt (Q20:12). An diesem Ort erfährt Mose die Nähe Gottes in besonderer Weise und wird durch den brennenden Dornbusch direkt von Gott angesprochen.

Ebenso wird das Land, in das Mose sein Volk führt, als al-arḍ al muqaddas „heilige Erde" bezeichnet (Q5:20–21). Die „Heiligkeit" dieser „Erde" ist eingebettet in die Bedeutung des Ortes. Nach jahrelanger Wanderung und Erschwernissen erreicht Mose mit seinem Volk den Ort, der ein Ort der Befreiung werden sollte, in dem Gerechtigkeit, Frieden und Güte herrscht. Dieser Ort ist der Wirkungsort der göttlichen Liebe und Barmherzigkeit und verpflichtet die Befreiten, sich für die göttliche Prinzipien einzusetzen. In den qurānischen Erzählungen bleiben die Namen der Orte und handelnden Menschen weitgehend verborgen. Im Prinzip kann jeder Ort in diesem Sinne ein Ort der „Heilung" werden. Jeder Ort, der den Menschen Ruhe bringt oder die friedliche Ver-

---

[2] Bayrak 2012, 57.

sammlung von Menschen und gemeinsame spirituelle Erfahrungen und Gebete ermöglicht, kann ein Ort der Heilung werden.

Im Qurān ist ein weiteres Wortfeld zu finden, das im Zusammenhang mit Handlungen und Orten ihre Besonderheit ausdrückt. Das Verb *harama* hat die Bedeutungen „respektieren, an etwas gebunden sein in Respekt und Aufmerksamkeit, unverletzlich sein, verboten/tabu sein, als heilig/zu einem Tabu erklären"[3]. Der Begriff *Haram* wird für z. B. den Bereich um Ka`aba verwendet, ein Ort, der aufgrund seiner Besonderheit geschützt werden soll. Es geht um die heilende Wirkungskraft, die diese Orte auf die Menschen haben, die dort verweilen. In der Regel gelten Verhaltenskodexe, die eingehalten werden müssen, wenn man den Ort betritt. Damit bereitet der Mensch sich auf eine spirituelle Erfahrung vor, die ihn „heilen" kann.

Ein weiterer Begriff, der für Orte und Gegenstände verwendet wird, ist *baraka*, das folgende Bedeutungen innehat: „segnen; niederknien; Segnung, Glück erlangen"[4]. Das Tal *Tuwa* in der Mose Erzählung wird im Qurān nicht nur als heilig im Sinne von *qadusa*, sondern auch heilend im Sinne von *baraka* bezeichnet. Der Ort ist „heilig", weil Gott in besonderer Weise in die Geschichte gewirkt hat, und ist gesegnet, indem er ein Ort der Sicherheit und des inneren und äußeren Friedens ist.

Die Bedeutung von „heil sein, ganz und gesund sein bzw. werden", findet sich auch in der Wurzelbedeutung des Begriffes *Salima* wieder. Salam, Islam und Muslim sind Ableitungen von *Salima*, und einer der Namen Gottes ist as-Salam, der Friede. Damit wird in der islamischen Theologie programmatisch eingeschrieben, dass der Glaube den Menschen befähigen soll, „heil" und „gesund" zu werden und inneren Frieden zu finden. Der Glaube soll heilen und Heilung bringen, und dies kann erfolgen, wenn er frei und selbstbestimmend erkannt und gelebt wird. Die heilende Wirkung des Glaubens erfolgt durch freiwillige Hingabe zu Gott, die die Menschen verpflichtet, sich für die Schöpfung zu verantworten. Ein Glaube, der nicht nur aus Ritualen und religiösen Praxen besteht, sondern im umfassenden weitsichtigen Handeln gelebt wird, ermöglicht diese heilende Wirkung.

2. Räume, in denen die heiligende Wirkung Gottes erfahrbar wird

In der islamischen Tradition spricht man von gesegneten Orten, die heilende Kraft haben. Ibn Battuta, der Gelehrte und Kaufmann, schrieb in seinen Reise-

---

[3] Wehr ⁴1977, 155.
[4] Ebd.

Heilige Räume – eine muslimische Perspektive

notizen, als er im Jahr 1325 n. Chr. mit 21 Jahren seine Geburtsstadt verließ, um nach Mekka und Medina zu pilgern:

> ... ein festentschlossener Sinn, und ein leidenschaftliches Verlangen, diese hehren Heiligtümer zu sehen, wohnte in meiner Brust. So beschloss ich denn, mich von meinen Lieben zu trennen – Männern wie Frauen –, und verließ meine Heimat, wie der Vogel sein Nest verließ.[5]

Als er mit seinem Rechtsstudium fertig war, wollte er in diesen Städten „den Segen des Himmels für seinen Beruf erbitten,"[6] heißt es in seinen Reisenotizen. Mekka und Medina als Wirkungsorte des Propheten Muhammad sind die Pilgerorte für die Musliminnen und Muslime. Jede Muslimin, jeder Muslim hat die Sehnsucht, zumindest einmal im Leben zu diesen beiden Städten zu pilgern. Dort befindet man sich in einer Atmosphäre der Nähe zu Gott, Verbundenheit mit der Tradition und in einem Gemeinschaftsgefühl mit den Menschen muslimischen Glaubens auf der Welt. Diese Orte sind gesegnet und können heilende Kraft haben.

Die Moscheen sind Orte der spirituellen Erfahrungen für einzelne Personen und für die Gemeinschaft. Kuppel und Minarett gehören zu elementaren Bestandteilen der Moscheen und hatten zuerst funktionale Bedeutung. Das Minarett ermöglichte dem Gebetsrufer, Menschen aus der Entfernung zum Gebet zu rufen. Die Kuppel sorgte für gute Akustik, vermittelt aber auch das Gefühl, eine direkte Verbindung zum Himmel zu haben. Die rituelle Waschung vor dem Betreten der Moschee und das Ausziehen der Schuhe sind Vorbereitungen, sich in die Aura eines Ortes zu begeben, der heilende Kraft hat und beruhigt. Die Moscheen, die mitten in den Städten sind, sind die Oasen, die den Menschen im Trubel ihres Alltags ermöglichen, für kurze Zeit Zuflucht und Ruhe zu finden.

In der schiitischen Tradition gibt es weitere Orte für Einkehr und intensive Gotteserfahrung. Die Mausoleen von Imamen sowie ihre Grabstätten erinnern an rechtschaffene Menschen, die in besonderer Weise mit Gott verbunden waren. Die Erinnerung an diese Vorbilder wird durch Aufenthalt an ihren Grabmalen wachgehalten und intensiviert. Diese sind Orte, zu denen auch Kranke pilgern, die jegliche Hoffnung auf medizinische Heilung verloren haben und sich Heilung durch die Nähe zu den Gott verbundenen Vorbildern erhoffen. Der Ort und die Nähe zu rechtschaffenen Menschen schenken ihnen Kraft, sich in intensiven Gebeten in die Hände Gottes zu begeben. Es gibt legendäre Erzählungen, wie die Menschen mit unheilbaren Krankheiten an diesen Orten auf wundersame Weise geheilt worden sind.

Wenn man diese Orte und die Moscheen betrachtet, bestehen sie architektonisch aus Säulen und Pfeilern, die viele offene Nischen und Räume anbieten, um sich bei Bedarf zurückzuziehen. Die Innenhöfe mit Wasserbecken und Pflanzen bieten einen Abglanz des Paradieses. Die Räume sind nicht an sich

---

[5] Battuta 2001, 9.
[6] Ebd., 18.

heilig, sie strahlen eine Heilungskraft aus, die durch eine Atmosphäre entsteht, die bezaubert und fesselt. Im Innenhof mit offenem Dach schweift der Blick zum Himmel, die Verbundenheit zwischen Gott und Mensch, Mensch und Mensch und Mensch und Natur auf besondere Weise spüren lässt – hier wird das Prinzip der islamischen Lehre, Teil einer weltweiten Einheit zu sein, erfahrbar.

3. Jerusalem als Ort der interreligiösen Begegnung

Neben Mekka und Medina hat Jerusalem mit der *al Aqsā* Moschee eine besondere Bedeutung in der islamischen Tradition inne. Jerusalem ist ein Ort der Spiritualität und des Wirkens der Propheten, die auch im Islam anerkannt sind, außerdem spielt dieser Ort im Zusammenhang mit der Nachtreise des Propheten Muhammad eine spezifisch islamische Prägung. Im Qurān wird der Ort als fernster Versammlungsort bezeichnet, zu dem der Prophet Muhammad in seiner wundersamen Nachtreise gereist ist und von dort die Himmelssphäre betreten hat. Auch für diesen Ort wird nicht der Begriff „heilig" verwendet, und doch hat der Ort eine heilende Kraft. Das Gebet an diesem Ort hat besondere spirituelle Bedeutung für die Musliminnen und Muslime: an diesem Ort erinnern sie sich an die Nachtreise des Propheten Muhammad, fühlen sich durch den Ort in besonderer Weise mit ihm verbunden. Ein Fußabdruck in der Al-Aqsa Moschee, der von Prophet Muhammad stammen soll, als er die Reise in den Himmel angetreten ist, bewirkt emotionale Verbundenheit und versetzt den Menschen in eine spirituelle Erfahrung, die nur verbunden mit der Präsenz am Ort zu erfahren ist. Die heilende Kraft des Ortes könnte eine Annäherung zwischen Jüdinnen und Juden, Christinnen und Christen und Musliminnen und Muslimen, sein, die ihren Ursprung hier haben. Gesegnet ist dieser Ort, wenn es möglich wird, dass die Menschen aus unterschiedlichen Traditionen sich durch den Glauben an einen einzigen Gott verbunden fühlen und sich gemeinsam für Frieden und Gerechtigkeit einsetzen.

Über die Nachtreise des Propheten Muhammad wird berichtet, dass er am Felsendom die Gesandten Abraham, Noah, Mose und Jesus getroffen und mit ihnen ein gemeinsames Gebet verrichtet hat. Dies ist ein starkes Motiv, das die Verbundenheit und gemeinsame Verantwortung aller Menschen symbolisiert.

4. Verehrung der Heiligen

Es ist zu erwähnen, dass im Qurān Verehrung der Menschen als Heilige nicht gestattet ist. Durch die Heiligsprechung werden Menschen neben Gott gestellt: „Sie verehren außer Gott, was ihnen weder schadet noch nützt und sagen: „Das sind unsere Fürsprecher bei Gott!" Sprich: „Wollt ihr denn Gott berichten von etwas in den Himmeln und auf Erden, worüber er nichts weiß? Gepriesen sei Er! Er ist erhaben über das, was sie ihm beigesellen." (Q6:70–71)

Der Prophet selbst war kein Heiliger, über seine Handlungen und Anweisungen, außerhalb der Offenbarung, wurde diskutiert. Er war als Mensch nicht in einem religiös geschützten heiligen Raum und traf seine Entscheidungen in der Regel immer in einer gegenseitigen Beratung mit seinen Gefährten (*Sahaba*). Prophet Muhammad achtete auf die Meinungen der Menschen. Er tabuisierte seine eigenen Meinungen und Wünsche nicht, indem er sie „heilig" nannte.

Die religiösen Autoritäten sind keine Heilige, können kritisiert und in Frage gestellt werden. Es ist auch zu betonen, dass es keinen Vermittler zwischen Menschen und Gott gibt, und jeder Mensch sich direkt in jeder Situation Gott zuwenden kann.

Dennoch hat eine Art Verehrung der Menschen sich in der islamischen Tradition etabliert, so die Rolle der Freundinnen und Freunde Gottes „*auliai Al Allah*"- so werden auch im Qurān Menschen genannt, die Gott nahestanden. Die zwölf Imame in der schiitischen Tradition haben diese Stellung, sie werden nicht als heilig bezeichnet und doch bei vielen Schiiten und Schiitinnen hat sich die Tradition gebildet, für besondere Wünsche an Gott bei den zwölf Imamen Fürsprache zu erbitten. Auch die sunnitische Tradition kennt Gott nahestehende Menschen, die besonders verehrt werden. Die wahhabitische bzw. salafitische Richtung bekämpft diese Art der Verehrung explizit, weil sie die Meinung vertreten, dass diese Art der Verehrung der absoluten Einzigartigkeit und Erhabenheit Gottes (*tauhid*) zuwiderläuft und ein Kult ist, der auf Menschen und nicht auf Gott gerichtet ist.

Die islamischen Mystikerinnen und Mystiker (Sufis) verehren Menschen, die aufgrund ihrer Jahre langen Übungen, Riten und Enthaltsamkeit Gott nah erfahren haben. Diese Personen wirken häufig als Oberhaupt, Lehrerin (Scheikha) und Lehrer (*scheikh*) eines Sufiordens (*tariqa*), leiten und begleiten Menschen, die sich auf diesen Weg begeben.

Auch wenn diese Menschen in besonderer Art verehrt werden, gibt es keine Heiligsprechung im Islam.

5. Heilige Zeiten

In der islamischen Tradition werden bestimmte Zeiten als gesegnet bezeichnet. Der Monat Ramadan, die Fastenzeit, gilt als Zeit der Einkehr und des Gebets. Enthaltsamkeit und Fasten stärken den Geist und befähigen ihn, sich den schlechten Eigenschaften zu widersetzen und das Gute zu bewirken. Die intensive Sorge um und Zuwendung zu Bedürftigen und Schwachen stärkt den Zusammenhalt und die Solidarität in der Gesellschaft. Der Segen dieses Monats liegt auch in der Offenbarung des Qurān, des gesegneten Buches des Islam.

Der Qurān spricht von gesegneten und verbotenen Monaten (Q9:36; 2:217) und verbietet, diese Zeiten nicht einzuhalten oder aus eigenem Interesse sie zu verschieben (Q9:37). Nach den Überlieferungen – zurückgehend auf Abraham – dürfen in diesen Monaten keine Kriege geführt werden, eine Zeit der Besinnung und Ruhe. Die vier Monate sind der erste, neunte, elfte und zwölfte Monat nach islamischem Kalender.[7] Auch in diesem Zusammenhang wird nicht von Heiligkeit gesprochen, sondern von Zeiten, die in Folge von Praxen und geistiger Achtsamkeit heilend wirken.

6. Fazit

In den Quellen der islamischen Tradition ist nichts außer Gott an sich heilig. Auch der Qurān ist eine gesegnete Schrift mit göttlichem Ursprung, die bei Rezitation und Lesen die Seele berührt und heilend wirken kann. Die gesegneten Orte und Zeiten – wenn sie eingehalten werden – ermöglichen Heilung von schlechten Eigenschaften und Taten. Allein die vier Monate mit dem Verbot, Kriege zu führen, kann bei Feindschaften und Krisen eine Chance bieten, „Heilung" zu finden.

Literatur

Battuta, Ibn (2001): Reisen ans Ende der Welt – 1325–1353, Stuttgart.
Bayrak, Sheikh Tosun (2012): Der Name und das Benannte – die Heiligen Eigenschaften Gottes, Herrliberg.
Madjlisi, Allameh (1981): Behar al anwar (= Meere der Lichter), Band 55, Tehran.
Paus, Ansgar (1995): Art. Heilig, das Heilige. I. Religionswissenschaftlich, in: Lexikon für Theologie und Kirche³ 4, Sp. 1267–1268.

---

[7] Madjlisi 1981, 339.

Wehr, Hans (⁴1977): Arabisches Wörterbuch für die Schriftsprache der Gegenwart und Supplement, Wiesbaden.

Der Dom zu Fulda als heiliger Raum
Architektonische Erfahrungen und Assoziationen

Martin Matl

> Wir können Architektur machen, indem wir Gebäude bauen, und wir können Architektur machen, indem wir deren Bedeutung verändern. Eine andere Interpretation ist eine andere Architektur. (Jan Turnovský)[1]

Eine Darstellung des Fuldaer Domes als heiliger Raum könnte ganz aus bauhistorischer oder theologischer Perspektive geschrieben werden. Für beide Zugänge liegen Untersuchungen aus wissenschaftlichen Teildisziplinen vor.[2] Der folgende Text geht demgegenüber von der räumlichen Erfahrbarkeit des Fuldaer Domes aus.[3] Gespeist wird die räumliche Erfahrung aus der Feier und Mitgestaltung der Liturgie, aus der individuellen Betrachtung genauso wie aus der Auseinandersetzung mit dem Bauwerk in kunstgeschichtlicher oder denkmalpflegerischer Perspektive. Solche Raumerfahrungen sollen hier in einigen Begriffen gebündelt werden. Eine Frage dabei ist, inwiefern ein heiliger Raum der Vergangenheit auch einer der Gegenwart sein kann.[4]

1. Lichtfülle

Ein erster prägender Eindruck des Fuldaer Domes ist der lichterfüllte Raum. Man kann ihn als hell erleuchteten Festsaal beschreiben. Trotz ihrer Massivität legen sich die Mauern als ein helles, leichtes Gewand in den Raum. Die Fenster in den Wänden dienen dieser Lichtfülle, sie haben im Dom (mit Ausnahme der Bonifatiusgruft) keine Bedeutung als Bildfläche und auch nicht als Ausblicksmöglichkeit. Sichtbar wird das Licht im Raum durch die weißen Oberflächen der Architektur. Je nach Lichteinfall, Wetterlage und Jahreszeit bringen die

---

[1] Turnovský 2016, 88.
[2] Als Auswahl: Hanke 2008; Jacobsen 1996; Kathrein 2012; Roth 2022.
[3] Einen räumlichen Eindruck vermittelt der virtuelle Domrundgang: https://www.bistum-fulda.de/bistum_fulda/kunst_musik/kunst/dom/virtueller_domrundgang/
[4] Inspirationsquelle für diese eher assoziative als systematische Herangehensweise ist der eingangs zitierte architektonische Freigeist Jan Turnovský, bei dem die tiefe Hinwendung zum architektonischen Detail wie auch die große Spannweite seiner theoretischen Assoziationsbögen faszinieren und hier zum Vorbild dienen. Vgl. Turnovský 1987 sowie Turnovský 2016.

Schattierungen der Weißtöne auf Wandflächen, Gesimsen und Kapitellen den Raum in ein manchmal gleißendes, manchmal gedämpftes Schweben. Die Weißtöne von Wänden, Architekturschmuck und Stuckfiguren sind kaum merklich zueinander abgestuft. Der nur spärlich vorhandene Wand- und Deckenstuck lenkt die Aufmerksamkeit umso mehr auf die Lichtfelder, die mit dem Sonnenstand durch den Raum wandern (Abb. 1).

Abbildung 1: Innenraum, Dom zu Fulda, Bildrechte: Bistum Fulda.

Vom Hauptschiff aus betrachtet sind es nur wenige gezielt gesetzte Farb- und Materialakzente, die sich vom Weiß abheben: Die Freskodarstellungen der Evangelisten in den Kuppelzwickeln sind farbig. Nur die liturgisch wichtigen Ausstattungsstücke zeigen ihre Materialoberflächen, so der Hochaltar in schwarz glänzendem Marmor, die hölzerne Kanzel, das Orgelprospekt, in dem metallene Pfeifen glänzen, eingefasst von einer dunklen Holzrahmung.

Dass der Dominnenraum radikal auf seine weißen Wände im Licht reduziert beschrieben werden kann, hat die Frage aufkommen lassen, ob dies nicht einem ungewollten Sparzwang während der Ausführung zuzuschreiben ist. Nach neuerem Forschungsstand wird einer solchen These widersprochen. Die schlüssige Gestalt der Architektur und Details des Bauablaufes legen dies nahe. „Das große Gewölbe des Doms ist daher nicht als Torso zu interpretieren, sondern spiegelt die ursprünglichen ästhetischen Vorstellungen des Bauherrn und des Stiftsbaumeisters wider."[5]

Der Kontrast der schlichten Lichtfülle im weißen Raum zur farbigen Materialästhetik der liturgischen Orte wurde zum Vorbild für die Pfarr- und Klosterkirchen im Stiftsgebiet mindestens der nächsten zwei Generationen.[6] Mit gehörigem Willen zur Vereinfachung könnte man dieses Raum- und Lichtkonzept auch als Inbegriff des „Fuldaer Barock" bezeichnen.

---

[5] Hanke 2008, 217–218.
[6] Preusler 2021, 12–14.

Die Absicht, Licht und Helligkeit als zentrale Zeichen für das neue Gotteshaus zu setzen, geht auch aus der Weihepredigt des Doms hervor. Der Franziskanerpater und Domprediger Wendelin Harding predigte am 22. August 1712 zur Oktav der Kirchweihe der neu erbauten Stiftskirche über die *Herrlichkeit deß Wunder groß und kostbahren Tempels S. Salvatoris*[7] und lieferte eine erste, ideell-ideologische Deutung seiner Architektur.

> Obwohlen ich damahls noch in meinem Nichts nichts sahe als die tollsinnige Heydenschafft deß wahren Glaubensliecht beraubt in der dücken Finsternus ihres schädlichen Irrthumbs gantz erblindt umbtappent ihren höllischen Götzen falsch geglaubten Göttern solche Tempel auffgerichtet [...] sehe ich doch nun da die Christenheit durch das wahre Liecht erleuchtet durch feurigen LiebsEyffer angeflambt dem wahren Gott solche Kirchen erbaut ob dero Kunst und Kostbarkeit das Gemüth in Verwunderung verzuckt wird in dero Schönheit das Aug nit sattsam sich kann ergötzen nit gäntzlich sich kann ersättigen [...] Es lacht mich an der schneeweisse Alabaster, der hellglantzende Marmel, daß gleichsamb in einander gegossene Giepswerck der Altär.[8]

Der Prediger grenzt das Bauwerk ab von den Tempeln des Altertums, indem er das Glaubenslicht der Finsternis gegenüberstellt.

Licht als Zeichen der immateriellen, unverfügbaren Existenz Gottes ist von jeher ein Element sakraler Architektur. Über die gesamte Baugeschichte hinweg wurden phantasiereiche und faszinierende Gestaltungsmöglichkeiten dazu ausgelotet.[9] Zu Beginn der Epoche neuzeitlicher Architektur wird von einer ihrer prägenden Figuren, Andrea Palladio (1508–1580), die besondere Bedeutung des hellen, weißen Raumes für den Kirchenbau beschrieben und damit ein Ideenwechsel weg vom ausgemalten und durch Glasmalerei in mystisches Farblicht getauchten mittelalterlichen Raum formuliert. „Von allen Farben paßt keine so gut zu den Tempeln wie das Weiß, da die Reinheit dieser Farbe und die Reinheit im menschlichen Leben im höchsten Maße Gott angemessen ist."[10] Giulia Foscari spricht im Zusammenhang der Kirchen Palladios davon, dass inmitten einer so auf das Wesentliche reduzierten, rationalen Ordnung nur der Glaube selbst die Bindung zwischen Mensch und Gott aufrecht halten kann. „Only faith could bind man to God amid such rational order".[11]

Die Symbolik des weißen Lichts kann in dieser Weise neben göttlicher Reinheit auch Rationalität und Abstraktion einschließen. Damit lässt sich der Bogen von der Neuzeit bis in die Moderne schlagen, zur Bauhausarchitektur und den white cubes des 20. Jahrhunderts. Das Licht wurde ein gänzlich säkulares Attribut des neuen Bauens und in neuen Assoziationsketten mit Hygiene,

---

[7] Jäger, 2012.
[8] Harding 1712, 9:5.
[9] Ein Panorama dieser Entwicklung bietet der Beitrag von Manfred Schuller, Schuller 2004.
[10] Palladio 1983, 275.
[11] Foscari 2014, 556.

industrieller Perfektion und mit einer gänzlich ausgeleuchteten und beherrschbaren Welt in Verbindung gebracht.

Ungeachtet solcher historischer Umwertungen sind im modernen Kirchenbau kontinuierlich ikonische Räume entstanden, die das Licht für die Sichtbarkeit der christlichen Botschaft einsetzen. Radikal weiße, lichterfüllte Räume sind beispielsweise der epochemachende Bau der Aachener Fronleichnamskirche (1928) von Rudolf Schwarz und in jüngster Zeit die Kirchenbauten von John Pawson in Nový Dvůr (Tschechien, 2004) und von Alvaro Siza in Saint-Jacques-de-la-Lande (Frankreich, 2018). Leichtigkeit und Lichtfülle sind Zeichen der Präsenz Gottes in diesen Räumen.

2. Neuschöpfung

Im Gegensatz zu vielen Kathedralen, die in einem disruptiven Prozess über Jahrhunderte entstanden, wurde der Fuldaer Dom nach Plänen des fränkisch-böhmischen Baumeisters Johann Dientzenhofer (1663–1726) gebaut. Errichtet in einer relativ kurzen Zeitspanne von 1704 bis 1712, war in den Folgejahren nur noch die Ausstattung in einigen Punkten zu vervollständigen. Mit dem Neubau wurde ein radikaler Bruch zum Vorgängerbau vollzogen. Moderne Ideen der Denkmalpflege und des historischen Wertes der älteren Substanz waren dem Bauherrn fremd.

Das Äußere ist geprägt von der Sandsteinfassade, die das Bauwerk ganzheitlich umschließt. Im Inneren wird das Gefüge der weißen Wandflächen strukturiert durch die Tektonik der klassischen Baukunst von der Sockelzone über die Wand- und Säulengliederung bis zum Architrav und in das Gewölbe hinein. Die Abfolge der Bauglieder aus Hauptschiff, Kuppel, Chor und Hochchor sowie die Binnengliederung im Aufriss mit Rundbogenarkaden und schmalen Zwischendurchgängen sind einer inneren Logik folgend ausgeführt. Auch die später vollendete Ausstattung kennt keinen Stilwechsel. Trotz einer kontinuierlichen Abdunklung und zuletzt Eingrauung von Raum und Ausstattung seit der Mitte des 19. Jahrhunderts bis etwa 1950 ist in das Bauwerk während der 300 Jahre andauernden Restaurierungsgeschichte keine von der Ursprungsidee gänzlich abweichende Gestaltungslogik eingebracht worden.[12] Idee und Werk des Baumeisters Dientzenhofer und seiner norditalienischen und fuldischen Kunsthandwerker waren stark genug, um in größter Kontinuität bis heute weitergetragen zu werden. Für die zuletzt durchgeführte Gesamtsanierung Ende des 20. Jahrhunderts war dieses Leitbild wiederum maßgeblich. Zu bedenken ist, dass die durchgehende Ästhetik sich in weitere Bereiche hinein

---

12   Zur Restaurierungsgeschichte vgl. Weiß 2021.

erstreckt, wenn man den Gebrauch des bauzeitlichen liturgischen Geräts und der Paramente miteinbezieht, die heute im umfangreichen Bestand der Fuldaer Domsakristei und im Dommuseum aufbewahrt werden. Zusammen mit dem Klang der Orgel und dem Duft von Weihrauch wurde der Gottesdienst als synästhetische Feier inszeniert.

Die mittelalterliche, doppelchörige Stiftsbasilika war ein multipolares Bauwerk. Das weit ausladende Westquerhaus, die Anlage von Krypten und Apsiden im Osten und Westen sowie Chorschranken ergaben einen vielgliedrigen Innenraum, der für die im Tages- wie Jahresverlauf räumlich „wandernde" Klosterliturgie und die parallele Feier von Privatmessen geeignet war. Baumeister Dientzenhofer übernahm zwar für seinen Neubau wichtige Setzungen des Vorgängers, so die ungefähre Dimension des Bauwerks, den T-förmigen Grundriss und den baulichen Kern der beiden Türme im Osten. Doch legte er diesem Volumen eine gänzlich andere Struktur zugrunde, indem er im Osten statt der Apsis eine Portalfassade anlegte, die der Ausgangspunkt einer Wegkirche ist (Abb. 2). Dieser Weg führt im Inneren zur Kuppel, die das Zentrum des gesamten Gebäudes ist. Dort kulminiert die Dramaturgie von Licht und Raum. Über den Kuppeltambour erhält der Mittelpunkt der Kirche seine tages- und jahreszeitlich geprägte Lichtwirkung. Die schwierige und umstrittene Entscheidung, die ehrwürdige alte Stiftsbasilika gänzlich niederzulegen und neu zu errichten, bekommt durch diese Neukonzeption erst Sinn und Berechtigung. Der Entwurf trägt damit den infolge des Trienter Konzils und der Katholischen Reform verschobenen Gewichten Rechnung, weg von individuellen Orten der Anbetung, hin zur Inszenierung eines zentralen Geschehens am Hochaltar.[13] Die in der Barockzeit eingeführten Kirchenbänke tun ein Übriges, um den Kirchenbesuchern eine eindeutige Ausrichtung zu geben. Architektur von der beabsichtigten Wirkung her zu denken und weniger von der Ordnung der Bauglieder, wird in der Architekturtheorie erst mit dem Ende der Barockzeit und der Wende zum 19. Jahrhundert verknüpft.[14] Ihre Techniken, das *emouvoir* – die Gemütsbewegung des Betrachters – und das *concevoir* – die zielgerichtete Planung – lassen sich aber auch in den barocken (beispielsweise jesuitischen) Reform- und Bildungsstrategien wiederfinden. „Il faut concevoir pour effectuer" – man braucht ein Konzept, um etwas zu bewirken.[15] Mit diesem Satz leitet Étienne-Louis Boullée seinen *Architecture – essai sur l'art* genannten Text von 1796 ein, der im 20. Jahrhundert große Wirkung entfalten sollte. Im Fuldaer Dom lässt sich die andauernde Wirksamkeit einer schöpferischen Neukonzeption des 18. Jahrhunderts erspüren.

---

[13] Erne 2012, 191.
[14] Oechslin 1999, 196.
[15] Ebd., 197.

Der Dom zu Fulda als heiliger Raum 137

Abbildung 2: Wegachse, Dom zu Fulda, Bildrechte: Bistum Fulda.

Selbst wenn die Genealogie der barocken Raumidee des Fuldaer Domes nach wie vor nicht ganz geklärt ist,[16] der Anteil von Vorbildgebern und Einflüssen also eine Zuschreibung auf Dientzenhofer alleine fraglich erscheinen lässt, so ist er doch ein Bild und Beispiel der menschlichen Schöpfungs- und Vorstellungskraft.

Die Inschrift über dem Hauptportal nennt drei Begriffe, um dieses Werk zu beschreiben: „... IN FORMAM NOVAM ORNATAM MAGNIFICAM."[17] Neu, schmuckvoll, großartig – in dieser Reihenfolge lautet die Charakterisierung. Die Neuheit in einen Bezug zur Dimension der Heiligkeit des Bauwerks setzte der Weiheprediger Harding:

> Ja schreibe fecit coelum novum [er machte einen neuen Himmel, M.M.]: ein so schöne kostbahre Kirch ist zu Fuld.[18]

Als Anspielung auf die Offenbarung des Johannes („Ich sah einen neuen Himmel und eine neue Erde", Offb 21,1) ist dies keine nur auf barocke Bauwut zurückzuführende Sichtweise. Das Neu-Sein gehört zur Vision des Himmels essenziell dazu.

---

[16] Vgl. Hanke 2008, 75–83 sowie Jahr 2012.
[17] Sturm 1984, 78.
[18] Harding 1712, 14:10.

3. Widersprüchlichkeit

Die barocke Neukonzeption des Fuldaer Doms ist von großer Stringenz, aber nicht frei von Widersprüchen. Diese sind typisch für die Sakralbauten der Epoche. Zwei der wesentlichen Gegensätze prägen sich in Fulda in größter Deutlichkeit aus. Die Kuppel als Bauelement mit dem Ziel der Zentralisierung des Baus ist der Kern der barocken Neugestaltung. Für die Baumeister der Renaissance waren Kreis und Kugel als Symbol des Ewigen und Göttlichen idealerweise in einen nach allen Richtungen gleichermaßen symmetrischen Baukörper einzufügen, wie das bei Bramantes Tempietto in Rom oder bei Palladios Villa Rotonda bei Vicenza der Fall ist. Doch die rein praktischen Vorteile eines längsgerichteten Raumes zur Aufnahme und Ausrichtung einer großen Menschenmenge, wie es die Basilika in der spätantiken Tradition ermöglichte, hatten sich längst als Grundmodell des christlichen Kirchenbaus durchgesetzt. Der Konflikt zwischen beiden Formen wurde beispielsweise beim Bau des neuzeitlichen Petersdoms in scheinbar endlosen Planänderungen an der Epochengrenze zwischen Renaissance und Barock über mehr als 100 Jahre ausgefochten.[19] Als geeignetes Modell für die Vereinbarung des Unvereinbaren etablierte sich die Struktur der römischen Kirche des Jesuitenordens Il Gesù (1568–84).[20] Es liegt zahllosen barocken Kirchenbauten und auch dem Fuldaer Dom zugrunde.[21] Die Kuppel überwölbt die Vierung eines longitudinalen mehrschiffigen Kirchenbaus, wobei die Querhäuser nur angedeutet über die Langhausbreite hinaus gehen. Die Seitenschiffe des Langhauses haben eher den Charakter von Seitenkapellen. Transparenz zwischen Hauptschiff und Seitenschiffen ist nicht angestrebt, vom Hauptschiff aus betrachtet ergibt sich eher der Eindruck einer abgrenzenden Schaufassade zu den Seiten. Der gesamte Raum führt auf die Kuppel hin (Abb. 3). Selbst der Altarraum (soweit er sich nicht wie im Petersdom im Zentrum unter der Kuppel befindet) ist dem Kuppelraum nachgeordnet. In der Art einer Dreikonchenanlage umgeben der Hauptaltar und die beiden monumentalen Altäre des Querhauses den Kuppelraum in Kleeblattform. An der vierten Seite schließt sich das Langhaus an. Die Idee des Zentralraumes wird auf diese Weise verschmolzen mit der Idee der längsgerichteten Wegekirche.

---

[19] Vgl. Bredekamp 2000, 124.
[20] Vgl. von Engelberg 2013, 191–196.
[21] Auf die bemerkenswerten Fuldaer Abweichungen von diesem Schema und die Bedeutung weiterer Referenzbauten wie die Lateranbasilika kann hier nicht näher eingegangen werden.

Abbildung 3: Kuppelraum, Dom zu Fulda, Bildrechte: Bistum Fulda.

Ein zweiter Gegensatz baut sich nicht entlang von Epochengrenzen auf, sondern in der Folge der transalpinen Verbreitung barocker Architektur. Er bezieht sich auf die neue Portalfassade des Doms. Auch hierfür lieferte Il Gesù das Vorbild. Dem römischen Bau ist eine Travertinfassade vorgeblendet, deren Gliederung die Gestaltung von Kirchenfassaden über mehr als 250 Jahre maßgeblich beeinflusste. Das Prinzip ist ein zweigeschossiger Aufbau, der von einem Dreiecksgiebel abgeschlossen wird. In der Mittelachse befindet sich das Hauptportal, das von einem Segmentbogen überwölbt wird. Darüber ist ein architektonisch gerahmtes Fenster angeordnet. Seitlich an die Mittelachse schließt sich jeweils eine Zone mit Figurennischen an, die von Pilastern eingefasst werden. Diese treten nicht so stark aus der Fassade heraus wie die Halbsäulen des Portals. Zur Mitte hin ergibt sich eine Steigerung des Dekors und der Plastizität. Der Übergang zwischen dem höheren Haupt- und den niedrigeren Seitenschiffen wird durch große Voluten im oberen Geschoss der Fassade gestaltet. Dieser Fassadentyp, der in unzähligen Varianten ausgeführt wurde, lässt die Eingliederung in ein Stadtgefüge erwarten, sei es als Hervorhebung des Kirchenbaus in einer Straßenflucht oder als Dominante einer Platzsituation. Für ein freistehendes Bauwerk, das in jeglicher Übereckperspektive gesehen wird, wurde er nicht entwickelt.

Mit dem Kulturtransfer nach Norden traf dieses Fassadenschema auf das Gestaltungsideal der Doppelturmfassade eines freistehenden Bauwerks, das sich bereits (zum Beispiel in Fulda) im Mittelalter entwickelt hatte. Die Bauaufgabe des 18. Jahrhunderts in Fulda ließ diese Gegensätze aufeinandertreffen. Die alten Türme der Stiftsbasilika blieben stehen und mussten in die Portalfassade integriert werden. Dientzenhofer löste die Fusionsaufgabe, indem der die mittelalterlichen Türme verkleidete und in den unteren Geschossen zu einem Teil der Fassadenkomposition nach dem Il Gesù-Schema werden ließ. Zur Abschwächung des Höhenzuges der schlanken Türme nutzte er die seitlich angefügten Kapellen. Die Breitenwirkung verstärkten schließlich noch die seitlichen Obelisken. Ohne eine Differenzierung zwischen diesen einzelnen Schichten ist die Fuldaer Domfassade nicht zu verstehen.[22]

Ein dritter Widerspruch, der sich allerdings pragmatisch lösen ließ, betrifft die Übernahme des T-förmigen Grundrisses der alten Basilika. Dieser Grundriss griff im 9. Jahrhundert die Bauform der alten Petersbasilika in Rom auf und bezeugt den Wissensstand der karolingischen Baumeister in Fulda. Die charakteristischen ausladenden Querarme am westlichen Ende des Baus, die Dientzenhofer als westlichen Abschluss der Basilika zum Konventsbau hin übernahm, wirkten seiner Zentralisierungsabsicht innerhalb des Sakralraumes entgegen. Sie wurden vom Raumgefüge abgetrennt und mit den separaten Nutzungen der Sakristei und des Kapitelsaals (heute Marienkapelle) belegt. Möglicherweise waren diese Funktionen auch im Vorgängerbau an den Stirnseiten der Querhäuser untergebracht.[23] Im Barockbau ist die Querachse im Westen räumlich nicht mehr wahrnehmbar.

Dientzenhofer, der angetreten war, die Unübersichtlichkeit des mittelalterlichen Bauwerks zu überwinden und es linear zu organisieren, schuf mit seinem Neubau unweigerlich neue Widersprüchlichkeiten. Sowohl die Spannung zwischen Kontinuität und Diskontinuität zum mittelalterlichen Vorgängerbau wie auch inhärente Ambivalenzen der barocken Architektur sind seinem Bau verdeckt und unauflöslich eingeschrieben.

Widersprüchlichkeit als Ausgangspunkt für innovative Formfindung ist kennzeichnend für die barocke Kunst.[24] Darin begründet sich die Geringschätzung der Epoche in der folgenden Zeit. Schon der abwertend gemeinte Epochenname war auf die Unregelmäßigkeit oder Regellosigkeit bezogen.[25] Im 20. Jahrhundert wandelte sich die Bewertung grundlegend. Die Vordenker der postmodernen Architektur fanden schließlich genau hier Anknüpfungspunkte für ihr neuerwachtes Interesse an Komplexität und Vielschichtigkeit abseits des Funktionalismus. Robert Venturi, einer ihrer Protagonisten, arbeitete mit zahlreichen Verweisen auf Barockbauten die Bedeutung von *Komplexität und Widerspruch in der Architektur*, so der Titel einer seiner wichtigsten Publikatio-

---

[22] Vgl. von Engelberg 2005, 241–242.
[23] Vgl. Hanke 2005, 166.
[24] Zweifellos werden Komplexität und Widersprüchlichkeit des Barock in vielen Bauten des Spätbarock und Rokoko noch deutlicher evident, als im Fuldaer Dom. Gerade deshalb gilt es, sie auch hier zu entdecken.
[25] Pevsner 1994, 201.

nen, heraus.[26] Sein „behutsames Manifest" für „eine beziehungsreiche Architektur"[27] liest sich gleichermaßen als Sympathiebekundung zur barocken Sakralarchitektur wie auch als Strategie der Komplexitätsbewältigung in unserer Zeit.

> Ich will mich hier diesen Problemen stellen und versuchen, das beste aus dieser Situation allgemeiner Verunsicherung herauszuholen. Weil ich das Widersprüchliche dabei ebenso akzeptiere wie das Komplexe, liegt mir die Lebendigkeit der Architektur genauso am Herzen wie ihre Gediegenheit. Die Architekten können es sich nicht länger mehr leisten, durch die puritanisch-moralische Geste der orthodoxen modernen Architektur eingeschüchtert zu werden. Ich ziehe eine Haltung, die sich auch vor dem Vermessenen nicht scheut, einem Kult des ‚Reinen' vor; [...] Ich ziehe eine vermurkste Lebendigkeit einer langweiligen Einheitlichkeit vor. Dementsprechend befürworte ich den Widerspruch, vertrete den Vorrang des ‚Sowohl-als-auch'. [...] Gute Architektur spricht viele Bedeutungsebenen an und lenkt die Aufmerksamkeit auf eine Vielzahl von Zusammenhängen: ihr Raum und ihre Elemente sind auf mehrere Weisen gleichzeitig erfahrbar und benutzbar.
> Eine Architektur der Komplexität und des Widerspruchs hat aber auch eine besondere Verpflichtung für das Ganze: [...] Sie muß eher eine Verwirklichung der schwer erreichbaren Einheit im Mannigfachen sein als die leicht reproduzierbare Einheitlichkeit durch die Elimination des Mannigfachen.[28]

Als Lesehilfe für die Architektur heiliger Räume ist dieser Text von grundlegender Bedeutung. Gerade mit dem Blick auf den genannten „Kult des Reinen" und die „Lebendigkeit" solcher Räume lassen sich viele Bezugspunkte finden. Heilige Räume kratzen an Grenzen zum Widersprüchlichen, zum Befremdlichen und zur Verunsicherung.

4. Medialität

Repräsentation, Ordnung und Erfindung hat Meinrad von Engelberg als die wesentlichen Begriffe für die Architektur der Neuzeit beschrieben.

> [Repräsentation ist] die mutmaßlich vorrangige Aufgabe, welche Architektur in der Gesellschaft der Frühneuzeit zu erfüllen hatte: Öffentlichkeitswirksamkeit, Stellvertreterfunktion, Sichtbarmachung von Abstraktem. Diese Leistungen wurden und werden der Baukunst natürlich auch in anderen Zeiten abverlangt, aber in der hier betrachteten Epoche, [...] war es ihre eigentliche Hauptaufgabe [...]. Die Bedeutung der Architektur als Kunst, Wissenschaft und Gegenstand des öffentlichen Interesses lag vor allem darin begründet, dass sie eine zentrale Rolle als kommunikatives, sozusagen rhetorisches Medium einnahm: Stumm und doch aussagekräftig, dauerhaft präsent und für alle sichtbar, standesübergreifend lesbar und doch in der stän-

---

[26] Venturi 1978.
[27] Ebd., 23.
[28] Venturi 1978, 23–24.

dischen Gesellschaft verankert, materiell fest gefügt und die Leistungsfähigkeit ihrer Erbauer veranschaulichend, war sie dem gemalten Bild und dem gedruckten oder gesprochenen Wort hierin offensichtlich überlegen. [...] Sie befestigte den Glauben der Betrachter und Besucher an die nicht sichtbaren Inhalte und Strukturen, welche sie verkünden sollte: ein religiöses Bekenntnis, ein politisches Ordnungsmodell, Untertanen-, Herrschafts- oder Besitzverhältnisse. Man konnte sich ihrer steingeschriebenen Botschaft nicht entziehen.[29]

Abbildung 4: Hauptfassade, Dom zu Fulda, Bildrechte: Bistum Fulda.

Vor der Schaufassade des Fuldaer Domes stehend erschließt sich das Herrschaftsverständnis, das der Fürstabt zum Ausdruck bringen wollte. Die Hauptfassade ist angelegt wie ein Bühnenbild, das alle Blicke auf sich zieht (Abb. 4). Die topographische Anlage des Domplatzes, die einem römischen Amphitheater gleicht, verstärkt diese Wirkung noch. Auf der Pauluspromenade geht man wie auf einer Galerie erhöht an dieser Fassade entlang. Die Wirkung wird noch verstärkt, vergegenwärtigt man sich die ursprüngliche Rotfassung der Fassade. Als ginge es nicht um einen dreidimensionalen Baukörper, sondern allein um diese eine Fläche, war zur Erbauungszeit nur auf der Ostfassade eine rote Schlämme aufgestrichen worden. Skulpturen und Bauzier waren in weiß abgesetzt. An der Ostseite wurden die unsortierten Steinfärbungen dadurch vereinheitlicht, während die anderen Seiten steinsichtig blieben.

Mit dem Neubau ergab sich durch die Idee der Schaufassade ein vollständig neues Verhältnis zwischen Außenraum und Innenraum. Die mittelalterliche Stiftskirche war von der Außenwelt abgeschieden gewesen und hatte dies durch die konvexen, abweisenden Flächen der Apsiden gezeigt. Um ins Innere zu gelangen, musste man zunächst den Vorhof des Atriums passieren. Der barocke Dom strahlt dagegen in den städtischen Raum hinein und verwandelt ihn

---

[29] von Engelberg 2013, 40–41.

in der beschriebenen Weise in einen Schauraum.[30] Auf dem Giebeldreieck steht die Figur des Christus Salvator und blickt in die Stadt. Am unteren Ende der vertikalen Mittelachse der Fassade prangt über dem Hauptportal das Wappen des Fürstabtes Adalbert von Schleiffras.

Auch im Inneren wurden die Möglichkeiten einer sprechenden, medial performativen Architektur entfaltet.[31] Die offene Säulenarchitektur des Hochaltars in Fulda bietet ideale Möglichkeiten für die Inszenierung der Liturgie als ein *theatrum sacrum*, in dem gleich einem sich wandelnden Bühnenbild zu den verschiedenen Festzeiten des Jahres Vasen, Figuren und Reliquiare in verschiedener Pracht und Fülle positioniert werden können. Diese Praxis wird in Fulda bis heute ausgeübt. Weiter gesteigert werden konnte das Szenarium durch ephemere Festarchitekturen. Für Fulda sind diese in Form der Trauergestelle für die verstorbenen Fürstäbte bekannt.[32] Diese Kleinarchitekturen wurden für ein bestimmtes Ereignis hergestellt und im Innenraum aufgebaut. Als „Haus im Haus" veränderten und verdichteten sie den Raum und brachten zusätzliche Bild- und Textbotschaften hinein, die dem Ruhm und Andenken ihres Erbauers dienten. Exemplarisch lässt sich dies am Trauergestell für den Erbauer des Domes, Fürstabt Adalbert von Schleiffras (1650–1714) nachvollziehen.[33] Ähnliches gilt für die Epitaphien an den Vierungspfeilern des Kuppelraumes. Ein weiteres Element inszenatorischer Architektur war der heute im Dommuseum ausgestellte Thron des Fürstabtes im Altarraum, der 1744 anlässlich des 1000. Gründungsjubiläums der Abtei errichtet wurde.

Im Sakralraum des 18. Jahrhunderts vermischten sich in dieser Weise weltliches Herrscherzeremoniell und die Liturgie des Gottesdienstes. Von „Verhofung des Kirchenraums – Sakralisierung des Fürsten"[34] ist dabei die Rede. Für die Wahrnehmung des Domes als heiliger Raum stellt dies aus heutiger Perspektive ein Hindernis dar. Die geradlinige Identifikation zwischen dem geistlich-weltlichen Herrscher auf dem Territorium der Fürstabtei und dem Erlöser der Welt als in eins gesetzte Herren über ihr Kirchenvolk ist als historische Form der Herrschaftslegitimation, aber nicht mehr als ein heute gültiges Sinnbild des Hirtenamtes anzusehen. Zweifel an der Prachtentfaltung und dem dazu nötigen Ressourceneinsatz, die der absolutistische Fürstabt betrieb, treten hinzu. Sie rücken den Repräsentationsbau und seine Botschaft für viele heutige Betrachter ins Zwielicht.

---

[30] Dass die barocke „Medienfassade" zum städtischen Schauraum hin auch in heutiger Zeit aktiviert werden kann, führte das Bonifatiusmusical auf dem Domplatz im Jahr 2019 mit großflächigen Bildprojektionen vor Augen.
[31] Für die Klosterkirchen des süddeutschen Raumes liegt eine umfassende Untersuchung von Ursula Brossette zu diesem Aspekt barocker Sakralarchitektur vor. Vgl. Brossette 2002.
[32] Jäger 2012, 54.
[33] Ebd., 60–91.
[34] Brossette 2002, 525.

Medialität der Architektur bedeutet Sichtbarkeit. Diese betrifft nicht nur das Gebäude, sondern auch die vielschichtigen Botschaften, die es aussendet. Steht Medialität, also die Verflechtung eines Bauwerks in ein enges Netz historischer und kultureller Codes, der Vorstellung vom heiligen Raum entgegen? Wer immer die Herrlichkeit Gottes und die Strahlkraft des Evangeliums sichtbar machen will, steht in den Paradoxien der Verkündigung zwischen irdischer und himmlischer Pracht und ihrer Veranschaulichung. Das Licht, nicht nur als Metapher des Überirdischen verstanden, sondern auch im Sinne der „Epoche des Lichtes", also der Aufklärung und der Rationalität, steht für die Möglichkeit, mit den Mitteln der Unterscheidung und der Kritik die irdischen Produktionsbedingungen und Repräsentationsabsichten des Bauwerks zu untersuchen. Gerade dadurch kann die Geste gerettet werden, mit der das Werk über seine zeitliche Bedingtheit hinaus von der überzeitlichen Botschaft spricht: Einladend, versammelnd, erhellend, die Feier beherbergend. Auch über den Epochenwechsel vom Feudalismus zur bürgerlichen Gesellschaft hinaus bleibt Architektur als mediale Imaginationsquelle wirksam. Inwieweit sie dazu dient, lediglich das ursprünglich zugrunde liegende Ordnungsmodell in die Gegenwart hinein zu verlängern oder den Raum neu für eine Vergegenwärtigung des Heiligen zu aktivieren, entscheidet jede Generation für sich.

5. Offenheit

Der Hochaltar des Doms hat weder ein Bild- noch ein Figurenprogramm. Er ist: leer. Erst oberhalb des Gebälks befindet sich der dramatisch-dynamische Aufbau der Himmelfahrt Mariens, die aus der Gewölbezone von der verbildlichten Dreifaltigkeit in Empfang genommen wird. Dort, wo man ein Altarretabel mit Bildern und Figuren erwarten würde, findet sich nichts. Der Fuldaer Hochaltar wird konsequenterweise nicht als Retabel, sondern als Ziborium, also Baldachin, beschrieben.[35] Dieses Altarziborium überbaut nicht, wie der Begriff erwarten lässt, freistehend den Altar, sondern hinterfängt ihn. Dies ermöglicht, die Säulenstellungen in der Art einer Bühne auszustaffieren mit wechselnden Szenerien aus Figuren und Schmuckteilen. Außerdem erlauben die Säulen als räumlicher Filter den Durchblick vom Kirchenschiff in den Hochchor, also in den Bereich des Domes, der den Mönchen des Klosters vorbehalten war. Dieser Bereich, ein unabhängiger, eigener Sakralraum, wurde damit zur Stiftskirche transparent in Beziehung gesetzt. Es bleibt ein Moment der Leere am Ort des Allerheiligsten.

---

[35] Vgl. Hanke 2008, 225.

Ein zweiter Ort, den seine Leere auszeichnet, liegt buchstäblich vor aller Augen. Ein letztes Mal ist hier vom Kuppelraum die Rede. Gemeint ist nicht nur das Luftvolumen der Kuppel und des Tambours, ein leerer Raum, in dem der Dominnenraum seine größte Höhe erreicht. Der Raum unter der Kuppel bildet auch im Grundriss auf der Ebene des Hauptschiffs eine leere Mitte. Dieser Ort wird allein von der flächig in den Fußboden eingelassenen Schwurplatte besetzt. Obwohl dieser Ort eindeutig die Mitte des ganzen Bauwerks markiert, ist hier nicht etwa ein Altar und nicht einmal ein eindeutiges heiliges Zeichen zu finden, sondern eine kreisrunde Steinplatte mit vier Händen. Sie wird historisch als Ort des mittelalterlichen Vasallenschwures angesehen. Die Geste der Hände, die in die vier Himmelsrichtungen zeigen, kann jedoch auch anders verstanden werden. Sie ist ein Zeichen, das die Außenmauern des Doms aufsprengt und vom Zentrum aus zu den vier Kirchen des Fuldaer Kirchenkreuzes weist. Dieses durch virtuelle Achsen verbundene Ensemble, das sich über einige Kilometer in den Fuldaer Stadtraum hinein erstreckt, ist ein Symbol für die in alle Richtungen und den ganzen Erdkreis hinausgesendete Botschaft des Evangeliums.

Zugegebenermaßen ist dieser offene Mittelpunkt im alltäglichen Gebrauch überspielt von der Anordnung der Kirchenbänke, die auch unter der Kuppel bis etwa zur Hälfte den Raum ausfüllen und die Schwurplatte nur im Bereich des Mittelgangs frei lassen. Dass er dennoch flexibel genutzt werden kann, zeigt sich jährlich anlässlich des großen Domkonzertes, wenn unter der Kuppel das große Chorpodest und das Orchester aufgebaut sind und der Kuppelraum zum Ausgangspunkt der Klangfülle für den gesamten Raum wird. Wahrnehmbar und nutzbar ist der Kuppelbereich aber auch in der Alltagssituation. Der Dom erhält mit der leeren Mitte einen Raum, der Teilhabe und Begegnung für alle verheißt.

Im Jahr 2023 wurde ein anderer Ort im Dom vorübergehend freigeräumt. Anlässlich der Landesgartenschau in Fulda stand der Dom im Mittelpunkt des Begleitprogramms des Bistums Fulda mit dem Titel *Im hier und jetzt*. Als Teil dieser Installation wurden aus der Bonifatiuskrypta die Bänke herausgeräumt und stattdessen nur einige Lichthocker aufgestellt (Abb. 5). Der Grabesort des heiligen Bonifatius, gewissermaßen die Keimzelle des Domes wie des Bistums, konnte damit neu interpretiert und erlebbar gemacht werden. Die paradoxe barocke Idee einer lichtdurchfluteten Gruft, in der der Heilige im Moment der Öffnung seines Grabes und seiner Auferstehung bildlich gezeigt wird, wurde damit neu erlebbar. Der Raum wurde geöffnet für neue Erschließungsmöglichkeiten durch Interpretation, Katechese und Feier. Das Entfernen oder Unterbrechen der überlieferten Formen von hierarchisch strukturierter Ordnung im Raum ist ein Moment der Verunsicherung. So waren auch die Reaktionen auf diesen temporären Eingriff widersprüchlich. Der Versuch, andere Sichtweisen und Bewegungsformen im Raum zuzulassen, war zugleich eine Form, Offenheit herzustellen.

Abbildung 5: Bonifatiusgruft, Dom zu Fulda, Bildrechte: Bistum Fulda.

Ein letzter Verweis auf die römischen Bezugs- und Assoziationspunkte des fuldischen Barock: Lange vor den Ideen der Moderne und ihren minimalistischen Inszenierungen leerer Räume und Leinwände hat Gian Lorenzo Bernini hinter dem großen Altarbaldachin die unbesetzte schwebende Kathedra Petri im Scheitelpunkt des Petersdomes gestaltet (1657–1666).[36] Sie nimmt die antike Tradition der Hetoimasia, des leeren Herrscherthrones, auf.[37] Das einzigartige, herausragende Kunstwerk ist eine „Allegorie der apostolischen Sukzession und der päpstlichen Herrschaft."[38] Der unbesetzte Stuhl kann jedoch auch als radikales Monument der Leere und der Unverfügbarkeit Gottes gelesen werden. Am Scheitelpunkt des christlichen Sakralbaus findet sich das Bekenntnis, dass Wesentliches nur in seiner Abwesenheit gezeigt werden kann. So sehr sich diese Beschreibung auch von der ikonografischen Tradition entfernt, sie ist überprüfbar und zutreffend.

Deutungsoffenheit wurde im 20. Jahrhundert zu einer wesentlichen Denkkategorie, um sich mit Kunstwerken auseinanderzusetzen.[39] In diesem Kontext wurde die Offenheit von moderner Kunst für unterschiedliche Interpretationen und die Einbeziehung der Rezipienten in den Deutungsprozess beleuchtet. Wenn man diese Zugangsweise zur Kunst nicht auf die Arbeiten der Moderne beschränkt, ergeben sich in der Auseinandersetzung mit den Werken früherer Epochen größere Freiheitsgrade. In den meisterhaften Bauten und Kunstwerken der Geschichte ist das Fragen nach Gott zu keinem Abschluss gekommen.

---

[36] Vgl. Ackermann 2007, 179–219.
[37] Vgl. Ackermann 2007, 180, sowie für ein frühchristliches Beispiel Brandenburg 2005, 188.
[38] Ackermann 2007, 180.
[39] Vgl. Eco 1973, 27. Interessanterweise nimmt die Poetik des offenen Kunstwerks von Umberto Eco wiederum Bezug auf die Barockzeit: „[...] so können wir einen klar ausgeprägten Aspekt von „Offenheit" (im modernen Sinne dieses Terminus) in der „offenen Form" des Barock finden." Eco 1973, 34.

6. Coda

Aus der hier dargestellten Erfahrung und Deutung des Fuldaer Domes als heiliger Raum ist kein allgemeingültiger Begriffskanon heiliger Räume abzuleiten. Die fünf Aspekte Lichtfülle, Neuschöpfung, Widersprüchlichkeit, Medialität und Offenheit stehen sogar im Gegensatz zu verbreiteten Erwartungen an Sakralräume. Im Zeitgeist liegt eher die Suche nach Geborgenheit, Mystik, Stille und Authentizität. Sakrale Räume, die diese Qualitäten aufweisen, liegen in der Gunst der Besucher weit vorne. Eine systematische oder gar normative Beschreibung heiliger Räume ist mit der hier entwickelten Betrachtung nicht beabsichtigt. Die architektonische Erfahrung des Fuldaer Domes führt dennoch zu Begriffen, die zur Idee heiliger Räume Überraschendes und Originelles beitragen. An den Bruchlinien, die zwischen seiner historisch begründeten Konzeption und dem Standpunkt des heutigen Betrachters sichtbar werden, kann kreatives Denken neu einsetzen. Darin werden Kriterien des heiligen Raumes benennbar, die weit jenseits von Klischees des Sakralen, des Barocken oder des Feudalen liegen. Diese Weite ist das Maß, mit dem Heilige Räume zu messen sind.

Literatur

Ackermann, Felix (2007): Die Altäre des Gian Lorenzo Bernini. Das barocke Altarensemble im Spannungsfeld zwischen Tradition und Innovation (Studien zur internationalen Architektur- und Kunstgeschichte 50), Petersberg.
Brandenburg, Hugo (2005): Die frühchristlichen Kirchen Roms vom 4. bis zum 7. Jahrhundert. Der Beginn der abendländischen Kirchenbaukunst, Regensburg.
Bredekamp, Horst (2000): Sankt Peter in Rom und das Prinzip der produktiven Zerstörung, Berlin.
Brossette, Ursula (2002): Die Inszenierung des Sakralen. Das theatralische Raum- und Ausstattungsprogramm süddeutscher Barockkirchen in seinem liturgischen und zeremoniellen Kontext (Marburger Studien zur Kunst- und Kulturgeschichte 4), Weimar.
Eco, Umberto (1973): Das offene Kunstwerk, Frankfurt a. M.
von Engelberg, Meinrad (2013): Die Neuzeit 1450–1800. Ordnung–Erfindung–Repräsentation (WBG Architekturgeschichte 2), Darmstadt.
von Engelberg, Meinrad (2005): Renovatio Ecclesiae. Die „Barockisierung" mittelalterlicher Kirchen (Studien zur internationalen Architektur- und Kunstgeschichte 23), Petersberg.
Erne, Thomas (Hg.) (2012): Kirchenbau (Grundwissen Christentum 4), Göttingen.
Foscari, Giulia (2014): Elements of Venice, Zürich.
Hanke, Daniel (2008): Der Dom zu Fulda. Der Bau und seine Ausstattung (Schriften zur Kunstgeschichte 18), Hamburg.
Harding, Wendelin (1712): Gloria Neo-Erectae Domus Salvatoris Quae Ab Adalberto Magno Principe Elevata, Et Ab Eodem Antiquo Ritu Consecrata 14. August. Herrlichkeit Deß Wunder Groß Und Kostbahren Tempels S. Salvatoris Welchen Der Hochwürdigste Fürst

Und Herr Herr Adalbertus Abbt Des Stiffts Fulda, Go Neu Erbaut, Und Selbst Eingeweyhet Wie Vorgetragen ... Am 8ten Tag Der Einweyhung Obigen Jahrs. Von F. Wendelino Harding, Fulda. Zugriff am 30.08.2023 https://nbn-resolving.org/urn:nbn:de:hebis:66:-fuldig-6054594.

Jacobsen, Werner (1996): Die Abteikirche in Fulda von Sturmius bis Eigil – kunstpolitische Positionen und deren Veränderungen, in: Schrimpf, Gangolf (Hg.): Kloster Fulda in der Welt der Karolinger und Ottonen (Fuldaer Studien 7), Frankfurt a. M., 105–128.

Jäger, Berthold (2012): Herrlichkeit deß Wunder groß und kostbahren Tempels S. Salvatoris. Zur Einweihung der Stiftskirche im Jahre 1712, in: Stasch, Gregor K. (Hg.): 300 Jahre Dom zu Fulda und sein Architekt Johann Dientzenhofer (1663–1726) (Vonderau Museum Fulda Kataloge 30), Fulda, 57–77.

Jäger, Berthold (2014): Herrscherlob im frühneuzeitlichen Fulda. Fürstabt Adalbert von Schleiffras (1650–1714) im Lichte des *castrum doloris* und des *theatrum virtutis*, in: Stasch, Gregor K. (Hg.): Mors impia rapvit – mors pia transtvlit. Verklärung des Fürstabts Adalbert von Schleiffras (Vonderau Museum Fulda Kataloge 37), Petersberg, 53–100.

Jahr, Peter Heinrich (2012): Einer künftigen Kathedrale würdig. Der wiederentdeckte Entwurf des römischen Architekten Carlo Fontana für die Stiftskirche zu Fulda, in: Stasch, Gregor K. (Hg.): 300 Jahre Dom zu Fulda und sein Architekt Johann Dientzenhofer (1663–1726) (Vonderau Museum Fulda Kataloge 30), Fulda, 81–123.

Kathrein, Werner (Hg.) (2012): Der Dom zu Fulda. 300 Jahre St. Salvator 1712–2012, Petersberg.

Oechslin, Werner (1999): Emouvoir – Boullée und Le Corbusier, in: Ders. (Hg.): Moderne entwerfen. Architektur und Kulturgeschichte, Köln, 192–205.

Palladio, Andrea (1983): Die vier Bücher zur Architektur, Zürich/München.

Pevsner, Nikolaus (1994): Europäische Architektur. Von den Anfängen bis zur Gegenwart, München.

Preusler, Burghard (2021): Barockkirchen im Fuldaer Land. Eine Einführung, in: Imhof, Michael u. a. (Hg.): Barockkirchen in Fulda und im Fuldaer Land, Petersberg, 9–15.

Roth, Cornelius (2022): Der Dom als liturgischer Ort. Die Feier der Gottesdienste und die bauliche Konzeption, in: Ders. (Hg.): Liturgie in Geschichte und Gegenwart, Systematische, historische und praktische Beiträge zur Liturgiewissenschaft (Fuldaer Studien 28), Freiburg i. Br., 164–193.

Schuller, Manfred (2004): 5000 Jahre Bauen mit Licht, in: Regensburger Domstiftung (Hg.): Dom im Licht – Licht im Dom. Vom Umgang mit Licht in Sakralbauten in Geschichte und Gegenwart, Regensburg, 21–58.

Stasch, Gregor K. (Hg.) (2014): Mors impia rapvit – mors pia transtvlit. Verklärung des Fürstabts Adalbert von Schleiffras (Vonderau Museum Fulda Kataloge 37), Petersberg.

Sturm, Erwin (1984): Die Bau- und Kunstdenkmale der Stadt Fulda, Fulda.

Turnovský, Jan (1987): Die Poetik eines Mauervorsprungs, Wiesbaden.

Turnovský, Jan (2016): The Weltanschauung as an Ersatz Gestalt. Eine Happy-open-end-environmental-design-science-fiction-image-story, Zürich.

Venturi, Robert (1978): Komplexität und Widerspruch in der Architektur, Braunschweig/Wiesbaden.

Weiß, Gerd (2021): Der Fuldaer Dom heute – 300 Jahre Instandhaltung und Restaurierung, in: Imhof, Michael u. a. (Hg.): Barockkirchen in Fulda und im Fuldaer Land, Petersberg, 160–173.

Heilige Räume in der zeitgenössischen Literatur
Liturgiewissenschaftliche Beobachtungen

Andreas Bieringer

„Orte des Entzückens, der Poesie und der Befreiung"[1]

1. Hinführung

Das Kolosseum in Rom oder der Parthenon in Athen stehen nicht bloß für ein Stück Architekturgeschichte, sie repräsentieren eine ganze Epoche.[2] Wer nach ikonischen Gebäuden der Gegenwart sucht, stößt auf auratisch aufgeladene Museumsbauten, Sportstadien oder Konzernzentralen. Folgt man dem französischen Anthropologen Marc Augé (*1935), sind es aber gerade sinnentleerte „Nicht-Orte" („Non-Lieux") wie Flughäfen, Flüchtlingslager oder Einkaufszentren, die unsere Zeit prägen. Sie unterscheiden sich von traditionellen Orten, von Augé auch anthropologische Orte genannt, durch das Fehlen von „Identität, Relation und Geschichte"[3] und generieren damit „Einsamkeit und Ähnlichkeit"[4]. Im Unterschied dazu galten Kirchen über Jahrhunderte hinweg als Ausdruck der Sinnstiftung, büßten seit der Aufklärung aber schrittweise ihre Stellung als Orte der Selbst- und Glaubensvergewisserung ein.[5] Der evangelische Theologe Thomas Erne weist auf ein Paradoxon hin, das von herkömmlichen Statistiken kaum erfasst wird.[6] Während die Teilnahme an christlichen Gottesdiensten in den westlichen Ländern sinkt, steigt der Besuch von zentrumsnahen Kirchen kontinuierlich an.[7] Nicht der Gottesdienst steht bei

---

[1] Couturier 1983, 105.
[2] Dieser Beitrag ist eine überarbeitete und angepasste Fassung von Kap. III Vermittlung zwischen Literatur und Liturgie – 1 Raum, in: Bieringer 2023, 233–247. Vgl. darüber hinaus Erne 2017; Stock 2014, 190–207; Böhme ²2013, 139–150; Joas ²2004; Augé 1994. Diesen Werken verdankt der Autor wertvolle Einsichten und Literaturhinweise.
[3] Augé 1994, 83.
[4] Ebd., 104.
[5] Vgl. Seng / Brühne 2013; zur Geschichte und Bedeutung des Kirchenbaues vgl. Claussen ²2012.
[6] Vgl. Erne 2017, 9–14.
[7] In Analogie dazu ließe sich auch sagen, dass die Präsenz der Liturgie in der Literatur steigt, obwohl oder vielleicht gerade weil der liturgische Kirchenbesuch sinkt.

den Besuchen im Mittelpunkt, sondern das Gebäude selbst. Statistiken zufolge werden allein die Kathedralen von Köln und Wien jährlich über sechs Millionen Mal besucht.[8] Auf evangelischer Seite führt die Dresdner Frauenkirche das Ranking der meistbesuchten Kirchen Deutschlands mit jährlich über zwei Millionen Besucherinnen und Besuchern an.[9] Würden die außerliturgischen Kirchenbesuche im deutschsprachigen Raum vollständig erfasst, käme man wohl auf eine zweistellige Millionenzahl.[10] Warum strömen heute so viele Menschen als Besucherinnen und Besucher, Touristinnen und Touristen oder Suchende in die Kirchen, obwohl sie sonst kaum Kontakt zur Religion pflegen?

Um Antworten zu finden, wirft dieser Beitrag einen Blick auf die zeitgenössische deutschsprachige Literatur aus liturgiewissenschaftlicher Perspektive. Das klingt auf den ersten Blick ungewöhnlich, beschäftigt sich die Liturgiewissenschaft als theologische Disziplin doch hauptsächlich mit Geschichte, Gestalt und Bedeutung des christlichen Gottesdienstes. Der Rückgriff auf Literatur ist jedoch bereits in der Pastoralkonstitution des Zweiten Vatikanums (1962–1965) grundgelegt. *Gaudium et spes* spricht der Kunst im Allgemeinen und der Literatur im Besonderen „pastorale Autorität" zu, weil sich in ihnen „Freude und Hoffnung, Trauer und Angst der Menschen von heute" auf unverwechselbare Weise ausdrücken (vgl. GS 62). Für die Liturgiewissenschaft bedeutet der konziliare Auftrag, die längst etablierten Erkenntnisorte seit *Sacrosanctum Concilium* zu hinterfragen und sie für *loci alieni* zu öffnen. Vielleicht kann man von einer „Fremdenführung ins Eigene" sprechen, von einer Erschließung der Liturgie und ihrer Bedeutung über den Weg von Außenperspektiven. Die Literatur eignet sich dafür besonders gut, weil sie die Liturgie kritisch auf ihre Lebenstauglichkeit hin überprüft. Als Resonanz hält sie inspirierende Einblicke bereit, wenn Liturgie und Leben heute übereinstimmen, aber auch, wenn sie aneinander scheitern. Darüber hinaus liefert sie einen reichen empirischen Erfahrungsschatz sprachsensibler Subjekte, immer schon vorreflektiert und doch genuin.

2. Erhabenheit

Der in Köln geborene Bestseller-Autor Hanns-Josef Ortheil (*1951) greift in seinen Romanen auf die ganze Bandbreite von Gotteshaustypen zurück, die von der kleinen Kapelle „nebenan" über die mystische Klosterkirche bis hin zum Kölner oder Mainzer Dom reicht. Für Baustil und Ausstattung der Kirchen wählt er traditionelle Bilder, die sich an den biographischen Erfahrungen

---

[8] Vgl. zu den statistischen Erhebungen Erne 2017, 121–122.
[9] Vgl. Erne 2017, 11 und 121.
[10] Vgl. neben Erne 2017, 121 auch Stock 2014, 193.

seiner Nachkriegskindheit orientieren. Welchen Reiz Gotteshäuser auf ihn und seine literarischen Figuren ausüben, lässt sich an den Beschreibungen von Kathedralen ablesen.[11] Betritt Johannes Catt, Hauptprotagonist seines Romans *Die Erfindung des Lebens*, den Kölner Dom, wird er von der Erhabenheit und Feierlichkeit des Raumes erfasst und ohne eigenes Zutun für das spirituelle Geschehen geöffnet.[12] Als Bauwerk beheimatet die Kirche das Subjekt, weil es ihm, dem Kind, Wege eröffnet, alte Traumata zu überwinden und in ein gelungenes Leben einzutreten. Während in den Erzählungen über die Kindheitserfahrungen die Liturgie und Andachten dominieren, gerät beim Erwachsenen (*Das Kind, das nicht fragte*) der Raum selbst in den Blick. „Ich setze mich ins Dunkel, in eine der hintersten Reihen, und warte, bis mich die Jahrhunderte einholen und aufnehmen."[13] Kritik übt er im selben Werk an seinen fiktiven Brüdern, die nicht wissen, was sie in einer Kirche tun sollen, wenn gerade kein Gottesdienst stattfindet. Er fordert sie auf, eine „eigene Sprache für den Aufenthalt in einer Kirche" zu finden, die sich nicht bloß in kunsthistorischen Beschreibungen des Raumes erschöpft.[14]

Zu Ortheils Stärken zählt sein Sensorium für architektonische Grundformen, die räumliche Erfahrungen der „Daseinsweitung" bewirken.[15] Dazu gehört das Zusammenspiel von Raum, Klang und Licht, auf das der Autor in den Kathedralen seiner Heimat ebenso stößt wie in den großen Kirchen Roms (*Erfindung des Lebens*).[16] Der Petersdom in Rom gilt vielen als Inbegriff architektonischer Erhabenheit.[17] Selbst Immanuel Kant, der nie in Rom war, zieht den Petersdom in seiner *Kritik der Urteilskraft* als Beispiel für Gebäude heran, die aufgrund ihrer schier unfassbaren Raumdimensionen Unendlichkeitserfahrungen hervorrufen.[18] Wird die Erhabenheit jedoch für religiöse oder politische Machtansprü-

---

[11] Vgl. die literarischen Portraits der Domkirchen von Köln und Mainz, Ortheil ²2015, 29–38 bzw. 79–82.
[12] Ortheil 2009, 56.
[13] Ortheil 2012, 108.
[14] Ebd., 111.
[15] Vgl. Erne 2017, 122–132.
[16] Vgl. dazu Johannes Catts Raumeindruck beim Betreten des Kölner Domes: „Ich weiß noch genau, wie sehr ich damals bei jedem Betreten des Kirchenraums erschrak, denn sofort nach Passieren des großen Portals ging der Blick ja hinauf, in die schwindelerregenden Höhen, an den Pfeilerbündeln und bunten Kirchenfenstern entlang. Ich blieb stehen und wusste nicht weiter, so wie mir erging es aber den meisten Besuchern, sie blieben stehen und schauten eine Zeit lang in die Höhe, als müssten sie zunächst einmal Maß nehmen und sich auf diese den Körper überwältigenden Größenverhältnisse einstellen." In: Ortheil 2009, 56. Vgl. darüber hinaus ebd., 456–457.
[17] Für Rudolf Otto ist die Erhabenheit Ausdruck des Numinosen auf dem Feld der Kunst bzw. Architektur: „In den Künsten ist das wirksamste Darstellungsmittel des Numinosen fast überall das Erhabene. Zumal in der Baukunst." In: Otto 2014, 85.
[18] „[...] die Bestürzung oder Art von Verlegenheit, die, wie man erzählt, den Zuschauer in der St. Peterskirche in Rom beim ersten Eintritt anwandelt, zu erklären. Denn es ist hier ein Gefühl der Unangemessenheit seiner Einbildungskraft für die Idee eines Ganzen, um

che missbraucht, droht ihre Pervertierung. Der Petersdom gilt vielen daher ebenso als Symbol für päpstliche Prunkentfaltung und Machtmissbrauch.

Es wundert nicht, dass auch der als unbequem geltende Literaturnobelpreisträger Peter Handke (*1942) den Petersdom für ein unliebsames Repräsentationsgebäude hält, wie er nach dem Brand der Pariser Kathedrale Notre-Dame am 15. April 2019 in einem Interview festhielt:

> Der Petersdom ist für mich Macht. In Notre-Dame bin ich gerne in die Messe gegangen, ich habe das Evangelium gehört, den Rhythmus der Eucharistie wahrgenommen. Das Vordringliche von Notre-Dame ist die Verwandlung, das Fröhliche, die frohe Mahlzeit...[19]

Was Handke über Notre-Dame sagt, gilt in Analogie für eine bemerkenswerte Messszene in seiner Erzählung *Der Große Fall*. Das dort geschilderte Gotteshaus ist nach außen kaum als Kirche wahrnehmbar: „Es war eine Kirche, so klein wie die Häuser in der Straße, zu erkennen allein an einem Türmchen, in einem verblaßten Blau, obenauf ein angerostetes Kreuz, das auch eine Fernsehantenne sein konnte."[20] Durch Verzicht auf unnötigen Zierrat und Ausstattung richtet sich der Fokus ganz auf das Wandlungsritual. Im Zentrum des Raums steht der nüchterne Altar, auf dem „die Verwandlung des Brots in den Leib und des Weins in das Blut"[21] vollzogen wird. Eine hermeneutische Schlüsselfunktion kommt der Sakristei zu, da sich in ihr erfüllt, was eben noch im Kirchenschiff vom Priester und dem einzigen Besucher begangen wurde. Das starre Messritual findet zurück ins Leben, die von der Liturgie ausgelöste Heiterkeit setzt sich im brüderlichen Mahl fort, das in der Sakristei in Form einer kleinen Agape stattfindet: „Wie man mit dem Alleinessen doch den Geschmackssinn verliert. [...] Solch ein Speisen jetzt aber, gleich was: Wie es doch mundet."[22] Die Sakristei ist Raum für die Vor- und Nachbereitung der Liturgie und steht bei Handke wie kein zweiter Raum für das Agape-Prinzip christlicher Liturgie.[23] Der Vollzug des archaischen Rituals während der Messe und seine brüderliche Einlösung im Leben gehören für den Schriftsteller untrennbar zusammen, ohne dass beide ineinander aufgehen würden.

Dominiert bei Ortheil die Erhabenheit der Kathedrale, fällt Handkes Wahl auf die puristisch zugespitzte Sakralität einer unscheinbaren Vorstadtkirche, um seiner „azentrischen" Poetik Ausdruck zu verleihen.[24] Handkes Protagonisten bevorzugen die Ränder gegenüber den historischen Zentren, weil sie an der

---

sie darzustellen, worin die Einbildungskraft ihr Maximum erreicht und bei der Bestrebung es zu erweitern in sich selbst zurücksinkt, dadurch aber in ein rührendes Wohlgefallen versetzt wird." In: Kant ⁶1924, 96 (§ 26).

[19] Handke / Kümmel 2019, 37–38.
[20] Handke 2011, 176.
[21] Ebd., 180.
[22] Ebd., 182.
[23] Vgl. ebd., 177; 181–185.
[24] Hörisch 1992, 274.

Peripherie das eigentliche Leben der Menschen eher vermuten als in den auf Hochglanz getrimmten Innenstädten der Metropolen. In der topographischen Vorliebe für unbesetzte „Zwischenräume", „Übergangszonen" und „Schwellen"[25] drückt sich ein Leitsatz aus, der Handkes ganzes literarisches Schaffen pointiert zusammenfasst: „Literatur: die noch nicht vom Sinn besetzten Orte ausfindig machen."[26]

Auf Kathedrale und Vorstadtkirche folgt beim schwäbischen Autor und Büchner-Preis-Träger Arnold Stadler (*1954) ein Kirchenbau der Nachkriegsmoderne.[27] Salvatore, Stadlers Protagonist im gleichnamigen Roman, steuert sie mit Hilfe eines Navigationsgeräts an, um am Himmelfahrtstag an einer Messe teilzunehmen.

> Die Kirche stand im Neubaugebiet, gebaut für die katholischen Flüchtlinge und Vertriebenen, mehr ein Würfel als ein Haus, im Treppenhausstil, ein Post-Mies-van-der-Rohe (der eigentlich nur Mies hieß, seinen Namen aber mit dem Instinkt für den Klang aufstockte), der wenig Hoffnung ausstrahlte.[28]

Der ironische Unterton deutet zu Beginn der Szene bereits an, dass er sich weder in der Zweckmäßigkeit des Bauwerks noch in der Institution Kirche beheimaten kann. Der Messbesuch wird folglich auch zur Enttäuschung. Der Raum an sich, aber auch die Liturgie und Predigt schaffen es nicht mehr, die biblische Botschaft der Himmelfahrt so zu vergegenwärtigen, dass Salvatore seine religiöse „Sehnsucht nach dem Glauben von einst"[29] stillen könnte. Dennoch wendet er sich nicht einfach ab, sondern besucht am Nachmittag den in ein Kino umfunktionierten Gemeindesaal, wo er Pasolinis *Das 1. Evangelium - Matthäus* sieht. Ausgerechnet ein in die Jahre gekommenes Gemeindehaus, ein unscheinbarer Zweckbau, im Sinn Augés ein „Nicht-Ort", übernimmt die Funktion der Liturgie. Salvatore kann sich im Film beheimaten, weil er für den Suchenden ein religiöses wie ästhetisches Moment bereithält, das er davor nur in den Liturgien seiner Kindheit erlebte. Salvatore erkennt einen Sinnhorizont, dem er sich anvertrauen kann und in dem er seine Sehnsucht im Modus des Ästhetischen erfüllt sieht. Das Filmerlebnis ist ein liturgisches Ereignis - so ist die ästhetische mit der religiösen Erfahrung aufs Engste verschränkt.[30] Die durch den Film ausgelöste Wandlung („Als er herauskam, war er ein anderer."[31]), so die entscheidende Pointe, bleibt nicht ohne Folgen für sein Leben. Er findet zu sich selbst zurück und will nun die im Kino gemachte Erfahrung mit seiner Frau teilen: „Noch vor dem Schlafengehen wollte er Bernadette es und

---

[25] Zur Bedeutung der Zwischenräume und Schwellen vgl. Höller 2013, 134–145 und Gottwald / Freinschlag 2009, 74.
[26] Handke ²1982a, 241.
[27] Vgl. Wittmann-Englert 2006.
[28] Stadler 2008, 53–54.
[29] Ebd., 65.
[30] Rottschäfer 2020, 317.
[31] Stadler 2008, 84.

alles sagen. Und mit diesem ‚es und alles' lebte er nun weiter und war er bald zu Hause."³²

Stadler ruft mit Salvatores Kinobesuch im Gemeindesaal in Erinnerung, dass es alternative Orte der Transzendenz wie Kinos, Museen und Sportstätten gibt, die für heutige Menschen mitunter attraktiver sind als Kirchen. Unbesetzte Schwellenräume verlangen von ihren Besuchern keine „Begründungsaufgaben", die für Gotteshäuser jedoch unerlässlich sind.³³ Bei Stadler äußert sich die Liturgiekritik eines religiösen Menschen, der auf der Suche nach einem Ort ist, der ihm Heimat gibt. Er kann ihn aber nicht mehr dort finden, wo ihn die institutionalisierte Religion verortet. Trotz der negativen Erfahrung bricht Salvatore seine Suche nicht ab, sondern betritt einen alternativen Ort der Daseinsweitung, der ohne institutionellen Einfluss ebenso religiös-ästhetische Erfahrungen bereithält. Liturgie gelingt in der Literatur immer dann, wenn sich ihre erlösende Botschaft im Leben bewahrheitet. Marie-Alain Couturier (1897-1954), französischer Dominikaner und Wegbereiter des modernen Kirchenbaus, unterscheidet Profan- von Sakralbauten (*lieu sacre*) dadurch, dass „religiöse Architektur [...] immer eine gewisse Lebensänderung hervorbringen [muss]".³⁴

3. Atmosphäre

Obwohl Stadlers „Post-Mies-van-der-Rohe-Bau" mit Altar, Ambo, Taufstein und Orgel über das nötige Inventar eines katholischen Gotteshauses verfügt, fehlt dennoch etwas Entscheidendes: die Atmosphäre.³⁵ Was darunter genau zu verstehen ist, lässt sich nur schwer definieren.³⁶ Zur besseren Bestimmung werden mitunter verwandte Begriffe wie Aura, Ausstrahlung, Ambiente, Stimmung oder Präsenz herangezogen.³⁷ Für den Schweizer Architekten und Pritzker-Preis-Träger Peter Zumthor, bekannt für das Kölner Kunstmuseum Kolumba und die Bruder-Klaus-Kapelle (Wachendorf), zählt die Atmosphäre zu den zentralen Qualitätsmerkmalen guter Architektur.³⁸ „Was zum Teufel berührt mich denn an diesen Bauwerken? [...] Wie kann man solche Dinge entwerfen, die

---

[32] Ebd., 149.
[33] Vgl. Erne 2017, 132–135. Der Terminus „Begründungsaufgaben" geht auf den Philosophen Christoph Menke zurück: Ders. 1999, 131–146.
[34] Couturier 1981, 22.
[35] Vgl. zu den kirchenrechtlichen Vorgaben für Kirchen Bieringer 2019, 822–825.
[36] „Denn die Aura eines Bauwerkes lässt sich schwer belegen und scheint sich der Analyse anhand konkreter Merkmale zu entziehen.", in: Erne 2017, 106.
[37] Vgl. zu diesem Abschnitt Stock 2014, 190–195 und Erne 2017. Der Autor dieser Arbeit verdankt beiden wertvolle Hinweise auf weiterführende Literatur bzw. Zitate.
[38] Vgl. Haepke 2013, hier bes. 248–308.

eine derart schöne, selbstverständliche Präsenz haben, die mich immer wieder berührt. Ein Begriff dazu ist die Atmosphäre..."³⁹ Aus phänomenologischer Perspektive spricht der Philosoph Gernot Böhme von raumgewordenen Emotionen: „Atmosphären sind gestimmte Räume oder [...] räumlich ergossene, quasi objektive Gefühle"⁴⁰ und „ergreifende Gefühlsmächte"⁴¹, die überwältigen, wenn ein atmosphärisch aufgeladener Raum betreten wird. Böhme äußert zugleich Kritik an der Theologie bzw. Liturgiewissenschaft, weil sie den Kirchenbau zu einseitig auf seine Gemeindefunktionalität beschränken.⁴² In der theologischen Überbetonung des liturgischen Funktionalismus sieht er den Versuch, Emotionen und Wahrnehmung in Kirchen institutionell zu steuern und aliturgische (Raum-)Erfahrungen abzuwerten.⁴³

> Das dogmatische Verhalten der Kirchen steht im eigentlichen Kontrast zur Wirklichkeit kirchlicher Räume. Denn diese enthalten eine große Mannigfaltigkeit charakteristischer Atmosphären, und es haben sich sogar im Laufe der Kirchengeschichte solche herausgebildet, die typisch für christliche Kirchen sind. Faktisch haben die Kirchen selbst durch ihre Architekten und durch ihre Zusammenarbeit mit Künstlern zur Herausbildung dieser Atmosphären beigetragen. Sie wollen aber, wie es scheint, die Inszenierung des Numinosen, das durch die Erzeugung von Atmosphären in kirchlichen Räumen geschieht, nicht wahrhaben.⁴⁴

Mittlerweile haben die betroffenen theologischen Disziplinen auf die Kritik der Sozial- und Geisteswissenschaft reagiert und bezeichnen die fehlende „numinose Raumatmosphäre" im postsakralen Kirchenbau ebenso als Mangel.⁴⁵ Zu den zentralen Herausforderungen des zeitgenössischen Kirchenbaus gehört es, das Bedürfnis nach sakraler Atmosphäre zu befriedigen, ohne einen „Rückfall

---

[39] Zumthor 2006, 11.
[40] Böhme ²2013, 16.
[41] Ebd., 19.
[42] Vgl. ebd., 140–141.
[43] Alex Stock hält entgegen, ohne aber auf die Problematik des liturgischen Funktionalismus hinzuweisen: „In ihrer vielfältigen Begehbarkeit präsentiert sich die Kirche als ein Freiraum privater Andacht, die sich, vom gemeindlichen Gottesdienst ungebunden, ergehen kann. Wo es in streng gemeindeliturgisch angelegten Kirchenräumen nicht viel zu begehen oder besichtigen gibt, oder wo Kirchen ihre Zugänglichkeit auf die eigenen gottesdienstlichen Veranstaltungen beschränken, geben sie zu verstehen, daß sie an einer vagabundierenden Nutznießung ihrer Einrichtung nicht interessiert sind: Kirche heißt Gemeinde und Gemeindebildung." In: Stock 2014, 202.
[44] Böhme ²2013, 141.
[45] „Beide Konfessionen scheitern aber mit vielen dieser nachsakralen Kirchenbauten und Gemeindezentren an einem Mangel an Aura.", in: Erne 2017, 13. Pioniere des modernen Kirchenbaues wie der bereits zitierte Marie-Alain Couturier haben freilich schon früh auf den Vorrang der Atmosphäre („l'esprit", „climat", „l'atmosphère") beim Neubau von Kirchen gepocht. Couturier war am Bau der berühmten Kapelle von Ronchamp des Schweizer Architekten Le Corbusier beteiligt. Vgl. dazu Couturier 1956, 60–61; vgl. ferner Erne 2017, 79–84.

in archaische Sakralität" zu riskieren.[46] Das Zusammenspiel von Atmosphäre und Numinosem ist auch ein zentrales Thema der hier vorgestellten Literatur.

Christoph Ransmayr (*1954) bringt beides in der Erzählung *Trost der Betrübten* aus *Atlas eines ängstlichen Mannes* zur Sprache, ohne dass der erzählende Beobachter dazu die Anstaltskirche am Wiener Steinhof betreten müsste. Ein kurzer Schwenk von außen in das Innere reicht ihm völlig aus, um die numinose Atmosphäre des Wiener Jugendstiljuwels an den Leser bzw. die Leserin weiterzugeben.

> Den Blick in das von zwei Ampeln nur schwach erhellte, golden schimmernde Kirchenschiff gerichtet, knieten oder standen die Betenden vor versperrten Toren und umklammerten die Gitterstäbe, als ob die abendliche Weite in ihrem Rücken, die träge ziehenden Wolken, ja die ganze Stadt, die, aus der Höhe des Kirchenportals betrachtet, in einer blaugrauen Tiefe lag – Regionen einer vergitterten Welt wären und das verschlossene Halbdunkel, in das sie ihre Gebete, Lieder und Litaneien murmelten und sangen, die Freiheit, ein kostbar funkelnder, unendlicher Raum.[47]

Wer Ransmayrs Blick in das Gotteshaus folgt, dem eröffnet sich eine andere Welt. Das Gitter wird zur Schwelle zwischen verschlossener Außenwelt und offenem Freiheitsraum. Die gefühlte Unendlichkeit des Raumes löst eine Überschreitung des Daseins der singenden Beter aus, die nicht ohne Folgen für den Beobachter bleibt. Auch bei ihm wird ein Reflexionsprozess angestoßen. Die gesamte Szene korrespondiert zudem mit jenen Kategorien, die Böhme als typisch für christliche Kirchen beschreibt: Dämmerung, Stille, Erhabenheit.[48] Unter Dämmerung versteht er sowohl den bergenden Charakter einer Kirche als auch die damit verbunden Ahnung, dass sie ein Geheimnis birgt.[49] Mit Stille ist nicht einfach Lautlosigkeit gemeint, sondern ein gedämpfter Klangraum, in den die Besucher einer Kirche eintreten, um den Lärm des Alltags hinter sich zu lassen.[50] Dazu kommt die bereits angesprochene Erhabenheit, die bei Böhme nicht wie bei Kant mit der schier unfassbaren Raumgröße verknüpft ist, sondern als leibliche Erfahrungen des Blickes gedeutet wird: „Die Auflösung der Blickfixierung und die Bewegungsanmutung durch die Architektur führen zu einem Ausgleich des Leibgefühls ins Unendliche."[51] Zur Besonderheit Ransmayrs gehört es, dass die von Böhme beschriebenen Kategorien in seinen literarischen Betrachtungen nicht bloß auf christliche Kirchen beschränkt bleiben. Seine Faszination für die Architektur des Heiligen führt Ransmayr ebenso in Tempel, Pagoden, Naturheiligtümer und andere Orte, an denen Menschen sich vom Numinosen angezogen fühlen.[52] Das Numinos-Sakrale wird zum Bestand-

---

[46] Rombold 1969a, 93.
[47] Ransmayr ⁶2013, 349.
[48] Vgl. die Zusammenfassung von Böhmes Kategorien bei Stock 2014, 196–199.
[49] Vgl. Böhme ²2013, 144.
[50] Vgl. ebd., 145.
[51] Ebd.
[52] Vgl. Bieringer 2013.

teil einer *religio et liturgia perennis*, auf die der Autor in den unterschiedlichsten Religionen und Kulturen trifft.[53] Aus diesem Grund interessiert er sich für volkstümliche Frömmigkeitsformen wie das Wallfahrtswesen oder die Marienverehrung, in denen sich nicht selten Christliches mit Vorchristlichem kreuzt.[54] Er selbst bleibt freilich stets in der Rolle des distanzierten Beobachters. „Ich erzähle, was ich gesehen habe [...]. Ich erzähle, was ich gehört habe."[55]

4. „Hybride Räume der Transzendenz"

Resümierend ergibt sich in der Zusammenschau der Szenen noch kein eindeutiges Bild. Zwar sind Gemeinsamkeiten in Bezug auf Erhabenheit, Atmosphäre und Sakralität erkennbar, eine spezifische Typologie literarisch gespiegelter Gotteshäuser lässt sich daraus aber nicht zwingend ableiten. Ein erster Gradmesser ist die Unterscheidung des eingangs zitierten Marc Augé in Ort und Nicht-Ort. Ohne die dominanten Merkmale „Identität, Relation und Geschichte" bleiben Gotteshäuser auch für Literaten und Literatinnen stumm.

Mit Blick auf die oben eingeblendete Bedeutung numinoser Atmosphären für Gotteshäuser fragt Alex Stock in seiner *Poetischen Dogmatik* nach dem theologischen Mehrwert solcher Fragestellungen.

> Läßt sich in diesen Atmosphären überhaupt etwas anderes erkennen als die allmähliche Verflüchtigung und Verdunstung des Glaubens, der einstmals die klare und feste Bestimmung gab, diese Gebäude zu errichten? [...] Es ist die Frage, ob dem Begriff der Atmosphäre nicht nur ein religionsphänomenologischer, sondern auch ein theologischer Sinn abzugewinnen wäre.[56]

Die kritischen Rückfragen ließen sich über den Bereich der Atmosphäre hinaus auf die gesamten Fragestellungen des Beitrags übertragen. Ist die Beschäftigung mit profaner Literatur im Kontext der Liturgiewissenschaft nicht bloß eine Art Ablenkungsmanöver, um die gegenwärtigen Säkularisierungstendenzen einer theologischen Rechtfertigung zu unterziehen? Greifen wir dazu nochmals die Eingangsfrage auf. Warum strömen Menschen so zahlreich in die Kirchen, obwohl sie den Kontakt zur institutionellen Religion längst verloren haben?

---

[53] Vgl. Schmidinger 1999.
[54] Vgl. hier bes. Ransmayr ⁶2013: *Herzfeld* (28–35), *Ein Kreuzweg* (101–106), *Pacífico, Atlántico* (294–298), *Wallfahrt* (337–348), *Ein Weltuntergang* (388–393), *Die Ankunft* (450–456).
[55] Ebd., 345.
[56] Stock 2014, 202–203.

Am Beginn einer möglichen Antwort steht ein Zitat von Georg Wilhelm Hegel, der in seiner *Ästhetik* über das zwanglose Raumgefühl gotischer Kathedralen spricht:

> Und so haben auch alle mannigfaltigen Interessen des Lebens, die nur irgend an das Religiöse anstreifen, hier nebeneinander Platz. Keine festen Abteilungen von reihenweisen Bänken zertheilen und verengen den weiten Raum, sondern ungestört kommt und geht jeder [...] so geschieht das Verschiedenste störungslos zu gleicher Zeit. [...] All dieß Vielfache schließt ein und dasselbe Gebäude ein. Aber diese Mannigfaltigkeit und Vereinzelung verschwindet in ihrem steten Wechsel ebensosehr gegen die Weite und Größe des Gebäudes; [...] alles eilt vorüber, die Individuen mit ihrem Treiben verlieren sich und zerstäuben wie Punkte in diesem Grandiosen, das Momentane wird nur in seinem Vorüberfliehen sichtbar, und darüberhin erheben sich die ungeheuern, unendlichen Räume in ihrer festen immer gleichen Form und Konstruktion.[57]

Auch wenn die alten Kathedralen mittlerweile ebenso im Protestantismus bestuhlt wurden und Hegels Flüchtigkeit des Individuellen nicht mehr uneingeschränkt geteilt wird, gibt seine Rede von der „Großzügigkeit des Raumes" Anlass für aktuelle Anknüpfungspunkte.[58] Der Marburger Theologe Thomas Erne beschreibt Kirchenräume deswegen als großzügig, weil sie verschiedene Formen der Transzendenzerfahrung ermöglichen („Transzendenz im Plural").[59] Zu klassisch religiösen Erfahrungen, wie sie etwa in der Liturgie gemacht werden, gesellen sich autonome ästhetische, die ihre Quelle nicht aus einem göttlichen Urgrund schöpfen. Erne spricht von Kirchen als sogenannten „Hybridräumen der Transzendenz", da sich in ihnen ästhetische und religiöse Formen überlagern, sich gegenseitig irritieren und mitunter Konflikte heraufbeschwören. Zur näheren Qualifizierung des räumlichen Erfahrungshorizonts in Kirchen greift er auf den von Hans Joas geprägten Begriff der „Selbsttranszendenz" zurück. Der Soziologe versteht darunter ein dynamisches Moment der Selbstüberschreitung, das von außen kommt und sich der unmittelbaren Verfügungsgewalt des und der Einzelnen entzieht: „Erfahrungen, in denen eine Person sich selbst übersteigt, [...] im Sinne eines Hinausgerissenwerdens über die Grenzen des eigenen Selbst, eines Ergriffenwerdens von etwas, das jenseits meiner selbst liegt, einer Lockerung oder Befreiung von der Fixierung auf mich selbst."[60] Für Erne wie für Joas ist wichtig, dass sich Selbsttranszendenzerfahrungen nicht nur positiv niederschlagen, sondern mitunter Furcht und Schrecken auslösen, vergleichbar etwa mit dem, was Rudolf Otto als *Mysterium*

---

[57] Hegel 1837, 343.
[58] Zur Problematik der Bestuhlung von Kirchen vgl. Stock 2014, 115–118; aus evangelischer Sicht vgl. Claussen ²2012, 192–196.
[59] Der Terminus „Großzügigkeit der Räume" wie der Hinweis auf das Hegel-Zitat stammen von Erne: „Sie [= die Kirchenräume, AB] sind großzügig gegenüber unterschiedlichen religiösen Haltungen, aber auch großzügig gegenüber den unterschiedlichen sozialen und ästhetischen Deutungen des Unendlichen in ihren Räumen." In: Erne 2017, 126.
[60] Joas ²2004, 17–18.

*fascinans et tremendum*⁶¹ bezeichnet. Ebenso weist Joas darauf hin, dass Selbsttranszendenzerfahrungen zwar Grundlage für religiöse Erfahrungen sein können, es aber nicht sein müssen.

Selbsttranszendenzerfahrungen sind nicht auf Kirchenräume beschränkt, sie können ebenso in auratisch aufgeladenen Museen, Sportstadien oder in Konzertsälen gemacht werden.⁶² Die Frage nach einer spezifischen Typologie der literarisch gespiegelten Gotteshäuser wurde oben bereits negativ beantwortet und dennoch gibt es einen gemeinsamen Nenner, der die hier präsentierten Räume miteinander verbindet. Wie auch immer die Literaten ihre Kirche im Einzelnen ausgestalten, sie lassen sich mit Erne als „Hybridräume der Transzendenz" bezeichnen, in denen Entgrenzungserfahrungen gemacht werden, die sich an der architektonischen Besonderheit der Räume entzünden.⁶³ Die Erfahrungen sind ästhetischer Natur, müssen aber nicht zwingend religiös sein. Besser lässt sich von deutungsoffenen Selbstüberschreitungen sprechen.⁶⁴ Wie durchlässig die Entgrenzungserfahrungen mitunter sein können, lässt Peter Handke anklingen. „Ich bin manchmal ein religiöser Mensch, weil ich das Bedürfnis habe, dankbar zu sein, und weiß nicht wem."⁶⁵ Obwohl er auf einen eindeutigen Gottesbezug verzichtet, bleibt sein Notat dennoch auf Religion bezogen.⁶⁶

In Literatur zur Darstellung gebrachte Gotteshäuser sind deshalb für die Liturgiewissenschaft von Interesse, weil sie veranschaulichen, an welchen Charakteristika sich Selbsttranszendenzerfahrungen entzünden und wozu Kirchen heute überhaupt noch gebraucht werden. Ihre vornehmliche Funktion bleibt die Verwendung als *domus ecclesiae*, in dem sich die Gemeinde zum Gottesdienst versammelt und Gott in Wort und Sakrament präsent ist. Ernes Theorie zielt nicht darauf ab, die religiöse Dimension von Kirchen zu schmälern oder gar in Frage zu stellen. Kirchen werden in Zukunft auch nur dann als „hybride Räume der Transzendenz" wahrgenommen, wenn sie auch religiös bzw. liturgisch bespielt werden. „Die Kirche ist ein räumliches Dispositiv, das im religiösen Vollzug, im Gottesdienst der Gemeinde, immer wieder aufs Neue auratisiert werden muss, sonst verliert sich auch ihr ästhetischer Wert."⁶⁷ Eine als *domus ecclesiae* genutzte Kirche ist dennoch kein Garant dafür, auch als ästhetischer Ort erfahren zu werden, wie viele Beispiele des funktionalen Kirchenbaus belegen. Im Laufe der Geschichte des christlichen Kirchenbaues standen sich die

---

61 Vgl. Otto 2014, 42–52.
62 Vgl. Erne 2017, 25–26.
63 Eine ganze Palette dieser architektonischen Besonderheiten beschreibt Erne 2017, 122–132.
64 Ebd., 11.
65 Handke 1982b, 102.
66 Ganz ähnlich ließe sich ebenso Handkes Ausspruch deuten: „Ich weiß nicht, ob ich an Gott glaube, aber an den Gottesdienst glaube ich.", in: Greiner / Handke 2010.
67 Erne 2017, 138.

Grundmodelle *domus ecclesiae* (Kirche als Versammlungsort der Gemeinde) und *domus Dei* (Kirche als Haus Gottes) immer wieder gegenüber. Während die mittelalterlichen Kathedralen als Ausdruck der Re-Sakralisierung im Sinne des *domus Dei* galten, erklärte der nachsakrale Kirchenbau die Ent-Sakralisierung zu seinem drängendsten Hauptanliegen. Damit war zugleich das Ziel verbunden, den vermeintlichen Status der Urkirche wiederherzustellen, die für ihre Versammlungen nicht auf das Tempelmodell (*domus Dei*), sondern auf die profane Basilika zurückgriff. Als Folge setzte sich ein liturgischer Funktionalismus durch, der die Liturgie als alleinige Baumeisterin (Cornelius Gurlitt) bestimmte.[68]

Schon in der Hochphase der funktionalen Gemeindezentren stellte der Linzer Theologe Günter Rombold (1925–2017) klar: „Das [...] viel strapazierte Wort von der ‚Bauherrin Liturgie' ist falsch"[69] und gibt zugleich den Grund dafür an: „Die Ästhetik des Funktionalismus mit ihrer Behauptung, Schönheit folge aus der Zweckmäßigkeit, ist uns heute fragwürdig geworden."[70] Aufs Ganze gesprochen hinterließ der postsakrale Kirchenbau in beiden großen Konfessionen einen „Mangel an Aura".[71] Die literarischen Beispiele belegen auf anschauliche Weise, dass die Sehnsucht nach einer „numinosen Atmosphäre" in Kirchen ungebrochen ist. Zugleich besteht die Gefahr, dass auratisch aufgeladene Profanbauten wie Museen, Stadien oder Konzerthäuser die fehlende Sakralität der Kirchen substituieren.[72] Als Ausweg aus dem Dilemma schlägt Erne vor, Kirchen nicht nur als *domus ecclesiae*, sondern ebenso als *domus hominis spiritualis et aesthetici* zu verstehen. „Sie [= Kirchen, AB] sind ein öffentlicher Ort, wo Menschen mit dem Raum und seiner Aura eine Weitung und Überschreitung ihres Daseins verbinden, die sie nicht mehr, jedenfalls nicht mehr ausschließlich religiös interpretieren."[73] Damit kann jedoch nicht die Rückkehr zu einer archaischen Resakralisierung von neu zu bauenden Kirchen gemeint sein, da sie die Autonomie und Eigengesetzlichkeit moderner Architektur in Frage stellen würde. Anhand der Kapelle von Ronchamp (Le Corbusier) und den beiden Kapellen von Peter Zumthor weist Erne nach, dass Kirchen „autonome" Kunstwerke sein können, aber dennoch über einen (impliziten) religiösen Sinn verfügen.[74] „Die Atmosphäre in seinen Kapellen schließt die religiöse Andacht nicht aus, aber die Tatsache, dass dort gebetet werden kann, bestimmt nicht über die architektonische Konstruktion, aus der sich die atmosphärische Qualität des Raumes aufbaut."[75]

---

[68] Vgl. Gurlitt 1921, 5–6.
[69] Rombold 1969b, 209.
[70] Ebd., 214.
[71] Erne 2017, 13. Erne verweist hier auf Minta / Schmitz 2016, 3–6.
[72] Vgl. Müller 2014, 37.
[73] Erne 2017, 136–137.
[74] Vgl. ebd., 79–84; 92–97.
[75] Ebd., 96.

Wenn nun spirituelle wie ästhetische Erfahrungen an der architektonischen Qualität hängen, hat das Konsequenzen für den Neu- und Umbau von Kirchen. Am mutigsten ist wohl der Vorschlag zu werten, den Kirchenbau vollumfänglich aus seiner exklusiven Bindung an den liturgischen Funktionalismus herauszulösen, um den Fokus (aber nicht ausschließlich) auf ästhetische Selbstüberschreitungen zu legen. Das verlangt auf institutioneller Seite (Gemeinde, Bistümer etc.) die Bereitschaft, Kirchenräume als autonome Kunstwerke anzuerkennen und Architektinnen und Architekten den nötigen Freiraum für Gestaltung und Ausstattung einzuräumen. Aber auch für bereits bestehende Kirchen bleibt die These nicht ohne Folgen. In einem ersten Schritt gilt es in den Gemeinden eine Kultur zu etablieren, die über den Wert von ästhetischen, aber aliturgischen Entgrenzungen Bescheid weiß und zugleich Formen findet, diese für eine breite Schar von Besucherinnen und Besuchern zu ermöglichen. Das inkludiert ebenso eine Grundhaltung, Liturgie nicht nur aus der religiös-institutionalisierten Perspektive wahrzunehmen, sondern nach den ästhetischen Bedürfnissen heutiger Menschen Ausschau zu halten. Der Liturgiewissenschaft kommt dabei die Aufgabe zu, zwischen den religiösen wie liturgischen Formen der Grenz- und Daseinsweitung zu vermitteln und der Frage nachzugehen, wie alte Formen neu und neue Formen im Licht alter Tradition gedeutet werden können. Darüber hinaus zieht Ernes These Konsequenzen für die (Nach-)Nutzung von (liturgisch) nicht mehr benötigten Kirchen nach sich.[76] Wenn ihre Funktion in Ernes Sinn tatsächlich über die Liturgie hinausreicht, gilt es den gesellschaftlichen Mehrwert solcher Gebäude stärker zu berücksichtigen.[77] Kirchen können eher erhalten werden, wenn sie vielgestaltig genutzt und mit anderen Aktivitäten vernetzt werden. Oft braucht es nicht viel, eine Kirche liturgisch am Leben zu halten, wenn sie darüber hinaus auch noch andere Aktivitäten beherbergt.[78]

Am Ende seiner Nobelpreisrede wich Peter Handke von seinem ursprünglichen Redemanuskript ab und zitierte ein Gedicht von Tomas Tranströmer (1931–2015), das in den teils kritischen Pressekommentaren über die Rede keine Beachtung fand, aber wie kaum ein anderes das Leitmotiv dieses Beitrags zusammenfasst.[79]

Romanische Bögen

In der gewaltigen romanischen Kirche drängten sich die Touristen im Halbdunkel.
Gewölbe klaffend um Gewölbe und kein Überblick.
Kerzenflammen flackerten.
Ein Engel ohne Gesicht umarmte mich

---

[76] Vgl. zu diesem Themenkomplex u. a. Gerhards 2018; Gerhards / de Wildt 2017; Erne u. a. 2016; Gerhards / de Wildt 2015.
[77] Vgl. Hartmann / Mager ²2017.
[78] Vgl. Erne 2017, 135–169.
[79] Handke 2019, 20–21.

und flüsterte durch den ganzen Körper:
»Schäm dich nicht, Mensch zu sein, sei stolz!
In dir öffnet sich Gewölbe um Gewölbe, endlos.
Du wirst nie fertig, und es ist, wie es sein soll.«
Ich war blind vor Tränen
und wurde auf die sonnensiedende Piazza hinausgeschoben
zusammen mit Mr. und Mrs. Jones, Herrn Tanaka und Signora Sabatini,
und in ihnen allen öffnete sich Gewölbe um Gewölbe, endlos.[80]

Literatur

Augé, Marc (1994): Orte und Nicht-Orte. Vorüberlegungen zu einer Ethnologie der Einsamkeit, Frankfurt a. M.
Bieringer, Andreas (2013): Pilgern ohne Gott? Christoph Ransmayrs erzählter Atlas eines ängstlichen Mannes zwischen Ritus und Religion, in: Stimmen der Zeit 231, 769–780.
Bieringer, Andreas (2019): Art. Kirchengebäude – Katholisch, in: Lexikon für Kirchen- und Religionsrecht 2, 822–825.
Bieringer, Andreas (2023): Gottesdienst in der Literatur. Entwurf einer kultursensiblen Liturgiewissenschaft (Pietas Liturgica Studia 26), Tübingen.
Böhme, Gernot (^{2}2013): Architektur und Atmosphäre, Paderborn.
Claussen, Johann Hinrich (^{2}2012): Gottes Häuser oder die Kunst, Kirchen zu bauen und zu verstehen. Vom frühen Christentum bis heute, München.
Couturier, Marie-Alain (1956): Le Corbusier als Kirchenbaumeister. Die Kapelle zu Ronchamp, sein erstes sakrales Bauwerk, in: Antares. Kunst und Wissenschaft aus Frankreich 4.2, 60–61.
Couturier, Marie-Alain (1981): Das Religiöse und die moderne Kunst. Gespräche eines Mönchs mit Braque, Matisse, Picasso u. a., Zürich.
Couturier, Marie-Alain (1983): Art sacré. Textes choisis par Dominique de Menil et Pie Duployé, Houston.
Erne, Thomas u. a. (2016): Open Spaces – Räume religiöser und spiritueller Vielfalt, Weimar.
Erne, Thomas (2017): Hybride Räume der Transzendenz. Wozu wir heute noch Kirchen brauchen. Studien zu einer postsäkularen Theorie des Kirchenbaus, Leipzig.
Gerhards, Albert / de Wildt, Kim (2015): Der sakrale Ort im Wandel (Studien des Bonner Zentrums für Religion und Gesellschaft 12), Würzburg.
Gerhards, Albert / de Wildt, Kim (2017): Wandel und Wertschätzung. Synergien für die Zukunft von Kirchenräumen (Bild – Raum – Feier / Studien zu Kirche und Kunst 17), Regensburg.
Gerhards, Albert (2018): Alte Kirchen versilbern? Umnutzung von Sakralgebäuden, in: Herder Korrespondenz 72.3, 40–43.
Gottwald, Herwig / Freinschlag, Andreas (2009): Peter Handke (UTB 3220), Wien u. a.
Greiner, Ulrich / Handke, Peter (2010): Eine herbstliche Reise zu Peter Handke nach Paris. „Erzählen", so sagt er, „ist eine Offenbarung". Ein Gespräch mit dem berühmten Schriftsteller über seine neuen Bücher „Ein Jahr aus der Nacht gesprochen" und „Immer noch Sturm", über die enttäuschende amerikanische Gegenwartsliteratur und über sein

---

[80] Tranströmer ^{2}2015, 220.

umstrittenes Engagement in Bosnien, in: Die Zeit Nr. 48, Zugriff am 06.10.2023 https://www.zeit.de/2010/48/Interview-Peter-Handke/komplettansicht

Gurlitt, Cornelius (1921): Die Pflege der Kirchlichen Kunstdenkmäler. Ein Handbuch für Geistliche, Gemeinden und Kunstfreunde, Leipzig/Erlangen.

Haepke, Nadine (2013): Sakrale Inszenierungen in der zeitgenössischen Architektur. John Pawson – Peter Kulka – Peter Zumthor (Architektur 20), Bielefeld.

Handke, Peter (^{2}1982a): Das Gewicht der Welt. Ein Journal (November 1975 – März 1977), Salzburg.

Handke, Peter (1982b): Die Geschichte des Bleistifts, Frankfurt a. M.

Handke, Peter (2011): Der Große Fall. Erzählung, Berlin.

Handke, Peter (2019): Nobelvorlesung vom 07.12.2019, in: SVENSKA AKADEMIEN, Nobelvorlesung von Peter Handke. Der Nobelpreisträger für Literatur 2019, Zugriff am 06.10.2023 https://www. nobel prize.org/uploads/2019/11/handke-lecture-german.pdf

Handke, Peter / Kümmel, Peter (2019): „Die Geschichte ist ein Teufel". Der Schriftsteller Peter Handke im Gespräch über den Brand von Notre-Dame und das Unglück Europas, in: Die Zeit Nr. 18, 37–38.

Hartmann, René / Mager, Tino (^{2}2017): Kirchenräume und ihre Zukunft. Sanierung – Umbau – Umnutzung, hg. von der Wüstenrot Stiftung, Ludwigsburg.

Hegel, Georg Wilhelm Friedrich (1837): Vorlesungen über die Ästhetik. Bd. II, hg. von D. H. G. Hotho (Georg Wilhelm Friedrich Hegel's Werke. Vollständige Ausgabe 10), Berlin.

Höller, Hans (2013): Eine ungewöhnliche Klassik nach 1945. Das Werk Peter Handkes, Berlin.

Hörisch, Jochen (1992): Brot und Wein. Die Poesie des Abendmahls (Edition Suhrkamp 1692), Frankfurt a. M.

Joas, Hans (^{2}2004): Braucht der Mensch Religion? Über Erfahrungen der Selbsttranszendenz (Herder-Spektrum 5459), Freiburg i. Br. u. a.

Kant, Immanuel (^{6}1924): Kritik der Urteilskraft, hg., eingeleitet und mit einem Personen- und Sachregister versehen von Karl Vorländer (Philosophische Bibliothek 39).

Menke, Christoph (1999): Wozu Kunst? George Steiners Interpretation der Moderne, in: Neuhaus, Dietrich / Mertin, Andreas (Hg.): Wie in einem Spiegel.... Begegnungen von Kunst, Religion, Theologie und Ästhetik (Arnoldsheimer Texte 109), Frankfurt a. M.

Minta, Anna / Schmitz, Frank (2016): Auratische Räume der Moderne. Editorial, in: Kritische Berichte 44.2, 3–6.

Müller, Bettina-Maria (2014): Sakrale Konkurrenz, in: kunst und kirche 77.3, 32–41.

Ortheil, Hanns-Josef (2009): Die Erfindung des Lebens. Roman, München.

Ortheil, Hanns-Josef (2012): Das Kind, das nicht fragte. Roman, München.

Ortheil, Hanns-Josef (^{2}2015): Die weißen Inseln der Zeit, München.

Otto, Rudolf (2014): Das Heilige. Über das Irrationale in der Idee des Göttlichen und sein Verhältnis zum Rationalen. Mit einer Einführung zu Leben und Werk Rudolf Ottos von Jörg Lauster und Peter Schüz und einem Nachwort von Hans Joas (C.H. Beck Paperback 328), München.

Ransmayr, Christoph (^{6}2013): Atlas eines ängstlichen Mannes, Frankfurt a. M.

Rombold, Günter (1969a): Anmerkungen zum Problem des Sakralen und des Profanen, in: Ders. (Hg.): Kirchen für die Zukunft bauen. Beitrag zum neuen Kirchenverständnis (Theologie konkret), Wien u. a., 69–95.

Rombold, Günter (1969b): Kirchen für die Zukunft bauen, in: Ders. (Hg.): Kirchen für die Zukunft bauen, Beitrag zum neuen Kirchenverständnis (Theologie konkret), Wien u. a., 201–217.

Rottschäfer, Nils (2020): Heimat und Religiosität. Studien zum Werk Arnold Stadlers (Studien zu Literatur und Religion 3), Heidelberg.

Schmidinger, Heinrich M. (1999): Art. Philosophia perennis, in: Lexikon für Theologie und Kirche³ 8, 248–249.
Seng, Eva-Maria / Brühne, Gerd (2013): Der Kirchenbau zwischen Sakralisierung und Säkularisierung - im 17., 18. Jahrhundert und heute, Berlin/München.
Stadler, Arnold (2008): Salvatore, Frankfurt a. M.
Stock, Alex (2014): Poetische Dogmatik. Ekklesiologie. 1. Raum, Paderborn u. a.
Tranströmer, Tomas (²2015): In meinem Schatten werde ich getragen. Gesammelte Gedichte. Aus dem Schwedischen von Hanns Grössel. Mit einem Nachwort von Hans Jürgen Balmes, Frankfurt a. M.
Wittmann-Englert, Kerstin (2006): Zelt, Schiff und Wohnung. Kirchenbauten der Nachkriegsmoderne, Lindenberg.
Zumthor, Peter (2006): Atmosphären. Architektonische Umgebungen. Die Dinge um mich herum, Basel u. a.

Zeitgenössische Kunst in Heiligen Räumen

Viera Pirker, Annegret Reese-Schnitker, Judith Roth-Smileski, Joanna Zdrzalek

1. Einführung

Dieser Beitrag widmet sich zeitgenössischer Kunst in Kirchenräumen, präziser künstlerischen Installationen in Sakralräumen, die für viele gläubige Menschen als heilige Räume gelten. Es sind Orte, an denen religiöse Praxis erfolgt, gemeinschaftlich (Gottesdienste, Andachten, kirchliche Feiern) und einzeln (Gebet, Besinnung). Kunstinstallationen gehen mit dem Sakralraum eine besondere, „eigen-ständige" Beziehung ein, reagieren auf ihn und korrespondieren mit ihm. Diese Art von Kunst ist in spezifischer Weise auf den „heiligen" Raum bezogen, greift die besondere Stimmung, die spürbare Dichte und die transzendenzbezogenen Erlebnisqualitäten auf und ermöglicht so neue ästhetische Erfahrungen. Ob dies erfolgt, hängt allerdings von den Betrachter_innen ab: Lassen sie sich ergreifen, lassen sie sich auf das Kunstwerk ein? Künstlerische Interventionen in Sakralräumen setzen auf die Teilhabe der Betrachter_innen und entfalten erst dadurch ihr reichhaltiges Potenzial. Vorausgehende und gewohnte, mitunter eingefahrene Erfahrungen des Sakralraums und theologische Deutungen können so auch nachdrücklich irritiert, modifiziert und angefragt werden.

Alle Werke der Kunst sind darauf ausgerichtet, Resonanz auszulösen, sie können begeistern, aber auch verstören. Wer sich auf Kunst einlässt, kann ästhetische Erfahrungen machen, die mit Bezug auf die eigene Lebensgeschichte auch existenzielle und möglicherweise religiöse Erfahrungen auslösen können. Kunst könne die Wirklichkeit in einer Weise deuten, die „das Innerste des Menschen berühre", so formuliert es Guido Schlimbach.[1] Ähnlich betont Claudia Gärtner:

> „Betrachtet man ästhetische Erfahrung als nicht alltägliche Fremdheitserfahrung, als Erfahrung von Alterität und des ganz anderen [...], dann können diese Erfahrungen auch einen (Vor-)Geschmack auf religiöse Erfahrungen vermitteln, die eben die allgemein sinnlich strukturierten Alltagserfahrungen überschreiten."[2]

---

[1] Schlimbach 2009, 168. Er ist künstlerischer Leiter der Kunststation St. Peter in Köln.
[2] Gärtner 2011, 164.

Kardinal Lehmann realisiert die große Relevanz der Kunst für Kirche und Theologie, indem er hervorhebt: „Kunst hat für Kirche und Theologie ... eine große Bedeutung, weil in ihr eine eigene Stimme des Menschen zu Gehör kommt." Durch „ihre herausfordernden An-Fragen" fordere sie zu eigener Kreativität und Empathie auf und sei in diesem „Sinne prophetisch", als sie auf eine größere Wahrheit verweise, die über alle Grenzen menschlicher Erkenntnis hinausreiche. Kunst trage so dazu bei, die Welt und die menschliche Existenz tiefer zu verstehen.[3]

Gegenwartskunst hat das Potenzial, über die ästhetische Erfahrung eine Ahnung von Transzendenz zu vermitteln. Vorsicht ist allerdings geboten, dass diese nicht durch die vorschnelle Zuschreibung einer theologischen Bedeutung interpretatorisch verengt wird. Insbesondere bei der Kunst im Sakralraum liegt religiöse Vereinnahmung gefährlich nahe.[4]

An anderer Stelle[5] wurden *Kategorien der Bezugnahme zeitgenössischer Kunst auf Religion* unterschieden: Bei der *ersten* Kategorie ist ein expliziter Bezug zu Religion zu finden: in der sakralen Kunst. Sie „identifiziert sich mit einem bestimmten Glauben und ist selbst Teil des Glaubens, Teil der Glaubenspraxis in Form eines kontemplativen Bildes, einer Ikone, einer heiligen Handlung oder einer verehrungswürdigen Statue."[6] Die *zweite* Kategorie umfasst Kunstwerke, die eine deutliche christliche Identifizierung haben und in denen die Künstler_innen eine eindeutig vermittelnde oder gar verkündende Absicht verfolgen. Weitere Werke, die einen Bezug zu Religion haben, bei denen die Künstler_innen auf religiöse Traditionen zurückgreifen und sich mit diesen in der Sprache der Kunst frei, deutungsoffen und kreativ auseinandersetzen, werden der *dritten* Gruppe zugeordnet. In die *vierte* Kategorie lassen sich Kunstwerke einsortieren, die zwar auf religiöse Symbole und Zeichen zurückgreifen, ohne allerdings den religiösen Kontext zu beachten bzw. sich selbst hier zu beheimaten. Die *fünfte* Kategorie umfasst Kunstwerke, die implizit das religiös Erhabene thematisieren, etwa die Offenheit für Unsichtbares und Transzendentes evozieren. Die überwiegende Mehrheit zeitgenössischer Kunst – das ist die *sechste* Kategorie der Bezugnahme auf Religion – lässt allerdings keinerlei Bezug zur Religion erkennen. Dennoch können hier existenziell bedeutsame Themen zum Inhalt werden, etwa die Grenzerfahrung des Leidens, von Tod und Vergänglichkeit, die Frage nach der Gerechtigkeit für alle Menschen, aber auch positive Erfahrungen, die den Menschen über das vordergründig Alltägliche hinausführen, wie Liebe und Hoffnung.[7]

Die hier vorgestellten zeitgenössischen Kunstwerke in Kirchenräumen können nicht eindeutig nur einer dieser Kategorien zugeordnet werden und

---

3   Lehmann 2015.
4   Vgl. Reese-Schnitker / Schimmel 2008, 37–38.
5   Ebd. auch ausführlichere Fundierungen dieser Kategorien.
6   Ebd., 37.
7   Vgl. ebd., 37–38.

sind zwischen der vierten und fünften Kategorie angesiedelt. Es werden in diesem Beitrag zwei künstlerische Installationen von Birthe Blauth (*Poem of Pearls* 2022, *Eternity* 2024) sowie die Kunstwerke des Kollektivs Atis Rezistans (Documenta 15, 2022) vorgestellt. Es sind Künstler_innen, die sich nicht eindeutig einer bestimmten Glaubenspraxis zugehörig begreifen und gleichzeitig gegenüber religiösen Deutungen grundsätzlich offen und aufgeschlossen sind. Birthe Blauth positioniert sich bewusst unbestimmt und betont im Gespräch ihre Offenheit für alle (religiösen) Weltdeutungen. Auch bei einigen Künstler_innen von Atis Rezistans bleibt ihre Zuordnung zu einer konkreten Glaubensgemeinschaft offen. Gleichzeitig werden religiöse und christliche Artefakte und Motive und christlich-theologische Grundideen explizit angesprochen und bearbeitet.

In den hier besprochenen Kunstwerken der Gegenwartskunst gehen Religion und Kunst eine sehr enge Beziehung ein. Dabei ist noch einmal zu betonen: Sie befinden sich in christlichen Kirchen. Die Künstler_innen sind sehr daran interessiert, ihre Werke mit sakralen Räumen in Dialog zu bringen und bewusst dessen Deutungen zu erweitern.[8] Die Kirchen haben ihre Räume bewusst geöffnet. Sie erhoffen sich Anregungen, Anfragen, Irritationen, Unterbrechungen des religiösen Alltags. Allein diese Tatsache ist bemerkenswert!

Im Dialog können sich Kunst und Kirche begegnen als „Partner unter dem Vorzeichen wechselseitiger Impulse – statt verkrampfter Abgrenzung, idealistischer Vereinnahmung oder überkommener Illusionen".[9] Damit wird eingelöst, was bereits die Konzilstexte in den 1960er Jahre vordenken:

> „Auch die neuen Formen der Kunst, die gemäß der Eigenart der verschiedenen Völker und Länder den Menschen unserer Zeit entsprechen, sollen von der Kirche anerkannt werden" (GS 17)
> „Auf ihre Weise sind auch Literatur und Kunst für das Leben der Kirche von großer Bedeutung. Denn sie bemühen sich um das Verständnis des eigentümlichen Wesens des Menschen, seiner Probleme und seiner Erfahrungen bei dem Versuch, sich selbst und die Welt zu erkennen und zu vollenden [...]." (GS 62).[10]

Diesen Potenzialen zeitgenössischer Kunst in Sakralräumen möchte dieser Beitrag nachgehen und ihre religionspädagogische Relevanz skizzieren.

---

[8] Vgl. Pirker 2017, 127–129.
[9] Meyer-Blanck 2018, 202.
[10] Paul VI. (1965). Gaudium et spes (GS). Pastorale Konstitution über die Kirche in der Welt von heute, (17.62).

2. *Poem of Pearls* (Birthe Blauth) – Eine temporäre Kunstinstallation in der Elisabethkirche Kassel während der Documenta 15[11]

2.1 Beschreibung des Kunstwerks

Gut lesbar in einer Leuchtschrift ziert „*My Precious Pearls From Paradise*" die Außenfassade der 1959/60 erbauten Elisabethkirche im Zentrum von Kassel (Abb. 1). Die Worte erregen schon von Weitem – besonders nachts – die Aufmerksamkeit: Was ist mit dieser Inschrift gemeint, wenn Begriffe wie „precious" („kostbar" bzw. „wertvoll"), „pearl" („Perle") und „paradise" („Paradies") die Außenwand einer insgesamt schlichten katholischen Kirche zieren?

Beim Betreten des Kirchvorplatzes sticht ein grell-grünes Labyrinth hervor, das mit Farbe auf das rote Backsteinpflaster aufgetragen wurde (Abb. 2). Das Labyrinth hat wohl bereits ein größeres Publikum angelockt, da an einigen Stellen die Farbe abgetreten wurde.

Bevor die Gäste den Innenraum betreten können, müssen sie den Vorraum, der Vorplatz und Kirchenraum voneinander trennt, passieren. Sie werden hier gebeten, ihre Schuhe auszuziehen, um dann durch einen dunklen Schallschutzvorhang in den Kirchenraum zu gelangen.

Sind im Vorraum noch einige Geräusche wie anfahrende Autos, pulsierende Ampelphasen oder leise Dialoge der Besucher_innen wahrnehmbar, so umfängt nach dem Durchschreiten des Vorhangs den Eintretenden eine vollkommene Stille. Der gesamte Kirchenraum ist von Mobiliar und Bildern befreit. Lediglich der Altarraum scheint von der Installation unberührt. Die Gestaltung des Innenraums widerspricht dem gewohnten Anblick einer Kirche: Der gesamte Boden ist mit einem täuschend echten Kunstrasen ausgelegt. Dieser geht über den Innenraum hinaus in die seitlichen Gartenhöfe der Elisabethkirche, die durch bodentiefe Fenster aus Glas die Seitenwände ersetzen und den gesamten Innenraum erhellen. Die sinnliche Erfahrung, in einer katholischen Kirche mit den Füßen über einen warmen, mit Kunstrasen ausgelegten Kirchenboden zu gehen, ist ungewohnt. Sofort stellt sich die Assoziation eines „nach Hause Kommens" oder des Betretens eines gemütlichen Wohnzimmers ein. Zudem erinnert der Zugang an den Besuch einer Moschee, bei dem ebenfalls die Schuhe ausgezogen werden.

---

[11] Dieser Abschnitt bezieht sich auf die religionspädagogische Examensarbeit von Judith Roth-Smileski 2022 der Universität Kassel zu: Die Auseinandersetzung mit zeitgenössischer Kunst als Lernanlass für den Religionsunterricht (konkretisiert und reflektiert an zwei Beispielen im Zusammenhang mit der Documenta 15). Vgl. hierzu auch den Beitrag von Bea Ahr in diesem Buch.

Zeitgenössische Kunst in Heiligen Räumen

Abbildung 1: Birthe Blauth (2022). Poem of Pearls. My Precious Pearl From Paradise. Plastische Schrift der Fassade, Elisabethkirche in Kassel, Foto: Johannes Seyerlein (2022).

Abbildung 2: Birthe Blauth (2022). Poem of Pearls. My Precious Pearl From Paradise. Elisabethkirche, Kassel. Foto: Birthe Blauth (2022).

Abbildung 3: Birthe Blauth (2022). Poem of Pearls. Labyrinth auf dem Vorplatz der Elisabethkirche, Kassel, Foto: Judith Roth-Smileski (2022).

Abbildung 4: Birthe Blauth (2022). Poem of Pearls. Innenraum der Elisabethkirche, Kassel, Foto: Birthe Blauth (2022).

Abbildung 5: Birthe Blauth (2022). Poem of Pearls. Innenraum mit Kunstrasen. Kunst Raum Kirche, Kassel, Elisabethkirche. Foto: Judith Roth-Smileski (2022).

In der ungewohnt leeren Umgebung stellt sich ein Gefühl der Verlorenheit im Raum ein. Es entstehen erste Bestrebungen, sich zu orientieren, sich einen „festen" Platz im Kirchenraum zu suchen oder auf dem Boden, der durchaus einladend wirkt, Platz zu nehmen. Die traditionell gewohnte Ordnung und das typische Verhalten in einem Kirchenraum fallen weg.

Vier Strahler an der Decke beleuchten eine runde Feuerschale mitten im Raum und heben das einladende Objekt hervor, das in der Weite des Raums einen Ankerpunkt bietet (Abb. 5). In dieser befinden sich 72.000 weiße Zuchtperlen, die je nach Lichteinfluss zu leuchten scheinen. Die Fülle lädt dazu ein, in die Schale hineinzugreifen. Das Bedürfnis, neben dem Spüren des weichen Kunstrasens auch diesen Teil der Kunstinstallation anzufassen, hochzuheben, zu „hören", mit allen Sinnen zu begreifen, ist groß. Eine Perle auswählen zu dürfen und einen Teil des Kunstwerkes mit nach Hause nehmen zu können, schafft eine Verbindung zum Kunstwerk über den Besuch hinaus. Es herrscht eine ausgesprochen gastfreundliche, einladende und in sich ruhende, gar meditative Gesamtatmosphäre, die zugleich keine Eskapaden erlaubt!

2.2 Kontexte des Kunstwerkes

Zum fünften Mal öffneten die Katholische Kirche und das Bistum Fulda im Rahmen der Documenta 15 im Sommer 2022 in Kassel die zentrumsnah gelegene katholische Elisabeth-Kirche für zeitgenössische Kunst.

Die Installation von Birthe Blauth in der Elisabethkirche ist keine „Auftragsarbeit" der Kirche im engeren Sinn. Die Künstlerin wurde mit ihrem Entwurf durch eine Jury ausgewählt und konnte ihre Ideen autonom realisieren. Ihr Interesse besteht darin, dem Publikum einen Anlass zu bieten, über anthropologische Grundfragen nachzudenken:

> „Inhaltlich geht meine Arbeit darum, zu sich zu finden, seinen Wert zu erkennen und seinen Weg zu finden. Es geht um das Bewusstsein, auf sich zu achten und Verantwortung für sich und die eigenen Ziele zu übernehmen. Es geht auch um die Erfahrung, Teil einer Gemeinschaft zu sein. Es ist eine partizipative Arbeit, die die Besucher anregen soll, über sich nachzudenken."[12]

Im Vorfeld, so erklärt Birthe Blauth in einem Interview, war es ihr wichtig, sich persönlich vor Ort längere Zeit in der Elisabethkirche aufzuhalten, sich hin und her zu bewegen, Gerüche und Geräusche wahrzunehmen. Dies sei für ihre künstlerische Arbeit grundlegend von Bedeutung.[13] Zu ihren ersten Eindrücken zählte, dass sie die Bestuhlung als störend empfand, „es roch nach Innenraum"

---

[12] Kunst Raum Kirche (2021). Elisabethkirche Kassel. Kunst in der Elisabethkirche zur documenta-Zeit 2022. Fünf Künstler/innen, fünf Ideen, fünf Videos. Wer wird 2022 die inneren und äußeren Räume der Elisabethkirche künstlerisch gestalten? [Video].
[13] Blauth, Birthe (im Gespräch mit) Christoph Baumanns (2022). 4.6.22. [Video].

und ihr „Keimgedanke" war, mit der Dominanz des Lichts im Kirchenraum selbst zu arbeiten. Sie wollte, dass Besucher_innen die Veränderung des Kirchenraumes wahrnähmen und dennoch der Raum in seiner Funktion selbst erhalten bliebe. So fanden in der Elisabethkirche trotz der temporären Installation und der radikalen Umgestaltung des Innenraums Gottesdienste, Führungen sowie Konzerte statt. So sollte die Installation auch dazu anregen, neue Formen des Gottesdienstes zu entwickeln und neue Erfahrungen zu machen – weg von dem festen Ritual, sich im Gottesdienst in eine Kirchenbank oder auf einen Stuhl zu setzen, hin zu der Erfahrung, dass man auch liegend die gleiche Ehrfurcht vor Gott haben könne wie sitzend oder kniend.

Die Leuchtschrift „*My Precious Pearl From Paradise*" auf der Außenwand (Abb. 1 und 2) strahlt nach hinten weiß ab. Dies steht, so Blauth, für den Perlenglanz, „ein Strahlen von innen heraus". Für die Künstlerin ist die Inschrift ein „Ankündigung oder Lockmittel" des Paradieses. Sie soll Fragen aufwerfen, Neugierde wecken oder irritieren. Die Suche nach einer Antwort auf diese Fragen sieht die Künstlerin als Teil der Installation.[14]

Das sieben mal sieben Meter große, grüne Labyrinth auf dem Vorplatz lehnt sich an die mittelalterliche Tradition des Labyrinths an (Abb. 2 und 3). Im Gegensatz zu einem Irrgarten gibt es im Labyrinth nur *einen* Weg ins Zentrum und von diesem ausgehend führt dieser Weg auch wieder hinaus. Auch hier hat das Labyrinth die Funktion, „sich den Eingang in das Paradies zu verdienen"[15]. In Anlehnung an die ab dem 12. Jahrhundert entstandenen Labyrinthe, die mit farbigen Steinen in den Boden eingelegt wurden[16], erinnert dieser Teil der Installation an das Ritual, dass Gläubige, bevor sie zum Altar gingen, das Labyrinth abliefen – als Ersatz für eine Pilgerreise nach Jerusalem.[17]

Im bereits beschriebenen „Transitraum", der aufgrund der sich darüber befindenden Orgelempore eine niedrigere Deckenhöhe aufweist, dominieren Dunkelheit und Anthrazitgrau. Schwere schwarze Schallschutzvorhänge verschließen die Sicht und stellen eine Schleuse dar, durch die das Publikum in den Innenraum gelangt. Die Künstlerin wollte damit das Diesseits, also die Welt außerhalb der Kirche, vom sogenannten „Hortus conclusus", dem Paradiesgarten, abtrennen.

Die Installation von Birthe Blauth führt die Gäste durch den Vorhang hindurch direkt ins Paradies (Abb. 4 und 5). Der Boden ist weich, satt grün und öffnet die Grenzen des Raumes, indem er in die seitlichen Gartenhöfe übergeht. Bewusst hat sich die Künstlerin für einen künstlichen Rasen entschieden, um

---

[14] Der eigentliche Titel der Installation lautet *Poem of Pearls*, der als „Arbeitstitel" bereits sehr früh entstand und nicht mehr überarbeitet wurde. Vgl. ebd.
[15] Vgl. ebd.
[16] Beispielsweise in der Kathedrale von Chartres entstand im 13. Jahrhundert ein solches Bodenlabyrinth. Vgl. C'Chartres Tourisme – Office de Tourisme de Chartres Métropole (2022).
[17] Vgl. Blauth (im Gespräch mit) Baumanns (2022).

die Dauerhaftigkeit des paradiesischen Harmoniezustandes zu symbolisieren, in dem kein Tod und keine Vergänglichkeit existiert.[18] Die Künstlichkeit des Rasens mit seiner täuschenden Ähnlichkeit kommentiert dabei kritisch die Künstlichkeit der Paradiesvorstellung, die auch mit Täuschungen und Vertröstungen einhergeht.

Der Kirchenraum wurde von Altarbildern und Mobiliar[19] zugunsten der Reduktion auf das Wesentliche freigeräumt. Blauth schafft so einen Raum für Kontemplation. Das Publikum kann „frei und ungehindert" auf dem Rasen spazieren. Denn, so Blauth: „körperlicher Freiraum schafft gedanklichen Freiraum." Stille sei für sie nicht *nichts*. Als Hauptanliegen nennt sie, Stille in den Kirchenraum zu bringen, der sonst aufgrund der Lage an einer viel befahrenen Straße von störenden Geräuschen erfüllt sei. Hierfür wurden zahlreiche Schallschutzmaßnahmen ergriffen. Stille ist für Blauth eine Erfahrung und Form von Genuss, um zu sich zu finden und zur Ruhe zu kommen. Die Aufmerksamkeit der Besucher_innen soll so auf sich selbst oder auf die innere Stimme gerichtet werden. Die Hemmschwelle, diesen paradiesischen Garten der Stille zu erreichen, war bewusst niedrig gehalten. So war es ein Wunsch der Künstlerin, dass die Installation jeden begrüße und als „nicht exklusiv katholisch" verstanden werde. Diese intendierte Offenheit begründet auch, dass die Künstlerin ihrer Arbeit keine „persönliche Symbolik" geben wollte, um zu ermöglichen, dass die Installation bei „jedem Menschen anklingt".[20]

Mitten in der Weite des (Kirchen-)Raumes ist zentral die runde Feuerschale mit den weißen Perlen platziert. Durch die Erlaubnis, eine Perle zu entnehmen, werden die Besucher_innen von reinen Betrachtenden zu Teilhabenden der Installation.

---

[18] Vgl. ebd.

[19] Für die Zeit der Installation stellt Blauth 400 Klappstühle zur Verfügung. Diese können für Gottesdienste oder von Besucher_innen genutzt werden. Im Gegensatz zu einer festen Sitzordnung ist intendiert, dass Personen sich mit den Stühlen immer wieder einen neuen Platz suchen. Zum einen erinnert dies nach Blauth an das Gefühl der Wanderschaft zur Zeit der Erbauung der Kirche und zum anderen soll es verdeutlichen, dass jede Ordnung veränderlich ist. Vgl. Kunst Raum Kirche (2021). Elisabethkirche Kassel. Kunst in der Elisabethkirche zur documenta-Zeit 2022. Fünf Künstler/innen, fünf Ideen, fünf Videos.

[20] Vgl. Blauth (im Gespräch mit) Baumanns (2022).

Zeitgenössische Kunst in Heiligen Räumen 173

Abbildung 6: Birthe Blauth (2022). Poem of Pearls. Perlenschale. Kunst Raum Kirche, Kassel, Elisabethkirche. Foto: Judtih Roth-Smileski (2022).

Birthe Blauth wählte die Perle als Symbol für die menschliche Seele, da „keine Perle mit der anderen vollkommen identisch" sei und jede individuell heranwachse.[21] Zu Zeiten der Renaissance stellten sich die Menschen vor, dass die Muschel vom Licht der Gestirne „befruchtet" werde und dadurch Perlen im Inneren der Muschel entstünden. Ferner empfange „die Muschel ihre Frucht, die Perle, durch himmlische Kraft". Diese Vorstellung wurde übertragen auf Maria, die als reines Gefäß vom himmlischen Licht „befruchtet" die reine Perle Christus hervorbringe.[22]

Auf kleinen Zetteln wird dazu aufgefordert, dass sich die Besucher_innen ihre eigene individuelle Perle heraussuchen und mit nach Hause nehmen. So bleibt etwas von der Installation über den Ausstellungszeitraum und Ort hinaus bestehen. Es sei nach Blauth ein schönes Bild, dass damit allmählich das „Poem of Pearls" entstehe und sich in aller Welt verteile.

Ergänzend dazu wurde ein Meeresduft entwickelt, der sehr dezent, kaum wahrnehmbar in den Raum eingebracht wird. Nicht nur die pragmatische Überlegung, den Kunstrasengeruch zu überdecken, stehe hier dahinter, sondern vor allem die Verbindung zum Meer als dem Ort, in dem die Perlen ihren Ursprung hätten. Denn Gerüche, so Blauth, wecken in Menschen Emotionen und rufen Erinnerungen hervor. Der optische und haptische Eindruck einer grünen und weichen Wiese sowie der akustische Eindruck der Ruhe und Stille wird ergänzt um den Geruch nach Meer, nach Weite im Raum.

---

[21] Ebd.
[22] Niggemeyer / Stork 1997, 24–25; 38–40.

Hinter der gesamten Installation steht die Idee des „Hortus conclusus", des abgeschlossenen, geschützten Gartens, der im sakralen Kontext den Paradiesgarten symbolisiert. Für Blauth sei es aufgrund der vorgefundenen baulichen Voraussetzungen ein eher „kleiner Handgriff" gewesen, diese Form des umschlossenen Gartens in ihrer Installation darzustellen. So ist auch die theologische Vorstellung von einem Paradiesgarten, wie jeder Garten, ein von Menschen kultivierte Größe bzw. ein Bereich, etwas Geschütztes.

Insgesamt war es Blauth wichtig, dass eine aktive Partizipation stattfindet, sich den Besucher_innen eine Vieldeutigkeit und Komplexität eröffnet und individuelle, neue Deutungsaspekte entdeckt werden konnten. Der Kirchenraum wird zu einem Raum der Offenheit und Leere, der Weite und Stille.[23]

2.3 Religionspädagogische Reflexion

Birthe Blauths Installationen sind eingebettet in die westlich-europäische Kultur und, in einem weiten Sinn, in die christliche Tradition. Gleichzeitig ist zu betonen, dass die Künstlerin sich selbst nicht explizit christlich beheimatet.

Die Installation von Blauth spielt mit Elementen, Dingen und Ideen, die direkte Assoziationen zur biblischen Botschaft hervorrufen: das Motiv des Weges (Jer 6,16; Mt 7,13; Joh 14,6), das Ausziehen der Schuhe vor dem Betreten „heiligen Bodens" (Ex 3,5), die Vorstellung des Paradiesgartens (Gen 2,8ff; Jes 58,11; Hld 4,15) und im Zentrum das Motiv der Perle (Mt 13,45–46; Mt 7,6; Offb 21,21).

Rauminstallationen dieser Art können nur schwer medial vermittelt werden. Möglicherweise können mittels Fotografien, Film oder auch einer Beschreibung einzelne Aspekte erschlossen werden. Das Erleben und Erfahren vor Ort mit allen Sinnen kann dadurch jedoch nicht ersetzt werden. Die Installation *Poem of Pearls* war nicht „für die Ewigkeit" geplant, sondern für eine bestimmte Zeit, wie Beatrix Ahr bereits in diesem Band betont hat.[24] Durch die Beendigung der Installation ist auch die unmittelbare Erfahrung dieses Kunstwerk vorbei, was Teil der Kunst selbst ist. Birthe Blauth hat darauf hingewiesen, dass „das Paradies nur in unserer Vorstellung" existiert, – und ihre Paradies-Installation hat einen Platz nur in der Erinnerung der Besucher_innen.[25]

---

[23] Vgl. Blauth (im Gespräch mit) Baumanns (2022).
[24] Vgl. Bea Ahr in diesem Band.
[25] Vgl. hierzu auch Ahr in diesem Buch.

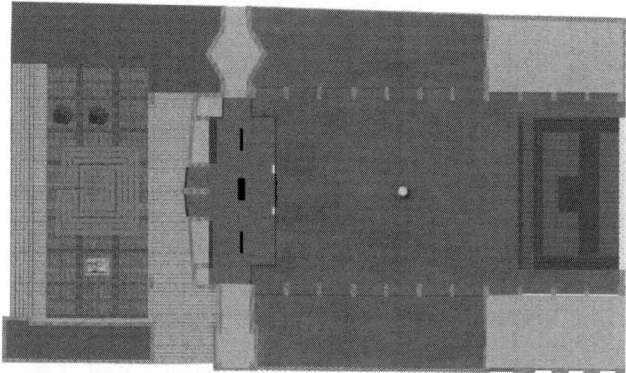

Abbildung 7: Birthe Blauth (2022). Poem of Pearls. Zeichnung: Birthe Blauth (2022).

Rückblickend ist bezüglich der ästhetischen Erschließung dieses Kunstwerks zu betonen, dass es im Grunde didaktisch aufgebaut ist: Das Kunstwerk weist den Besucher_innen einen bestimmten Weg und definiert Handlungsoptionen, bis sie den Kirchenraum betreten: (1) das Lesen des Titels beim Betrachten der Fassade der Kirche von außen – wobei die Beschriftung über die Ausstellung selbst hinausgeht; (2) die Begegnung mit dem Labyrinth vor der Kirche, als Angebot zu einer Selbstbegegnung und Besinnung; (3) der Übergangsraum, in dem die Schuhe ausgezogen werden und man sich auch innerlich auf das Betreten des Innenraums vorbereitet; (4) das Eintreten in den Innenraum, auf das ebenso frischen wie künstlichen Grün, das mögliche langsame Erkunden des Kirchenraums und die Suche nach einem Platz zum Verweilen und letztendlich (5) die Perlenschale in der Mitte des Kirchenraums mit dem Angebot zuzugreifen, auszuwählen, sich beschenken zu lassen.

Zur Erschließung und zum Verständnis des Kunstwerks ist nicht viel Vorwissen notwendig. Die präsentierte Installation kann als Konzeptkunst verstanden werden, d.h. eine nähere Beschäftigung mit den vielfältigen Deutungsangeboten, die die Künstlerin im Gespräch oder im Katalog[26] ausführt, kann das Potenzial des Kunstwerkes weiten, es lässt sich allerdings auch ohne diese Informationen und Hinweise eigenständig erschließen. Auch die Fähigkeit, sich mit allen Sinnen auf das Kunstwerk einzulassen, ist für die Intensität der Erfahrung grundlegend. „Es geht um die geduldige Übung, ganz intensiv bei der Wahrnehmung zu verweilen, ohne ständig im Kopf Fragen zu beantworten oder in einen inneren argumentierenden Dialog zu treten."[27]

Im Kirchenraum angekommen, lädt das partizipative Kunstwerk dazu ein, den eigenen Weg zu gehen. Möglicherweise fasziniert die angestrahlte Perlenschale im Zentrum der Kirche oder auch das Niederlassen an einem selbst gewählten Ort, um alles in Ruhe betrachten, aufnehmen und spüren zu können.

---

[26] Blauth, Poem of Pearls, Der Katalog 2022.
[27] Roth-Smileski 2023, 40.

Die Symbolik Paradies und Perle können weitere Gedanken anregen, etwa die Frage nach meiner „kostbaren Perle", meinen Vorstellungen von einem Paradies und einem gelungenen guten Leben. Das Kunstwerk wird letztlich erst durch die Teilhabe der Kunstrezipient_innen vollendet, die eine Perle als Geschenk erhalten und so einen Teil der Installation nach Hause tragen.

Die Intention der Künstlerin spricht menschliche Grundsehnsüchte an und ist damit zugänglich für *alle* Menschen, ganz gleich, welche Weltanschauung sie vertreten und in welcher Glaubensvorstellung sie sich beheimatet fühlen.

Hierin liegt eine besondere Chance für den Religionsunterricht, der durch den sog. „Traditionsabbruch" besonders herausgefordert ist. Durch die Auseinandersetzung mit Kunst und die Hinwendung zu ästhetischen Lernprozessen begeben sich die Schüler_innen mit ihren je eigenen, sehr unterschiedlichen Einstellungen gemeinsam auf ein zunächst für alle in ähnlicher Weise neues und fremdes Gebiet. Die Auseinandersetzung mit Phänomenen zeitgenössischer Kunst scheint dabei besonders gut geeignet zu sein, da hier ganz unterschiedliche subjektive Erfahrungen erlebt und kommuniziert werden können. Lerngruppen können „in der Kunsterfahrung zugleich eine fundamentale Erfahrung von Differenz [machen]: Wir sehen dasselbe und doch nicht das Gleiche."[28] Gleichzeitig greifen viele Phänomene zeitgenössischer Kunst existenzielle menschliche Grundfragen auf und reagieren darauf mit konkreten Gestaltungsformen, die ästhetisch zugänglich sind. Die Kompetenzen, die die Schüler_innen auf diesem Weg erwerben, können eine wichtige Basis für die Kommunikation über existenzielle und auch religiöse Fragen bilden.

Friedhelm Mennekes sieht hier ein gemeinsames Anliegen von Kunst und Religion: Beide seien die „wichtigsten Kräfte, die sich um eine entsprechende Ausweitung des Erfahrungsbegriffs" bemühten, indem sie „Ahnungen, Empfindungen und andere nicht-empirische Erkenntnisformen" aufnehmen würden.[29] Religion zeige die Verwiesenheit des Menschen auf Transzendenz hin auf, „sei dies ein allgemeiner Grund [...] oder ein persönlicher Gott." Die Kunst bringe geistliche Tatbestände in eine sichtbare Form: „Sie bindet das Staunen und führt das Ahnen zur Tat. Kunst und Religion können sich in gemeinsamem Wirken bei ihrer Sache halten."[30]

Aus der zeitlichen Distanz betrachtet kann aus religionspädagogischer Perspektive zugestimmt werden: Die Rauminstallation von Birthe Blauth ist „still, obwohl sie einen durchaus radikalen Eingriff in den sakralen Kirchenraum darstellt. Doch die Besucher_innen, die das Kirchenschiff nur ohne Schuhe betreten dürfen, fühlen sich von der Arbeit förmlich umarmt."[31]

---

[28] Burrichter / Gärtner 2014, 23.
[29] Mennekes 1995, 52. Friedhelm Mennekes SJ ist Gründer und langjähriger Leiter der Kunststation für zeitgenössische Kunst St. Peter in Köln.
[30] Ebd., 53; 78.
[31] Vogel 2022.

Die Moderatorin Susanne Kolter resümiert bei einem Gespräch mit Bischof Genn über die Ausstellung: „Die Kirche braucht die Kunst und vielleicht braucht auch die Kunst die Kirche…".[32]

3. *Eternity* (Birthe Blauth). Eine temporäre Kunstinstallation einer Eispyramide in der Bremer Stadtkirche (2024)

3.1 Ort des Kunstwerks

Die evangelische Stadtkirche *Unserer Lieben Frauen* befindet sich im Zentrum von Bremen neben dem Rathaus. Die Grundform der heutigen Kirche entstand in der frühen Gotik im Jahr 1229. Der Raum wurde als Zentralbau angelegt. Der Hauptraum besteht aus neun im Quadrat angeordneten Jochen, einer quadratischen Halle. Das mittlere, von vier kräftigen Bündelpfeilern umgebene Joch ist das Kraftzentrum des Raums. Hier ist auch das Kunstwerk, die Eispyramide, befestigt.

Der Raumeindruck wird heute stark durch die farbigen Glasfenster und das unverputzte Ziegelmauerwerk geprägt. Die Fenster wurden 1965 bis 1979 von Alfred Manessier entworfen. Die Freilegung des Ziegelmauerwerks wurde Anfang der 1960er Jahre durch den Architekten Dieter Oesterlen zur Verbesserung der Akustik vorgenommen.[33]

„In der Gotik ging es um die Überwindung der Materie, um Transzendenz des Materiellen ins Geistige."[34] Die Elemente der Kirche, auch die Fenster streben nach oben. Zudem hatte das Licht und die Farben, die durch die bunt bemalten Kirchenfenster dringen, eine besondere Bedeutung in mittelalterlichen Kirchenräumen:

> „Für das Kunstleben im Mittelalter ist die Farbe von herausgehobener Bedeutung, denn die Farbe wird nur sichtbar durch das Licht, und das kommt unmittelbar von Gott. Hierin sind die leuchtenden Farbfenster den bunten Gemälden überlegen, denn sie können den Raum mit Farblicht füllen und damit einen höheren Realitäts- und Wirkungsgrad des Lichtes im Hinblick auf die Schönheit bewirken als die Bilder."[35]

In dieser ältesten Innenstadtkirche Bremens hängt seit dem Valentinstag 2024 die Installation *Eternity* von Birthe Blauth. Sie ist bewusst auf den Beginn der

---

[32] Ladermann 2022.
[33] Blauth: Infobroschüre zum Projekt „Eternity" 2024.
[34] Ebd.
[35] Binding 2003, 42.

Fastenzeit terminiert und soll bis Ende dieser dauern. Die Kirche ist rund um die Uhr offen, so dass die Installation auch nachts besucht werden kann. Für die Künstlerin sind ihre Installationen immer auf den Raum bezogen, nicht zufällig, sondern vielfältig durchdacht und basieren auf eigenen Raumerfahrungen – hier auf der Erfahrung des heiligen Raums einer gotischen Kirche.

3.2 Beschreibung der Installation Eternity

Eine 330 Kilogramm schwere Eispyramide hängt in der Mitte unter dem Gewölbe der gotischen Kirche knapp über den Fenstern in einem Spezialnetz (Abb. 6), das aus hochfesten synthetischen Fasern besteht und die Wärme nicht leitet. Sie wird von weißem Licht angeleuchtet. Die Spitze der Pyramide zeigt nach unten, die Pyramide steht auf dem Kopf (siehe Abb. 5). Sie besteht aus einem klaren Bergkristall, der von spezialisierten Eisdesignern aus Ismaning bei München hergestellt wurde. Bergkristall[36] ist ein reiner Quarzstein ohne Farbeinschüsse. Die Seitenlängen betrugen jeweils zu Beginn des Schmelzprozesses einen Meter, allerdings ab den ersten Tag der Ausstellung wird die Eispyramide kleiner, bis die Pyramide sich ganz auflöst. Wassertropfen fallen in eine große metallene Schale[37], die unter der Eispyramide steht und das gesamte Wasser der Pyramide auffangen kann.

Es ist zu Beginn der Ausstellung nicht klar, wie lange der Schmelzprozess dauern wird.[38] Bedeutsam für das Verständnis und das Kunstwerk ist: Das Eis verschwindet nicht, sondern verwandelt sich vom festen in den flüssigen Aggregatzustand – es wird zu Wasser. Die Eispyramide wechselt beim Abschmelzen beständig ihre Form und auch Farbe, weil sie von modernen LED-Scheinwerfern angeleuchtet wird. Auch die Kirchenfenster von der *Unserer Lieben Frauen*-Kirche brechen und spiegeln sich in ihren Farben im Wasser, das sich in der Schale ansammelt (Abb. 7). Hinzu komme der Klang der fallenden Wassertropfen, die aufgrund der hervorragenden Akustik in der Kirche weithin zu hören sind. „Das Eis wird weniger, der Klang mehr. Am Ende ist alles noch da, nur dann als Wasser in der Schale,"[39] so kommentiert es die Künstlerin. Die Info-Broschüre erklärt: „Wir hören das Verschwinden mit jedem Tropfenklang und mit der Zunahme der Geschwindigkeit der Tropfenklänge. Eine einstimmige Soundarbeit entsteht."[40]

---

[36] In der Antike glaubte man, dass Bergkristalle aus permanent verfestigtem Eis bestehen.
[37] Es ist eine im Handel üblich erhältliche Feuerschale von 120 cm Durchmessern.
[38] Die Eispyramide ist letztendlich in fast genau sieben Tagen geschmolzen, das Kunstwerk war damit sieben Tage zu betrachten.
[39] Evangelischer Pressedienst (epd.) 2024.
[40] Blauth, Infobroschüre zum Projekt „Eternity" 2024.

Zeitgenössische Kunst in Heiligen Räumen

Abbildung 8: Birthe Blauth (2024). Eternity. Bremen, Stadtkirche Unserer Lieben Frauen. Foto: Birthe Blauth (2024).

Abbildung 9: Birthe Blauth (2024). Eternity. Bremen, Stadtkirche Unserer Lieben Frauen. Foto: Birthe Blauth (2024).

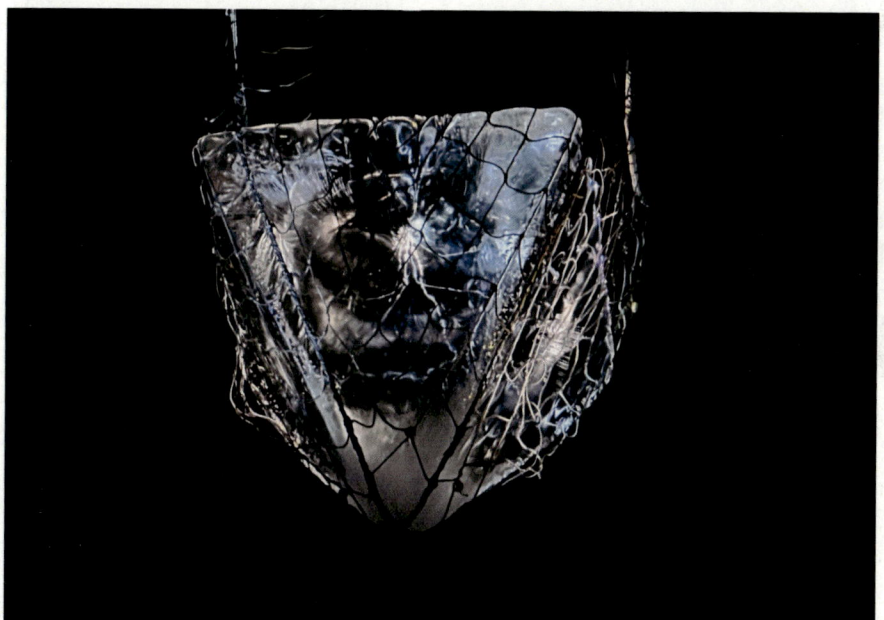

Abbbildung 10: Birthe Blauth (2024). Eternity. Bremen, Stadtkirche Unserer Lieben Frauen. Foto: Birthe Blauth (2024).

Die Besucher_innen können sich auf Bänken niederlassen, die quadratisch angeordnet die Wasserschale umgeben und die Verwandlung der Eispyramide in Wassertropfen beim Herabfallen beobachten, der Akustik des tropfenden Wassers lauschen und das Lichtspiel in der Wasserschale bewundern. Der Prozess hat sein eigenes Tempo und ist nicht aufzuhalten. Die Betrachtenden/ Meditierenden (und auch die Künstlerin) können nichts tun, nur passiv zusehen und geschehen lassen, wann die Form der Eispyramide verschwindet und der Wandlungsprozess zu einem Ende gekommen ist. Es handelt sich um temporäre Kunst, die den Prozess der Vergänglichkeit beim Betrachten unmittelbar erfahrbar macht.

3.3 Annäherungen und religionspädagogische Reflexion

Birthe Blauths hier vorgestellten Arbeiten korrespondieren mit der Raumarchitektur, dem Sakralraum, in dem sie ausstellt bzw. etwas hineinstellt und die Gegenstände bewusst zum Sakralraum positioniert und so wirken lässt. So auch hier: Die Pyramide hängt im Zentrum, dem Kraftort der gotischen Kirche. Sie korrespondiert mit den nach oben zeigenden Spitzbögen der, die einer abgerundeten Pyramide gleichen. In der Broschüre zur Ausstellung wird dies gedeutet: „Zusammen ergeben sie die Form einer Sanduhr. Diese ist ein Symbol für die Vergänglichkeit alles Irdischen."[41]

Die Installation von Birte Blauth greift erneut vielfältige christliche, aber auch antike und historische Symbole und Motive auf. In der Broschüre wird erläutert, dass die Pyramide ein Symbol für den Aufstieg war, den Aufstieg zum Sitz der Himmelsherrscher. Die Pyramiden der Pharaonen sollten der Seele des Pharaos den Aufstieg zum Zentrum des Himmels ermöglichen. Im Kunstwerk dient die umgekehrte Pyramide dem Abstieg des geschmolzenen Wassers zur Erde, analog ist auch das Licht nach unten zur Materie gerichtet, „um sie zu transformieren und ins Geistige zu verwandeln." Hier wird also bewusst eine Gegenbewegung zu den traditionellen Motiven der Pyramide sowie der gotischen Fenster inszeniert.

Der schmelzende Eisbrocken lässt breiten Raum für weitere Assoziationen, die oft mit Vergänglichkeit verbunden sind, etwa mit dem Verrinnen der (eigenen) Lebenszeit. Eine Besucherin kommentiert ihre Erfahrung: „Ein Gleichnis auf das Leben, das (hoffentlich) auch nicht spurlos verschwindet, sondern nur den Aggregatzustand wechselt."[42] Auch Verknüpfungen mit der Klimaveränderung, der zunehmende Wärme und des Schmelzens der Pole bieten sich an. In der Info-Broschüre steht zum Schmelzprozess: „Hier kommen sicher auch Assoziationen an den Klimawandel. Erst merkt man lange nichts, dann wird es immer deutlicher sichtbar und geht immer schneller."[43] Ist ihr Werk als Mahnmal mit Bezug auf die Klimapolitik zu verstehen? Die Künstlerin betont:

---

[41] Ebd.
[42] Kommentar im Gästebuch der Kunst-Installation „Eternity" (Ewigkeit) der Münchner Aktionskünstlerin Birthe Blauth, 16.2.2024.
[43] Blauth, Infobroschüre zum Projekt „Eternity" 2024.

"Eternity sei nicht Symbol für irgendetwas, kein Appell, und keine Mahnung."[44] Der Kontext des Ortes, die Kirche, lässt auch an die sinkenden Kirchenmitglieder und die „schmelzende" Relevanz kirchlicher Institutionen und Traditionen denken. Pastor Kreutz kommentiert dies: „Wenn feste Strukturen schmelzen und weiches Wasser daraus wird, kann ich darin nichts Negatives sehen."[45]

Die besondere Fragilität der so beabsichtigten Installation wird spürbar, sie ist endlich und löst sich auf. Beim Betrachten der Kunstinstallation wird die Unverfügbarkeit spürbar, wir hören und sehen es, es schmilzt, und wir wissen nicht, wie lange die Pyramide schmilzt, bis wann das gesamte Eis flüssig geworden ist. Der Schmelzprozess ist unausweichlich. „Vergänglichkeit ist für mich, dass Bestehendes entschwindet, und daraus wieder Neues entsteht," so deutet es Blauth im Gespräch.[46]

Blauths Kunst greift vielfach christliche Motive und Symbole auf. Die Künstlerin präsentiert ihre Installation im Zentrum einer christlichen Kirche. Datiert ist die Installation in der Fastenzeit. Die Schale, in dem die Wassertropfen sich sammeln, erinnert an ein Taufbecken. Die hier entstehenden und ausgelösten Erlebnisse und Gedanken können als Kommentare zum Christentum verstanden und gedeutet werden.

Aber auch mystische Symbole und Verweise sind in der Installation zu finden. Etwa die Pyramide mit Verweis ihrer Bedeutung bei den Pharaonen, der Bergkristall, dem heilende und magische Kräfte zugeschrieben werden. Das kostbare Mineral – es galt als zehnmal wertvoller als Gold – spielte im Mittelalter eine wichtige Rolle im Kontext des christlichen Glaubens – es wurde als Manifestation des Göttlichen gedeutet.

Die Künstlerin bietet den Betrachtenden durch ihre Werke eine Vielzahl an (religiösen) Deutungen an, die sich alle auf Prozesse der Vergänglichkeit und des Wandels beziehen und damit Grundfragen der menschlichen Existenz wachrufen, dabei aber auch eingefahrene christliche Bedeutungen irritieren und in Frage stellen.

---

[44] Buschmann, Ulf, Eispyramide, in: Bremer Kirche. Installation schmilzt schneller als gedacht, Zugriff am 19.02.2024 https://www.evangelisch.de/inhalte/227068/16-02-2024/eispyramide-bremer-kirche-installation-schmilzt-schneller-als-gedacht.
[45] Ebd.
[46] Buschmann 2024.

4. Atis Resistans in der Kirche St. Kunigundis auf der Documenta 15

4.1 Beschreibung von Raum und Kunstwerken

Mit St. Kunigundis im Kasseler Stadtteil Bettenhausen ist zum ersten Mal seit Bestehen der Weltkunstausstellung 1955 ein Kirchenraum zum offiziellen Ausstellungsort der Documenta geworden. Die katholische Kirche St. Kunigundis, erbaut 1927, ist aufgrund von baulichen Mängeln heute nicht mehr für Gottesdienste verfügbar, wurde jedoch als Kirchenraum nicht profaniert. Zur documenta fifteen wurde sie, genehmigt durch das Bistum Fulda, von der Peripherie ins Zentrum gerückt: Die haitianische Künstler_innengruppe Atis Rezistans hat sie zu einem lebendigen und viel besuchten Raum im Rahmen der Hauptausstellung werden lassen. Besonders intensiv wirkt diese Installation in einem Sakralraum auch im Vergleich zur bereits besprochenen kirchlichen Begleitausstellung in St. Elisabeth, in der Birthe Blauth mit dem *Poem of Pearls* eine anregende und spirituelle Rauminterpretation, eine regelrechte Oase der Ruhe vorgestellt hat. Ganz anders war St. Kunigundis im Osten der Stadt zu erleben.[47] Atis Rezistans entwickelten im Kirchenraum ein zum Erleben und Nachdenken anregendes, doch aus spiritueller Perspektive eher „dystopisches Voodoo-Ambiente"[48], das durchaus auch viele kritische Reaktionen provozierte. Doch das Bistum Fulda und die documenta-Leitung hielten der beiderseitigen Dialogbereitschaft entschiedene Treue: Sie ermöglichten mit ihrer Intervention die Eröffnung eines herausfordernden religiös-künstlerisch-spirituellen Kommunikationsraums, der in einem Sakralraum seinesgleichen sucht.

Das Kollektiv Atis Rezistans mit 18 Künstler_innen entwickelte die Installation keineswegs mit den blasphemischen Gedanken, die ihm von einigen Kritiker_innen vorgeworfen wurden, sondern „fühlte sich geehrt, dass die Katholische Kirche zugestimmt hat, diese Ausstellung in diesem Raum zuzulassen, da es so viele spirituelle Parallelen zwischen den Arbeiten und dem Raum gibt"[49]. Gemeinsam mit den 21 von ihnen eingeladenen internationalen Künstler_innen entstand entsprechend dem lumbung-Prinzip der Documenta fifteen eine Ausstellung in der Ausstellung, die eng – ähnlich wie bei Blauth – auf die sakrale Realität der St. Kunigundis-Kirche Bezug genommen hat. Aus dieser Konstellation heraus ergibt sich für die Betrachtenden ein durchweg spannungsreiches Bild: Vor Jahrhunderten haben europäische Christ_innen ihre Religion missionarisch in Haiti verbreitet, und nun kehren umgekehrt Ele-

---

[47] Vgl. zum Folgenden die Recherchen bei Zdrzalek 2022.
[48] Schippers 2022.
[49] Documenta fifteen 2022.

mente der Candomblé-Religion und der durch das Kollektiv aktiv eingebrachte Gedanke der Voodoo-Praktiken zurück in eine römisch-katholische Kirche mitten in Europa.

Abbildung 11: Die Installation in der Raumwirkung. Im Vordergrund rechts die Skulpturen von André Eugène, am oberen Bildrand die Deckenskulptur „Floating Ghetto". documenta fifteen: Atis Rezistans |Ghetto Biennale, Installationsansicht, St. Kunigundis, Kassel, 2022, Foto: Frank Sperling (2022).

Abbildung 12: Notre Dame de Sept Douleurs (2015), Jean Claude Saintilus. Foto: Viera Pirker (2022).

Abbildung 13: Famasi Mobil Kongolè (2019–2022) on site mit dem Madonnen-Altar, Lafleur & Bogaert. Foto: Viera Pirker (2022).

Abbildung 14: Das figurliche Mosaik in der Apsis ist verklebt u. wird in den Gesten der Macht u. der Blicke auf diese Weise abgegrenzt. Foto: Viera Pirker (2022).

Die durchweg überraschende Installation vereinigt verschiedene Zugangswege. Die „Künstler_innen des Widerstands", in Haiti seit Ende der 1990er aktiv, zeigen Mixed-Media-Skulpturen, Performances, found objects, also gefundene Materialien, die auch menschliche Überreste integrieren, und „Wiederherstellungen" (Assemblagen) genannt werden.[50] In der Sakristei wurden dokumentarische Filme gezeigt, die den Hintergrund zum haitianischen Voodoo erschließen und auch die Künstler_innen in „ihrem" Viertel Grand Rue zeigen. Ohne tiefere Kenntnis des Voodoo wirken beispielsweise die abgeklebten Mosaike von Heiligen und in der Apsis der Kirche verstörend, denn sie waren keineswegs aus Gründen der Sicherheit in Folie gehüllt (Abb. 9). Vielmehr wurden die Augen der Heiligen verklebt, ihre Macht auf diese Weise gebrochen, und die Mittelfigur des Jesus, der in der kreolischen Tradition in den „Spirit of Ghede", den verborgen wirkenden Geist der Toten, hineingenommen wird, hat in seiner absoluten Potenz eine besondere Behandlung erfahren.

Im vorliegenden Zusammenhang kann nur ein kleiner Ausschnitt der Werke von 39 beteiligten Künstler_innen beschrieben werden. Bereits im Vorraum zur Kirche begegnen sich Heiliges und Profanes an verschiedenen, installativ anmutenden Altären der in Los Angeles praktizierenden Magier „L". Durchgeführt wird diese Begegnung insbesondere in der Pillen-Kapelle von Michel Lafleur & Tom Bogaert, die dem Andachtsraum der Madonna haitianische Apotheken – „Famasi Mobil Kongolè" (2019–2022) beigesellt haben und damit den Blick wenig subtil, doch sehr klug auf die Frage nach Heil, Heilung, Hoffnung und Möglichkeit lenken (Abb. 10).

Hervorzuheben ist die Deckenskulptur „The Floating Ghetto" (Studio Verve Architects Vivian Chan, Martina Vanin, 2022), eine raumgreifende Struktur, in der sich die Geometrie des Viertels hinter der Grand Rue in Port-au-Prince spiegelt. Hier hängt eine invertierte Stadt an der Decke der Kirche (Abb. 8) – an dem Ort, der in barocker Malerei der Himmelsarchitektur vorbehalten wäre. Die Installation greift den Gedanken der Spiegelpräsenz des Voodoo auf. Was, wenn die Stadt im Himmel diese konkrete Stadt ist, in der wir jeweils leben – mitunter in schwierigsten, unwürdigsten, radikalen Bedingungen? Der Innenraum der Kirche wird dominiert durch mehrere menschenähnliche Skulpturen von André Eugène und Jean Claude Saintilus. Die sechs Soldaten und zwei Madonnen sowie eine Kinderskulptur in der Mitte spiegeln die abgeklebten 6 Heiligen und Jesus Christus von der Altarwand der Kirche wider. Der Synkretismus der beiden Religionen wird hier besonders sichtbar. Die Künstler haben für diese Werke Metall, Reifen, Stoff und recycelte Objekte genutzt. Die Madonna „Notre Dame de Sept Douleurs" (2015) von Jean Claude Saintilus hält eine Bibel und hat eine Uhr an ihrer Brust gelehnt (Abb. 11). In der Gestaltung der Skulpturen verarbeiten die Künstler die grausame Vergangenheit ihrer Vorfahren, die über Jahrhunderte unter Versklavung, Ausbeutung und Unterdrückung gelitten haben. Sie erzählen von Tod und Krieg und dem immer noch andauernden Elend in Haiti. Sie integrieren in die Skulpturen menschliche Überreste, beispielsweise Schädelknochen, als Symbol für das Vergängliche, für den Tod, aus dem heraus jedoch weiterhin machtvolle Präsenzen in die Gegen-

---

[50] Vgl. Pirker 2022.

wart hineinragen können. Die übergroßen männlichen Genitalien in den Werken von André Eugène sind ein Zeichen für die Fruchtbarkeit und das Leben (Abb. 8). Eine weitere Botschaft der Künstler_innen ist, aus Abfall und Schrott etwas Wertvolles, ja Kunst erschaffen zu können. Das kann auch in einer Wegwerfgesellschaft zum Nachdenken anregen, wie wir konsumieren und welche Folgen das für unsere Erde hat. Rituell verstanden, sind auch Gegenstände und besonders Überreste von Lebendigem ‚beseelt' und mit Macht besetzt, sie fallen nicht durch Zuschreibungen aus dem Kreislauf der Energie heraus.

4.2 Kontext der Kunstwerke

Das Kollektiv Atis Rezistans ist in Port-au-Prince, der Hauptstadt von Haiti, im Viertel Grand Rue tätig. Haiti gilt als das ärmste Land der westlichen Hemisphäre und hat sich von seiner Geschichte und politischen Position, insbesondere aber auch von den schweren Folgen der Erdbeben in 2010 und 2021 sowie der Heftigkeit von Wirbelstürmen und Überschwemmungen noch nicht erholt. Im Jahr 2021 war knapp die Hälfte der Bevölkerung unterernährt.[51]

Um die in der St. Kunigundis-Kirche ausgestellten Arbeiten und Interventionen von Atis Rezistans zu verstehen, bedarf es eines kurzen Exkurses in die Religionsgeschichte Haitis. Als durch Columbus 1492 für Europa „eroberte" Insel wurde das Land zunächst als spanische, später französische Kolonie über Jahrhunderte ausgebeutet. Während die indigene haitianische Bevölkerung weitgehend ausgerottet wurde, bestand schon bald der größte Teil der Bevölkerung aus afrikanischen Sklaven und deren Nachkommen, die afrikanische Kultriten praktizierten. Mit den Dominikanern und Jesuiten wurden die Inselbewohner_innen aufs Christentum hin missioniert. Schon im Jahr 1722 stellte der Dominikanerpater Jean-Baptiste Labat einen Synkretismus der beiden Praktiken fest. Die afrikanischen Kulte spielten eine wichtige Rolle bei den frühen Befreiungskriegen, auch die bedeutendsten Führer der Revolution praktizierten die mit der entstehenden kreolischen Kultur verbundenen religiösen Riten.[52] Nach der Unabhängigkeit Haitis, die sich der Karibikstaat bereits 1804 erkämpfte, verließen die christlichen Geistlichen die Insel, doch die christlichen Vorstellungen und Gebräuche blieben bestehen. 1860 wurde der Katholizismus die offizielle Staatsreligion. Die Voodoo-Religion wurde ohne Erfolg zeitweise unterdrückt. Erst nach dem Zweiten Vatikanischen Konzil öffnete sich die römisch-katholische Kirche für den Dialog mit diesen Praktiken und erkannte die Bedeutung der Inkulturation, während allmählich aus den USA her Fuß fassende evangelikale Gruppierungen Voodoo vollständig ablehnen.[53]

---

[51] Vgl. Welthungerhilfe.
[52] Vgl. Pollak-Eltz 1995, 43.
[53] Vgl. Universes in Universe 2010.

Im Jahr 2003 wurde die Voodoo-Religion offiziell als Religion anerkannt und auf die gleiche Ebene mit dem Christentum gestellt.

Ende der 1990er Jahre wurde Atis Rezistans (Künstler_innen des Widerstands) von André Eugène und befreundeten Künstler_innen gegründet.

> „Es ist eine dynamische, der Mehrheitsschicht entstammenden Künstler_innengruppe, die in der innerstädtischen Nachbarschaft um die Grand Rue in Port-au-Prince unter oft harten und schwierigen Bedingungen arbeitet. Sie sind eine sich ständig verändernde zusammengesetzte Gemeinschaft, aus reifen und erfahrenen Künstler_innen, die hauptsächlich Bildhauer_innen sind und einer Reihe jüngerer aufstrebender Künstler_innen, die mit Bildhauerei und Malerei arbeiten, aber auch in den Bereichen Fotografie, Video, Musik, Slam Poetry, Schreiben und Performance tätig sind."[54]

Ihre Werke sind aufgrund der chronischen Mangelwirtschaft des Landes von Improvisation gezeichnet, denn ihre Werke bestehen aus Metallschrott, geschnitztem Holz und menschlichen Überresten. Es ist eine Atmosphäre des Schrottplatz-Make-do's, eine Transformation von Trümmern zu Kunst.[55] In ihren Werken verarbeiten die Künstler_innen die haitianische Geschichte, ihren Alltag und die Mischung aus Katholizismus und Voodoo, die tief mit ihrer Kultur verbunden sind.[56]

2009 organisierte André Eugène mit Leah Gordon die 1. Ghetto Biennale im Viertel Grand Rue. Eugène sieht dies so: „Woanders gehört die Kunst der Bourgeoisie, [...]. Wir sind Ghettokünstler. Wir sind die Atis Rezistans."[57] Die seither alle zwei Jahre stattfindende Ghetto-Biennale hat einen „chaotischen, amorphen, entinstitutionalen Raum"[58] für Künstler_innen aus unterschiedlichen sozioökonomischen Schichten geschaffen.

4.3 Annäherungen und religionspädagogische Reflexion

Die Ghetto Biennale in St. Kunigundis distanziert sich von den Traditionen west-europäischer religiöser Kultur und stellt ihre Perspektiven selbstbewusst und gleichwertig in die durch christliche Traditionen geprägten Merkmale des Kirchenraums, ohne diese indes anzugreifen: Es entsteht ein exakt austariertes Nebeneinander, das auf den ersten Blick schockierend oder auch blasphemisch wirken kann, das jedoch in einem Subtext der wechselseitigen Anerkennung dechiffriert werden kann. Wer auf der Ebene des ersten Blicks bleibt, wird die Werke in sich, den Gesamtzusammenhang jedoch kaum wahrnehmen. Die postkolonialen Lineaturen der gezeigten Arbeiten, ihrer Entstehungsprozesse

---

[54] Documenta fifteen 2022.
[55] Atis Rezistans 2022.
[56] Documenta fifteen 2022.
[57] Lichterbeck 2011.
[58] Ghetto Biennale 2022.

und ihrer sich im Raum entwickelnden Dynamiken erfordern vielschichtige Reflexionsfähigkeit und -bereitschaft. Ein solchermaßen tiefergehender Entschlüsselungsprozess ist äußerst voraussetzungsreich, denn er erfordert viele Kenntnisse divergierender und sehr vielschichtiger religiöser und kultureller Traditionen, sowie die Bereitschaft, sich auf eine ästhetisch herausfordernde Präsentation einzulassen und eine Haltung der Aufmerksamkeit, die nur durch eine geschulte sinnliche Wahrnehmungsfähigkeit erreicht werden kann. Hier bewahrheitet sich die Feststellung von Annegret Reese-Schnitker und Alexander Schimmel: „Die Kunstrezeption – auch zeitgenössischer Werke – ist ein hermeneutischer Prozess, in dem man sich nicht leicht und schnell sozusagen nebenbei einarbeiten kann."[59]

Atis Rezistans entwickeln in der Ausstellung eine klare Choreographie, ohne auch nur im Ansatz ein didaktisches Entgegenkommen zu versuchen. Die Besucher_innen finden wenig bis gar keine Informationen zu den einzelnen Kunstwerken. Die Kunstwerke stehen in direkter Korrespondenz zueinander und zu dem sie umgebenden Raum, und verlangen einen kleinschrittigen Entdeckungs- und Erschließungsprozess. Zwar führt die Welt der zeitgenössischen Kunst in der Regel einen weitgehend säkularen Diskurs, doch im Falle der Werke von Atis Rezistans an diesem spezifischen Ort muss ihre spirituell bzw. sogar spiritistisch aufgeladene Dynamik als Interpretament herangezogen werden. Die Künstler_innen greifen „Themen und Erfahrungen der religiösen Welt auf – angesichts einer theologischen und kirchlichen Landschaft, die mit massiven Bedeutungsverlusten und fehlenden Anschlüssen in die Gegenwartsgesellschaft kämpft, ist dies ein Angebot, das es wahrzunehmen lohnt."[60] Anhand der Werke in diesem Raum lassen sich globale, historische, religionsgeschichtliche und spirituelle Verknüpfungen und Abgrenzungen erschließen.

5. Perspektiven und Ausblick

Wenn Künstler_innen in sakralen Räumen mit ihren Werken intervenieren, ist von hoher Bedeutung, dass sich Kunst und Kirche nicht gegenseitig verzwecken, sondern einander auf Augenhöhe begegnen und dabei auch das Widerständige zulassen.

Künstlerische Installationen in „heiligen" Räumen können transzendente Inhalte in eine sichtbare, ästhetisch wahrnehmbare Form bringen. In den hier beschriebenen Installationen zeigt sich exemplarisch die Spannbreite künstlerischer Selbstverständnisse und kirchlicher Ein-Räumungen. Christliche Sakralräume für zeitgenössische Kunst zu öffnen, bietet für alle ein großes Poten-

---

[59] Reese-Schnitker / Schimmel 2014.
[60] Pirker 2017, 134.

zial und eröffnet sehr unterschiedliche Lesarten und Zugangswege: eine Einzelkünstlerin wie Birthe Blauth mit einem Gesamt-Werk erzeugt notwendigerweise einen anderen Raumcharakter als eine kollektiv entwickelte Gruppenausstellung wie die der Künstler_innen des Kollektivs Atis Rezistans.

Eine gastfreundliche, wohltuende Atmosphäre in St. Elisabeth, die auf die Verinnerlichung und spirituelle Versenkung der einzelnen Besucher_innen setzt, führt erstaunlich ungebrochen eine alte abendländische Tradition des Umgangs mit dem Sakralraum fort. Dies geht einher mit ebenso erstaunlicher Unterwerfung der Besucher_innen, die sich in einer bestimmten Weise (ausgezogene Schuhe) in diesem Raum bewegen dürfen und können: Es geht um Stille, Einkehr, meditative Momente des Individuums, das sich in eine Kette der Tradition einreiht durch das Mitnehmen eines Objektes (eine weiße Zuchtperle), das wiederum die Einzelnen mit allen anderen Teilnehmenden symbolisch verbindet. Die Künstlerin arbeitet „für" die Besucher_innen, indem sie einerseits die Erwartungen eines Sakralraums an die Menschen, die ihn betreten, fortführt (Stille, Meditation, Besinnung), andererseits aber auch deutlich bricht (keine Stühle, auf grünem Kunstrasen liegend) und die Künstlichkeit und Scheinheiligkeit der (christlichen) Paradiesvorstellung den Besucher_innen wie einen Spiegel vorhält. Wollten wir die Gesamtinstallation religionspädagogisch einordnen, so wäre Birthe Blauth' *Poem of perls* ein umfassender, sich selbst ästhetisch erschließender, symboldidaktischer Vertiefungsweg. In ähnlicher Weise kann ihre aktuelle Kunstinstallation *Eterntiy* einsortiert werden. Darin liegen sicher zentrale Potenziale für religionspädagogische Erschließungsformen.

Im Gegensatz dazu wird die haitianische Intervention in St. Kunigundis als verstörend und beeindruckend, im besten Falle als ein Lern- und Reflexionsraum wahrgenommen, der in seiner Zusammenstellung und Multiperspektivität eine äußerst voraussetzungsvolle Raumerfahrung ermöglicht und darin sehr herausfordernd ist. Die Ausstellung, die nur scheinbar auf die ersten, oberflächlichen Blicke eklektisch wirkt, ist von dem Künstler_innenkollektiv interventionell sehr exakt austariert. Leider fehlen entsprechende Hinweise und Hilfestellungen für die eigene Erschließung. Wollten wir Atis Rezistans religionspädagogisch einordnen, so eröffnet das Künstler_innenkollektiv im Grunde einen Zugang zur Erschließung von Religion und Religiosität, von Macht und Präsenz, von Heiligkeit und Abgrenzung in einem Kontext der historischen, interkulturellen und interreligiösen Reflexion im Horizont des postkolonialen Diskurses.

Tatsächlich gestaltet sich in diesen Sakralraum-Interventionen ein sinnvoller religionspädagogisch intendierter Lernraum als höchst anspruchsvoll, doch es lohnt sich – wie auch die studentischen Erarbeitungen von Joanna Zdrzalek in der Reflexion gemeinsamer Documenta-Besuche und von Judith Roth-Smileski im Rahmen ihrer Examensarbeit gezeigt haben. Lern- und Begegnungsprozesse mit den Installationen benötigen das Einlassen auf ein intensives subjektives Erleben, den gegenseitigen Austausch der unterschiedlichen Erlebensqualitäten und notwendige auch kognitive Erkundungen und Reflexionen. Es bedarf der Bereitschaft, aber auch gewisser Anstrengungen, die Konzepte der Künstler_innen und die Eigenheit ihrer Kunstwerke zu erhellen. Die Kunst als eigenständige ästhetische Sprache braucht im Sakralraum eine genaue Wahrnehmung, mitunter auch Kontext, entfaltet aber zugleich unmittelbare Wirkung und fordert zur Positionierung heraus.

Diese Kunst kann auch fremd bleiben, sodass Lernende in religiösen Bildungsprozessen keinen Zugang dazu finden. Dennoch lohnt sich der Versuch, denn neben einer Erweiterung des Horizonts im kognitiven Bereich wird auch die ästhetische Wahrnehmung und Kommunikationsfähigkeit geschult. Anne Bamford drückt es so aus: „The arts are important because they are intrinsic components of human culture, heritage and creativity and are ways of knowing, representing, presenting, interpreting and symbolising human experience."[61]

Literatur

Atis Resistans (2022): Detailkatalog, Zugriff am 07.03.2024 https://ghettobiennale.org/files/SINGLEARGBCATALOGUE.pdf

Atis Rezistans: About, Zugriff am 13.03.2024 http://www.atis-rezistans.com/about.php

Bamford, Anne (2008): The Wow Factor: The impact of arts in education, Zugriff am 18.03.2024 https://www.kulturskoleradet.no/_extension/media/3531/orig/attachment-/2008_Skapende_laring_Bamford_MiS.pdf

Binding, Günther (2003): Die Bedeutung von Licht und Farbe im mittelalterlichen Kirchenraum, in: Jürgen Pursche (Hg.): Historische Architekturoberflächen. Kalk - Putz – Farbe, Historical Architectural Surfaces. Lime - Plaster – Colour, 42–51.

Blauth, Birthe (2022): Poem of Pearls, Der Katalog.

Blauth, Birthe. (im Gespräch mit) C. Baumanns (2022). Christoph Baumanns talks with Birthe Blauth, June 4, 2022, St. Elisabeth Kassel. POEM OF PEARLS Gespräch mit Birthe Blauth Elisabethkirche Kassel 4.6.22. [Video], Zugriff am 11.10.2022 https://bblauth.de/poem-of-pearls.html

Blauth, Birthe, Infobroschüre zum Projekt „Eternity", Zugriff am 19.02.2024 hgttps://www.un-painted.net/artstore/kuenstler/birthe-blauth-kuenstlerin/neu-birthe-blauth-edition-zum-projekt-eternity/?v=3a52f3c22ed6

Burrichter, Rita / Gärtner, Claudia (2014): „Steffi sagt, sie sieht was ganz anderes!" Bilderfahrung als Herausforderung erleben, in: Dies. (Hg.): Mit Bildern lernen. Eine Bilddidaktik für den Religionsunterricht, München, 22–25.

Buschmann, Ulf (2024): Eispyramide, in: Bremer Kirche. Installation schmilzt schneller als gedacht, Zugriff am 19.02.2024 https://www.evangelisch.de/inhalte/227068/16-02-2024/eispyramide-bremer-kirche-installation-schmilzt-schneller-als-gedacht

---

[61] Bamford 2008.

C'Chartres Tourisme – Office de Tourisme de Chartres Métropole (2022): Vielerlei Gründe für einen Besuch der Kathedrale von Chartres. Das Labyrinth, Zugriff am 02.11.2022 https://www.chartres-tourisme.com/de/die-kathedrale/vielerlei-gruende-fuer-einen-besuch-der-kathedrale-von-chartres

Documenta fifteen (2022): Atis Rezistans | Ghetto Biennale, Zugriff am 13.03.2024 https://documenta-fifteen.de/en/lumbung-members-artists/atis-rezistans-ghetto-biennale/

Evangelischer Pressedienst (epd.) (2024): Künstlerin hängt Eispyramide in gotische Kirche, in: Evangelische Zeitung, Zugriff am 19.02.2024 https://www.evangelische-zeitung.de/-kuenstlerin-haengt-eispyramide-in-gotische-kirche

Gärtner, Claudia (2011): Ästhetisches Lernen. Eine Religionsdidaktik zur Christologie in der gymnasialen Oberstufe, Freiburg.

Ghetto Biennale, Atis Rezistans | Ghetto Biennale, Zugriff am 13.03.2024 https://ghettobiennale.org/

Kunst Raum Kirche (2021): Elisabethkirche Kassel. Kunst in der Elisabethkirche zur documenta-Zeit 2022. Fünf Künstler/innen, fünf Ideen, fünf Videos. Wer wird 2022 die inneren und äußeren Räume der Elisabethkirche künstlerisch gestalten? Zugriff am 20.10.2022 https://www.kunstraumkirche.de/kunstraumkirche/2012-07-02/fuenfkuenstlerinnen.php

Ladermann, Ann-Christin (2022): documenta und Kirche: Künstlertreffen mit Bischof Genn, Zugriff am 19.02.2024 https://www.bistummuenster.de/startseite_aktuelles/newsuebersicht/news-_detail/documenta_und_kirche_kuenstlertreffen_mit_bischof_genn

Lehmann, Karl (2015): Die Welt im Spiegel der Kunst als Herausforderung für Kirche und Theologie. Vortrag zur Begegnung von Kunst und Kirche im Kontext des 50-jährigen Jubiläums des Zweiten Vatikanischen Konzils anlässlich der Eröffnung der Ausstellung des Kunstprojektes am 14.06.2015 in Lorsch (Hessen), Zugriff am 13.03.2024 https://bistummainz.de/organisation-/ehemalige-mainzer-bischoefe/kardinal-lehmann/texte-predigten/a-blog/Die-Welt-im-Spiegel-der-Kunst-als-Herausforderung-fuer-Kirche-und-Theologie-00001/

Lichterbeck, Philipp (2011): Haiti: Die Atis Rezistans, Zugriff am 07.03.2024 http://www.philipp-lichterbeck.com/reportage/neues-leben-aus-alten-knochen 24.06.2011

Mennekes, Friedrich (1995): Künstlerisches Sehen und Spiritualität. Zürich Düsseldorf.

Meyer-Blanck, Michael (2018): Zeigen und Verstehen. Skizzen zu Glauben und Lernen, Leipzig.

Niggemeyer, Margarete / Stork, Hans-Walter (1997): Perlen schimmern auf den Toren. Eine Aus-legung des Perlensymbols in christlichen und außerchristlichen Traditionen, Paderborn.

Pirker, Viera (08.08.2022): Documenta fifteen. Ein kritischer harvest, in: Feinschwarz, Zugriff am 07.03.2024 https://www.feinschwarz.net/documenta-fifteen-ein-kritischer-harvest/

Pirker, Viera (2017): Gegenwarts-KünstlerInnen reagieren auf Religion: Eine Horizonterweiterung für religiöse Bildung, in: Österreichisches Religionspädagogisches Forum 25, Bd. 1, 126–138.

Pollak-Eltz, Angelina (1995): Trommel und Trance. Die afroamerikanischen Religionen, Freiburg.

Reese-Schnitker, Annegret / Schimmel, Alexander (2008): Zeitgenössische Kunst als Gegenstand im Religionsunterricht, in: Religionspädagogische Beiträge, 61, 33–54.

Reese-Schnitker, Annegret / Schimmel, Alexander (2010): Mit zeitgenössischer Kunst lernen, in: Katechetische Blätter 135.5, 365–370.

Roth-Smileski, Judith (2022): Die Auseinandersetzung mit zeitgenössischer Kunst als Lernanlass für den Religionsunterricht (konkretisiert und reflektiert an zwei Beispielen im

Zusammenhang mit der Documenta 15), Unveröffentlichte Examensarbeit in Religionspädagogik an der Universität Kassel.

Schippers, Birgit (28.06.2022): Diese Zahnpasta kommt nicht mehr in die Tube, in: Domradio, Zugriff am 07.03.2024 https://www.domradio.de/artikel/umstrittene-documenta-ausstellung-der-kunigundiskirche

Schlimbach, Guido (2009): Für einen lange währenden Augenblick. Die Kunst-Station Sankt Peter Köln im Spannungsfeld von Religion und Kunst. Studien zu Kirche und Kunst, Band 7, Regensburg.

Universes in Universes (2010): Die Geschichte Haitis und des Vodou, in: universes, Zugriff am 07.03.2024 https://universes.art/de/specials/2010/vodou/history/

Vogel, Evelyn (2022): Parallel zur Documenta. Nachhaltigkeit im Paradies, in: Süddeutsche Zeitung, Zugriff am 19.02.2024 https://www.sueddeutsche.de/muenchen/birthe-blauth-poem-of-pe-arls-elisabethkirche-kassel-documenta-1.5659248

Welthungerhilfe (o.J.): Haiti, in: Welthungerhilfe, Zugriff am 07.03.2024 https://www.welthungerhilfe.de/informieren/laender/haiti/

Zdrzalek, Joanna (2022): Begegnung mit zeitgenössischer Kunst im Religionsunterricht. Unveröffentlichte Hausarbeit im Rahmen des Seminars „Lernen im lumbung?", Goethe-Universität

„HÖR-Raum Kirche – Ein Evangelium als Live-Hörbuch". Doppelte Umsetzung – in einem Kurzvideo und einem Live-Event

Beatrix Ahr

1. Erste Schritte

„Ist es vorstellbar, dass der ‚HÖR-Raum Kirche' Teil der Ringvorlesung ‚Heilige Räume' wird? Ich erinnere mich an meine Frage auf dem Gang vor dem Sekretariat des Instituts für Katholische Theologie (IKTh) an der Universität Kassel. Und an die Antwort von Prof.^{in} Dr. Mirja Kutzer: „Heilige Räume performativ – warum nicht?" So entstand ein erstes Gespräch darüber, dass und wie befruchtend es sein könnte, nicht nur über „Heilige Räume" zu sprechen und zu hören, sondern eine Veranstaltung in einem heiligen Raum zu erleben ...

Vorausgegangen war die Planung eines Semesterprogramms mit Studierenden im Mentorat, der kirchlichen Studienbegleitung für Lehramtsstudierende Katholische Theologie an der Universität Kassel.[1] „Wir würden gerne einmal mit Musik im öffentlichen Raum auftreten!", so der Wunsch der Studierenden, „mit ‚unserer' Musik – und das nicht nur bei Jam Sessions in unseren Räumen, sondern irgendwo öffentlich in der Stadt." Ich legte eine Idee dazu, die mir seit geraumer Zeit am Herzen lag: dass Studierende ein ganzes biblisches Buch am Stück vor Publikum (vor-)lesen bzw. vortragen. Wir dachten die beiden Ideen zusammen: Studierende gestalten in einer zentralen Kirche Kassels Kirchenraum, Lesung und Musik – und dazu laden wir öffentlich ein.

Als Kirche kam eigentlich nur die Elisabethkirche infrage. Warum? Einmal wegen ihrer zentralen Lage. Und zum anderen, weil es dort die „Kultur in der Elisabethkirche Kassel" gibt – regelmäßige kulturelle Angebote, die dem Mentorat Zugang zu einem anderen Publikum, zu Interessierten in der Kirchen- und Stadtöffentlichkeit ermöglichen konnten.

Für die Idee wurde Marcus C. Leitschuh, der Verantwortliche für „Kultur in der Elisabethkirche Kassel", gewonnen: „Wir räumen die ganzen Stühle aus der Kirche, wandern mit dem biblischen Text an die dazu passenden Orte. Die Leute sitzen auf Sitzkissen oder nehmen ihre Stühle mit." So könne der Raum ganz neu erlebt und kennengelernt werden. Und er würde im Hören – durch den

---

[1] Im Folgenden kurz Mentorat genannt.

Text – durch die Musik der Studierenden eine ganz neue und andere Wirkung entfalten. So nahm die erste Idee der Semesterplanung Fahrt auf, ein Termin wurde gefunden, ins Programm aufgenommen und veröffentlicht: Mittwoch, 13. Mai 2020, 18–22 Uhr.[2]

Gemeinsam mit dem IKTh wurde ein Name für die Veranstaltung gefunden: „HÖR-Raum Kirche – Ein Evangelium als Live-Hörbuch".

Der Gedanke des Raums in seinen vielen Bedeutungsebenen war von Anfang an präsent. Und ebenso begleitete uns die Verbindung von Raum und Heiligkeit – die Kirche als heiliger Raum; persönliche Räume, die einem „heilig" sind. Das machte Lust, kreativ weiter zu überlegen: „Sich einen Raum heilig machen, hört sich toll an. Da bin ich dabei!", so z. B. Saskia, eine der mitwirkenden Studierenden.[3]

Sofort aber war diesen auch klar: „Wir sollten unbedingt eine große Organisationsgruppe bilden, damit der riesige Aufwand auf möglichst viele Hände verteilt werden kann" (Johannes). So machten wir es, gab es doch viel zu überlegen, abzustimmen und vorzubereiten: welches Evangelium? (Matthäus! – Grund für die Wahl war das Lesejahr), welche Musik? (alles, was Studierenden gefällt! Es muss keine religiöse Musik sein!) Wer macht Musik? Wer liest? Was gibt es als Begleitprogramm? Alle möglichen kreativen Aktionen wurden geplant: Tanz, Malen, szenische Aufführung und Darstellung des Textes, Standbilder, Arbeiten mit Holz und anderen Materialien u. v. m. Es ging um Fragen: Wie wird das Publikum verpflegt? Welche Orte im „heiligen Raum" werden bespielt? Wie werden Studierende gewonnen, mitzumachen und sich auf unterschiedlichste Art zu beteiligen? Wie wird die Öffentlichkeit informiert? Wer kümmert sich um Öffentlichkeitsarbeit nicht nur der kirchlichen- und Stadtöffentlichkeit, sondern auch in die Universität Kassel hinein?

2. Heiliger Raum – Kirchenraum – Elisabethkirche

Den „heiligen Raum", die Elisabethkirche Kassel, galt es kennenzulernen, zu erkunden und mit ihm vertraut zu werden. Die Studierenden waren durchaus beeindruckt und trugen ihre Wahrnehmungen zusammen: Sie staunen über die Höhe von 18 Metern. Das Holzdach erinnert sie an das „Dach der Arche Noah" (Lea-Marie). Die sehr vielen Stühle stören ihren Raumeindruck. Die Fenster, „die quasi zweistöckig am Boden stehen, ermöglichen einen offenen Blick in die Stadt" (so Rebecca). Den Studierenden fallen die „Hohlkreuze" in den bei-

---

[2] Musik an der Rosenkranzkirche 2020, 14.
[3] Zitierte Studierende werden in diesem Text nur mit Vornamen genannt.

den Innenhöfen auf[4]; die (Back-)Steine, die überall in der Kirche, aber v. a. in der Wand im Chorraum verwendet sind und die durch die kleinen kreuzförmigen und größeren ovalen Löcher wie eine Art „Klagemauer" (Annelie) wirken; der große, höher gelegene Altarraum mit dem mächtigen schwarzen Altar und Ambo; der Keller- und der Zwischenraum (Krypta) mit den Sarkophagen.[5]

Die Elisabethkirche ist der Nachfolgebau für die im Zweiten Weltkrieg zerstörte Kirche St. Elisabeth, die erste katholische Kirche Kassels nach der Reformation, geweiht 1777. Diese befand sich auf der Seite des Friedrichsplatzes, wo nach dem Krieg das Staatstheater gebaut wurde. Die Pfarrei St. Elisabeth erhielt nach dem Krieg ein Grundstück gegenüber, nicht direkt am Friedrichsplatz gelegen, sondern von diesem durch die Straße „Schöne Aussicht" getrennt. Der Friedrichsplatz wird darüber hinaus in seiner Länge geteilt (durch den vielbefahrenen „Steinweg"), dadurch ist die jetzige Lage der Elisabethkirche nicht ganz zentral. Sie liegt etwas zurückgesetzt – oberhalb der beiden Straßen.

Der Nachkriegsbau wurde 1959/60 nach einem Entwurf von Armin Dietrich errichtet. Man betritt die Elisabethkirche über eine breite Treppe und einen kleinen Vorplatz. Rechts, an der Nordwest-Ecke, steht ein markanter, im obersten Abschnitt offener Kirchturm, der durch den „Mann im Turm" von Stephan Balkenhol Aufmerksamkeit auf sich zieht.

Der Künstler Balkenhol beschreibt die Elisabethkirche bildlich, treffend und knapp: Sie

> ist dreischiffig, wobei die Außenschiffe keine Bedachung haben und als ‚Gärtenräume' angelegt sind, nach Westen zur Straße hin durch eine hohe Mauer abgegrenzt; nach Osten fungiert ein in der Regel dicht bewachsener Zaun als Grenze zum benachbarten Versicherungsgebäude. Vom Kirchschiff sieht man durch eine beidseitige Fensterfront in die künstlichen Gartenräume. Die Fensterordnung ist mithin umgekehrt: Die Fenster sind nicht oben, sondern unten angebracht. Von innen betrachtet, öffnet sich der Raum nach außen: das offene Zelt Gottes. Die Farblosigkeit der Fenster ermöglicht den Einfall natürlichen Lichts.[6]

Die einfachen Baustoffe sind sichtbar: „Backsteine, Betonsäulen, Betonträger etc. An manchen Flächen, beispielsweise hinter dem Altar, gewinnt die Struktur der Baustoffe ornamentalen Charakter."[7] 2015 hat die Kirche eine neue Orgel erhalten: die Bosch-Bornefeld-Orgel aus der Kasseler evangelischen Mar-

---

[4] Gemeint sind die modernen Skulpturen von Prof. Thomas Virnich, die dieser für die erste kirchliche Begleitausstellung zur documenta11 in der Elisabethkirche von 2002 „Mensch-Himmelwärts" gestaltet hatte und der Gemeinde vermachte. Für die Hohlkreuze wurden Holzkreuze in Ton gedrückt und dann der Ton gebrannt. Das Holz verbrannte, der Abdruck blieb.

[5] Gemeint sind die Sarkophage des katholischen Landgrafen Friedrich ll. von Hessen-Kassel (gest. 1785) und des ersten Hofpredigers Heinrich Bödiger (gest. 1780).

[6] Bischöfliches Generalvikariat Fulda 2012, 82.

[7] Ebd.

tinskirche. Für den Einbau wurde deshalb oberhalb der ursprünglichen eine weitere Empore eingezogen.

Haben die Studierenden damals schon überlegt, wodurch die Elisabethkirche zum „heiligen Raum" wird? Ich erinnere mich nicht wirklich – nur daran, dass der Raum sie im Kontext der eigenen Gestaltung ganz anders in Bann zog, als wenn sie „nur" als Besucher_innen gekommen wären. Sie spürten sich mit ihren Ideen im Raum. Das gab ihnen einen ganz anderen, gestalterischen Blick: für die Höhe und Weite, die Ausstrahlung und Akustik – ein Blick, der weit über die „Einrichtung" hinausging, sie sogar z. B. von den Stühlen abstrahieren ließ. Durch ihr Vorhaben, diesen heiligen Raum zu „bespielen", entdeckten sie diesen anders und neu. Das beeindruckte mich.

3. Covid-Pandemie – Stillstand

Die Planungen für den „HÖR-Raum Kirche" waren weit fortgeschritten – da brach die Covid-Pandemie herein und mit ihr der erste Lockdown ab dem 22. März 2020.

Alle Räume, in denen die Studierenden, die Dozierenden, die Universität, das Mentorat, die Menschen vor Ort und global sich aufhielten und lebten, mussten auf einmal eng, klein und äußerst eingeschränkt werden. Wie würde und könnte die universitäre Lehre ausschauen? Das Leben überhaupt? Alles galt es, neu zu entwickeln und zu lernen.

Die Ringvorlesung „Heilige Räume" wurde digital geplant – die eingeladenen Referent_innen konnten sich darauf einlassen und einstellen. Aber: eine performative Veranstaltung? Wie sollte der „HÖR-Raum Kirche", ein „Evangelium als Live-Hörbuch", digital zu verwirklichen sein?

Die Kirchen waren über Wochen und Monate geschlossen. Begegnungen von mehr als zwei Haushalten nicht erlaubt. Nicht wenige Studierende hatten Kassel verlassen und studierten von ihrem Zuhause bei den Eltern aus. Ich konnte mir den HÖR-Raum Kirche nicht vorstellen: das ganze Matthäusevangelium, das in reiner Lesezeit mindestens 2:40 Stunden dauert plus Musik, aufnehmen und als Video bei der Ringvorlesung zeigen? Wer will so etwas sehen? Da gibt es längst ansprechende Filmversionen. Es braucht unseren „HÖR-Raum Kirche" nicht!

Bei den Überlegungen waren die Studierenden selbstverständlich einbezogen – und diese hatten während einer Videokonferenz eine andere, kreative Idee: „Wir machen einen Trailer! Wir produzieren ein Kurzvideo, das Lust machen soll auf eine Live-Veranstaltung im nächsten Jahr!", so Minh Dang.

Von den ursprünglich 19 Studierenden, die den HÖR-Raum Kirche im Mai 2020 durchführen und gestalten wollten, sprangen in dieser Zeit einige ab,

Neue kamen dazu – am Ende waren ebenfalls 19 Studierende von der Idee des Trailers überzeugt und begannen, diesen zu planen.

4. Ein Trailer als Alternative

Was braucht es für ein Kurzvideo? Eine Idee – ein Drehbuch – Leute, die lesen; Leute, die filmen und schneiden; solche, die Musik machen, diese aufnehmen, schneiden; Unterstützer_innen u. v. m. Es braucht einen guten Start, der Lust macht weiterzuschauen, Kurzweiligkeit, nur ja keine Längen... – und am Ende einen tollen Cliffhanger, der Vorfreude weckt auf die Live-Version des HÖR-Raums im nächsten Jahr.

Aber wenn man Räume nicht betreten darf, sich dort nicht gemeinsam aufhalten darf – wenn eine Pandemie das Miteinander verunmöglicht: Wie soll und kann man da einen Film/einen Trailer drehen? Diese selbstgestellte Aufgabe umzusetzen, schien schier unmöglich.

Unser selbst entwickeltes Drehbuch sah vor, dass das Video die subjektive Dimension von „Heiligkeit" (was ist mir heilig?) in den Blick nimmt und deshalb mit unseren persönlichen „heiligen Räumen" beginnt – und dass dann das Matthäusevangelium im Schnelldurchlauf folgt. Der „heilige Raum" der Elisabethkirche soll immer wieder ins Bild gesetzt werden. Musik soll untermalen und vertiefen. Immer wieder standen die Fragen im Raum: Was? Und wie? Und wer?

Die eigenen, persönlichen „heiligen Räume" zunächst einmal zu entdecken, war in der Zeit des Lockdowns eine wichtige persönliche Frage und Erfahrung. Bei nicht wenigen entwickelten sich ihre „heiligen Räume" in dieser Zeit zu ihren Kraftorten. Sie durften (zumeist) auch in der Zeit der Kontaktbeschränkungen aufgesucht werden. „Mein heiliger Raum" – im Trailer sind zu sehen: ein Platz im Garten, im Wald, eine bestimmte Stelle am Fluss, ein weites Feld. „Mein heiliger Raum", das ist der Rückzugsort im eigenen Zimmer, ein Baumhaus, das sind Kapellen, Andachtsräume, ein Wegkreuz, verschiedene Bibelübersetzungen...

In der Zeit der Dreh-Vorbereitungen begannen wir, einen weiteren „heiligen Raum" wahrzunehmen: das Matthäusevangelium. „Der spatial turn in den Kulturwissenschaften hat mit seiner Fokussierung auf Raum und räumliche Strukturen in den letzten Jahren auch verstärkt die Exegese inspiriert."[8] Wir nahmen die Orte und Räume des Matthäusevangeliums in den Blick und fragten uns, ob sie uns eine Möglichkeit bieten, den Text zu unterteilen und das „Matthäusevangelium im Schnelldurchlauf" für den Trailer „in den Griff zu

---

[8] Hölscher 2022, 31.

bekommen", um es vorzustellen und nahezubringen? Denn: Wir wollten ja nicht zuletzt Lust wecken, das Matthäusevangelium zu lesen und sich im darauffolgenden Jahr als Live-Hörbuch in der Elisabethkirche anzuhören.

Wir konnten viele Räume ausmachen, anhand derer Matthäus sein Evangelium komponiert. „Biblische Texte sind verortet. Sie gehören zu bestimmten Räumen – teilweise historisch, teilweise erzählerisch. Ägypten, Wüste, am See, Jerusalem, ... Das ist nicht einfach nur Kulisse, sondern prägt die Inhalte."[9] Nicht umsonst haben neuere Raumkonzeptionen auch in der Bibelwissenschaft längst Eingang gefunden. In ihnen

> wird der Raum als Konstruktion verstanden: als Anordnung von Lebewesen und Dingen, die miteinander in Beziehung stehen (vgl. z. B. die Soziologin Martina Löw). Daraus folgt, dass es nicht den einen Raum gibt oder die eine Analyse des Raums gibt, sondern dass der in den biblischen Texten entworfene Raum aus verschiedenen Perspektiven betrachtet werden muss, mit deren Hilfe die sozialen, kulturellen, geographischen, politischen und religiösen, ästhetischen, aber auch z. B. die emotionalen Dimensionen des Raums und ihre vielfältigen Verknüpfungen in den Blick genommen werden können.[10]

Folgende Räume fanden beim Lesen Verwendung: Traum – Flucht nach Ägypten – Wüste – Jordan (Fluss) – Berg – Sturm – Synagoge – Gleichnisse – See – Gemeinde – die „Geringsten" – Jerusalem – Mahl – Tod – leeres Grab – Sendung. In diesen von den Studierenden gewählten Räumen – so wurde uns im Nachhinein bewusst – ist der ganze wesentliche Inhalt des Matthäusevangeliums enthalten und abgebildet. Auch wenn zunächst vielleicht unbewusst, war es stimmig, bei den persönlichen „heiligen Räumen" sowohl an Orte zu denken als auch an Bücher, an „heilige Texte"; und bei den Räumen des Matthäusevangeliums an Gemeinden, an die Übersehenen, die „Geringsten". Selbst der Tod kann so noch als Raum verstanden werden – ebenso die Sendung in neue, unbekannte Räume, in die Welt.

Die Studierenden, die sich am Lesen des Matthäusevangeliums beteiligen wollten, wählten „ihre" Räume, einmal in den Textpassagen[11], zum anderen suchten sie im Kirchenraum ihren Platz zum Lesen. Dieser sollte die Textstelle unterstreichen bzw. vertiefen, so dass der Raum im Text und im Kirchenraum in Korrespondenz kommen. So wurden z. B. die Auszüge der Bergpredigt von oben gelesen, von der höchsten Empore oder auf den Betonstreben stehend, die in 2,50 m Höhe die 5 m hohen Fenster halbieren; oder die Rede Jesu auf dem See mit Blick in den weiten Kirchenraum. Wer wegen der Pandemie daran gehindert war, nach Kassel zu kommen, wählte einen zur Textstelle passenden Raum dort, wo er_sie sich aufhielt. Ein Student stellte sich für die Taufe Jesu im Jordan an einen rauschenden Bach; eine Studentin zeigte ein Bild zum See-

---

[9] Gillmayr-Bucher 2022, 52.
[10] Ebd., 53.
[11] Zum Beispiel Mt 1,18–21.24–25 für „Traum".

sturm, das sie gemalt hatte und filmte, während sie den dazugehörenden Abschnitt las; ein anderer gestaltete eine Buchstabenanimation, die den Text verdeutlichte.

Alles musste unter den geltenden Abstands- und Hygieneregeln erfolgen, die alle Beteiligten einschränkten und beschränkten. Wie sollte der ökumenische Chor sich treffen und singen? Wo und wie sollte die vorgesehene Musik eingespielt werden? Der Chorleiter Johannes wurde kreativ und erwarb Wissen im Zusammenschneiden der einzelnen Stimmen, die die sieben Sänger_innen zuhause aufgenommen und ihm zugeschickt hatten. So wurde es sogar möglich, den Chor vier- und mehrstimmig und in Taizé-Gesängen und Kanones zum Klingen zu bringen. Ein musikalisches Duo traf sich mit Mund-Nasen-Bedeckung und nahm unter Abstand ihr Spielen live auf. Ein Musiker konnte in der Elisabethkirche gefilmt werden: Er erkundete und bespielte mit seinem Saxophon den ganzen, leeren Raum.

Und nicht zuletzt wurde der „heilige Raum" der Elisabethkirche in knapp 50 einzelnen Ausschnitten und Perspektiven aufgenommen. So wurde er im Video sicht-, spür- und erlebbar.

Die einzelnen Videos, alle per Handy aufgenommen, wurden an vier Studierende geschickt, die sich bereiterklärt hatten, die Schneidearbeiten zu übernehmen und diese unter sich aufteilten. Diese Vier überlegten und arbeiteten auch an der Idee des Drehbuchs weiter und setzten diese um. Wegen des Lockdowns durften sie nur einzeln im Medienprojektzentrum Offener Kanal Kassel an die Schneidetische gehen. Dort entstand schlussendlich der Trailer[12], ein 15:30-minütiges Video, das Interesse wecken sollte auf eine Live-Version im Mai 2021, das aber auch den Anspruch hatte, die heiligen Räume der Studierenden, den heiligen Raum Elisabethkirche und den heiligen Raum Matthäusevangelium ausschnitthaft darzustellen. Die Veröffentlichung des Trailers „HÖR-Raum Kirche" war im Juli 2020. Alle Beteiligten waren sehr stolz. Zu Recht!

Im Mai 2021 konnte die Live-Version nicht realisiert werden – noch immer hielt die Pandemie die Welt fest im Griff. Fast gaben die Studierenden im Mentorat die Idee auf. Da ergab sich eine neue, ungeahnte Möglichkeit der Verwirklichung.

---

[12] HÖR-Raum Kirche 2020.

5. „Das Paradies existiert nur in unserer Vorstellung" (Birthe Blauth)

Am 8. Juni 2021 wurde auf einer Pressekonferenz bekanntgegeben, wer die sogenannte kirchliche Begleitausstellung[13] zur documenta fifteen 2022 in der Elisabethkirche gestalten würde: Birthe Blauth mit ihrer Installation „Poem of Pearls". Vom 4. Juni bis 2. Oktober 2022 würde sie die Elisabethkirche durch ihre partizipative Installation gestalten.

Birthe Blauths Beitrag wurde vor allem deshalb ausgewählt, weil sie mit ihrer Installation den Raum in besonderer Weise zur Geltung bringen und seine Aussage sinnfällig, eindrücklich aufgreifen und verstärken wollte.

> Ich habe in der Kirche das Gefühl, in einer Basilika mit nicht überdachten Seitenschiffen – den Höfen – zu stehen. ... Armin Dietrich hat in seinen Plänen die Höfe als ‚Gartenhöfchen' bezeichnet und die begrünt geplant. ... Der umzäunte Garten ist im sakralen Kontext immer der Hortus Conclusus, das Paradies. So kam mir der Gedanken, dass hier durch die Architektur der Paradiesgarten schon vorbereitet ist. Ich muss ‚nur' noch die Kirche leerräumen und eine durchgehende Rasenfläche im Raum und in den Höfen verlegen. Durch die großen Fenster fühlt sich der Besuchende auch innen wie in einem Garten. Er ist vor Unwetter geschützt, erlebt dabei aber jede Veränderung des Wetters und des Lichts, als ob er im Freien wäre.[14]

Aus diesen ersten Gedanken und Assoziationen entwickelte Birthe Blauth ihre Installation. Begrüßt wird der_die Besucher_in durch die Inschrift auf der Kirchenfassade „My Precious Pearl From Paradise" – „Meine wertvolle Perle vom Paradies"[15]. Ein mehrdeutiger Satz: Ist mit der wertvollen Perle der Kirchenraum gemeint, der „heilige Raum" der Elisabethkirche – in ihrer Einmalig-

---

[13] Seit 2002 nehmen das Bistum Fulda und die Katholische Kirche Kassel die documenta-Zeit als Gelegenheit wahr, einen eigenen Raum für Gegenwartskunst zu öffnen. Und dies mit der Elisabethkirche an einem prominenten Ort der documenta: sowohl gegenüber des Fridericianums als auch gegenüber der documenta-Halle gelegen entlang der Besucher_innenströme. Hier will sich katholische Kirche in der Begegnung mit aktueller Kunst den Diskursen der Gegenwart stellen. Und sie will einen (ihren) Raum zur Verfügung stellen: „Grundlegend für die ‚Bespielung' der Elisabethkirche ist die Erfahrung, dass viele Besucherinnen und Besucher der documenta zwischendurch das Bedürfnis haben, zur Ruhe zu kommen, die Sinne zu ‚entschärfen', sich von den unzähligen documenta-Eindrücken zu erholen. Die Ausstellung in der Elisabethkirche macht das möglich: Der Kirchenraum wird zum Raum der Besinnung und der Konzentration." (kunstraumkirche 2021).

[14] Im Gespräch... Birthe Blauth mit Benita Meißner, in: Bischöfliches Generalvikariat Fulda 2022, 26–28. Hier: 27.

[15] Angelehnt an einen Teil des Vierzeilers von Angelus Silesius, Cherubinischer Wandersmann VI, 169: „The Wise Man is that which he hath. / The precious Pearl of Paradise / Wouldst thou not lose, then must thou be / Thyself that Pearl of greatest price." („Der weise Mann ist das, was er hat. / Willst du die kostbare Perle des Paradieses / nicht verlieren, dann musst du selbst / die Perle von höchstem Wert sein.").

keit und Besonderheit in und durch ihre Architektur, ihre Aussage, ihre Wirkung? Oder ist der_die Besucher_in aufgefordert, sich selbst zu fragen: Was ist meine wertvolle Perle vom Paradies? Ist es etwas, was mir heilig ist? Ist es in der Tradition der christlichen Glaubensgemeinschaft Jesus, der für die Perle steht? Oder Maria? Ist meine wertvolle Perle meine eigene Seele?

Sich mit diesen Gedanken zu beschäftigen und sich dafür Zeit zu nehmen, lädt die Künstlerin Birthe Blauth ein und schickt die Besuchenden zunächst auf einen Weg: durch ein auf dem Vorplatz der Kirche aufgemaltes Labyrinth. Es führt zur Mitte – zu sich selbst, zu Gott – und durch die Mitte hindurch in die Kirche hinein.

Man betritt den „heiligen Raum", das Paradies aber noch immer nicht sofort. Zunächst findet man sich in einer durch die Künstlerin eingefügten Transitzone wieder.

> Diese soll verhindern, dass man sofort einen Blick in den Paradiesgarten wirft. Sie ist der Grenzstreifen zwischen Außen und Innen. Hier werden die Besucher_innen gebeten, ihre Schuhe auszuziehen. … Die Besucher_innen passieren die neutral anthrazitfarbene Transitzone wie eine Schleuse und treten dann durch den Vorhang in der Mitte in den weiten und stillen Paradiesgarten hinein.[16]

Und dann betritt man ihn: den Kirchenraum. Er ist ganz leergeräumt – sogar der Altarraum, in dem nur noch die unverrückbaren, eingebauten Orte Altar, Ambo, Marienfigur stehen. Ausgelegt ist der Kirchenraum mit Rasen – ebenso die beiden Innenhöfe. Ein weiter, stiller Raum. „Alles ist immer voller Schönheit und Harmonie da. Das Paradies ist etwas Künstliches, daher verwende ich täuschend echt aussehenden Kunstrasen mit weichen, langen Halmen – das ist für mich die konzeptuell stimmigste Lösung."[17] Die Besucher_innen können frei im Raum herumgehen, sich einen Ort suchen. Sie können sich auf den Rasen setzen, legen, ihn fühlen – und sich selbst in diesem Raum.

In der Mitte des Raums steht eine Feuerschale mit unzähligen echten Perlen darin. Jede_r Besucher_in darf sich eine Perle aussuchen und mitnehmen und sich so an den Paradiesgarten und die eigene Reise dorthin erinnern.

6. „HÖR-Raum Kirche" als Begleitprogramm im Paradiesgarten

Für das Begleitprogramm von „Poem of Pearls" bewarb sich das Mentorat mit der nun schon lange ausstehenden Live-Version des „HÖR-Raum Kirche" – es wurde als eines der drei Events für das Begleitprogramm ausgewählt. Nun

---

[16] Birthe Blauth im Gespräch mit Betina Meißner 2022, 27.
[17] Ebd.

hatten wir also unseren leergeräumten Raum, den wir uns schon 2020 vorgestellt hatten! Und wir durften ein Event in einer Installation – in diesem eigens gestalteten Raum organisieren. Wir hatten uns etwas Großes vorgenommen(!), das spürten die Studierenden und ich, als wir das Sommersemester 2022 zu planen begannen. Eine große Herausforderung! Eine *ein-mal-ige* Gelegenheit, etwas Großes zu gestalten!

Was passt von dem „alten" Vorhaben? Wo braucht es neue Ideen, Überlegungen, Entscheidungen? Wir nahmen unsere Planungen von 2020 wieder auf. Aber, wer war überhaupt noch von den ursprünglich Beteiligten an der Universität Kassel und im Studium? Wer könnte noch angesprochen werden und hätte Interesse und Lust mitzumachen – neben/im zeitintensiven, anstrengenden Studium? Wie könnten wir vermitteln, dass es neben den erwähnten „heiligen Räumen" Kirchenraum und Evangelium noch weitere heilige Räume zu entdecken und zu spüren gab: den heiligen Raum jedes_r Einzelnen, das eigene Selbst – und den heiligen Raum des Wir, der Gemeinschaft, die sich aufmachte, dieses Projekt weiter- und durchzuführen. Auf so vielen Ebenen begegnete uns der „Raum des Heiligen" – etwas, was uns zuvor nicht so bewusst war (und vielleicht auch erst grundsätzlich in der Reflexion bewusst wird).

Tatsächlich hatten einige Studierende in der Zwischenzeit ihr Studium beendet. Aber die Installation und die Gestaltung der Elisabethkirche durch „Poem of Pearls" – und die documenta-Zeit, die Kassel zu einem ganz besonderen Ort macht, trugen dazu bei, weitere Studierende für den „HÖR-Raum Kirche" zu gewinnen – und auch die Kirchliche Studienbegleitung der EKKW. So wurde das Projekt zu einem ökumenischen. Besonderen Wert legten die Studierenden darauf, dass es ein gemeinschaftliches wurde, in dem alle alles miteinander absprachen, planten und gestalteten. Das erhöhte den Aufwand sehr – führte aber auch dazu, dass sich alle verantwortlich fühlten.

Im Folgenden werde ich – wie in einem Schnelldurchlauf – alle äußeren Daten, Leistungen und Nutzung des Events in Zahlen und Fakten zusammenschreiben, die zur Verwirklichung des „HÖR-Raum Kirche. Das Markusevangelium als Live-Hörbuch"[18] führten.

Am 17. Januar 2022 liefen die Vorbereitungen für den „HÖR-Raum Kirche" in der Installation „Poem of Pearls" an. Es gab acht Treffen zur Vorbereitung und etliche, ungezählte weitere Absprachen, u. a. 15 (Einzel-) Lese- und Mikro-Proben mit Leser_innen und eine General-/Stellprobe. An Technik hatten wir für zwölf Leser_innen je einen eigenen Lautsprecher und Mikrophon besorgt. Die Band hatte ihre Anlage mit zwei Keyboards, einem Schlagzeug, einer Gitarre und mehreren Sängerinnenmikros aufgebaut. Wir konnten die Bosch-Bornefeld-Orgel der Kirche nutzen.

---

[18] Nach einer längeren Diskussion hatten sich die Studierenden – nicht zuletzt wegen der Länge – für das Markusevangelium entschieden.

Neben den zwölf Leser_innen des Evangeliums waren beteiligt: zwei weitere Leser_innen; drei Solo-Sängerinnen; ein Schlagzeuger und Gitarrist; ein Keyboarder, der gleichzeitig auch Organist und Chorleiter war; ein ökumenischer Chor mit ca. 20 Sänger_innen; zwei Tänzerinnen; eine Studentin, die über den ganzen Abend hinweg ein Bild mit Acrylfarben auf Leinwand malte und darauf ihre Eindrücke vom Geschehen, Text und Raum festhielt; eine Fotografin; sechs Studierende im Background, die Besucher_innen willkommen hießen, in den Pausen Getränke besorgten und ausgaben u. ä. Durch Mehrfachtätigkeiten wirkten am Abend ca. 40 Studierende mit. Als Erkennungszeichen trugen alle Mitwirkenden pinke Socken! Zu den Beteiligten zählte auch der Kirchenmusikdirektor Eckhard Manz, der einzige Nicht-Theologiestudierende, aber Fan des Projekts, der sich mit einer Orgelimprovisation einbrachte. Und dazu als weitere Unterstützer_innen: zwei ehrenamtliche Mitarbeitende des Besuchsservices der Begleitausstellung und ein Mitarbeiter von „Kultur in der Elisabethkirche". Ich erwähne dies so detailliert, um zu zeigen, welch beeindruckendes Gemeinschaftswerk dieser Abend war.

Der „HÖR-Raum Kirche" fand als Live-Veranstaltung in der „Installation Poem of Pearls" in der Elisabethkirche am 28.6.2022 von 19 bis 22:20 Uhr statt. Der Zutritt war zu jeder vollen Stunde möglich. Nach jeweils 50 Minuten gab es zehn Minuten Pause, um sich an diesem heißen Sommerabend mit kostenlos, gegen Spende ausgegebenem Wasser zu erfrischen und die Veranstaltung, ohne zu stören, entweder zu verlassen oder neu dazuzukommen. Ca. 120 Menschen kamen während der gut drei Stunden als Zuschauende und -hörende. Manche waren von Beginn an dabei, andere kamen später, einige blieben die ganze Zeit (mehr als drei Stunden), andere stundenweise. Vor dem Betreten hatten alle ihre Schuhe ausgezogen, wie es die Installation erforderte – immer wieder fühlten sich Besucher_innen erinnert an die biblische Dornbuscherzählung und hatten das Gefühl: Jetzt betrete ich heiligen Boden.[19] Manche im Publikum hatten sich zum Sitzen aus der Transitzone Stühle mitgenommen, die meisten aber setzten oder legten sich einfach so auf den Rasen. Manche saßen am Rand und lehnten sich an den Betonrahmungen an, andere saßen oder lagen mitten im Kirchenraum. Jede und jeder suchte sich den eigenen passenden Platz – und hörte später meist erstaunt, wie viele Stellen des Markusevangeliums im Freien, im Gras, sitzend und liegend spielen.

Zwei Kameraleute des Medienprojektzentrums Offener Kanal Kassel filmten die erste Stunde des Events und sendeten einen Beitrag.[20] Zwei Zeitungsar-

---

[19] Ex 3,4–5: „Als der HERR sah, dass Mose näherkam, um sich das (*gemeint ist: der Dornbusch, der im Feuer brannte, aber von diesem nicht verzehrt wurde*) anzusehen, rief Gott ihm mitten aus dem Dornbusch zu: Mose, Mose! Er antwortete: Hier bin ich. Er sagte: Komm nicht näher heran! Leg deine Schuhe ab; denn der Ort, wo du stehst, ist heiliger Boden."

[20] HÖR-Raum Kirche 2022.

tikel berichteten über den HÖR-Raum Kirche – einer im Vorfeld, einer im Anschluss.[21]

7. Idee und Umsetzung

Wie wollen wir das Evangelium lesen? Wie die Lesung gestalten, damit die Zuhörenden bei sich, beim Text und Inhalt bleiben können und nicht gedanklich abschalten? Vor allem, wenn der gelesene Text mindestens 1:40 Stunden dauert. Umso mehr stellen sich diese Fragen in der heutigen Zeit, in der Menschen über immer kürzere Konzentration verfügen.

Die Textabschnitte dürfen also nicht zu lang sein, das war uns schnell klar. Aber: wie und wo unterteilen? Wieder (wie 2020) war uns der Blick auf die Räume – diesmal im Markusevangelium – behilflich. Wir unterteilten es nach den Raum-/Orts-Wechseln in 80 Abschnitte. Diese waren zwischen einem und 30 Versen lang – meist also eher kurze Abschnitte, denen man leicht(er) folgen konnte. Als Übersetzung wählten wir die Einheitsübersetzung, die im Markusevangelium eine ansprechende, leicht lesbare, gut verständliche Form und Sprache bietet.

Eine spannende Frage war, wo die Lesung des Markusevangeliums enden soll: beim ersten und ursprünglichen oder beim zweiten, im 2. Jahrhundert nachträglich angehängten und geglätteten Schluss? Bewusst entschieden sich die Studierenden für das erste, sperrigere, herausfordernde Ende[22], das die Lesenden und Hörenden mit der Frage entlässt: Und wir? Was tun wir? Erzählen wir von diesem Jesus weiter? Wenn ja: was?

Jede_r, der_die bei dem Event lesen wollte, konnte dies tun: Es waren am Ende zwölf Studierende. Um den heiligen Raum erleb- und hörbar zu machen, standen sie an zwölf Orten im Raum und sollten von dort auch zu hören sein. Sie standen oder saßen auf mehreren Ebenen am äußeren Rand des Kirchenraums – nur eine Leserin saß in der Mitte: bei der großen Perlenschale. Zwei Studierende saßen auf den Beton-Querstreben der 2,50 m hohen Fensterfront, eine saß auf einem Vorlesesofa, das neben dem Altar stand, und las aus einer großen Vorlese-Bibel, eine saß unter dem Tabernakel, eine am Vorhang, dem Eingang in den Paradiesgarten usw. Damit die Stimmen der Lesenden aus der Richtung kamen, wo sie standen/saßen, waren zwölf einzelne Lautsprecher und Mikros notwendig – der Kirchenraum war zu groß und der Rasen der Installation schluckte so viel Schall, dass die Verstärkung unumgänglich war. Die

---

[21] Katja Rudolph 2022; Evelyn Schwab 2022.
[22] „Da verließen sie (= die Frauen, = die einzigen, die gekommen waren) das Grab und flohen; denn Schrecken und Entsetzen hatte sie gepackt. Und sie sagten niemandem etwas davon; denn sie fürchteten sich." (Mk 16,8).

zwölf Studierenden lasen jeweils nacheinander in derselben Reihenfolge – und gaben das Wort an den_die Nächste, der_die sich im größtmöglichen Abstand befand, indem sie dazu einander anschauten.

Zum besseren Hören und Verfolgen des Inhalts braucht es Unterbrechungen – 19 wurden eingebaut. Drei Unterbrechungen sollten den Blick auf die Sprachräume lenken, in die das Markusevangelium übersetzt, in denen es gelesen wird. Exemplarisch geschah dies in sieben Sprachen: Altgriechisch, Englisch, Französisch, Gebärdensprache, Polnisch, Spanisch, Vietnamesisch.

Eine Unterbrechung bestand darin, dass die Leser_innen, nachdem Jesus beim Abendmahl sagt: „Amen, ich sage euch: Einer von euch wird mich ausliefern, einer, der mit mir isst." (Mk 14,18), nacheinander den darauffolgenden Text lasen: „Doch nicht etwa ich?" (Mk 14,19) Diese Frage war also zwölf Mal hintereinander zu hören: von oben, von unten, hinten, vorne im Raum – es berührte sehr.

Die restlichen 15 Unterbrechungen waren musikalischer Art – so, wie es von Anfang an geplant war: Musik sollte sich Raum schaffen an diesem Abend und den „HÖR-Raum" gestalten.

Die Studierenden bestimmten, was aufgeführt werden sollte: die Musik, die sie gerne spielen und hören. Dies geschah in unterschiedlichsten Besetzungen: als Chor[23], als dreiköpfige Band, als Gesangssolistinnen mit Begleitung der Band, instrumental. Die Musikstücke waren: gecoverte Stücke aus den Stilrichtungen Rock/Blues/Soul/Pop/Rap – aber auch Neues Geistliches Lied, Lobpreis und Gospel, gesetzte Chorsätze sowie Improvisationen auf der Bosch-Bornefeld-Orgel.

Die Texte der Musikstücke wurden befragt, ob und wo sie mit dem Markusevangelium korrespondieren, dieses gegen den Strich bürsten, herausfordern oder unterstreichen. Auf diese Weise fügten sich verschiedene Musikstile in unterschiedlichen Besetzungen und gelesener Text zu einer bunten Mischung. Die Musik intensivierte das Erleben, sie war in der Lage, den Raum auf andere Art zu füllen und erfahrbar zu machen: nicht nur den Kirchenraum, sondern auch den Textraum.

Ein besonderer Moment war, als alle Anwesenden eingeladen waren, sich am Musizieren zu beteiligen und gemeinsam das Taizélied „Frieden, Frieden" sangen – im Bewusstsein, dass dieser Wunsch den Zeitraum des Textes weit übersteigt bis ins Heute hinein. Die Bitte und der Ruf um Frieden für die Ukraine, die vier Monate vorher brutal von Russland angegriffen worden war, und für alle Kriegsgebiete unserer Zeit vereinte die Anwesenden.

---

[23] Ökumenischer Chor im Dietrich-Bonhoeffer-Haus. In diesem befinden sich die beiden veranstaltenden Institutionen Mentorat für Lehramtsstudierende Katholische Theologie an der Universität Kassel und die Kirchliche Studienbegleitung der EKKW für evangelische Theologiestudierende. Darüber hinaus die ESG (Ev. Studierendengemeinde) die die KHG (Kath. Hochschulgemeinde). Alle gemeinsam unterstützen und finanzieren den Ökum. Chor.

Zu einem live gesungenen Song tanzten zwei Studierende eine eigene Choreographie: den inneren Widerstreit des Judas, der mit sich selbst rang, ob er Jesus verraten solle oder nicht. Dies war für die Tänzerinnen eine Premiere: tanzen zu live aufgeführter Musik – für die Sängerin umgekehrt ebenso.

Eine Frage, die uns bis zum Vorabend beschäftigte: Wie kann dieser Abend zu Ende gehen? Die Stimmung nach dem letzten Satz des Markusevangeliums erwarteten wir als eher beklemmend und bedrückend, wenn es da heißt: „Da verließen sie (= *die Frauen*, = *die einzigen, die gekommen waren*) das Grab und flohen; denn Schrecken und Entsetzen hatte sie gepackt. Und sie sagten niemandem etwas davon; denn sie fürchteten sich." (Mk 16,8)

Wie kann die Anspannung nach über drei Stunden abfallen? Wie kann es nach diesem letzten gehörten Satz zu einem stimmigen Ende kommen? Es entwickelte sich die heftigste Kontroverse während der ganzen Vorbereitungszeit an dieser Frage, die alle gemeinsam eindrucksvoll lösten. Nacheinander standen zunächst die Leser_innen auf, dann nacheinander alle Beteiligten. Einzeln, für sich gingen sie in großer Sammlung zur Mitte, zur beleuchteten Perlenschale, die mittlerweile der einzige Lichtpunkt in der kurz nach 22 Uhr dunklen Elisabethkirche war, und setzen sich. Stille erfüllte den heiligen Raum. Alle – Mitwirkende und Publikum – waren gesammelt. Beeindruckt. Und dann erklang in voller Wucht und Klangpracht die abschließende Orgelimprovisation.

8. Fazit: Heilige Räume – performativ vielfältig erlebt

Was bleibt? Was wurde als „heiliger Raum" erlebt? In der Reflexion der Studierenden beim Nachtreffen gab es interessante Rückmeldungen.

Zunächst wurde natürlich die Kirche und deren Verwandlung durch die Installation in einen Paradiesgarten als „heiliger Raum" erfahren. „So sollten alle Kirchen aussehen: leergeräumt, mit Rasen auf dem Boden. Zum Ankommen und Wohlfühlen!" (Lea-Marie). Eine andere Studierende nannte die „vielen Fenster, den lichtdurchfluteten Raum"[24], die diesen „heilig" machten. „Das Vorbild für die monumentalen christlichen Gebäude, die seit dem 4. Jh. errichtet wurden, (war) nicht der Tempel, sondern die Basilika, also eine öffentliche Versammlungshalle... Die großen, lichtdurchfluteten Säulenhallen konnten den christlichen Gedanken von der versammelten Gemeinde als Heiligtum besser repräsentieren als eine Tempelanlange mit ihrer kleinen Cella als Ort der Gottespräsenz."[25] Den Gedanken der Basilika hatte die Künstlerin Birthe Blauth in ihrer Installation aufgegriffen und den lichtdurchfluteten Raum durch den auch in den Gartenhöfchen ausgelegten Rasen nach außen geweitet. Sie hatte

---

[24] Zitat aus den Rückmeldungen beim Nachtreffen.
[25] Heyden 2022, 11.

so die Besonderheit dieser Kirche deutlich hervorgehoben. Gleichzeitig schuf sie durch die Leere im Kirchenraum einen stillen, kontemplativen Ort, der bereitmachte für die Anwesenheit des Heiligen.

Auch das Markusevangelium als Ganzes erlebten die Studierenden als „heiligen Raum". Heilige Schrift, Gotteswort in Menschenwort, wurde hörbar, erfahrbar, spürbar. Es schuf Verbindung in längst vergangene Räume – und ins Heute, in den Zeitraum, in dem diese Botschaft neu ankommen, bewegen und wirken will.

Die Stille am Schluss, als alle um die Perlenschale saßen, schuf einen als heilig wahrgenommenen Moment: Wie lange dauerte dieses Zusammenkommen? Das Erleben war zeit-los, nicht messbar – Zeit und Raum fielen in eins: Präsenz des Heiligen.

Zuallererst aber erlebten die Beteiligten sich selbst und ihre Gemeinschaft als „heiligen Raum". Dies erinnert an die ursprüngliche Bedeutung von Kirche, der Εκκλησία, den „Herausgerufenen". Zunächst ging es im Sprechen und Denken von Kirche nicht um einen Ort oder Raum, sondern um Personen. „Die neutestamentlichen Schriften spiegeln die Skepsis der frühen Christen gegenüber dem Jerusalemer Tempel wie überhaupt gegenüber der Vorstellung von heiligen Orten. Aussagen wie: ‚Ihr seid der Tempel Gottes' (1 Kor 3,16) spiegeln deutlich den Anspruch, dass die christliche Gemeinde den Tempel als Ort der Präsenz Gottes ersetzen soll."[26]

Rebecca, eine der Vorleserinnen, beschrieb ihr Erleben so: „Am Schönsten war es für mich zu sehen, wie die Gruppe der Lesenden, Singenden, Musik-Machenden als Gemeinschaft gewachsen ist. Man spürte richtig, wie wir eine Einheit wurden – das war großartig."[27] Ein anderer Student erlebte „die vielen Menschen, die alle ein Interesse am Evangelium/Glauben haben"[28], als heiligen Raum und versammelte „Gemeinde als Heiligtum"[29].

Aber auch die Beteiligten selbst – jede und jeder Einzelne – waren „heiliger Raum" – unantastbar, unberührbar, unverletzlich, einmalig. Das hatte ja auch die Künstlerin Birthe Blauth bewegt, die in den Perlen, die je einmalig in Form und Aussehen sind, die Seele einer_s jeden Einzelnen verkörpert sieht.

„Heilige Räume" – nicht nur der Kirchenraum, nicht nur die Installation „Poem of Pearls", sondern ebenso der „HÖR-Raum Kirche", das Markusevangelium, die Gemeinschaft, jede_r Einzelne konnte so erlebt werden.

„Heilige Räume" performativ – erlebt!

---

[26] Ebd.
[27] Das Zitat ist entnommen aus: Schwab 2022.
[28] Zitat aus den Rückmeldungen beim Nachtreffen.
[29] Heyden 2022, 11.

9. Nachtrag und Nachspiel

Am Ende steht mein persönlicher großer Dank: vor allem an die Studierenden, die dieses *ein-mal-ige* Event gestaltet und durchgeführt haben: mit so viel Zeit, Herzblut, Lebendigkeit, Ergriffenheit und Freude. Und mein großer Dank an alle Ermöglicher_innen.[30] Dieser Abend, der „HÖR-Raum Kirche, das Markusevangelium als Live-Hörbuch" bleibt mir tief in Erinnerung und im Herzen.

Es gab ein Nachspiel: In den kommenden Wochen und Monaten lasen die Leser_innen das Markusevangelium ein weiteres Mal: jede_r las ihre_seine Abschnitte an ungewöhnlichen Orten Kassels. Das Medienprojektzentrum Offener Kanal Kassel hatte die Idee, filmte die Sequenzen, fügte sie zusammen und erstellte den Film. Die Erstausstrahlung war am 28.02.2023 – seitdem ist „Das Markusevangelium an besonderen Orten Kassels" in der Mediathek zu sehen.[31]

Sind diese Orte auch zu heiligen Räumen geworden? Ich denke, nein, da ihnen ein entscheidendes Moment des Raumes fehlt: die Eingrenzung. Sind sie zu heiligen Orten geworden? Vielleicht. An diesen Orten Kassels wurde sicherlich noch nie ein Evangelium vorgetragen. Sind sie seitdem verändert? Womöglich in der Vorstellung und Erinnerung der Beteiligten, denn hier wird deutlich, dass an jedem Ort die Heilige Schrift, das Wort Gottes gelesen und so in die Welt getragen werden kann. Vielleicht kann so ein erster Schritt aussehen, um unsere Welt zu einem heiligen Raum zu machen, was biblisch bedeutet: sie zu verändern in eine bessere.

10. Zweiter Nachtrag: Fragilität und Endlichkeit

Am 2. Oktober 2022 endete die partizipative Installation „Poem of Pearls" von Birthe Blauth in der Elisabethkirche Kassel. In den kommenden Tagen und Wochen wurde die Installation abgebaut, die Transitzone entfernt, der Rasen in Stücke geschnitten – und alles, was an die Ausstellung erinnerte, abtransportiert. Auch wenn viel Wehmut aufkam, war allen klar, dass es dieses Ende auch brauchte. Die Installation „Poem of Pearls" war nicht „für die Ewigkeit" geplant, sondern für eine bestimmte Zeit. Birthe Blauth hatte immer wieder darauf hingewiesen, dass „das Paradies nur in unserer Vorstellung"[32] exis-

---

[30] Zu den Ermöglicher_innen gehören neben dem Institut für kath. Theologie, dem Kunst-Raum Kirche, der docKIK-Gruppe, der Kultur in der Elisabethkirche, vor allem auch das Medienprojektzentrum Offener Kanal Kassel, das Bistum Fulda, die Universität Kassel u. v. m.
[31] Das Markusevangelium an besonderen Orten 2023.
[32] Bischöfliches Generalvikariat Fulda 2022, 5.

tiert,– und ihre Paradies-Installation hatte von nun an ihren Platz in der Erinnerung. Und sie besteht weiter in den Perlen, die mitgenommen werden durften, in den verkauften Rasenstücken, in Fotos, Artikeln und Berichten. Vor Ort erinnert noch das aufgemalte Labyrinth vor der Kirche und die Leuchtschrift „My Precious Pearl From Paradise" – das Labyrinth, bis es von Regen und Witterung abgewaschen ist, die Leuchtschrift, bis sich ein_e Käufer_in gefunden hat.

Ein Gedanke Birthe Blauths erfuhr im darauffolgenden Jahr eine besondere Fortsetzung. Sie hatte in ihren Gedanken zur „Architektur der Elisabethkirche"[33] auch über das Dach geschrieben: „Die Elisabethkirche [...] vermittelt [...] den Eindruck, man sei nur provisorisch überdacht. Wie ein unten offenes, aufgespanntes Schutzdach, das sich leicht zusammenklappen und transportieren lässt."[34] Niemand hat sich vorstellen können, dass das Dach der Elisabethkirche nur „provisorisch" sein und „leicht zusammenklappen" könnte – und doch kam es genau so: es stürzte am 6. November 2023 ohne Vorwarnung ein. Die Balken brachen aus bislang ungeklärter Ursache in der Mitte, und das komplette Dach fiel ins Kircheninnere. Im hinteren Teil der Kirche wurde das hinabfallende Dach von Empore, Orgel und Trompetenpfeifen gehalten. Verletzt wurde glücklicherweise niemand. Die Einsturzursache wird ab Januar 2024 untersucht. Zunächst war es notwendig, die Ruine zu sichern, ein Behelfsdach über der zerstörten Orgel anzubringen, um sie und dahinter gelagerte Gemälde des Malers Johann Heinrich Tischbein d. Ä. zu sichern. Das Dach muss über eine Stahlträgerkonstruktion Stück für Stück herausgehoben werden, um nicht auch noch die Außenmauern zu zerstören. Der Schaden wird nach Abschluss der Untersuchungen und des Abtragens des Daches deutlich werden. Was daraus folgt – Wiederaufbau, Neubau oder Aufgabe des Gebäudes – kann erst anschließend seriös überlegt werden.

Es zeigte sich nicht nur die Fragilität der so beabsichtigten Installation, sondern auch des „für die Ewigkeit" gebauten Kirchengebäudes. Allerdings können „die subjektiven Bilder und symbolischen Bedeutungen, die eine Gruppe einem Raum zuschreibt, ... die dominante räumliche Praxis unterlaufen".[35] So bleiben die Räume, die während des Projekts HÖR-Raum Kirche erlebt wurden, heilig – über den Einsturz des Daches und die Ruine der Elisabethkirche hinaus.

Es ist der erlebte Raum, der seine Heiligkeit behält: das Miteinander, das gelesene Wortes Gottes, die Installation „Poem of Pearls" in der Elisabethkirche. Das Heilige „ist" nicht, es entsteht und besteht durch Beziehung.

---

[33] A. a. O., 33
[34] Ebd.
[35] Gillmayr-Bucher 2022, 53.

Literatur

Angelus Silesius (1932): Selections from The Cherubinic Wanderer, übers. u. eingel. v. J.E. Crawford Flitch, London.

Bischöfliches Generalvikariat Fulda (Hg.) (2022): Poem of Pearls. Birthe Blauth in der Elisabethkirche Kassel, Ausstellungskatalog, Berlin.

Bischöfliches Generalvikariat Fulda (Hg.) (2012): Stephan Balkenhol in Sankt Elisabeth. Ausstellungskatalog, Köln.

Das Markusevangelium an besonderen Orten 1 und 2 (2023), Zugriff am 21.11.2023 https://www.mediathek-hessen.de/medienview_28873_Beatrix-Ahr-OK-Kassel-Das-Markusevangelium-an-beso.html

Gillmayr-Bucher, Susanne (2022): Raum schaffen. „Spatial turn" in der alttestamentlichen Bibelwissenschaft. In: Welt und Umwelt der Bibel 103, 52–53.

Heyden, Katharina (2022): Was Räume heilig macht. Spirituelle Erfahrung in architektonischer Form. In: Welt und Umwelt der Bibel 103, 8–12.

Hölscher, Michael (2022): Zwischen Tempel, Synagoge und Haus. Heiliger Raum im Neuen Testament. In: Welt und Umwelt der Bibel 103, 30–33.

HÖR-Raum Kirche – Bibel, Raum & Aktion (2020): Studierende der Uni Kassel in der Elisabethkirche, Zugriff am 21.11.2023 https://www.youtube.com/watch?v=r0LUMZGq5sw; https://www.mediathek-hessen.de/medienview_21831_H%C3%83%E2%80%93RRaum-Kirche.html

HÖR-Raum Kirche – Das Markusevangelium als Hörbuch (2022): Zugriff am 21.11.2023 https://www.mediathek-hessen.de/medienview_21831_Beatrix-Ahr-OK-Kassel-H%C3%96R-Raum-Kirche.html

Musik an der Rosenkranzkirche (2020): Programm Januar bis Juni, Zugriff am 21.11.2023 http://collegium-vocale-kassel.de/index-Dateien/2020_1_Halbjahresprogramm_Web.pdf

Rudolph, Katja (2022): Die Bibel als Live-Hörspiel. Theologiestudierende lesen Markusevangelium in St. Elisabeth. In: HNA 25.6.2022.

Schwab, Evelyn (2022): Der ganze Markus, neu und gechillt. „HörRaum Kirche" in Kassel. In: aussicht.online 07.07.2022, Zugriff am 23.11.2023 https://www.aussicht.online/artikel/der-ganze-markus-neu-und-gechillt

Hütten und Paläste. Architektur und Gemeinwesen als Aufgabe der Kirchen

Christian Preidel

Wie kommt der Wert in die Welt? Indem man ihn baut.

Abbildung 1: Schmid, Laurin (2019): Spomenik Petrova und Gora, Bild aus der Serie „Relics of the Utopia",Foto: Laurin Schmid.

Ob Étienne-Louis Boullées Entwurf eines Monuments zu Ehren des Physikers Isaac Newton zur Zeit der französischen Revolution, Günther Behnischs gläsernes Haus des Deutschen Bundestags in den ausgehenden Jahren der Bonner Republik oder Minoru Yamasakis Türme des World Trade Centers im krisengeschüttelten New York der 1970er, Gebäude waren und sind niemals rein funktionale Behausungen, sie drücken einen Zeitgeist aus und prägen ihn gleichzeitig. Buchstäblich auf die Spitze treiben dies die Spomenik-Monumente im sozialistischen Jugoslawien, die nur auf den ersten Blick Gebäuden ähneln, auf den zweiten jedoch als ihrer Funktionalität entkleidete und radikal auf die Kraft ihrer Form und Materialität zurückgeworfene Ausrufezeichen in der Landschaft stehen. In den Spomeniks soll niemand wohnen, sie sollen ihre Betrachter_innen vom Fortschritt des Sozialismus überzeugen.[1] In gewisser Weise sind

---

[1] Die Spomeniks besetzen gewissermaßen den öffentlichen Raum mit den Symbolen einer neuen Ideologie einer kollektiven und klassenlosen Gesellschaft (vgl. Peitler-Selakov 2014, 16). Sie setzen sich deshalb auch mit ihrem „industrial modernism" (Schrader 2014, 9) von der bis dahin gebräuchlichen Denkmal-Formensprache ab.

sie damit ehrlicher als Behnischs Bundestag oder Yamasakis World Trade Center, die eine konkrete Funktion als Haus für die Demokratie, beziehungsweise den Freihandel, vorgaben.

Das zweifelnde „vorgaben" ist bewusst gewählt, soll dieser Beitrag doch die Frage stellen, was uns Bauten jenseits ihrer Funktion sagen und vor allem, ob durch sie Bauherr_innen einen Beitrag, oder wenigstens einen Kommentar, zum Stand des Gemeinwesens leisten. Das Plädoyer am Ende des Textes sei hier vorweggenommen: Für ein Gemeinwesen im zweiten Jahrzehnt des 21. Jahrhunderts, gleich ob man es das Digital-, Postwachstums- oder das Zeitalter der Beschleunigung nennen will, sind Wandelbarkeit, Zugänglichkeit und Experimentierfreude wesentliche Zeichen guter Architektur. Diese Erkenntnis sollte auch die Heiligen Räume der Kirchen beeinflussen und sei es nur in ihrer temporären Form.

1. Überwältigungsarchitektur versus Baulücke

Ein Architekt, der für die bewegende Kraft seiner Materialität gerühmt und mit dem Pritzkerpreis bedacht wurde, ist Tadao Ando. Seine Kirche am Wasser (1988) besteht aus einem zentralen Betonkubus, der sich in einer großen Glasfläche auf einen See hin öffnet. Der Bau ist von einer Mauer, Waldstücken und der schroffen Natur der nördlichsten der japanischen Inseln, auf der lange und strenge Winter herrschen, umgeben. In einer solchen Umgebung wirkt Andos Kirche mit ihren reduzierten Formen, dem warmgrauen Beton und den Holzbänken wie ein bergender Minimalismus. Die Kirche am Wasser ist „Überwältigungsarchitektur". Sie überwältigt nicht durch Größe, sondern durch ihre auf die Kraft des Materials reduzierte Formensprache. Nicht das Gebäude ist es, das seine Betrachter_innen klein wirken lässt, sondern die es umgebende Natur. Sie ist Teil von Andos Architektur, die der Natur eine Bühne bietet, auf der sie den Menschen berührt und ihm in ihrer Vergänglichkeit einen Vorgeschmack[2] auf das Unvergängliche, Heilige, Transzendente gibt.

Es gibt selbstverständlich auch eine nationalistische Lesart der Spomeniks, da die Monumente nicht nur für den Aufbruch in die Moderne, sondern auch für die Partisanenaufstände der Vergangenheit stehen (vgl. Pavlaković 2014, 24–25).

[2] Die Rede vom „Vorgeschmack" greift im Grunde zu kurz. Ando möchte mit seiner Architektur ein Naturerleben im Sinne des japanischen *Shintai* ermöglichen: „Shintai operates in a dynamic relationship with the world and knows the phenomenal unfolding of things of ekstasis in emptiness through its sensational capacity that accepts, rather than frames and domesticates, the things." (Baek 2004, 154). Es geht ihm damit um ein präreflexives Durchdrungenwerden von den Dingen, dass uns damit zugleich wieder unserer eigenen endlichen Existenz bewusstmacht (vgl. ebd., 156).

Andos Räume erzeugen Stimmungen und Atmosphären. Wenn der Mensch „sich von ihnen ergriffen fühlt, erkennt er solche Atmosphären nicht wie die Dinge oder deren Eigenschaften, sondern er findet sich in sie eingebettet, spürt sich von ihnen umgeben und durchdrungen."[3]

Die Kirche am Wasser ist aber nicht nur geographisch und atmosphärisch, sondern auch sozial herausgehoben. Als Teil eines Hotelkomplexes dient sie vornehmlich Hochzeiten. Sie steht – das zeigen die Bilder zahlreicher Fotografen und Agenturen, die mit ihr werben – für das Herausgehobene, Inszenierte, nicht für die alltäglichen Vollzüge.

Demgegenüber repräsentiert einer der ersten Bauten Andos, das Haus Azuma (1979), Alltäglichkeit. Nicht durch seine Materialität oder Form – der Architekt bleibt dem Baustoff Sichtbeton und den reduzierten Formen durch sein Werk hindurch treu –, sondern durch den Ort, an dem es sich in Szene setzt: eine dicht bebaute Nebenstraße im südlichsten Bezirk Osakas. Der schlichte Kubus ist in eine schmale Baulücke zwischen zwei Häusern eingepasst. Seine architektonische Qualität besteht darin, dass er keinen weiten Inszenierungsraum benötigt und sich bescheiden zurücknimmt. Gerade weil er nicht größer als seine Umgebung sein will, wirken sein Material und seine Form. Trotz seiner radikalen Unterscheidung von der Umgebung muss man ihn auf Bildern suchen. Gerade dadurch scheint die oben benannte transzendentale Qualität von Andos Architektur auf. Die Betrachter_innen finden sich nicht in einer Schockstarre, wie sie Boullée mit seinen Kathedralen erzeugt, ihnen wird vielmehr eine Selbstreflexion auf Augenhöhe mit dem umbauten leeren Raum – einer „modest emptiness"[4] – und der dort stattfindenden Natur angeboten.

2. Hütten statt Paläste

Noch eine Nummer kleiner als das Wohnhaus nimmt sich die Hütte als Ursprungsform menschlicher Behausung aus. Wiederum steht ein berühmter Architekt Pate, Charles-Édouard Jeanneret-Gris, Le Corbusier. Bekannt ist er vor allem für seine großen Planungen, die Unités de Habitation, gewaltige Mietshauskomplexe, und die Retortenstadt Chandigarh, den 1966 am Reißbrett geplanten Verwaltungssitz der nordwestlichen indischen Bundesstaaten Punjab und Haryana. Seine Ferien am Meer, das für den Schwimmer zum Lebensinhalt und leider auch zum Ort seines tödlichen Unfalls wurde, verbrachte der französische Architekt dagegen in einer bescheidenen Hütte, dem „Cabanon". 1952 erbaut, ist das viereckige Gebäude eine aufs Äußerste reduzierte Behausung, in die sich der Architekt zurückzieht, in der er sich dank eines Verbin-

---

[3] Meyer zu Schlochtern 2007, 29.
[4] Baek 2004, 151.

dungsgangs zum nahen Restaurant trotzdem kulinarisch nicht bescheiden muss und die ihn, dem Proportionsschema „Modulor" seines Erbauers folgend, mit menschengerechten Maßen umgibt. Der Cabanon wirkt auch durch sein Äußeres aus Blockbalken wie ein Zitat der berühmtesten Hütte der Literaturgeschichte, Henry David Thoreaus Blockhütten in den Wäldern von Concord, Massachusetts, der er, zusammen mit einem reduzierten, naturnahen Lebensstil in seinem Roman „Walden" 1854 ein Denkmal setzt.

Abbildung 2: Granser, Peter (2019): Teehaus aus der Ausstellung „Zwischen/Raum" – ein begehbarer Rückzugs-, Tee- und Ausstellungsraum, Kunstmuseum Stuttgart, Foto: Peter Granser.[5]

Was bei Thoreaus literarischer Auseinandersetzung heraussticht, sind seine Naturbeobachtungen. Das Leben im Wald schärft die Sinne des Schriftstellers und macht ihn empfänglich für eine genaue Wahrnehmung seiner Umgebung. Allerdings nicht im Sinne vieler seiner Zeitgenoss_innen, die in die Natur den göttlichen Architekten – oder mit Paley gesprochen, den göttlichen Uhrmacher – hineinzulesen versuchen, dessen Werk sie mit der „Eroberung" des Westens und dem Bau der Eisenbahn zu vollenden suchen.[6] Für Thoreau stellt das Leben in der Natur eher eine moralische Prüfung des Menschen – „[b]ase men are no match, rhetorically or spiritually, for the beauty of nature"[7] – als eine Bestätigung dar und demzufolge zeichnet er auch das Leben in der Hütte, bei aller Romantisierung, nicht als Pastorale.

---

[5] „Zwischen/Raum" von Peter Granser – ein begehbarer Rückzugs-, Tee- und Ausstellungsraum, Kunstmuseum Stuttgart, 2019, Foto: Peter Granser.

[6] Vgl. Fresonke 1998, 230. Kris Fresonke bezieht sich hier auf ein Kapitel aus Walden. Die Überschrift ihres Artikels „Design of Dissent" macht bereits die Stoßrichtung der Interpretation offenbar: Thoreau liest in der Natur kein bestätigendes Design, sondern sieht darin eine Herausforderung.

[7] Ebd., 233.

Dass Bauten durch Reduktion die Sinne schärfen können, dass sie sogar selbst sinnliche Qualitäten haben, wird in der Arbeit des Künstlers Peter Granser deutlich. 2019 installiert er ein japanisches Teehaus im Kunstmuseum Stuttgart. Seine Interpretation der traditionellen Architektur ist ein großer hölzerner Kubus mit einem niedrigen Eingang und schmalen Sichtschlitzen, der als Solitär im White Cube des Ausstellungsraums steht. Im schlichten Inneren sind die Besucher_innen ganz auf sich selbst und ihre Sinneserfahrungen zurückgeworfen. Sie riechen das Holz, spüren die Kühle des Porzellans und nehmen an einer rituellen Teezeremonie teil, die wiederum ganz auf innere Sammlung und bewusste Wahrnehmung ausgerichtet ist.

3. Architektur als Politik im Kleinen

Vor dem Hintergrund, dass viel und von berühmten Architekt_innen über ein menschenfreundliches Maß und Material im Bauen nachgedacht wurde, seien zwei überraschte Beobachtungen gemacht. Zum Ersten verwundert es, dass im öffentlichen Raum, in dem der Staat oft als Bauträger auftritt, so wenig materiell und formal Schönes zu finden ist, so wenige Bauten, die zu einem sinnlichen Erleben und vielleicht sogar zu einem Dialog einladen. Das zeigt sich insbesondere in den kleinen Dingen, der Möblierung unserer Innenstädte, der Gestaltung unserer Bushaltestellen und Zeitungskioske. Diese dienen vor allem als „Experimentierfeld" privater Werbeunternehmen, „neue institutionelle Kooperationen mit öffentlichen Akteuren im Hinblick auf zukünftige Felder der Kapitalakkumulation in vormals staatlich protegierten Stadträumen"[8] zu erproben oder der Stadtpolitik als Möglichkeit für tourismuswirksames „City Branding"[9]. Ohne einer gefährlichen Nostalgie nachzuhängen, sei an das „Bundesbüdchen" in Bonn erinnert, ein Kiosk inmitten des Bonner Regierungsviertels, an dem sich Abgeordnete und Bürger_innen morgens bei Kaffee und Bockwurst begegnen konnten. Architektur, die zur Kommunikation einlädt, ist also keineswegs repräsentativen Bauten vorbehalten. Viel nahbarer wird sie in Form der Hütte, des Unterstands oder eben des Büdchens.

Die zweite Beobachtung ist, dass Kirchen und kirchennahe Organisationen wenig im öffentlichen Raum vertreten sind. Kirchen laden zwar zur Kontemplation und Akademien zum Dialog ein, aber Vorplätzen und den darauf befindlichen Stadtmöbeln wird oft wenig Aufmerksamkeit geschenkt. Dabei wären gerade hier Kommunikationspartner_innen zu finden und Anlässe zu schaffen. Die Stuttgarter „Stadtlücken" haben im öffentlichen Raum in, vor und um eine Kirche herum solche Kommunikationsanlässe geschaffen. Ihre Stadtmöbel

---

[8] Knierbein 2010, 394.
[9] Ebd., 395.

Hütten und Paläste   215

laden nicht nur zum Sitzen ein, sie sind Food-Sharing-Regal, geschützter Schlafplatz und Schwarzes Brett. Einen dezidiert skulpturalen Charakter haben die Kleinbauten des Berliner Architekturbüros „Raumlabor." Sie bieten Schutz- und Rückzugsräume im kommerzialisierten und überwachten Raum.

Abbildung 3: Haehn, Jonathan (2010): Projekt T.A.I.B., Temporäre architektonische Intervention für die Kulturhauptstadt Ruhr 2010, Foto: Jonathan Haehn.[10]

Der Aufbau solcher Kommunikationsarchitektur im öffentlichen Raum lässt sich mit dem Berliner Architektur- und Designtheoretiker Friedrich von Borries als kulturelle urbane Intervention konzeptualisieren.

> Die Ziele und Formen der kulturellen Interventionen [sind] vielfältig. Gilt es zum einen, Verdrängtes und Ausgegrenztes wieder sichtbar zu machen, geht es zum anderen darum, urbane Orte mit neuen kulturellen Qualitäten – jenseits rein ästhetischer Aspekte – zu versehen.[11]

Architektur ist aus dieser Perspektive nicht allein funktional, sondern auch politisch zu lesen. Ähnlich möchte auch die bildende und darstellende Kunst, von der der Begriff der Intervention entlehnt ist, nicht einfach gefällig, sondern ein Störfaktor im öffentlichen Raum sein. Man denke an Augusto Boals Theater der Unterdrückten. Bezogen auf die Stadtmöbel heißt das, sie machen Politik im Kleinen, sie arbeiten an den kleinsten Elementen demokratischer Grundbildung, nämlich an der Fähigkeit im öffentlichen Raum aufzutreten und mit anderen Menschen rücksichtsvoll und zugleich bedeutsam – das heisst eine neue Bedeutung des Miteinanderlebens im Dialog entwerfend – zu interagieren. Die architektonischen Interventionen müssen die Demokratiebildung

---

[10] Der Architekt schreibt dazu: „Alles in allem ein wunderschöner gemeinschaftsbildender Prozess der in gebautem und im Kollektiv bespielten Ort im öffentlichen Raum mündet." (Haehn 2011).
[11] Von Borries u. a. 2011, 2.

nicht selbst leisten, sie müssen auch nicht von Dauer sein. Vielmehr stellen sie einen Raum – bisweilen auch einen schützenden Kokon – zur Verfügung, der entweder vorsichtig kuratiert wird, oder dessen Bespielung den Stadtbewohner_innen gänzlich frei überlassen wird. Wir sollten hier statt von einer interventionistischen großen Geste eher von einer parasitären Architektur sprechen, die innerhalb einer gegebenen Ordnung subversiv Räume eröffnet:

> Gesellschaftliche Veränderungen werden hier als das Ergebnis vieler minimaler Eingriffe in die bestehende Ordnung verstanden. Dabei wird das vorhandene System als Orientierungsgröße akzeptiert und in ein Wirts-Verhältnis gebracht, von dem der subversiv agierende Parasit profitiert.[12]

4. Baulücken und heiliger Bezirk

Solche architektonischen Interventionen setzen allerdings grundlegend Raum voraus, der bespielt und kuratiert werden kann. Im Angesicht knapper werdender räumlicher Ressourcen, die der öffentlichen Hand in den Städten zur Verfügung steht, kommt auch den Kirchen eine wichtige Rolle zu. Der Titel dieser Reihe zu „heiligen Räumen" soll deshalb als Aufforderung verstanden werden, innerhalb der Kirche nach solchen Räumen zu suchen.

Eine besondere Bedeutung kommt dabei der Baulücke zu. Zuerst als faktisch vorhandene Freifläche: Brachliegende Grundstücke verwandeln sich in Gemeinschaftsgärten, auf denen Nachbar_innen zusammenkommen und in der gemeinsamen Sorge um die Natur oft zum ersten Mal nachbarschaftlich-solidarische Verantwortung entwickeln.[13] Baulücken bieten auch die Chance, temporäre Bauten zu errichten, gerade solche, die denen Behausung bieten, die in der Stadt nicht auftauchen sollen. Auch in kirchlicher Verwaltung werden sich solche Baulücken finden und bespielen lassen.

Die Baulücke als „heiliger Raum" verweist aber noch auf etwas Grundlegenderes, nämlich den freien „heiligen Bezirk", die unmittelbare Umgebung von Kirchen und religiösen Stätten. Solche Bezirke sind nicht nur raumplanerisch herausgehoben, etwa durch eine besondere Platzgestaltung oder gar eine Schwelle[14] als Markierung des Übertritts. Vielmehr ist ein zentrales Charakteristikum des heiligen Bezirkes, dass hier andere Verhaltensregeln gelten, da das Heilige am heiligen Raum „durch rituelle Handlungen wie regelmäßige Be-

---

[12] Fabo 2017, 204.
[13] Das Engagement von Kirchen auf urbanen Brachflächen hat eine längere Tradition, beispielsweise das Programm *Seeds of Hope* der Erzdiözese Los Angeles. Dessen Grundsatz ist die Nutzung einer kirchlichen Ressource, dem Gartenland, für das Wohl der gesamten Nachbarschaft, indem dort Nahrungsmittel wachsen. Vgl. Brown / Alderson 2016, 355.
[14] Vgl. Meyer zu Schlochtern 2007, 46.

gehungen oder Prozessionen immer wieder bestätigt und eine lange Geschichte hindurch tradiert werden"[15] muss. Mehr noch: nicht allein das alltägliche Handeln, auch das Zeitempfinden werden in diesem besonderen Raum in Frage gestellt: „Wer im Heiligtum am Kult teilnimmt, verlässt das Profane, tritt in die Sphäre des Heiligen ein und partizipiert damit zugleich am heiligen Ursprung der Zeit"[16]. Ein Ort, an dem eine so fundamentale Infragestellung alltäglicher Handlungslogiken stattfindet, eignet sich par excellence für architektonische Interventionen, die eben keine Fortsetzung der „postfordistisch geprägten Stadtgestaltung"[17] sein wollen.

Mit dem Begriff der Lücke kommt aber ein noch fundamentalerer Aspekt in den Blick, nämlich die Leerstelle als solche als Charakteristikum christlichen Glaubens und die Temporalität als ihre selbstverständliche Ausdrucksform. Ganz naheliegend wird das im Eucharistiegeschehen sichtbar und zwar sowohl in seiner architektonischen als auch in seiner rituellen Qualität. Der Altar ist eben kein Ort, auf den sich eine göttliche Präsenz bannen lässt, und doch muss er einem der zentralen Geschehen christlichen Glaubens einen Ort geben. Darin wird ein Paradox deutlich:

> Weil das Christentum sich von der jüdischen Vorstellung der Ortsbindung der heiligen Gegenwart Gottes löst und Jesus Christus als den neuen, wahren Tempel ansieht, erscheint es überraschend, dass im Christentum später wieder ‚heilige' Orte und Räume entstehen und die Kirchengebäude vielfach als ‚Gotteshäuser' angesehen werden.[18]

Weit weniger augenfällig, aber im Grunde noch zentraler klafft die Lücke im Leben der Gemeinde. Ein Charakteristikum christlicher Gemeinschaft ist – entgegen aller Linearitätsphantasien des 19. Jahrhunderts – ihr stetiger Wandel. Ihn aus einer religionskultur-pessimistisch gefärbten Perspektive mit Traditionsabbruch oder -kanibalisierung zu betrachten, setzt wenigstens voraus, *sine ira et studio* auch die Aufbrüche wahrzunehmen. Die Frage, wie weit der Kreis zu ziehen ist, innerhalb dessen man die eigene Tradition noch als fortgeführt betrachtet, kann nicht nur systematisch-theologisch beantwortet werden, sie findet auch architektonischen Ausdruck in der Frage, für wen man den oben genannten „heiligen Bezirk" freigibt. Pointiert formuliert: Wenn die Kirchenbauer des 20. Jahrhunderts wie Rudolf Schwarz und Dominikus Böhm ihre Bauten deshalb als heilig bezeichnen, weil sie die Gemeinde beherbergen, die sich zum Gottesdienst versammelt, dann müssen wir im 21. Jahrhundert fragen, wem heute der Raum der Kirche und ihr Vorplatz „eine ummantelnde Gestalt geben soll"[19] und ob es nicht an der Zeit ist, sich von einem allzu verengten

---

[15] Ebd., 42.
[16] Ebd., 47.
[17] Knierbein 2010, 34.
[18] Meyer zu Schlochtern 2007, 56.
[19] Ebd., 62.

Verständnis dessen, was dort stattfinden darf[20], zu lösen. Stattdessen ist zu fragen, welche lebensbejahenden und lebensspendenden Praktiken in diesem geschützten Raum ihren Platz finden können.

Folgende Beispiele[21] sollen zum Nachdenken über alternative kirchliche Raumnutzungskonzepte anregen:

Erstens: Kay Walkowiaks Installation „Minimal Vandalism". Der Künstler lädt Skateboarder_innen ein, seine im Museum installierten Kunstwerke zu befahren. Die Spuren ihrer physischen Auseinandersetzung mit den Objekten werden zur Kunst geadelt, statt als jugendlicher Vandalismus vom Kulturbetrieb ausgeschlossen zu sein. Walkowiak zeigt, dass Objekte keine einheitliche Nutzung vorgeben und dass sie – die Spuren der Skateboards machen das besonders augenfällig – durch die unterschiedlichen Nutzungen wie Palimpseste immer wieder überschrieben werden, sich der architektonisch-künstlerischen Kontrolle entziehen und damit letztlich auch den Gedanken infrage stellen, ein Kunstwerk oder auch ein Raum müsse nach seiner Schöpfung durch eine_n Künstler_in möglichst unbeschadet die Zeiten überstehen:

> The resulting abrasions, chips and scratches [...] are, contrary to the predominant artistic canon, the determining elements for the authenticity and uniqueness of this work.[22]

Zweitens: Olafur Eliassons Installation „Life" in der Fondation Beyeler in Basel. Der Künstler setzt den White Cube des Museums unter Wasser und erträumt sich damit nicht etwa eine bukolische Fantasie. Vielmehr schafft er dadurch, dass er die umgebende Natur in den sonst elitären Museumsbau einlädt, einen Ort der Begegnung von Menschen und Natur als gleichberechtigte Konspirationspartner für ein zukünftig gutes Leben. Das verlangt vom Museum und seinem Architekten Renzo Piano, die schützende Glasfassade zu entfernen und sich auszusetzen, aus dem Kulturraum einen Natur-Kultur-Raum werden zu lassen. Dieses bereits von Ando beschriebene „sich der Natur aussetzen" hat bei Eliasson politische Implikationen:

> [E]ngaging with a good work of art can connect you to your senses, body, and mind. It can make the world felt. And this felt feeling may spur thinking, engagement, and even action.[23]

Drittens: „Neighborhoods Now" Intervention des Van Alen Instituts. Gemeinsam mit der North West Bronx Community and Clergy Coalition entwirft ein Kollektiv aus Designer_innen, Ingenieur_innen und Landschaftsarchitekt_innen

---

[20] Etwa nach Can. 1210: „An einem heiligen Ort darf nur das zugelassen werden, was der Ausübung oder Förderung von Gottesdienst, Frömmigkeit und Gottesverehrung dient, und ist das verboten, was mit der Heiligkeit des Ortes unvereinbar ist."

[21] Bilder der drei genannten Projekte finden sich im Internet. Sie sind aus rechtlichen Gründen hier nicht abgedruckt.

[22] Haupt-Stummer 2018, o. S.

[23] Eliasson 2016, o. S.

Nutzungskonzepte für ungenutzte Freiflächen in Stadtteilen, die von der COVID-19-Viruspandemie besonders betroffen sind. Ein flexibles System aus Recyclingmaterialien erlaubt es Community Organizern, Straßenmöbel und Unterstände zu schaffen, stellt also durch gutes Design die materiellen Ressourcen für bürgerschaftliche Räume zur Verfügung.

Wie die Ausstellungen im White Cube sind auch die architektonischen Interventionen in der Nachbarschaft temporärer Natur. Sie basieren auf dem Gedanken, dass sich die ökonomischen Ungleichheiten einer Stadt in Krisenzeiten verschärfen und dass diese Zeiten gleichzeitig ein Kairos sind, solche Ungleichheiten anzugehen.[24]

5. Freigegebene Materialitäten

Ein wichtiges Merkmal temporärer Architektur ist ihr Umgang mit dem Material. Dabei ist das Recycling vorhandener Bauteile nur ein Aspekt. Auf einer tieferen Ebene soll ein Charakteristikum temporärer Bauten betrachtet werden, das sie so bedeutsam für die Beantwortung unserer Eingangsfrage nach dem in die Welt gebauten Wert macht. Sie sind sinnliche Bauten. Zunächst sei die Beobachtung gemacht, dass repräsentative Bauten seit jeher von Seiten ihrer Auftraggeber_innen oder Architekt_innen mit kostbarem Material versehen werden, während den „Gebrauchsbauten" und Stadtmöbeln oft eine minderwertige materiale Qualität eignet, die als einzige Aggregatzustände glänzend neu und kaputt zu kennen scheint. Politisch stellt er damit die Frage, was ein Staat seinen Bürger_innen mit einer solchen materialen Anmutung öffentlicher Architektur sagen möchte. Welche Rolle ist Bürger_innen in der Stadt zugedacht, die auf unbequemen Parkbänken und in zugigen Haltestellen sitzen, im noblen Kaufhaus dagegen bequeme Sessel angeboten bekommen?

5.1 Risse in der Moderne

Widmen wir uns daher zunächst im Modus der Kritik der Materialität repräsentativer Bauten der Moderne und verknüpfen damit zugleich den politisch-theologischen Impuls einer Option für die ausgeschlossenen Menschen, aber auch für die ausgebeutete Natur. Auf die Spitze getrieben wird beides, die Dominanz über Natur und Mensch, in den hoffnungsvollen Jahren Amerikas zwi-

---

[24] Die Planer_innen unterscheiden zwischen temporären Interventionen und ihren langfristigen Folgen. So soll das Aufstellen modularer Möbel im Außenbereich als kurzfristige Treffpunkte während der Pandemie langfristig eine erhöhte bürgerschaftliche Partizipation erzeugen. Vgl. Marton / McPhee 2020, 137.

schen dem Space Age der 1960er und dem Information Age der 2000er Jahre. Architektonisch manifest wird dieser Anspruch beispielsweise in der Architektur der Hauptsitze von IBM, AT&T und General Motors, den Technologiegiganten der Zeit. Der kühne Entwurf des Finnen Eero Saarinen für das Thomas J. Watson Research Center und besonders seine Zusammenarbeit mit den Landschaftsarchitekten Hideo Sasaki und Peter Walter beim Bau der „Bell Holmdel Laboratories" geben davon Zeugnis. Hier schufen sich Technologiegiganten einen zu ihrem Anspruch passenden Firmensitz. Composite-Glas und Stahllegierungen im Gebäude und eine auf ein geometrisches Minimum reduzierte Natur in der Umgebung schaffen eine beinahe surreale Atmosphäre. Bau und Natur künden von einer menschengeformten Zukunft.[25] Das ist ein passendes Setting, in dem die ersten Großrechner für den industriellen Massenmarkt, wie der IBM 705, oder der Transistor als Revolutionär für Computer- und Kommunikationstechnik entstehen. Und es ist die passende Kulisse, in der IBM eine weltweite Dominanz in der Computertechnologie – etwa die Hälfte aller Computersysteme Mitte der 1960er waren IBM 1401 – und AT&T das Monopol auf Telefonanschlüsse in den USA halten.

Was aber passiert, wenn die Moderne Risse bekommt, sowohl baulich-architektonischer, als auch ideeller Natur? Wenn nach dem gewonnenen Rennen zum Mond eine Gesellschaft in ökonomischen und sozialen Turbulenzen steckt und auch die moralische Überlegenheit aus Zweitem Weltkrieg und Marshall Plan weder in- noch ausländisch glaubwürdig wirkt? Ein Problem, das sich wiederum architektonisch manifestiert und sogar noch verschärft: Mit Adolf Loos[26] hat die Architektur das ornamental Überbordende verloren und mit dem Bauhaus und seinen emigrierten Nachfolger_innen einen funktionalen, scheinbar menschen- oder doch wenigstens demokratiefreundlichen Baustil an die Stelle der alten Prunk- und Repräsentationsbauten gesetzt. Aber entgegen dem Äußeren hat die Architektur diesen Wandel im Inneren nicht eingelöst. Sie ist auch in den Nachkriegsjahren und selbst im demokratischen, bescheidenen, westorientierten Deutschland noch immer das Werk großer, meist weißer und männlicher Architekten, die nicht nur das Material, sondern mit ihm auch das Soziale nach ihren Vorstellungen einer besseren Welt formen. Man denke an Le Corbusiers Experiment mit der Retortenstadt Chandigarh oder die kühne Vision Oscar Niemeyers für die Hauptstadt Brasilia. Die

---

[25] Vgl. Knowles / Leslie 2001. Leslie deckt noch einen weiteren Zusammenhang auf, der die ekklesialen Phantasien der Technologiekonzerne sichtbar macht. Er beschrieb das von Louis Kahn gebaute Salk Institute und I.M. Peis National Center for Atmospheric Research als „modern monasteries". In den Gebäuden manifestiert sich der Anspruch, hochtechnisierte Forschung als klösterlichen (Gottes-)dienst zu betreiben, vgl. Leslie 2021.

[26] Adolf Loos blieb seiner grundsätzlichen Opposition gegen das schmückende Ornament noch bis zum Entwurf für das eigene Grabmal treu (vgl. Vilder o.D.). Das hat ihn nicht gehindert, materiell opulent zu bauen, wie seine American Bar in Wien zeigt.

baulichen und städteplanerischen Großentwürfe der Nachkriegsmoderne sind eben auch steingewordene Programmschriften einer Elite.

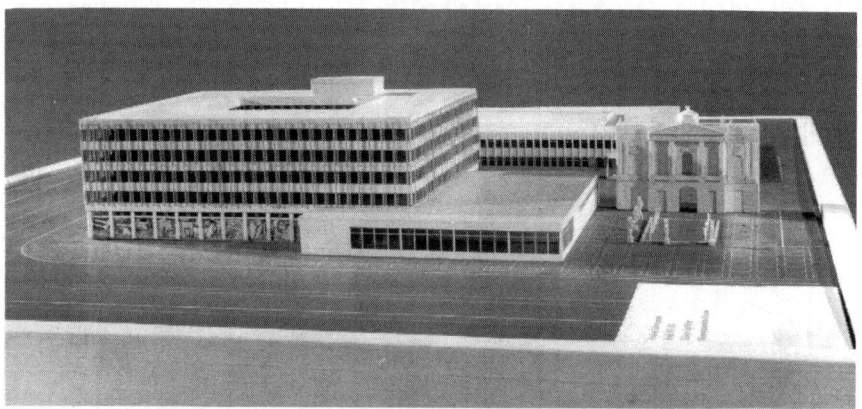

Abbildung 4: Landeshauptstadt Potsdam/Futterlieb, Vera (ohne Datum): Modell des VEB-Rechenzentrums Potsdam, ein Beispiel für den heute ungeliebten Aufbruchsgeist.

Seit einigen Jahrzehnten aber bröckelt diese Zeit. Die Fassaden und Baustile, insbesondere der Brutalismus, sind uns eher peinlich geworden. Für Deutschland kommt nach der Wiedervereinigung noch der klassizistische sowjetische Triumphalismus mit seinen Betonkathedralen für den Fortschritt hinzu. Um diese Unbilden der Moderne nicht mehr sehen zu müssen, baut man pseudohistorisch wieder auf. Der Fall des abgerissenen Palastes der Republik und die Rekonstruktion des Berliner Stadtschlosses, als Preußische Glorie im Herzen der Berliner Republik, nebst umstrittenem, weil eben doch nicht konsequent de-kolonialem Humboldt-Forum,[27] ist ein Aushängeschild dieser Praxis. Ebenso das VEB-Rechenzentrum in Potsdam, das als gewöhnlicher Plattenbau neben der Garnisonkirche keine Blicke auf sich zieht, sich gleichzeitig aber einem revisionistisch gestalteten Wiederaufbau von Kirche und Glockenspiel durch seinen bis 2023 bestehenden Nutzungsvertrag als Kunst- und Kreativhaus entgegenstellt.[28]

---

[27] Vgl. u. a. den alternativen Audiowalk von Lorenz Rollhäuser, in dem die Stadtforscherin Noa K. Ha zitiert wird: „Das Gebäude mit dem Inhalt, mit dem ganzen Prozess ist eigentlich eine Rekolonisierung, eine koloniale Geste [...] Daher denke ich: Das Humboldt Forum sollte man abbauen. Und das als Anfangspunkt eines Prozesses der Dekolonisierung begreifen", Murrenhoff 2020, o. S.

[28] Zur Kontroverse zwischen der Stiftung Garnisonkirche Potsdam, der evangelischen Kirche und des Vereins „Christen brauchen keine Garnisonkirche" um die Rolle der Garnisonkirche als Erinnerungs- und Versöhnungsort vgl. die unterschiedlichen Perspektiven von Oswalt 2021 und Juhnke 2021.

5.2 Freigaben

Was aber soll man mit den betonenen Fortschrittszeugen tun, jetzt, da die Firmen, die sie bewohnten, untergegangen, ihre Wärmedämmungen unzeitgemäß und ihre Materialien brüchig geworden sind? Hoffentlich wird man nicht überall den Weg gehen, den Saarinens Forschungscampus für AT&T genommen hat. Aus dem einst nur Mitarbeiter_innen zugänglichen Areal ist ein besseres Shoppingcenter entstanden, wiederum nur denen zugänglich, die finanzkräftig und mit dem eigenen Auto unterwegs sind. Oder die Behnisch-Moderne in Bonn, einst Zeichen der neuen Bescheidenheit seiner Regierenden,[29] die heute ein kommerzielles Konferenz-Center ist, dass für den Autor als Besucher ebenso abgeschlossen war, wie der ehemalige Parlamentsbau.

Die Frage lässt sich in einem Band, der vor allem religiöse Akteur_innen versammelt, nicht gesamtgesellschaftlich beantworten. Aber da wir auch als Kirchen an der Moderne mitgebaut haben, nun vor ihren baulichen Hinterlassenschaften stehen und ebenso wirtschaftlich wie moralisch angefragt sind, sollten wir doch eine Antwort aus unserer Praxis heraus formulieren.

Ich möchte daher die oben gestellte Frage in zweierlei Hinsicht praktisch-theologisch wenden. Zum einen möchte ich keine architektonischen, zeitüberdauernden Stile, sondern temporäre „Taktiken" in den Fokus nehmen. Wenn die These stimmt, dass sich Milieus im Stadtraum wechselseitig ausschließen[30] und dass die einseitige Dominanz von Milieus bis in die Kirchengemeinden reicht[31], dann stellt sich bei der Frage, wer den heiligen Raum überhaupt bebaut, zuallererst die Machfrage[32]. Um sie zu durchbrechen, müssen Taktiken[33] kultiviert werden, die den gegenwärtigen gesellschaftlichen Zustand zu überschreiten suchen. Das temporäre, interventionistische Bauen ist eine solche Taktik, die sich selbst qua ihrer konstitutiven Vergänglichkeit immer wieder selbst hinterfragt. Hinzu kommt, gerade beim Bauen mit Recyclingmaterialien, der Remix als Technik, Altes neu zusammenzufügen, auf dass es

> zu einem „Einschmelzungsprozess" kultureller und sozialer ‚Materials', den vorhandenen Gerüchen, Klängen und Farben komm[t]. Dies kann ein ungeheuer kreativer Prozess – ein Prozess der ‚kreativen Zerstörung' – sein, in dem Identitäten neu erschaffen und große Gestaltungskräfte frei werden können.[34]

---

[29] Vgl. Battis 1994, 4.
[30] Ahrens / Wegner 2013, 130: „Wo ein Milieu sich breit macht, kann das andere nicht sein."
[31] Vgl. Hempelmann 2013, 35.
[32] Vgl. Sander 2017, 245; 243.
[33] Vgl. ebd., 248 mit Rückbezug auf Michel de Certeau.
[34] Ahrens / Wegner 2013, 135. Das umfasst auch das Moment einer überraschenden Befreiungserfahrung, vgl. ebd. 139.

Zum anderen möchte ich auf eine grundlegende Haltung abzielen, die der *Freigiebigkeit*.[35] Das geht zunächst mit Verlustängsten einher und der Frage, wie denn die Stille und die künstlerische Schöpfungshöhe kirchlicher Räume bewahrt werden soll, wenn sie sich öffnen. Fast scheinen da eine Profanierung und ein Verkauf die bessere Option, weil man den veränderten Raum aus dem kirchlich-kulturellen Gedächtnis streichen kann. Ein Kirchenraum, in dem Künstler_innen ihre Ateliers haben, ist dann schlicht nicht mehr ein Raum der Kirche, sondern nur noch ein Baudenkmal. Dabei ist der Umbau keine architektonische Frage, sondern eine genuin theologische Angelegenheit. Er ist nämlich die Reorganisation eines vorhandenen Raumes – gewissermaßen in schöpfungstheologischer Hinsicht die Verantwortungsübernahme für etwas schon Gegebenes. Dies allerdings nicht in der triumphalistischen Geste von Architekt_innen mit Masterplänen. Nicht als Herrschafts-, sondern als Demutsgeste. Kirche stellt den Raum und seine Materialität zur Verfügung und entzieht sich, wenn auch nicht gänzlich, der Verfügungsgewalt darüber.[36]

5.3 *Empfangen*

Empfängt eine freigiebige Theologie und Kirche den von ihr freigegebenen Raum und das freigegebene Material auch wieder zurück? Ganz konkret, was wird in den temporären partizipativen Bauprojekten im „heiligen Bezirk" passieren; nicht in sozialwissenschaftlicher oder stadtplanerischer, sondern in theologischer Hinsicht? Wenn dem Material ein eigenständiger Status zukommt, nicht nur im Liturgischen, dann ist auch die Beschäftigung damit ein pastoraler Dienst, Pastoral am Material. Und dann ist das Abstecken eines heiligen Bezirkes nicht allein ein Akt des Zum-Leben-kommen-Lassens von Menschen[37], sondern auch des Zu-sich-selbst-kommen-Lassens von Dingen und dem Aufdecken, was in ihnen gespeichert ist.

---

[35] Ich knüpfe hier an Schüßler 2016, 344 an.
[36] Erik Wegnerhoff geht in seinem Artikel zu den „Sequenzen architektonischer Aneignung" dem Umbau als Umdeutungsgeste nach. Er nimmt dabei den Diskurs der Denkmalpflege auf, von Karl-Josef Schattner und seinen sichtbaren Fugen zwischen Alt- und Neubau bis hin zu modernen architektonischen Strategien, die stärker auf eine Verschmelzung setzen (vgl. Wegnerhoff 2015, 10–12). Die von ihm genannten Strategien der Reinterpretation und Überschreibung, Prägung, Bespielung, Neuorientierung und Schließung können nicht nur die Analyse bestehender Gebäude, sondern auch auf zukünftiges Umbauen bezogen werden.
[37] Vgl. Schüßler 2016, 344.

Abbildung 5: Maier Architekten (ohne Datum): Christuskirche Köln. Der Umbau der Christuskirche in Köln macht das vorangegangene Gebäude zum Thema, Foto: Axel Hartmann.

Im grundlegenden Sinne bewahrt uns dieser Eigensinn der Dinge davor, Pastoralkonzepte aus der Mottenkiste der Geschichte Stein werden zu lassen, also die Welt so zu bauen, wie sie sich manche Positionen in ihrer Sehnsucht zurück ins „lange 19. Jahrhundert" wünschen. Das wäre stabile Kirche, die sich ihres Auftrags und ihres Platzes in der Mitte der Gesellschaft sicher ist. Die desintegrierenden Dinge stellen diese selbstverständliche Sicherheit in Frage. Eine Ekklesiologie leckender Betonkirchen wird keine triumphalistische sein, denn der Beton stellt die Frage, ob jenes Sendungsbewusstsein gepaart mit einer Wachstumslogik der Kirche in der späten Moderne nicht im Kern die Logik des untergegangenen Jahrtausends, dessen Betonklötze und Prunkbauten und peinlich geworden sind, ist.

Im besten Fall werden uns die Dinge an das erinnern, was wertvoll und wichtig war und ist. Wer aus den steingewordenen Gemeinderäumen der 1960er Jahre kommt, der wird nicht mehr die kurzlebige Investor_innenarchitektur unserer Städte und die kahlen, billig möblierten öffentlichen Plätze als notwendiges Übel einer urbanen Existenz im 21. Jahrhundert abtun. Vielmehr wird sie oder er die zur Verfügung stehenden materiellen Ressourcen einsetzen, die Stadt zu verwandeln oder wenigstens die Lücke, die der heilige Bezirk um eine Kirche herum noch offenhält. Dies soll nicht geschehen, weil die Schaffung von Pavillons, Pflanzkästen oder Sitzbänken Teil der sozialen Verantwortung von Kirche ist, sondern wiederum aus der DNA von Kirche heraus. Das Tun in der Welt, das Bauen, ist die handelnde Antwort auf die jesuanische Frage „Was willst du, das ich dir tue?" (Lk 18.41) Und als kritische Handlungswissenschaft[38] weiß die Pastoraltheologie das einzuordnen. Mit Ernst Bloch können wir davon sprechen, dass der Materialität der Welt ein utopisches Potential innewohnt und dass wir im Handeln in der Welt im positiven Sinne

---

[38] Vgl. Zerfaß 1974.

aufgehen dürfen.³⁹ Ist das dann aber nicht die Süde der Immanenz wider die Transzendenz? Nur dann jedenfalls, wenn wir in den alten Dichotomien einer Welt denken, die sich selbst genügt, weil sie eben nur das unbequeme Durchgangsstadium zu ihrer Überwindung sein muss. Wir können uns aber viel eher auf die Welt einlassen, wenn wir dies aus der Hoffnungsperspektive heraus tun, dass das Netzwerk der Menschen und Dinge auch ein Netzwerk von Bedeutungen und letztlich ein Netzwerk der Transzendenzen ist, das nicht selbstgenügsam *incurvatus in se ipsum*⁴⁰ ist, sondern über sich hinausweist.

6. Zukunftslabor

Die Frage nach dem heiligen Raum wurde im Text bisher beobachtend und theoretisch beantwortet. Im Sinne einer Architekturpropädeutik soll nun ein konzeptioneller Aufschlag gemacht werden. Wenn aus der materialen Interaktion und der baulichen Intervention neue Impulse für das Kirche-Sein erwachsen, weshalb ist das Gestalten dann nicht Teil praktisch-theologischer Ausbildung? Gemeint sind hier zum einen Kreativitätstechniken, mit denen sich neue Ideen nicht nur theoretisch generieren, sondern als „minimal lovable product" betrachten und anfassen lassen. Ein fruchtbarer Austausch mit Design- und Architekturfakultäten müsste integraler Bestandteil des Studiums werden. Die Pädagog_innen des Bauhaus wie Laszlo Moholy-Nagy geben mit ihren Materialübungen wichtige Impulse.⁴¹ Darüber hinaus muss die dingbasierte Auseinandersetzung auch dort stattfinden, wo Kirche ihre öffentliche Existenz verhandelt, beispielsweise auf Kirchen- und Katholikentagen, aber auch in ihren Akademien.

---

[39] Vgl. Bloch 1972, 478 und Levinas 1999, 127 in Auseinandersetzung damit.
[40] Vgl. Mädler 2006, 374.
[41] Vgl. Moholy-Nagy 1929, 21: „Der Bauhäusler [...] holt sich die verschiedensten Materialien zusammen, um mit ihrer Hilfe möglichst viele verschiedene Empfindungen registrieren zu können [...] Mit Wissenschaftlichkeit oder praktischer Konstruktionsabsicht haben die Übungen nichts zu tun. [Dem würde ich widersprechen; C.P.] Doch lehrt die Erfahrung, dass ihre erlebnishafte Verarbeitung weite Auslegungsmöglichkeiten, auch für die Praxis, ergibt".

Abbildung 6: Hauck, Barbara (2020): Modell aus einem Workshop der Offenen Türen.

Ein Beispiel aus der eigenen Praxis: Die „Offenen Türen" sind kirchliche Beratungsstellen inmitten großer Städte, oft auch an ungewöhnlichen Orten, in einem Einkaufszentrum oder im Zwischengeschoss der U-Bahn. Anlässlich ihrer Jahrestagung haben wir uns gemeinsam die Frage nach der Zukunft dieses Angebots gestellt, indem wir die Baulücke zum Ausgangspunkt nahmen. Wir haben gefragt, wo wir Lücken im architektonischen wie geistig-geistlichen Sinne in der Stadt und auch im eigenen Angebot wahrnehmen. Anschließend wurden die Teilnehmer_innen ermutigt, ihre Vision, die solche Lücken füllt, Gestalt werden zu lassen. Die Arbeit mit Klemmbausteinen war nicht nur eine Übung im räumlichen Gestalten, sondern auch eine sichtbare Reflexion des eigenen Kirche-Seins. Wer baut – und sei es im Kleinen als Modell – muss sich auf eine Gestalt festlegen, muss Farbe bekennen und hat gleichzeitig etwas in der Hand. Dies kann ein niederschwelliger Einstig sein, Pastoraltheologie als Handwerkskunst zu verstehen, als sichtbares Gestalten von Welt unter den Vorzeichen des stetigen Wandels und der Vorläufigkeit.

7. Arbeiten am Fundament der Theologie

Es muss bei all diesen Überlegungen betont werden, dass hier keine Architektur im Sinne ihrer Disziplin beschrieben wurde: Kein Gebäude wird nach definierten Parametern geplant, keine Statik muss der Gravitation standhalten, nicht einmal eine kulturwissenschaftlich fundierte Architekturkritik wird hier betrieben. Es ist auch nicht das Ziel, in einem Band zu heiligen Räumen eigene heilige Räume zu entwerfen. Wären wir damit nicht in den gleichen Planungsphantasien, noch schlimmer, in den Phantasien allzu selbstbewusster architektonischer Laien gefangen, die oben kritisiert wurden? Eigentlich besinnt sich dieser Beitrag auf eines der Kerngeschäfte der Praktischen Theologie, nämlich das Theologietreiben im Kontext einer Glaubensgemeinschaft. Die Architektur und ihre Geschichte dienen als begriffliche und vor allem begreifbare Möglichkeit, das Fundament dieser gemeinsamen Gottessuche zu verhandeln, ohne ins theologische oder spirituelle Klischee abzurutschen, das uns in der mit allen Wassern gewaschenen Moderne niemand mehr abnimmt. Es ist auch kein Versuch, panentheistische Konzepte einer belebten Welt romantisierend in die reflexiv gewordene Moderne zu überführen. Es ist immer noch die Rede von handelnden, bauenden Menschen innerhalb einer Glaubensgemeinschaft – freilich eingedenk des Latour'schen Mensch-Ding-Netzwerkbegriffs –, die sich aber gerade dadurch selbst überschreiten.

Dabei bleiben die Lücke und der leere Platz spannend, auch und gerade, wenn wir andere Glaubensgemeinschaften betrachten. Moscheen sind es, die Baulücken besetzen, die im Stadtbild an ungewohnter Stelle auftauchen. Sie sind das religiöse Pendant zum Haus Azuma vom Beginn dieses Artikels. Sie besetzen nicht die zentralen Plätze der Stadt, die sowieso nicht mehr bezahlbar sind, und sie machen deutlich, dass es solche Plätze in einem Netzwerkmodell von Stadt wahrscheinlich gar nicht mehr braucht. Ganz sicher muss deshalb eine architektonische Suche nach der Rolle von Religion in Welt ein interreligiös-gemeinschaftliches Projekt sein, das Exklusivismus und Triumphalismus hinter sich lässt und stattdessen aus den Trümmern der Moderne versucht, den sinnsuchenden Menschen eine temporäre Behausung zu bieten.

Literatur

Ahrens, Petra-Angela / Wegner, Gerhard (2013): Soziokulturelle Milieus und Kirche. Lebensstile - Sozialstrukturen - kirchliche Angebote, Stuttgart.

Baek, Jin (2004): The sublime and the Azuma House by Tadao Ando, in: theory 8.2, 149–157.

Battis, Ulrich (1994): Demokratie als Bauherrin, Antrittsvorlesung an der Humboldt Universität zu Berlin, Zugriff am 4.1.2022 http://edoc.hu-berlin.de/18452/2187

Bloch, Ernst (1972): Das Materialismusproblem seine Geschichte und Substanz, Frankfurt a. M.

Brown, Sally / Alderson, Tim (2016): A Case Study. Seeds of Hope. An Integrated Vision of the Role of Agriculture for the Episcopal Diocese of Los Angeles, in: Hodges Snyder, Elizabeth, u. a. (Hg.): Sowing Seeds in the City. Human Dimensions, Dodrecht, 355–364.

Eliasson, Olaf (2016): Why art has the power to change the world, in: Wold Economic Forum, Zugriff am 4.1.2022 https://www.weforum.org/agenda/2016/01/why-art-has-the-power-to-change-the-world

Fabo, Sabine (2017): Künstlerische Interventionen im öffentlichen Raum, in: Reinermann, Julia-Lena / Behr, Friederike (Hg.): Die Experimentalstadt. Kreativität und die kulturelle Dimension der Nachhaltigen Entwicklung, Stuttgart, 201–217.

Fresonke, Kris (1998): Thoreau and the Design of Dissent, in: Religion and the Arts 2.2, 221–241.

Haupt-Stummer, Christine (2018): Minimal Vandalism, Zugriff am 2.11.2021 https://kaywalkowiak.com/Minimal-Vandalism-4

Heahn, Jonathan (2021): Persönliche Mailkorrespondenz mit dem Autor am 13.12.2021.

Hempelmann, Heinzpeter (2013): Grundsatzüberlegungen, in: Sellmann, Matthias / Wolanski, Caroline (Hg.): Milieusensible Pastoral. Praxiserfahrungen aus kirchlichen Organisationen, Würzburg, 55–66.

Juhnke, Dominik (2021): Potsdams umstrittenes Wahrzeichen. Wissenschaftliches Gutachten über die Geschichte des nachgebauten Glockenspiels der Garnisonkirche, Potsdam.

Knierbein, Sabine (2010): Die Produktion zentraler öffentlicher Räume in der Aufmerksamkeitsökonomie. Ästhetische, ökonomische und mediale Restrukturierungen durch gestaltwirksame Koalitionen in Berlin seit 1980, Wiesbaden.

Knowles, Scott / Leslie, Stuart (2001): Industrial Versailles. Saarinen's Corporate Campuses for GM, IBM, and AT&T, in: Isis 92.1, 1–33.

Leslie, Stuart (2021): Modern Monasteries. Louis Kahn's Salk Institute and I.M. Pei's National Center for Atmospheric Research, unveröffentlichter Vortrag auf der Tagung „Eine bessere Gesellschaft bauen" am 25.11.2021, Frankfurt a. M.

Levinas, Emmanuel (1999): Wenn Gott ins Denken einfällt. Diskurse über die Betroffenheit von Transzendenz, Freiburg i. Br.

Mädler, Inken (2006): Transfigurationen. Materielle Kultur in praktisch-theologischer Perspektive, Gütersloh.

Marton, Deborah / McPhee, Daniel (Hg.): Neighborhoods Now. Kingsbridge. Project Report, Zugriff am 4.1.2022 https://issuu.com/vanaleninstitute/docs/neighborhoodsnow_nwbc-cc_aug2020re port

Meyer zu Schlochtern, Josef (2007): Interventionen. Autonome Gegenwartskunst in sakralen Räumen, Paderborn u. a.

Moholy-Nagy, László (1929): Vom Material zur Architektur, München.

Murrenhoff, Sarah (2020): Humboldt Forum pre-visited. Ein kritischer Audiowalk rund um das Berliner Schloss, Zugriff am 4.1.2022 https://www.hoerspielundfeature.de/ein-kritischer-audi owalk-rund-um-das-berliner-schloss-100.html

Oswalt, Philipp (2021): Rechtsradikale Einschreibungen. Das Glockenspiel der Traditionsgemeinschaft Potsdamer Glockenspiel 1984–1991, Kassel.

Pavlaković, Vjeran (2014): Contested Histories and Monumental Pasts. Croatia's culture of remembrance, in: Brumund, Daniel / Pfeifer, Christian (Hg.): Monuments. The changing face of remembrance, Belgrad, 24–25.

Peitler-Selakov, Mirjana (2014): Memorial Art in Serbia. From the balkan wars until today, in: Brumund, Daniel / Pfeifer, Christian (Hg.): Monuments. The changing face of remembrance, Belgrad, 16–17.

Sander, Hans-Joachim (2017): Passt Gott überhaupt in den menschlichen Lebensraum? Pastoral im „thirdspace" aus Ent- und Ermächtigung, in: Lebendige Seelsorge 68.4, 243–248.

Schrader, Lutz (2014): Monuments and Politics of Identity in the Western Balkans, in: Brumund, Daniel / Pfeifer, Christian (Hg.): Monuments. The changing face of remembrance, Belgrad, 8–9.

Schüßler, Michael (2016): „Fresh Ex." Aufbruch in die Kirchenträume von gestern?, in: Ökumenische Rundschau 65.2, 334–344.

Vilder, Anthony (o.D.): Monument, Memory and Monumentalism, Zugriff am 4.1.2022 https://arch web.cooper.edu/exhibitions/kahn/essays_02.html

Von Borries, Friedrich, u. a. (2011): Chor der Interventionen. Ein szenischer Spaziergang durch die Diskursgeschichte eines Begriffs, in: kunsttexte.de 1, Zugriff am 2.11.2021 http://edoc.hu-berlin.de/18452/8105

Wegnerhoff, Erik (2015): Sequenzen architektonischer Aneignung. Bauen im Kontext von Interpretationskonjunkturen, in: archimaera 6, 9–25.

Zerfaß, Rolf (1974): Praktische Theologie als Handlungswissenschaft, in: Zerfaß, Rolf / Klostermann, Ferdinand (Hg.): Praktische Theologie heute, München/Mainz, 164–177.

Schwellen des Heiligen?
Transitzonen zwischen Sakralem und Profanem

Christian Bauer

Nicht jeder heilige Raum ist zugleich auch ein sakraler. Und nicht jeder sakrale Raum ist auch ein heiliger. Denn es gibt auch eine faszinierende Heiligkeit des Profanen. Und eine erschreckende Unheiligkeit des Sakralen – zum Beispiel im Falle des sexuellen Missbrauchs in Sakralräumen,[1] aber auch in der architektonischen Repräsentation von klerikalistischen Machtasymmetrien im Kirchenbau.[2] Das Sakrale und das Heilige sind nämlich nicht dasselbe. Und das Profane und das Heilige müssen kein Gegensatz sein. Eine im Profanen verortete Heiligkeit jenseits des Sakralen[3] irritiert normalreligiöse Zuschreibungen und zeigt durch ihre Widerspenstigkeit, dass diese mindestens zwei Deutungsrichtungen haben: eine dissoziativ-trennende und eine assoziativ-verbindende. Die erste ist mit einem ausschließlich sakralen Verständnis des Heiligen verknüpft und begreift die Differenz von Sakralem und Profanem als eine religiöse Grenze, die zweite hingegen ermöglicht auch ein profanes Verständnis des Heiligen und begreift dieselbe Differenz als eine pastorale Schwelle. Die erste folgt einer Logik separierender Exklusion, die zweite einer Logik integrierender Inklusion.[4]

Der nachfolgende Beitrag bewegt sich in der Spur der zweiten Option. Zusammen mit einer wichtigen Gegenwartsströmung der evangelischen Praktischen Theologie versteht er das Fach Pastoraltheologie raumsensibel[5] als eine „Schwellenkunde"[6], die den existenziellen Transitbereich des Heiligen zwischen Sakralem und Profanem auslotet und den Menschen als ein „Schwellen-

---

[1] Der sexuelle Missbrauch durch Kleriker zeigt, dass in sakralen Räumen höchst unheilige Dinge geschehen können: „Er hat mich vor dem Allerheiligsten missbraucht, geschändet und gesagt, dass Gott das will und dass Gott das gutheißt." (zit. nach Rainer Bucher, Verrat. Zum Missbrauchsskandal in der katholischen Kirche, auf: feinschwarz.net, 2. Dezember 2019).
[2] Vgl. Gerhards 2020.
[3] Vgl. Bauer (im Erscheinen).
[4] Vgl. Bauer 2020–2.
[5] Vgl. Bauer 2020–1.
[6] Vgl. diskurseröffnend Luther 1992, 254–255. Aufgenommen haben diesen Impuls vor allem Kristian Fechtner (vgl. Ders. 1999; Ders. 2001) und Ulrike Wagner-Rau (vgl. Dies. 2002; Dies. 2009; siehe auch Sommer / Koll 2012). Für die konfessionsübergreifend organisierte Homiletik vgl. Garhammer u. a. 2002.

wesen"[7] im permanenten „Schwebezustand"[8] begreift. Binaritäten[9] werden dabei in Richtung eines „dritten Terms"[10] überschritten, der Sakrales und Profanes *weder* als ein grenzverschärfendes „Entweder-oder"[11] *noch* als ein differenzschwaches „Sowohl-als-auch"[12] versteht, sondern vielmehr als ein Transformation ermöglichendes „Weder-noch"[13], das den christlichen Gottesdiskurs prinzipiell offenhält: Weder das Sakrale noch das Profane können das Heilige essentialisierend dingfest machen.

Schwellen sind raumgewordene Grenzen. Und zugleich trennen sie nicht einfach nur ein Innen von einem Außen, sondern machen deren Differenz auch in beide Richtungen überschreitbar. Sie sind Räume des Uneindeutigen. Man ist irgendwie dazwischen („betwixt and between"[14]). Im Kontext gängiger „Sakraltopographien"[15] bilden sie religionshybride Zwischenräume („dritte Räume"[16]), in denen man *weder* ganz drinnen *noch* ganz draußen ist. Damit „stören"[17] sie die Machtbalance religionsüblicher Raumordnungen und ermöglichen entsprechende Gegenkartografien[18] eines raumtheologisch subversiven Re-Mappings des Heiligen. Auf dem Theorieniveau spätmoderner Raumdiskurse lassen sich dessen zeitliche Diachronizität und räumliche Synchronizität nicht mehr nur antimodern im „Dispositiv der Dauer"[19] als statisch-geschlossene „Chronotope"[20] rekonstruieren, sondern auch spätmodern im „Dispositiv des Ereignisses" als dynamisch-offene „Kairochoren"[21].

Von diesem Ausgangspunkt her lädt der folgende Kartierungsversuch (dem klassischen praxistheologischen Dreischritt folgend) zunächst auf eine explorative Exkursion in das schwellenpastorale Praxisfeld ein („Sehen"), sodann auf

---

[7] Turner 2000, 95.
[8] Luther 1992, 218. Siehe auch Fuchs 2023; sowie die Abschiedsvorlesung „Meteor – Versuch über das Schwebende" (18. Juli 2023) von Joseph Vogl.
[9] Vgl. Ebmeyer 2023.
[10] Certeau 1987, 223. Auch im Falle der religionskonstitutiven Differenz von Sakralem und Profanem wird „mehr als die beiden Seiten der jeweiligen Unterscheidung [...] der Vorgang des Unterscheidens selbst zum Problem" (Bröckling 2010, 190): „Differenztheoretisch entstehen ‚Effekte des Dritten' immer dann, wenn intellektuelle Operationen nicht mehr bloß zwischen den beiden Seiten einer Unterscheidung oszillieren, sondern die Unterscheidung als solche zum [...] Problem wird." (Koschorke 2010, 11).
[11] Certeau 1987, 223.
[12] Ebd.
[13] Ebd.
[14] Turner 1964.
[15] Vgl. Stückelberger / Seyffer 2022.
[16] Vgl. Bhabha 2000.
[17] Bedorf 2010, 26.
[18] Vgl. kollektiv orangotango+ 2018.
[19] Vgl. Schüßler 2013.
[20] Von griech. chronos und topos (vgl. Bachtin 2008).
[21] Von griech. kairos und chora (vgl. Derrida 2000).

Schwellen des Heiligen? 231

kritische Recherchen in das raumtheologische Diskursarchiv („Urteilen") – um dann explorativ-kritisch abschließend noch einige Zukunftsoptionen („Handeln") für eine alternativkartierende, „heteromorphe"[22] christliche Raumpraxis in Kirche und Gesellschaft zu formulieren:

> [Es gibt einen erhöhten] Bedarf an Karten in Zeiten des Umbruchs [...]. [...] Immer, wenn eine Welt zu Ende geht [...], ist Kartenzeit. Kartenzeiten stehen für den Übergang von einer Raumordnung zu einer anderen. [...] Wir merken es in der Regel immer erst, wenn eine Zeit zu Ende geht, wenn Karten alt geworden und die neuen noch nicht gezeichnet sind.[23]

1. Feldpraktiken – zwischen stillem Tango und päpstlichen Liturgien

Das Schriftband läuft. Und läuft. Und läuft. In Dauerschleife zeigt es: „St. Maria als ... Werkstatt, Kulisse, Wetterschutz, Club, Skatepark, Plattform, Café, Raum, Flohmarkt, Theater, Installation, Erinnerung, Schatz, Treffpunkt, Galerie, Veranstaltungsraum, Sehenswürdigkeit, Raum, Marktplatz, Halle". Man muss nur einfach einmal das Video „St. Maria als ... "[24] anklicken, um einen ersten Eindruck von diesem kirchlichen Schwellenort zu bekommen, der mich nun schon seit 2017 fasziniert. Begonnen hat alles eines Tages damit, dass der Stuttgarter Pastoralreferent Andréas Hofstetter-Straka aus dem Fenster blickte. Unter der mehrspurigen Stadtautobahn vor seinem Büro stellen ein paar junge Leute gerade Bierbänke, eine Holzbühne und Scheinwerfer auf. Sein Interesse ist geweckt. Und er erinnert sich an einen Anruf, der ihm einige Stadtaktivist:innen ankündigte, die einen Abstellraum bräuchten. Mit ein paar Tassen Kaffee in den Händen geht der Pastoralreferent hinaus. Im Gespräch erfährt er, dass es sich um junge Architekt_innen und Gestalter_innen des Vereins *Stadtlücken* handelt, die urbane Leerstellen mit Leben füllen möchten. Sie suchen tatsächlich einen Raum für ihr Equipment. Und so beginnt eine Reise auf pastorales Neuland, die 2021 mit dem Innovationspreis des „Zentrums für angewandte Pastoralforschung" geehrt wird.

Der Pastoralreferent vertraut den jungen Leuten ohne Zögern den Schlüssel der nahegelegenen Kirche an – Stauraum gibt es dort genug. Auf diese Weise gewinnt er unvermutet Unterstützung auf seiner Suche nach einer zukunftsträchtigen Lösung für die Generalsanierung der baufälligen Marienkirche. Die anstehenden Bauvorhaben sollen nun in einem kollaborativen und kokreativen Prozess des gesamten Quartiers entwickelt werden. Mit den *Stadtlü-*

---

[22] Vgl. Kern 2023.
[23] Schlögel 2003, 82; 87.
[24] https://www.facebook.com/stmariaals/videos/1976486772606266.

cken entsteht dabei das genial einfache Motto „Wir haben eine Kirche. Haben Sie eine Idee?". Unter dem Label „St. Maria als..."[25] öffnet die Kirche sich nun dem Stadtteil und erfindet sich dabei auch selbst neu. Dieselbe Kirche wird ganz anders erfahrbar. Die Kirchenbänke verschwinden im Depot und ein sägerauer Holzboden wird eingezogen. Schautafeln aus Sperrholz werden an die Wände gelehnt und zusammen mit einem transportablen Holzaltar etabliert man auch einen großen runden Tisch mit mobilen Sitzmöbeln. Eine für urbane Leitmilieus hoch attraktive Ästhetik des Vorläufigen: improvisiert, aber sexy.

Gerade der provisorische Holzboden veränderte den räumlichen Gesamteindruck nachhaltig. Ein empirischer Originalton aus der Dissertation meines inzwischen promovierten Doktoranden Lukas Moser, der St. Maria für seine Arbeit durch unterschiedliche ‚Raumpionier_innen' mit ihren Smartphones erkunden ließ und sie anschließend befragte: „Ich finde, der Boden macht's [...] hell und einladend."[26] Obwohl man sich in Kirchen sonst immer ein wenig klein fühle, komme einem das „durch den Holzboden [...] gar nicht [mehr] so vor"[27]. Neben diesem positiven Materialeindruck eröffnete das Holzdeck auch ungeahnte Möglichkeiten einer experimentellen Kirchennutzung, die vom Silent Tango und Yogatreffs über Buchlesungen und Foodsharing bis hin zu Beichtgespräch und Sonntagseucharistie reicht – digital ergänzt durch rege Social-Media-Präsenz und eine von den *Stadtlücken* gestaltete Website[28]. Dort findet sich auch folgende Liebeserklärung an St. Maria:

> Du bist ein Haus. Ein altes. Menschen haben dich gebaut, in Ehrfurcht, so voller Details. Und es ist mir egal, ob du ein Gotteshaus bist, denn ich weiß nicht, ob es das gibt. Ich lasse es offen, ich lasse dich offen. Und genauso offen gibst du dich nun. Dafür möchte ich mich bedanken. Das ist bockstark, und hilft uns Leuten. Yeah![29]

Was haben sich Christ_innen nicht alles einfallen lassen, um den sakralen Raum mit einem religiösen Tabu zu belegen: Betretungsverbote (vor allem für Frauen). Stufen und Stufengebete („Introibo ad altarem Dei"). Kommunionbänke, Chorschranken und ganze Lettner. Aber: St. Maria ist anders. Gängige „Sperrzonen um das Geheimnis"[30] werden hier geöffnet. Das gemeinwohlorientierte Raumexperiment „St. Maria als..." etabliert eine alternative Raumordnung des Heiligen. Man lässt die herkömmliche Trennung von Sakralem und Profanem hinter sich und beschreitet einen dritten Weg der Kirchennutzung. Es kommt zu einer heilsamen ‚Desakralisierung' des Kirchenraums, die jedoch nicht zu einer entweihenden Profanierung führt, sondern zu einer anderen Erlebnisqualität des Heiligen. Das dadurch hervorgerufene Raumgefühl bleibt

---

[25] Vgl. Hofstetter-Straka 2020; sowie Ders. / Kugler 2017 und Bauer 2022.
[26] Moser 2023, 150.
[27] Moser 2022, 315 (= empirisches Zusatzmaterial).
[28] Katholisches Pfarramt St. Maria, https://st-maria-als.de/.
[29] Zit. nach Schüßler 2021, 200.
[30] Sachs 1988, 310.

nicht (wie so oft) auf den Altarbereich beschränkt, sondern wirkt auch anderswo im Kirchenraum. Dabei gelingt es den profan zonierten Teilräumen, die „gleichen Handlungen auszulösen"[31] wie die sakral definierten: zur Ruhe kommen, Erhabenheit spüren, Verbindung mit dem Transzendenten aufnehmen. Räumliche Tabuzonen werden entgrenzt – wobei jedoch auch hier sakralisierend-klerikalistische Raumordnungen fortwirken. Lukas Moser mit Blick auf die fotografischen Erkundungen seiner Raumpionier_innen:

> [Es] [...] ist auffällig, dass fast alle Bilder [des Altares] vor den Stufen, und damit von unten nach oben, aufgenommen wurden. [...] So könnte bereits durch diese Beobachtung ein Distanzwahren gegenüber dem Presbyterium vermutet werden [...]. [...] Lediglich vier Pionier_innen [...] suchten diesen Bereich überhaupt auf und empfanden dabei keine Hindernisse oder unsichtbare Grenzen. [...] Damit wird erkennbar: dem offenen, [weitgehend] barrierefreien Setting gelingt es nicht in Gänze mit einem kirchlichen Narrativ der Regeln und Ordnungen [...] zu brechen.[32]

Hier kommen nun auch die „zwei Altäre"[33] von St. Maria ins Spiel: ein alter, fest installierter und erhöht stehender Steinaltar und ein neuer, beweglicher und ebenerdig platzierender Holzaltar. Zwei religiöse Artefakte, in denen sich der religionshybride Schwellencharakter des gesamten Kirchenraumes symbolisch verdichtet. In seiner Dissertation hatte Lukas Moser sich entschieden, alle im Kontext von „St. Maria als..." eingebauten und aus Holz gefertigten Rauminterventionen als ‚profane' Kirchenelemente zu kodieren[34] – so auch den beweglichen Holzaltar. Dieser widerspricht kirchenrechtlichen Bestimmungen, denn er ist aus Holz gefertigt und nicht aus einem erosionsbeständigen Material. Er ist beweglich und nicht fest im Boden verankert. Und er beinhaltet auch keine Reliquien und er wurde nicht formell geweiht. Dieser einfache Abendmahlstisch[35] ist ein theologisch faszinierendes Schwellenartefakt im Sinne von Paul Valérys *objets ambigues*. Seine permanent zwischen Sakralität und Profanität des Heiligen oszillierende Kippsemantik bezeugt die nichtsakrale Heiligkeit auch des Profanen und irritiert religiös sakralisierende Heiligkeitskonzepte nachhaltig – bis hin zu erbitterten Konflikten um neben dem Altar abgestellte Bierflaschen. Hier eine im Internet veröffentlichte Kritik aus dem traditionalistischen Kirchenmilieu:

---

[31] Zit. nach Moser 2023, 184.
[32] Zit. nach ebd., 132; 183.
[33] Siehe auch die beiden Altäre (offiziell in der Kirche und inoffiziell auf der Piazza), zu denen sich der nachkonziliare Konflikt um die italienische Reformgemeinde im Florentiner Isolotto symbolisch verdichtete (vgl. McEoin 1977).
[34] Eine andere Kodierung wäre eine konzilstheologische: Alle vorfindlichen Raumelemente aus Stein (bis auf den steinernen ‚Volksaltar') repräsentieren die ‚petrifizierte' Kirche des Ersten Vatikanums, alle aus Holz gefertigten Raumelemente die ‚jesusbewegte' Kirche des Zweiten Vatikanums.
[35] Vgl. Ebner 2022.

> Das Schlagwort von der nichtsakralen Heiligkeit des Profanen darf die Entweihung von Sakralräumen [...] rechtfertigen [...]. Durch die kirchenfremde Nutzung von St. Maria wurden Fakten geschaffen. [...] Wenn die Sakrilege weitergehen, erreicht man sein Ziel. Die Gläubigen werden keinen Fuß mehr zur Messe in die entweihte Kirche setzen können. [...] Dabei gäbe es ein wirkliches Projekt, welches das Attribut [...] katholisch tatsächlich verdienen [...] würde [...]: [...] Der Bischof vollzieht einen Bußritus nach kanonischem Recht und konsekriert Kirche und Altar neu. Dann beauftragt er [...] ein Konzept zur Neuevangelisierung und katechetischen Unterweisung der Katholiken [...].[36]

Diese rechtskatholische Kritik an der „sakrilegischen Zweckentfremdung des Sakralraums"[37] zeigt eindrücklich, wie affektstark die beiden Altäre von St. Maria unterschiedliche Heiligkeitskonzepte materialisieren – ein sakralheiliges und ein profan-heiliges. Wie verschieden diese kontrastiven Konzepte von Menschen erlebt werden können, zeigen die beiden folgenden Originaltöne aus der erwähnten Studie:

> Ich bin vor den Stufen gelaufen, weil ich das nicht gewohnt bin, dass man zum [steinernen] Altar hochgehen kann (sehr verlegen in der Stimme). Und der war für mich ... z. B. ich bin einfach hier durch gegangen, bei dem anderen [hölzernen] Altar. Da hatte ich nicht dieses, dieses Distanzding, aber bei dem eigentlichen Altar da...[38]

Ähnlich äußert sich eine andere Interviewperson:

> Des gefällt mir mit dem Holz. Und ich mag des nicht, wenn da derjenige so weg isch und dahinten [...] steht und so von oben ... also des mag ich ned. Und des gefällt mir, dieses Miteinander. Des isch wie so ein runder Tisch. [...] Die ganze Sitzposition finde ich gut und dass da nicht so der Prediger oder der Gottesdienstleiter, jetzt so oben, so erhaben steht, sondern [...] in der Mitte der Gemeinschaft isch. Des isch... schon allein durch des eine klare Aussage.[39]

Lukas Moser resümiert:

> Während der Steinaltar für klerikalen Exklusivismus [des Sakralen] steht, strahlt der Holzaltar in den Augen der Befragten eine Begegnung auf Augenhöhe aus und steht für eine andere [profan-heilige] Form der Spiritualität, die sich durch die Inklusion aller, die sich im Zentrum des liturgischen Ortes versammeln wollen [...] auszeichnet [...].[40]

Schwellenräume wie St. Maria repräsentieren religiös hybride Zwischenwelten, in den man sich nicht ganz drinnen (im Sakralen) und nicht ganz draußen (im Profanen) befindet. Damit sind sie ein signifikantes Raumbeispiel für die immer wichtigere nichtbinäre Pluralisierung kirchlicher Pastoral im ambiguitären

---

[36] Anonym 2019.
[37] Vgl. ebd.
[38] Zit. nach Moser 2022, 308.
[39] Zit. nach Moser 2023, 168.
[40] Ebd., 187.

‚Zwielicht' gelebten Lebens – beginnend mit der Anerkennung sexueller Diversität jenseits der klassischen Mann-Frau-Schemata. Klassische Binaritäten (wie auch das Sakrale und das Profane) sind kein gottgegebenes ‚Naturrecht', sondern vielmehr ein menschengemachter, d. h. historisch kontingenter Versuch[41], sich im mehrdeutigen Kuddelmuddel des Lebens zurechtzufinden. Der folgende exegetische Befund ist dabei von höchster schöpfungstheologischer Relevanz:

> Die Schöpfungswerke werden polar einander gegenübergestellt – Licht und Finsternis, Tag und Nacht, das Meer und das Trockene usw. – das bedeutet freilich nicht, dass Gott die Dämmerung oder den Strand und die Lagune, das Watt nicht erschaffen hätte, sondern zur Bezeichnung des Ganzen werden nur die äußeren Pole benannt. Gott hat damit nicht nur Männliches und Weibliches erschaffen, sondern alle geschlechtlichen Variationen dazwischen [...].[42]

Das Heilige ist wie das Leben – wie das im biblischen Narrativ komplex beschriebene Leben einer Schöpfung, die sich nicht in einfache Binaritäten aufteilen lässt: Es gibt nicht nur Mann oder Frau, Land oder Meer, Schwarz oder Weiß, Null oder Eins, Sakral oder Profan. Es gibt vielmehr eine Fülle unterschiedlicher menschlicher Erfahrungen des Heiligen, die unterfangen ist von dem einen „Geheimnis, das wir Gott nennen"[43]: jenem unendlichen Weltgeheimnis Gottes, dem Christ_innen sich auf dem Weg der Nachfolge Jesu zu nähern versuchen.[44] Dieses ist nicht nur auf binäre Weise zweiwertig („fascinosum et tremendum ..."), sondern auf plurale Weise mindestens dreiwertig („... et augustum")[45]: Es erschreckt und fasziniert und erhebt den Menschen. Dabei entsteht als dauerhafter Kipppunkt zwischen Sakralem und Profanem ein polyvalenter Schwellenraum des Heiligen. Das gilt nun aber nicht nur in räumlich-synchroner, sondern auch in zeitlich-diachroner Hinsicht – wenngleich Zeitschwellen im Unterschied zu Raumschwellen nicht mehrfach und in beide Richtungen überschritten werden können.[46]

Schwellen zwischen einzelnen Tagen, Jahren und Lebenszeiten markieren temporale Ränder, an denen etwas Heiliges berührt wird: Mitternacht im Übergang von einem Tag zum anderen. Silvester im Übergang in ein neues Jahr. Pubertät und Midlife-Crisis im Übergang in eine neue Lebensphase. Liminale Räume wie liminale Zeiten führen Menschen an Grenzen (bis hin zum Tod

---

[41] Kontingenz bedeutet nach Luhmann, dass alles auch ganz anders sein könnte: „Kontingenz ist etwas, was weder notwendig noch unmöglich ist; was also so, wie es ist [...], sein kann, aber auch anders möglich ist." (Luhmann 1987, 152).
[42] Fischer 2022.
[43] Rahner 1983, 380.
[44] „Es gibt kein Christentum, das an Jesus vorbei den unbegreiflichen Gott finden könnte." (Ebd., 385).
[45] Vgl. Otto 2004.
[46] Nur die Erinnerung ermöglicht zumindest ein (Rückwärts-)Überschreiten zeitlicher Schwellen.

als der letzten und äußersten Schwelle des Lebens) und ermöglichen es ihnen, diese zu überschreiten. Rituale können dabei eine heilsame Wirkung entfalten. Das reicht im Christentum vom Kreuzzeichen mit Weihwasser beim Überschreiten der Raumschwelle in einen Sakralraum über die Firmung als sakramentale Stärkung beim Überschreiten der Zeitschwelle in den Turbulenzen der Jugend bis hin zur jährlichen Paschaliturgie als *dem* österlichen Paradigma eines christlichen Passagerituals: „Wacht auf, Harfe und Saitenspiel, ich will das Morgenrot wecken" (Ps 108,3). Auf den Übergängen zwischen Tages-, Jahres- und Lebenszeiten liegt daher nicht nur an den Tagen zwischen den Jahren[47] ein bestimmter Zauber, sondern auch auf der wie in meiner Heimatgemeinde im Morgengrauen gefeierten Osternacht. Sie ist das mit allen Sinnen wahrnehmbare Versprechen eines neuen Tages. Ähnlich die ‚blaue Stunde' im Übergang zum Abend („Angelangt an der Schwelle des Abends schauen wir Christus das ewige Licht") – nicht umsonst erfreuen sich Luzernare (z. B. in Gestalt der *Liturgie Gouzienne*: „Licht vom Lichte...") inzwischen großer Beliebtheit.

Ein besonders eindrucksvolles Beispiel für ein solches Passageritual war die Papstliturgie vom 27. März 2020[48], auf dem Höhepunkt der Corona-Pandemie – angesiedelt nicht nur auf der räumlichen Schwelle des Petersdomes[49], sondern auch an der zeitlichen Schwelle zur Nacht. Es war der Zeitpunkt einer globalen Grenzsituation, in welcher in der römischen Abenddämmerung wenig vom Morgenrot der Hoffnung zu spüren war. Stattdessen kühler Regen, heraufziehende Dunkelheit und immer wieder das Heulen der Sirenen. Die langen Schlangen mit den Leichenautos von Bergamo lagen erst wenige Tage zurück, der Planet war fest im Griff der Seuche. Und mitten in dieser liminalen Situation: starke Bilder, die nicht nur im Kopf bleiben, sondern auch ins kollektive Gedächtnis eingehen. Ich weiß noch gut, wie wir an jenem Abend mit der ganzen Familie vor dem Fernseher saßen und wie sehr mich diese unter die Haut gehende Schwellenliturgie damals berührt hat.

Die einsame weiße Gestalt des Papstes auf dem menschenleeren Petersplatz. Die Feuerschalen, das Pestkreuz aus dem Mittelalter und die Marienikone „Salus populi Romani". Ebenso die Lesungen aus der Hl. Schrift und die kurze Predigt des Papstes. Und dann der eucharistische Segen. Das Allerheiligste, das aus dem hell erleuchteten Petersdom ins Dunkel der Nacht gebracht wird. Der wunderbare Hymnus *Adoro te devote* des Hl. Thomas von Aquin. Papst Franzis-

---

[47] Vgl. Fechtner 2001.
[48] Papst Franziskus ist selbst Schwellenpapst, dessen „liminales Pontifikat" (Faggioli 2020) das kirchliche Zentrum von den Peripherien des Lebens her erneuern möchte.
[49] Den eucharistischen Segen spendete Papst Franziskus in Vorhalle des Petersdomes genau dort, wo ein Bodenmosaik an die Eröffnung des Zweiten Vatikanums erinnert, das nicht nur ein ‚Schwellenkonzil' im Sinne eines kirchengeschichtlichen Übergangsereignisses war, sondern auch die Schwelle zwischen Kirche und Welt zum pastoralen Ort par excellence erklärte.

kus, der dem globalen Unheil der Pandemie demonstrativ die Stirn bietet und mit der Monstranz die Stadt und die Welt segnet, d. h. ihnen Gutes zuspricht *(bene-dicere)*: *Urbi et orbi*. Ein Musterbeispiel, wie die Schatzkammern des christlichen Glaubens in einer existenziellen Grenzsituation geöffnet und als eine weltgesellschaftliche „Ressource"[50] erschlossen werden können. Der Liturgiewissenschaftler Benedikt Kranemann resümiert:

> Leere, Regen, einbrechende Nacht – und ein alter Mann im Gebet. [...] Es ist bemerkenswert, dass eine dem Narthex vergleichbare Zone für den eucharistischen Segen genutzt wird, ein Zwischenraum. Franziskus [...] bleibt im Schwellenbereich. [Alles hier] [...] konzentriert sich auf den gegenwärtig geglaubten Christus. Und ihn verehrt man nicht im geschützten Raum der monumentalen Kirche, sondern an einem Ort des Übergangs.[51]

2. Archivdiskurse – zwischen religiöser Sakralität und pastoraler Heiligkeit

„Wenn Friseure in der Kirche Obdachlosen kostenlos die Haare schneiden, dann ist das genauso heilig wie die Messfeier am Sonntag"[52] – mit diesen Worten verteidigt Michael Schüßler die in St. Maria gefeierte Heiligkeit des vermeintlich Profanen. Komplementär entgegengesetzt zu dieser diakonischen Grundoption argumentiert Jan Heiner Tück. Sakrales und Heiliges identifizierend und zugleich Liturgisches und Diakonisches trennend, sprach er sich während der Covid-Pandemie mit Blick auf den Wiener Stephansdom dagegen aus, „Impfstraßen in Kathedralen zu errichten, als gäbe es dafür nicht andere Orte"[53] und somit auch die „Profanierung des Sakralen voranzutreiben"[54]:

> Die Kirche hat sich in Spitälern immer um Kranke gekümmert. Leib- und Seelsorge sind ihr gleichermaßen wichtig. Aber Kathedralen sind Statthalter des Heiligen in dieser Welt, sie sollten nicht als verlängerter Arm staatlicher Gesundheitspolitik missbraucht werden.[55]

Wenn Jan Heiner Tück hier vom Heiligen spricht, dann entgeht ihm die eingangs eingespielte theologische Differenz von Heiligem und Sakralem. Denn Heiliges und Sakrales sind nun einmal nicht dasselbe. Um mit dieser Erkenntnis weiterführend arbeiten zu können, muss man zunächst einmal außertheologisch ansetzen, um erst dann in den theologischen Diskurs zu wechseln. Nor-

---

50 Jullien 2019.
51 Kranemann 2020.
52 Zit. nach: Schulte 2019.
53 Tück 2019.
54 Ebd.
55 Ebd.

malerweise wird Religion soziologisch[56] über die Differenz von Sakralem und Profanem[57] bestimmt. Die diskursformierende Grundthese lautet: Wo immer diese Trennungslinie[58] gezogen wird, dort findet sich Religion. In hybriden Schwellenräumen wie St. Maria kommt diese Ordnung jedoch durcheinander. Denn hier werden Unterscheidbarkeit von Sakralem und Heiligem und Nichttrennbarkeit von Heiligem und Profanem zugleich offenbar. Es gilt in verschärfter Weise, was Victor Turner im ritualtheoretischen Rückgriff auf Arnold van Genneps *Rites de passage* mit dem bereits erwähnten Begriff des Liminalen (von lat. *limen* = die Schwelle, nicht *limes* = die Grenze) beschreibbar gemacht hat. Auch zwischen der Trennung vom Sakralen oder Profanen („rites de séparation") und der Eingliederung in das Profane oder Sakrale („rites d'agrégation") liegt eine liminale Phase, deren Schwellenriten („rites de marge") die gewohnten religiösen Verhältnisse ins Tanzen bringen.

Liminales versammelt „Schwellenleute"[59], die sich im Überschreiten von Grenzen jenseits gängiger Raumordnungen punktuell und situativ als Egalitäre[60] fühlen können, die „von der Struktur befreit, Communitas erfahren, nur um durch diese Erfahrung revitalisiert, zur Struktur zurückzukehren"[61]. Sie erleben sich als „betwixt and between"[62]. In diesem „unstabilen Dazwischen-Sein des Raum-Zeit-Kontinuums"[63] kann in liminalen Räumen ein „hochproduktive[r] Raum neuer Bedeutungszuschreibungen und Identitätskonstruktionen"[64] entstehen. Der niederländische Liturgiewissenschaftler und Ritual-Studies-Experte Paul Post unterscheidet in diesem Zusammenhang zwei „Typen von Heiligkeit"[65], die wie im Falle von St. Maria „in bestimmten Situatio-

---

[56] Der hier skizzierte Weg der religionssoziologischen Bestimmung des Religiösen ist ein ‚französischer', der von Émile Durkheim seinen Ausgang nahm. Ein gängiger ‚deutscher' Weg geht von Niklas Luhmann aus und führt über die Differenz von Immanenz und Transzendenz.

[57] Vgl. Roger Caillois' religionssoziologisches Standardwerk L'homme et le sacré (1939), dessen französischer Originaltitel im Sinne des hier Dargestellten nicht mit „Der Mensch und das Heilige" (so die gängige Übertragung), sondern mit „Der Mensch und das Sakrale" zu übersetzen wäre.

[58] Das eine wird vom anderen geschieden. Und diese Unterscheidung selbst wird mit einem potenziell gewaltproduktiven Tabu des Religiösen belegt. Man kann das sehr schön an der Etymologie des Profanen ablesen. Das fanum ist in der lateinischen Antike der vom übrigen Alltagsleben abgetrennte, sakrale Tempelbezirk. Alles, was vor ihm liegt, ist das pro-fanum, das Profane. Beides ist jedoch, allein schon über seine etymologische Wurzel, eng mit dem Begriff des ‚Fana-tismus' verbunden: einer fanatischen Absolutsetzung der Grenze zwischen Sakralem und Profanem.

[59] Turner 2000, 94.

[60] Vgl. ebd., 96.

[61] Ebd., 126.

[62] Turner 1964.

[63] Nehring / Tielesch 2013, 39.

[64] Gruber 2013, 122–123.

[65] Post 2017, 143.

nen ineinander übergehen oder als Zonen in einem einzigen Baukomplex bestehen"⁶⁶: geschlossene und offene Sakralität. Der erste Typus wäre im Sinne des gerade Dargestellten als eine Form von sakraler Heiligkeit zu beschreiben, der zweite hingegen tendiert in Richtung profaner Heiligkeit. Auch wenn Post die beiden Begriffe des Heiligen und des Sakralen synonym verwendet, d. h. sie in ihrer Differenz nicht unterscheidet, so ist seine liturgiewissenschaftliche Typisierung dennoch auch raumtheologisch hilfreich:

> Unter geschlossener Heiligkeit [im Sinne sakraler Heiligkeit] des Ortes verstehe ich [...] den Tempeltyp des rituellen Raumes [...], umzäunt, abgeschlossen, getrennt von der profanen Umgebung, für Laien unzugänglich. [...] Wir finden diesen Typ auch [...] [im traditionalistischen] *Reform of the Reform Movement* [...]. Das Kirchengebäude hat dort ein exklusiv sakrales Profil. Nur zögerlich ist von Umnutzung die Rede. [...] Diese ‚geschlossene' Sicht des Kirchenraums schließt sich oft eng an eine exklusive sakral-sakramentale pastoralliturgische Vorstellung an.⁶⁷

Die ‚Sakra(l)mentalität'⁶⁸ dieser sakralisierenden Perspektive kollidiert in liminal-hybriden Kirchenräumen wie St. Maria mit dem Konzept einer „offenen Heiligkeit"⁶⁹, die auch profane Wirklichkeiten umfasst:

> Hier geht es nun um die offene Sakralität. Dieser Typ von Heiligkeit setzt sich zwar ab, ist aber gleichzeitig in Kontakt mit dem Kontext [...]. Es geht um Heiligkeit, die eher situativ in ihrer Art ist als substanziell [...]. [...] Sie ist offen in dem Sinn, als sie einer Reihe von rituellen [...] Repertoires Raum bietet: [...] von Eucharistie und Sakramenten bis zu kleineren neuen Ritualisierungen. Offene Heiligkeit ist [...] offen für verschiedene Zueignungen.⁷⁰

Wechseln wir nun vom religionssoziologisch-ritualtheoretischen Diskurs in den raumtheologischen. Für diesen ist jene nun schon mehrfach genannte Fundamentaldifferenz⁷¹ von Heiligem und Sakralem von zentraler Bedeutung,

---

⁶⁶ Ebd.
⁶⁷ Ebd., 143–144.
⁶⁸ Vgl. Spielberg 2018.
⁶⁹ Post 2017, 144.
⁷⁰ Ebd.
⁷¹ Das gilt nicht nur für das Christentum. Auch mit Blick auf Judentum und Islam lässt sich raumtheologisch Vergleichbares sagen. Zunächst zum Judentum: „Die Synagoge [...] duldet keine Teilung von Wirklichkeiten. [...] Eine Synagoge ist eine religiöse Vorrichtung, die dauernd Gebete in Taten umzusetzen versucht. [...] Das Schwatzen und Debattieren an der Tür ist heilig [...]." (Blue 1976, 54; 58–60; 70). Jeder jüdische Haushalt gleicht einem „bewohnten Tempel" (ebd., 47): „Gehen Sie durch eine jüdische Vorstadt. Am Freitagabend sind die Kerzen im jüdischen Heim angezündet. Schauen Sie hinauf! Dort oben [...] segnet ein Mann Brot und Wein und teilt sie an seine Familie aus. [...] In den Schränken mischt sich Heiliges und Weltliches ungezwungen miteinander, denn alle Dinge können verwandelt werden [...]. [...] Küchenschubladen sind die Sakristei für die häusliche Liturgie." (ebd., 32; 44–45). Und zum Islam: „Wenn wir die Welt dualistisch betrachten, indem wir sie prinzipiell in heilig [im Sinne des Folgenden: sakral] und profan unterteilen, wird leicht das [...] Säkulare für sekundär erachtet. Im Islam [...] wird aber eine

mit der im 20. Jahrhundert nicht nur bekannte Philosophen wie Emmanuel Lévinas[72], Jacques Derrida[73] oder Émile Benveniste[74] gearbeitet haben, sondern auch große Theologen wie Karl Rahner[75], M.-Dominique Chenu[76] oder Edward Schillebeeckx[77] (und sogar Hans Urs von Balthasar[78]). Im Deutschen kommt sie nur sehr unzureichend zur Sprache. Was dort meist unterschiedslos mit ‚heilig' übersetzt wird, heißt z. B. im Lateinischen *sacer* oder *sanctus*, im Französischen *sacré* oder *saint* und im Englischen *sacred* oder *saint*. Man muss sich im Deutschen mit dem Fremdwort ‚sakral' behelfen, um diese sprachliche Differenz zum Ausdruck zu bringen. Beim Begriff des Heiligen (im Sinne von *sanctus*) kann das Deutsche jedoch weiterhelfen. Denn dort ist das Heilige an die Semantik von ‚heil'[79], d. h. an unversehrte Ganzheit gebunden.

Dieser sprachliche Zusammenhang lässt sich anhand zweier liturgischer Praktiken veranschaulichen: Weihe und Segen.[80] Etwas zu weihen heißt, es sakralisierend aus der Ordnung des Profanen herauszuheben (z. B. Personen, Zeiten, Orte) und mit einem Tabu verbotener Grenzüberschreitungen zu belegen. Etwas zu segnen bedeutet jedoch, es in einen Horizont universalen Heils zu stellen. Während sich in der Weihe sakralisierend-exkludierende Teilungspraktiken bündeln, stellt der Segen den gesamten Alltag des Menschen in heiligend-inkludierenden Ganzheitspraktiken unter eine Verheißung ganzheitlichen Heils. Kurz gesagt: Weihe schließt aus, Segen schließt ein. Eine theologische Diskursivierung dieser sprachlichen Differenz ermöglicht es, den herkömmlichen religionsbezogenen Diskurs zu überschreiten. Der französische Konzilstheologe M.-Dominique Chenu schreibt:

> Das Sakrale erscheint in seiner ganzen Eigenart, wenn man es mit dem Heiligen vergleicht. [...] Gott ist zwar ‚heilig' [...], aber nicht im eigentlichen Sinn sakral. [...] Wenn das Profane auf die Seite des Sakralen tritt, dann hört es auf, profan zu sein. Das Profane aber, das heilig wird, bleibt profan. [...] Man muss die Welt nicht sakralisieren, um sie zu heiligen.[81]

Diese entsakralisierende Dynamik[82] ist zutiefst jesuanisch und daher auch fundamental christlich. Denn das jesusbewegte Christentum ist eine paradoxe

---

grundsätzlich andere Sicht vertreten: [...] Alles Säkulare ist [...] in den Wurzeln seines Seins heilig [...]." (Karimi 2019, 39).

[72] Vgl. Levinas 1977.
[73] Vgl. Derrida 1996, 97–98.
[74] Vgl. Benveniste 1969.
[75] Rahner 1965, 31ff.
[76] Vgl. Chenu 1966.
[77] Vgl. Schillebeeckx 1970.
[78] Vgl. Balthasar 1960, 200.
[79] Vgl. Kluge ²³1999, 365.
[80] Vgl. Bauer 2020-2.
[81] Chenu 1966, 80–81.
[82] In seinem Konzilstagebuch kritisierte Henri de Lubac die aus seiner Sicht „abenteuerlichen Theorien" (Lubac 2007, 251) der dominikanischen „école Chenu-Schillbeeckx"

Schwellen des Heiligen?

Anti-Religion („Religion des Evangeliums"[83]), welche die konstitutive Normaldifferenz von Profanem und Sakralem religionskritisch unterläuft. Beginnend mit Jesus von Nazareth (d. h. einem Nichtpriester), der mitten im Alltag (d. h. zu einer normalen Zeit) auf den Straßen Galiläas (d. h. an einem profanen Ort) genau das tat, was dem Hohenpriester (d. h. einem geweihten Mann) am Jom Kipur (d. h. an einem besonderen Tag) im Jerusalemer Tempel (d. h. an einem sakralen Ort) vorbehalten war: heilschaffende Sündenvergebung im Namen Gottes[84]. Schon sein Name *(jəhōšua)* sagt eigentlich alles: Gott schafft Heil. Edward Schillebeeckx rückt die entsprechenden Prioritäten eines christlichen Religionsdiskurses zurecht. Es geht um „Heil von Gott her in Jesus"[85]. Dessen religiös entgrenzende Reich-Gottes-Praxis steht in der Tradition prophetischer Kultkritik, die im semantischen Umfeld von Tempeln, Opfern und Priestern entschieden und kompromisslos für ein Ethos des guten Lebens für alle eintraten:

> Was soll ich mit euren vielen Schlachtopfern?, spricht der Herr. Die Widder, die ihr als Opfer verbrennt, und das Fett eurer Rinder habe ich satt; das Blut der Stiere, der Lämmer und Böcke ist mir zuwider [...] Bringt mir nicht länger sinnlose Gaben, Rauchopfer, die mir ein Gräuel sind. Neumond und Sabbat und Festversammlung [...] ertrage ich nicht. [...] Wenn ihr eure Hände ausbreitet, verhülle ich meine Augen vor euch. Wenn ihr auch noch so viel betet, ich höre es nicht. Eure Hände sind voller Blut. Wascht euch, reinigt euch! Lasst ab von eurem üblen Treiben! Hört auf, vor meinen Augen Böses zu tun! Lernt, Gutes zu tun! Sorgt für das Recht! Helft den Unterdrückten! Verschafft den Waisen Recht, tretet ein für die Witwen![86] (Jes 1,11–17).

Der markinische Jesus verlängert diese Kultkritik im Horizont der anbrechenden Gottesherrschaft. Dabei kritisiert er nicht nur religiöse Reinheitsvorschriften (Mk 7,1–23), er warnt auch vor schriftgelehrtem ‚Klerikalismus':

(ebd.): „Habe mit [...] dem Pfarrer von St.-Germain-des-Prés [...] geplaudert. Er fragt mich, was ich über eine Theorie denke, die sich gerade in Paris [...] zu verbreiten beginne. Die Welt sei immer schon christlich. Und die christliche Offenbarung lasse uns das nur in einer einfachen Passage vom Impliziten zu Expliziten auch so aussprechen usw. Ich sage ihm, dass ich hundertprozentig gegen diese Meinung bin [...]. Père Schillebeeckx vertritt diese Theorie gegenwärtig sogar in Rom [...]. Und auch Père Chenu ist davon beeinflusst, wie ein kleiner Textbeitrag für die Nouvelle Revue Théologique über die ‚Consecratio mundi' zeigt." (ebd., 218).

[83] Vgl. Geffré 2013.
[84] Jesus „verlegte den Tempel [...] in den Alltag Galiläas." (Ebner 1998, 413–414).
[85] Schillebeeckx 1992, 482–486.
[86] Das Buch Amos lässt Gott sprechen: „Ich hasse eure Feste, ich verabschiede sie und kann eure Feiern nicht riechen. Wenn ihr mir Brandopfer darbringt, ich habe kein Gefallen an euren Gaben und eure fetten Heilsopfer will ich nicht sehen. Weg mit dem Lärm deiner Lieder! Dein Harfenspiel will ich nicht hören, sondern das Recht ströme wie Wasser, die Gerechtigkeit wie ein nie versiegender Bach." (Am 5,21–24).

> Nehmt euch in Acht vor den Schriftgelehrten! Sie gehen gern in langen Gewändern umher, lieben es, wenn man sie auf den Straßen und Plätzen grüßt, und sie wollen in der Synagoge die vordersten Sitze und bei jedem Festmahl die Ehrenplätze haben. Sie bringen die Witwen um ihre Häuser und verrichten in ihrer Scheinheiligkeit lange Gebete. (Mk 12,38-40).

Einem dieser Schriftgelehrten, der ihm auf die Frage nach dem religiös Wichtigsten antwortet „Gott mit ganzem Herzen, ganzem Verstand und ganzer Kraft zu lieben und den Nächsten zu lieben wie sich selbst, ist weit mehr als alle Brandopfer und anderen Opfer" (Mk 12,33) attestiert Jesus jedoch: „Du bist nicht fern vom Reich Gottes." (Mk 12,34). Generell standen eher ‚profane' Heilsereignisse im Zentrum jesuanischer Praxis: „Blinde sehen wieder und Lahme gehen; Aussätzige werden rein und Taube hören; Tote stehen auf und den Armen wird das Evangelium verkündet." (Mt 11,5). Eine reichgottesfrohe Grundregel[87] des befreiten Umgangs mit religionskonstitutiven (Raum-)Ordnungen formuliert Jesus in folgender Schlüsselszene des Markusevangeliums:

> An einem Sabbat [d. h. an einem sakralisierten Tag] ging er durch die Kornfelder und unterwegs rissen seine Jünger [aus Hunger] Ähren ab. Da sagten die Pharisäer zu ihm: Sieh dir an, was sie tun! Das ist doch am Sabbat verboten. Er antwortete: Habt ihr nie gelesen, was David getan hat, als er und seine Begleiter hungrig waren und nichts zu essen hatten wie er zur Zeit des Hohenpriesters Abjatar in das Haus Gottes ging und die heiligen [im Sinne von: sakralen] Brote aß, die außer den Priestern niemand essen darf, und auch seinen Begleitern davon gab? Und Jesus fügte hinzu: Der Sabbat ist für den Menschen da, nicht der Mensch für den Sabbat. (Mk 2,23-27).

Aller historischen Wahrscheinlichkeit nach wurde Jesus selbst aufgrund einer tempelkritischen Prophezeiung[88] zum Tod verurteilt. Noch in seinem Sterbemoment, so erzählt es Markus, „riss der Vorhang im Tempel entzwei" (Mk 15,38). Das heißt: Allerheiligstes steht nun allen offen. Sakrales wird in Profanes hinein entgrenzt. Raumtheologisch nahmen die ersten Christ_innen diese desakralisierende Bewegung auf, indem sie sich zum Herrenmahl in ihren Wohnhäusern versammelten. Und als sie später eigene religiöse Orte errichteten, griffen sie zunächst nicht auf die sakrale Bauform der Tempel[89] zurück, sondern auf die profane Raumgestalt der Basiliken, die in der griechisch-römischen Antike so etwas wie große, mehrschiffige Markthallen mit Gerichtsfunktion waren. Begonnen hat dieser *à la longue* jedoch resakralisierende Weg in alltäglichen römischen Mietswohnungen, wo das lukanische Doppelwerk in

---

[87] Joseph Ratzinger kritisierte die entsprechende „Regnozentrik" (Ratzinger / Benedikt XVI. 2007, 83) einer von horizontalistischem „Jesuanismus" (Ratzinger 1973, 45) geprägten (Befreiungs-)Theologie.

[88] Ebner 2003, 178-190.

[89] Sie kannten auch keine geweihten Opferpriester, sondern nur ein nichtsazerdotales Leitungsamt (vgl. Ebner 2023).

Apg 28,30 auch seine heilsgeschichtliche Dynamik der Welt-Mission enden lässt:

> [Die frühen Christ_innen] [...] hoben die Unterscheidung von sakralen und profanen Räumen auf und entgrenzen den Gottesdienst in das alltägliche Leben hinein. [...] [Ihr Versammlungsort] [...] waren zunächst einfache Privathäuser [...]. Es gab das Atriumhaus oder die städtische Insula, ein mehrstöckiges Mietshaus mit einem Geschäft im Parterre. [...] Mit zunehmendem Missionserfolg wuchs der Raumbedarf. [...] [Seit dem 3. Jahrhundert wuchs die Kirche dann] über die Hausgemeinde hinaus [...]. [...] Da die verbliebenen Hauskirchen sich dem Zugriff des mächtiger werdenden Klerus entzogen [...], wurden sie von der Kirche zurückgedrängt, bis schließlich auf dem Konzil von Laodicea (zwischen 360 und 370) die Feier der Eucharistie in Privathäusern ganz verboten wurde.[90]

3. Zukunftsoptionen – zwischen alten Narthizes und neuen Ostiarier_innen

Ortswechsel. Wir sitzen im ‚Oberstübchen' der Innsbrucker Pfarrei St. Nikolaus und sprechen über die Kirche von morgen. Vielleicht wird die genau so sein wie unsere Versammlung – und damit wie eine christliche Hausgemeinde, die wieder gerade so groß ist, dass sie in ein Wohnzimmer passt: eine kleine Handvoll vom Evangelium berührter Menschen. Sie treffen sich mit dem Architekten Walter Klasz und dem Verfasser dieses Beitrags in einem Bretterverschlag im Dachgeschoß einer für die Gemeinde längst viel zu groß gewordenen Kirche. Der Raum ist struppig, improvisiert und sehr charmant. Ohne Zweifel: Ein heiliger Ort. Aus dem Treffen geht ein raumtheologischer Planungsprozess hervor, der in einer Art von pastoralem Re-Mapping auf kollaborative Weise eine ganz neue „Sakraltopographie"[91] des bürgerschaftlich engagierten Stadtteils Anpruggen[92] entwirft.

Ausgehend von den Bedürfnissen der Menschen (*aller* Menschen vor Ort, nicht nur der Katholik_innen) werden Kirche, Pfarrhaus, Gemeindezentrum sowie ein anzumietendes Straßencafé als ein vernetztes Ganzes gedacht, in dem alle Dimensionen kirchlicher Pastoral einen Ort haben. LITURGIA in der weiterhin primär für Gottesdienste genutzten Kirche. DIAKONIA in dem zu einem Frauenhaus umgebauten ehemaligen Gemeindezentrum. KOINONIA in dem um Gruppenräume erweiterten Pfarrhaus. Und MARTYRIA in dem direkt gegenüber der Kirche gelegenen Straßencafé – ein neuer pastoraler Ort, an

---

[90] Claussen 2010, 23; 25; 34–35.
[91] Vgl. Stückelberger / Seyffer 2022.
[92] Vgl. https://www.anpruggen-entdecken.at/.

dem in unaufdringlicher Antreffbarkeit[93] zeugnishaft christliche Präsenz im Stadtteil gelebt werden soll: absichtslos, niederschwellig und für alle offen. Liturgia-Kirche und Koinonia-Pfarrhaus bilden in diesem kirchlichen Ensemble analog zur dualen Ekklesiologie des Zweiten Vatikanischen Konzils[94] introvertierte Lumen-gentium-Orte der SAMMLUNG, Diakonia-Frauenhaus und Martyria-Café hingegen extrovertierte Gaudium-et-spes-Orte der SENDUNG[95]:

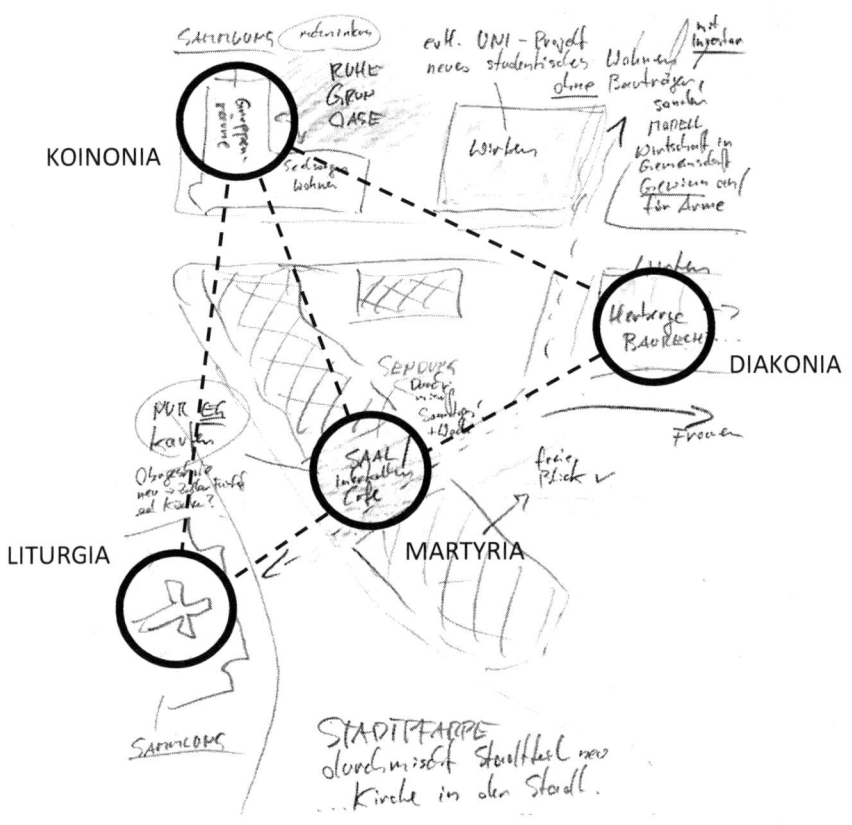

---

[93] Es geht nicht darum, die Bewohner des Stadtteils missionarisch zu kolonisieren, sondern einen Ort der absichtslosen Quartierspräsenz zu schaffen: „Wir stehen im Übergang von einer Kirche, die sich selbst behauptet […] hin zu einer Kirche, die teilnimmt an dem, was die Menschen bewegt und umgekehrt ihnen Anteil an dem gibt, was sie als ihr Erbe hütet. […] So wird sie fähig, von einer Pastoral der Eroberung Abschied zu nehmen zugunsten einer Pastoral der Präsenz unter den anderen […]." (Zerfaß 2009, 163–164).

[94] Das Konzil hat nicht eine, sondern zwei Konstitutionen über die Kirche beschlossen: Lumen gentium, die primär ‚ad intra' ausgerichtete dogmatische und Gaudium et spes, die primär ‚ad extra' ausgerichtete pastorale Kirchenkonstitution (vgl. Bauer 2016, 422–425).

[95] Skizzen: Walter Klasz (Überarbeitung: ChB).

Schwellen des Heiligen?

Wie bei „St. Maria…" finden sich auch in dieser raumtheologischen Neukartierung von Stadtteilpastoral zwei unterschiedliche, aber interferierende Altartische – ein sakraler in der Kirche und vis à vis ein profaner im Café:

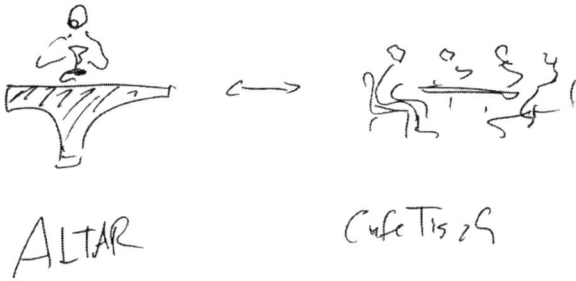

Kirche und Café verbindet ein liminales ‚Dazwischen', das auch für den Architekten Walter Klasz eine raumkonstitutive Größe ist:

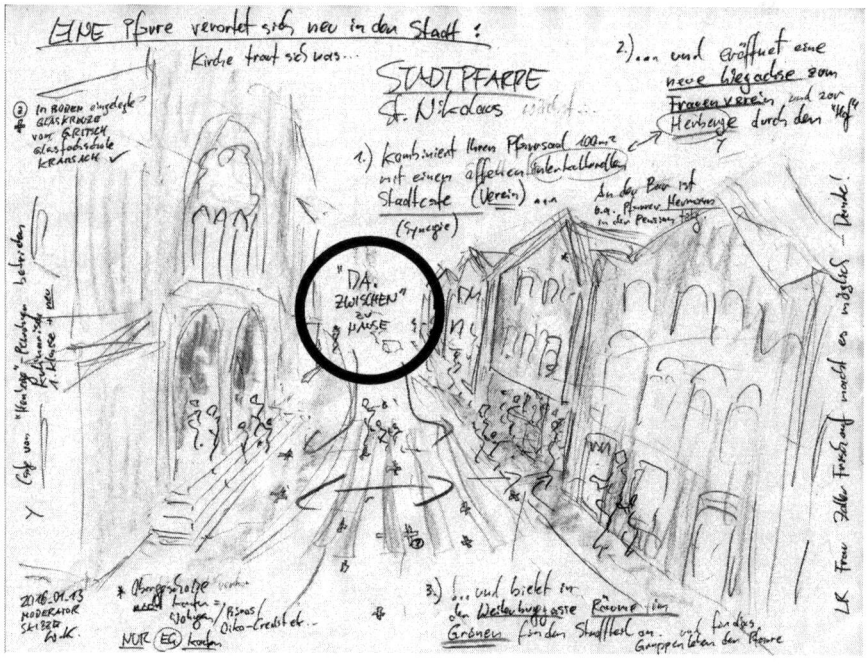

Raumtheologisch entscheidend ist hier, dass sich auf beiden Seiten der Straße „heiliger Boden" (Ex 3,5) befindet – im sakralen Raum der Kirche genauso wie im profanen des Cafés. Auch hier gilt die folgende Bemerkung von Edward Schillebeeckx zur Textgeschichte der konziliaren Pastoralkonstitution *Gaudium et spes*:

> Das Problem des ‚Schemas 13' [= *Gaudium et spes*] [darf] nicht so gesehen werden [...], als ob die Kirche [...] nach der [ersten] Konstitution über die Kirche [= *Lumen gentium*], in der wir uns auf heiligem Boden befanden, jetzt eine ihr fremde, unheilige Welt beträte. Der [profane] Boden, den wir im Schema 13 betreten, ist *heiliger Boden*, auf dem schon Christi Erlösungsgnade wirksam ist, noch bevor die Amtskirche das rettende Wort explizit an diese Welt richtet. [...] In der [dogmatischen] Konstitution über die Kirche spricht sie vor allem über die sakralen [...] Gestalten der Gnadensichtbarkeit; in Schema 13 behandelt sie die [...] verhüllten Ausdrucksformen [...] dieses [impliziten] Gnadenlebens: die weltliche Heiligkeit und die apostolische Säkularität.[96]

Es gehört leider zur kirchlichen Wirklichkeit, dass dieser kreative Planungsprozess des Pfarrgemeinderates (Stichwort: Synodalität) letztlich am Veto des für den Seelsorgeraum zuständigen Pfarrers scheiterte (Stichwort: Klerikalismus). Dennoch lässt sich auch aus diesem Scheitern manches für andere Orte und deren theologische Rauminterventionen lernen. Denn es lassen sich mindestens zwei weiterführende, liminal-hybride Zukunftsoptionen formulieren, die auch für die Zukunft von St. Niklaus in Innsbruck-Anpruggen eine wegweisende Minimaloption sein könnten: die Kultivierung von Schwellenräumen und die Einrichtung von Schwellendiensten. Oder altkirchlich gesprochen: von Narthex-Räumen und von Ostiarier_innen-Diensten. Nach dem „Ende der konstantinischen Ära"[97] werden diese immer wichtiger in einer schöpferischen Minderheitenkirche[98], in der vorkonstantinische Größen wie Synodalität, Mystagogie, Katechumenat, Diaspora oder Martyrium in veränderter Form wiederkehren. Der altkirchliche Narthex[99], die Vorhalle der christlichen Basilika, war ein transitorischer Schwellenraum[100]: Man befand sich weder draußen noch drinnen, sondern fand sich in einer Schwebe des Dazwischen wieder. Säulenreihen definierten einen nach Außen offenen Schwellenort, dessen Innen sie zugleich „halb verhüllten, halb freigaben"[101]. Der Narthex war ein architektura-

---

[96] Schillebeeckx 1970, 234.
[97] Chenu 1964.
[98] Vgl. Bauer 2014.
[99] Vgl. Hastetter 2014 und Roebben 2008 als pastoraltheologische bzw. religionspädagogische Aktualisierung.
[100] Landschaftsarchitektonisch zählt dazu auch der ‚Freiraum' im direkten Umfeld kirchlicher Orte (siehe auch die gerade entstehende, vom Verfasser dieses Beitrags mitbegleitete Hannoveraner Dissertation „Christliche Freiräume" von Paul Tontsch). Auch hier können „dritte Landschaften" (vgl. Clément: Manifest der Dritten Landschaft) entstehen, in die sich vielfältige Lebensformen einnisten: „An den Waldrändern, entlang der Straßen und Flüsse, in den von der Kultur vergessenen Schlupfwinkeln [...]. [...] Schnittstellen, [...] Randzonen, [...] Grenzstreifen [...] weisen [...] eine [immense] biologische Ausdehnung auf. Ihr Reichtum ist oft größer als der der Lebensräume, die durch sie voneinander getrennt werden." (ebd. 10–11, 46).
[101] Hastetter 2014, 32.

ler „Zwischenraum"¹⁰², eine gemischt-heilige Übergangszone von Sakralem und Profanem im kleinen pastoralen Grenzverkehr zwischen Kirche und Welt:

> In den Räumen um die Schwellen herum halten sich besonders die Neugierigen, Suchenden, Fragenden und Unsicheren auf. Wer selten eintritt in den Raum und sich nicht oder wenig zugehörig fühlt zu denen, die darin sind, bleibt erst einmal in der Nähe der Tür stehen: So kann man immer noch den Rückzug antreten. Wer dazugehört, aber unsicher wird, ob er bleiben soll, bewegt sich tendenziell in die Nähe der Schwelle, von der her der Blick nach draußen möglich wird. Manche gehen viele Male an der Tür vorbei, ehe sie sich zum Eintreten entschließen [...]. Viele warten nahe der Schwelle darauf, angesprochen, gefragt, vielleicht sogar abgeholt zu werden. Andere schrecken zurück, wenn sie zu einem expliziten Überschritt gedrängt werden.¹⁰³

Narthizes sind heilige Orte für „Schwellenchrist_innen"¹⁰⁴ wie Simone Weil, die 1943 vermutlich ungetauft¹⁰⁵ an der „Schwelle der Kirche"¹⁰⁶ starb. Oder Ignazio Silone, der in den 1960er Jahren bekannte: „Ich bin ein Christ ohne Kirche und ein Sozialist ohne Partei."¹⁰⁷. Jenseits von Kirchenchristentum und Parteisozialismus umschreibt er damit einen Dazwischen-Raum, in dem sich auch heute noch zahlreiche Randsiedler des Evangeliums finden – glaubensnahe Kirchenferne, die wie der Zöllner Zachäus im Lukasevangelium aus sicherer Halbdistanz beobachten, was es mit diesem Jesus so auf sich hat. Tomas Halik spricht in seinem Bestseller *Geduld mit Gott* von „Zachäusmenschen"¹⁰⁸. Ganz ähnlich die ‚Gottesfürchtigen' im Neuen Testament: Heiden, die unbeschnitten, aber gottesgläubig auf der Schwelle zum Judentum leben. Ein lukanisches Beispiel für diese „nichtjüdischen Sympathisanten des Judentums"¹⁰⁹, die man in Analogie zu Silones Diktum auch ‚Juden ohne Synagoge' nennen könnte, ist der Kämmerer der äthiopischen Kandake aus der Apostelgeschichte (Apg 8,27–39).¹¹⁰ Der Begriff der Schwellenchrist_innen ist in diesem Zusammenhang alles andere als defizitär gemeint. Denn anders als im Falle der sogenannten ‚Schwellenländer' ist hier keine Entwicklungsdynamik intendiert: Die Schwelle ist keine bloße Zwischenstation auf dem Weg vom Außen zum Innen (also: zum ‚wahren' Glauben), sondern vielmehr ist der bewusst gewählte, dauerhafte Ort dieser religionsskeptischen Zeitgenoss_innen. Sie suchen einen „Gott an der

---

[102] Ebd., 34.
[103] Boettger 2012, 189.
[104] Vgl. Bauer 2013; sowie Kling-Witzenhausen 2020, 41–63.
[105] Winter 2004, 57–59.
[106] Simone Weil, zit. nach Perrin / Thibon 1954, 78.
[107] Vgl. Stempel 2000.
[108] Vgl. Halík 2010.
[109] Theißen 2002, 40.
[110] Vgl. Bauer 2018.

Schwelle"[111] und eine „Kirche, die offen ist für die Erzählungen und Verwundungen anderer".[112]

Ostiarier (von lat. *ostiarius* = Türhüter) haben in der frühen Kirche die Eingänge der Basiliken bewacht und die Gläubigen empfangen. Später ging ihr Dienst dann in den niederen Weihen auf und wurde 1972 abgeschafft (anders als der von Lektor_innen, Akolyth_innen und Exorzisten). Vielleicht wäre es heute an der Zeit, dieses alte christliche Kirchenamt wiederzubeleben als einen pastoralen Dazwischen-Dienst, der hybrid-heilige Schwellenräume eröffnet – und zwar vom gemeindlichen Begrüßungsdienst an der Kirchentür bis hin zum dauerhaft eingerichteten kirchlichen Hauptberuf. Nicht im Sinne von rigiden Türsteher_innen („Security"), sondern von einladenden Türöffner_innen („Accueil"). Analog zum altkirchlichen Narthex mit seiner „Offenheit nach Außen und nach Innen"[113] ginge es bei diesem neu-alten Schwellenamt des Öffnens und des Schließens von pastoralen Räumen um eine „Doppelbewegung von Außen nach Innen und von Innen nach Außen"[114]. Das sieht übrigens auch Papst Franziskus so, der mit seinen beiden Apostolischen Schreiben *Spiritus Domini* und *Antiquum ministerium* eine Verflüssigung der ämtertheologischen Debatte ermöglicht:

> Die Türen der Kirchen öffnen bedeutet [...], sie der [...] Umwelt zu öffnen; einerseits, damit die Menschen eintreten [...], andererseits, damit das Evangelium die Schwelle des Gotteshauses überschreiten und hinausgelangen kann [...].[115]

Literatur

Anonym (2019): „St. Maria als…" – ausge(t)räumter Kirchen(t)raum?!", Zugriff am 14.2.2022 https://katholisches.info/2019/08/14/st-maria-als-ausgetraeumter-kirchentraum/
Appel, Kurt (2014): Gott an der Schwelle, in: Bucher, Rainer (Hg.): Nach der Macht. Zur Lage der katholischen Kirche in Österreich, Innsbruck/Wien, 143–155.
Bachtin, Michail (2008): Chronotopos, Berlin.
Balthasar, Hans Urs von (1960): Verbum caro, Skizzen zur Theologie I, Einsiedeln.
Bauer, Christian (2013): Pastoral der Schwellenchristen? Erkundungen zur säkularen Bedeutung des Evangeliums, in: Euangel. Magazin für missionarische Pastoral 3.
Bauer, Christian (2014): Alpenländische Diaspora? Erkundungen im nachkonstantinischen Christentum, in: Bucher, Rainer (Hg.): Nach der Macht. Zur Lage der Kirche in Österreich, Innsbruck, 35–73.
Bauer, Christian (2016): Diakonische Mission? Konzilstheologische Inspirationen aus Gaudium et spes und Ad gentes, in: Böttigheimer, Christoph (Hg.): Vatikanum 21. Erschließung

---

[111] Appel 2014, 154.
[112] Ebd.
[113] Hastetter 2014, 34.
[114] Ebd. 2014, 41.
[115] Papst Franziskus 2014.

und bleibende Aufgaben des Zweiten Vatikanischen Konzils für Theologie und Kirche im 21. Jahrhundert, Freiburg/Br., 403–425.

Bauer, Christian (2018): Predigt im Wagen des Äthiopiers? Homiletische ‚Andersorte' im lukanischen Doppelwerk, in: Aigner, Maria Elisabeth u. a. (Hg.): Wo heute predigen? Verkündigung an bekannten und ungewöhnlichen Orten, Würzburg, 219–235.

Bauer, Christian (2020–1): Architekturen der Pastoral. Skizzen einer theologischen Theorie des Entwerfens, in: Karl, Katharina / Winter, Stephan (Hg.): Gott im Raum. Theologie und der spatial turn: Aktuelle Perspektiven, Münster, 313–342.

Bauer, Christian (2020–2): Vom Segen des Heiligen. Pastorale Öffnung von sakralen Dissoziierungen, in Knop, Julia / Kranemann, Benedikt (Hg.): Segensfeiern in der offenen Kirche. Neue Gottesdienstformen in theologischer Reflexion (Quaestiones disputatae 305), Freiburg/Br., 213–229.

Bauer, Christian (2022): Heiligkeit jenseits des Sakralen? St. Maria in Stuttgart ein dritter Weg der Kirchennutzung, in: Liturgisches Jahrbuch 2022, 17–33.

Bedorf, Thomas (2010): Stabilisierung und/oder Irritation. Voraussetzungen und Konsequenzen einer triadischen Sozialphilosophie, in: Ders. u. a. (Hg.): Theorien des Dritten. Innovationen in Soziologie und Sozialphilosophie, München, 13–32.

Benveniste, Émile (1969): Le vocabulaire des institutions indo-européennes. Pouvoir, droit, religion (2 Bde.), Paris.

Bhabha, Homi (2000): Die Verortung der Kultur, Tübingen.

Blue, Lionel (1976): Wie kommt ein Jude in den Himmel? Der jüdische Weg zu Gott, München.

Boettger, Till (2012): Schwellenräume. Räumliche Übergänge in der Architektur, Weimar.

Bröckling, Ulrich (2010): Gesellschaft beginnt mit Drei. Eine soziologische Triadologie, in: Bedorf, Thomas u. a. (Hg.): Theorien des Dritten. Innovationen in Soziologie und Sozialphilosophie, München, 189–211.

Certeau, Michel de (1987): La faiblesse de croire. Texte établi et présenté par Luce Giard, Paris.

Chenu, M.-Dominique (1964): La fin de l'ère constantinienne, in: Ders.: L'évangile dans les temps. La parole de dieu II, Paris, 17–36.

Chenu, M.-Dominique (1966): Les laïcs et la ‚consécration' du monde, in: Ders.: Peuple de Dieu dans le monde, Paris, 69–96.

Claussen, Johann Hinrich (2010): Gottes Häuser. Oder die Kunst, Kirchen zu bauen und zu verstehen, München.

Clément, Gilles (2010): Manifest der Dritten Landschaft, Berlin.

Derrida, Jacques (1996): Foi et savoir, Paris.

Derrida, Jacques (2000): Chōra, in: Ders.: Über den Namen. Drei Essays, Wien, 125–170.

Ebmeyer, Michael (2023): Nonbinär ist die Rettung. Ein Plädoyer für subversives Denken, Heidelberg.

Ebner, Martin (1998): Jesus – ein Weisheitslehrer? Synoptische Weisheitslogien im Traditionsprozess, Freiburg/Br.

Ebner, Martin (2003): Jesus von Nazaret in seiner Zeit. Sozialgeschichtliche Zugänge, Stuttgart.

Ebner, Martin (2022): Vom Holztisch zum Steinaltar und vom Triklinium in den Tempel. Analyse eines Metaphorisierungsprozesses und seiner soziologischen Konsequenzen anhand der Vorstellung vom ‚Altar' im frühen Christentum, in: Münchener Theologische Zeitschrift 73, 3–21.

Ebner, Martin (2023): Braucht die katholische Kirche Priester? Eine Vergewisserung aus dem Neuen Testament, Würzburg.

Faggioli, Massimo (2020): The Liminal Papacy of Pope Francis. Moving Toward Global Catholicity, New York.

Fechtner, Kristian (1999): Schwellenkunde: praktisch-theologische Erwägungen zum Jahrtausendwechsel, in: Praktische Theologie, 128–139.
Fechtner, Kristian (2001): Schwellenzeit. Erkundungen zur kulturellen und gottesdienstlichen Praxis des Jahreswechsels. Gütersloh.
Fischer, Irmtraud (2022): Texte ausloten, Zugriff am 21.06.2024 https://www.feinschwarz.net/texte-ausloten/
Fuchs, Ottmar (2023): Momente einer Mystik der Schwebe. Leben in Zeiten des Ungewissen, Ostfildern.
Garhammer, Erich u. a. (Hg.) (2002): Zwischen Schwellenangst und Schwellenzauber. Kasualpredigt als Schwellenkunde (Ökumenische Studien zur Predigt 3). München.
Geffré, Claude (2013): Le christianisme comme religion de l'Évangile, Paris.
Gerhards, Albert (2020): Die Kirchen – Spiegel des Selbstverständnisses der Kirche. Überlegungen zur Inszenierung des Kirchenraums unter dem Gesichtspunkt klerikaler Macht, in: Hoff, Gregor Maria u. a. (Hg.): Amt – Macht – Liturgie. Theologische Zwischenrufe für eine Kirche auf dem synodalen Weg (Quaestiones disputatae 308), Freiburg u. a., 19–41.
Gruber, Judith (2013): Theologie nach dem Cultural Turn. Interkulturalität als theologische Ressource, Stuttgart.
Halík, Tomáš (2010): Geduld mit Gott. Die Geschichte von Zachäus heute, Freiburg/Br.
Hastetter, Michaela Christine (2014): Narthex-Pastoral. Seelsorge im Zwischenraum von Kirche und Welt, in: Dies. / Hettich, Michael (Hg.): An der Bruchlinie von Kirche und Welt. Pastoral im Heute [FS H. Windisch], Regensburg, 30–52.
Hofstetter-Straka, Andréas (2020): „St. Maria als", oder: Wenn eine Kirche (sich) aufmacht. Ein Werkstattbericht, in: Zeitschrift für Pastoraltheologie, 151–157.
Hofstetter-Straka, Andréas / Kugler, Paul (2017): Türen auf für: „St. Maria als", Zugriff am 14.2.2022 https://www.feinschwarz.net/tueren-auf-fuer-st-maria-als/
Jullien, François (2019): Ressourcen des Christentums. Zugänglich auch ohne Glaubensbekenntnis, Gütersloh.
Karimi, Ahmad Milad (2019): Alles ist heiliger Grund, in: Publik Forum 4, 39.
Kern, Christian (2023): In anderen Formen. Theologie als Heteromorphologie. In: Zeitschrift für Pastoraltheologie (im Erscheinen).
Kling-Witzenhausen, Monika (2020): Was bewegt Suchende? Leutetheologien – empirisch-theologisch untersucht, Stuttgart.
Kluge, Friedrich (^{23}1999): Etymologisches Wörterbuch der deutschen Sprache, Berlin / New York.
Kollektiv orangotango+ (Hg.) (2018): This Is Not an Atlas. A Global Collection of Counter-Cartographies, Bielefeld.
Koschorke, Albrecht (2010): Ein neues Paradigma der Kulturwissenschaften, in: Esslinger, Eva u. a. (Hg.): Die Figur des Dritten. Ein kulturwissenschaftliches Paradigma, Berlin, 9–31.
Kranemann, Benedikt (2020): Fragil und verletztlich. Päpstliche Liturgie in Zeiten der Pandemie, Zugriff am 21.06.2024 https://www.feinschwarz.net/fragil-und-verletztlich-paepstliche-liturgie-in-zeiten-der-pandemie/
Levinas, Emmanuel (1977): Du sacré au saint. Cinq nouvelles lectures Talmudiques, Paris.
Lubac, Henri de (2007): Carnets du concile II, Paris.
Luhmann, Niklas (1987): Soziale Systeme. Grundriß einer allgemeinen Theorie, Frankfurt/M.
Luther, Henning (1992): Religion und Alltag. Bausteine zu einer Praktischen Theologie des Subjekts, Stuttgart.
McEoin, Gary (1977): The Two Masses of Isolotto, in: Cross currents, 83–91.
Moser, Lukas (2022): Das Raumwunder „St. Maria als...". Eine pastoralgeographische Erkundung zur Transformation eines Stuttgarter Kirchenraumes, eingereichte Dissertationsschrift, Innsbruck.

Moser, Lukas (2023): Wir haben eine Kirche, haben Sie eine Idee? Pastoralgeographische Erkundungen zur Transformation eines Stuttgarter Kirchenraums, Stuttgart.

Nehring, Andreas / Tielesch, Simon (2013): Theologie und Postkolonialismus. Zur Einführung, in: Dies. (Hg.): Postkoloniale Theologien. Bibelhermeneutische und kulturwissenschaftliche Beiträge, Stuttgart, 9–45.

Otto, Rudolf (2004): Das Heilige: Über das Irrationale in der Idee des Göttlichen und sein Verhältnis zum Rationalen, München.

Papst Franziskus (2014): Kommunikation im Dienst einer authentischen Kultur der Begegnung. Botschaft zum 48. Welttag der sozialen Kommunikationsmittel (1. Juni 2014), Zugriff am 21.06.2024 http://w2.vatican.va/content/francesco/de/messages/communications/do cuments/pa-francesco_20140124_messaggio-comunicazioni-sociali.html

Perrin, Joseph-Marie / Thibon, Gustave (1954): Wir kannten Simon Weil, Paderborn.

Post, Paul (2017): Die aktuelle Lage der Kirchenbauten in den Niederlanden. Die Perspektive der ‚offenen Sakralität', in: Gerhards, Albert / de Wildt, Kim (Hg.): Wandel und Wertschätzung. Synergien für die Zukunft von Kirchenräumen, Regensburg, 137–154.

Rahner, Karl (1965): Der Mensch von heute und die Religion, in: Ders.: Schriften zur Theologie VI, Einsiedeln, 13–33.

Rahner, Karl (1983): Rede des Ignatius von Loyola an einen Jesuiten von heute, in: Ders.: Schriften zur Theologie XV, Zürich, 373–408.

Ratzinger, Joseph (1973): Dogma und Verkündigung, München.

Ratzinger, Joseph / Benedikt XVI. (2007): Jesus von Nazareth. Erster Teil: Von der Taufe im Jordan bis zur Verklärung, Freiburg/Br.

Roebben, Bert (2008): Narthikales religiöses Lernen. Neudefinition des Religionsunterrichtes als Pilgerreise, in: Religionspädagogische Beiträge 60, 31–43.

Sachs, Nelly (1988): Fahrt ins Staublose. Gedichte, Frankfurt/M.

Schillebeeckx, Edward (1970): Kirche und Welt im Licht des Zweiten Vatikanischen Konzils, in: Ders: Gott Kirche Welt. Gesammelte Schriften II, Mainz, 228–242.

Schillebeeckx, Edward (1992): Jesus. Die Geschichte von einem Lebenden, Freiburg/Br.

Schlögel, Karl (2003): Im Raume lesen wir die Zeit. Über Zivilisationsgeschichte und Geopolitik, München/Wien.

Schulte, Tobias (2019): „St. Maria als" – eine Kirche für (fast) alle Fälle, Zugriff am 21.06.2024 https://www.katholisch.de/artikel/22460-st-maria-als-eine-kirche-fuer-fast-alle-faelle

Schüßler, Michael (2013): Mit Gott neu beginnen. Die Zeitdimension von Theologie und Kirche in ereignisbasierter Gesellschaft, Stuttgart.

Schüßler, Michael (2021): Ereignisse des Evangeliums kuratieren, Über die pastorale Semiotisierung religiöser Räume, in: Bründl, Jürgen u. a. (Hg.): Religiöse Semiotisierung von Räumen [FS Klaus Bieberstein], Bamberg, 195–212.

Sommer, Regina / Koll, Julia (Hg.) (2012): Schwellenkunde: Einsichten und Aussichten für den Pfarrberuf im 21. Jahrhundert [FS Ulrike Wagner-Rau], Stuttgart.

Spielberg, Bernhard (2018): Sakramentalität oder sakrale Mentalität. Was hat das Mission Manifest, was die Mainstream-Kirche nicht hat? in: Nothelle-Wildfeuer, Ursula / Striet, Magnus (Hg.): Einfach nur Jesus? Eine Kritik am „Mission Manifest", Freiburg, 120–136.

Stempel, Ute (2000): Christ ohne Kirche, Sozialist ohne Partei. Zum 100. Geburtstag von Ignazio Silone, in: Neue Zürcher Zeitung (29. 4. 2000).

Stückelberger, Johannes / Seyffer, Ann-Kathrin (Hg.) (2022): Die Stadt als religiöser Raum. Aktuelle Transformationen städtischer Sakraltopographien, Zürich.

Theißen, Gerd (2002): Das Neue Testament, München.

Tück, Jan Heiner (2019): Gott – und der Pfeil der Sehnsucht, in: Kleine Zeitung, 13.12.2021, Zugriff am 21.06.2024 https://www.kleinezeitung.at/lebensart/weihnachten/6073606/Gott-und-der-Pfeil-der-Sehnsucht

Turner, Victor (1964): Betwixt and Between. The Liminal Period in *Rites de Passage*, in: Helm, June (Hg.): Symposium on New Approaches to the Study of Religion. Proceedings of the 1964 Annual Spring Meeting of the American Ethnological Association, Seattle, 4–20.

Turner, Victor (2000): Das Ritual. Struktur und Antistruktur, Frankfurt/M.

Wagner-Rau, Ulrike (2002): Praktische Theologie als „Schwellenkunde". Fortschreibung einer Anregung von Henning Luther, in: Hauschildt, Eberhard / Schwab, Ulrich (Hg.): Praktische Theologie für das 21. Jahrhundert, Stuttgart, 177–191.

Wagner-Rau, Ulrike (2009): Auf der Schwelle. Das Pfarramt im Prozess kirchlichen Wandels, Stuttgart.

Winter, Elisabeth Thérèse (2004): Weltliebe in gespannter Existenz. Grundbegriffe einer säkularen Spiritualität im Leben und Werk von Simone Weil (1909–1943), Würzburg.

Zerfaß, Rolf (2009): Das Volk Gottes auf dem Weg in die Minderheit? Zur pastoralen Aktualität einer zentralen Erfahrung Israels, in: Bauer, Christian / Fuchs, Ottmar (Hg.): Ein paar Kieselsteine reichen. Pastoraltheologische Beiträge von Rolf Zerfaß, Ostfildern, 162–177.

Umnutzung und Aufgabe von Kirchen oder von pastoralen Zumutungen der Gegenwart

Hildegard Wustmans

Die gegenwärtige Lage der katholischen Kirche in Deutschland ist prekär. Vor allem die andauernden Enthüllungen über sexuellen Missbrauch und der Umgang von Verantwortlichen mit Tätern prägen die Wahrnehmungen. Menschen sind empört und viele verlassen die Kirche.[1] Und es zeigt sich mehr und mehr, dass alle Handlungen und Praktiken der Kirche inzwischen auch unter dem Zustimmungsvorbehalt ihrer Mitglieder stehen.[2] Von einer für die Mitglieder unentrinnbaren religiösen Gemeinschaft, die das Leben von der Wiege bis zur Bahre fest im Griff hatte, ist sie zu einer Option auf dem Markt von Sinnanbietern geworden. Diese Entwicklungen markieren deutlich den Abstieg der Religionsgemeinschaft.[3] Und dieser zeigt sich inzwischen auch in der Umnutzung und im Verkauf von Kirchengebäuden.

Immer mehr Pfarreien müssen sich Gedanken darüber machen, welche Gebäude in der Zukunft noch Bestand haben sollen. Bei der Suche nach Einsparmöglichkeiten und notwendiger sowie dauerhafter Kostenreduktion kommen Kirchen, Pfarr- und Gemeindehäuser kritisch in den Blick. Hinzu kommt, dass die Kirchengebäude immer öfter an Sonntagen leer bleiben. Die Quote der Gottesdienstbesucher_innen lag im Jahr 2010 bei 12,6 % und 2021 bei 4,3 %.[4] Ähnliche Rückgänge sind bei Sakramenten und Kasualien zu verzeichnen. Diese Entwicklungen sind schmerzhaft für eine Institution wie die katholische Kirche in Deutschland (wobei die evangelische Kirche ähnliche Prozesse durchläuft), die vom Habitus her eigentlich nur Prozesse des Bewahrens und des Wachstums kennt.[5]

---

[1] Allein im Jahr 2021 sind 359.338 Katholik_innen aus der katholischen Kirche in Deutschland ausgetreten, im Jahr 2010 waren es 181.193 Katholik_innen, die die Kirche verlassen haben. Vgl. Katholische Kirche in Deutschland. Zahlen und Fakten, 79, https://www.dbk.de/fileadmin/redaktion/Zahlen%20und%20Fakten/Kirchliche%20Statistik/Allgemein_-_Zahlen_und_Fakten/AH332_BRO_ZuF_2021-2022_WEB.pdf (Zugriff am 30.05.2023).

[2] Vgl. Bucher 2004a, 19.

[3] Vgl. Sander 2002, 1–27.

[4] Vgl. Katholische Kirche in Deutschland. Zahlen und Fakten, 79, https://www.dbk.de/fileadmin/redaktion/Zahlen%20und%20Fakten/Kirchliche%20-Statistik/Allgemein_-_Zahlen_und_Fakten/AH332_BRO_ZuF_2021-2022_WEB.pdf (Zugriff am 30.05.2023).

[5] Das zeigt sich auch in ihren Ritualen. So kennt die katholische Kirche ein festgelegtes Ritual für die Einweihung von Kirchen, aber ein solches fehlt für Profanierungen. Dies führt dazu, dass Diözesen Arbeitshilfen für die liturgische Gestaltung von

1. Engagement und der Wunsch nach Verortung

> Ich möchte nicht in einer Welt ohne Kathedralen leben. Ich brauche ihre Schönheit und Erhabenheit. Ich brauche sie gegen die Gewöhnlichkeit der Welt. Ich will zu leuchtenden Kirchenfenstern hinaufsehen und mich blenden lassen von den unirdischen Farben. Ich brauche ihren Glanz. Ich brauche ihn gegen die schmutzige Einheitsfarbe der Uniformen. Ich will mich einhüllen lassen von der herben Kühle der Kirchen. Ich brauche ihr gebieterisches Schweigen. Ich brauche es gegen das geistlose Gebrüll des Kasernenhofs und das geistreiche Geschwätz der Mitläufer. Ich will den rauschenden Klang der Orgel hören, diese Überschwemmung von überirdischen Tönen. Ich brauche ihn gegen die schrille Lächerlichkeit der Marschmusik. Ich respektiere betende Menschen. Ich brauche ihren Anblick. Ich brauche ihn gegen das tückische Gift des Oberflächlichen und Gedankenlosen. Ich will die mächtigen Worte der Bibel lesen. Ich brauche die unwirkliche Kraft ihrer Poesie. Ich brauche sie gegen die Verwahrlosung der Sprache und die Diktatur der Parolen. Eine Welt ohne diese Dinge wäre eine Welt, in der ich nicht leben möchte.[6]

Diese Zeilen sind in dem Roman *Nachtzug nach Lissabon* von Pascal Mercier zu lesen. Der Lateinlehrer Raimund Gregorius verlässt überraschend seine geordnete Welt. Er steigt in den Nachtzug nach Lissabon und liest auf der Reise ein Buch von Amadeu de Prado, der Arzt, Poet und Widerstandskämpfer war. Und es ist jener Amadeu de Prado, der von der heterotopen Kraft der Kathedralen spricht.[7] Dass nicht nur Kathedralen, sondern Kirchen aller Epochen und Baustile eine heterotope Kraft haben, belegen ebenfalls Reaktionen von Menschen, die mit der Nachricht konfrontiert werden, dass „ihre" Kirche umgewidmet oder ganz aufgegeben werden soll.

Ganz aktuell wird dies gegenwärtig in der Pfarrei St. Franziskus in Frankfurt am Main erlebt.[8] Zur Pfarrei St. Franziskus gehören ca. 20 500 Gläubige. Ein Blick in die Statistik zeigt, dass die Pfarrei in den vergangenen Jahren deutlich an Mitgliedern verloren hat, und Prognosen legen das auch für die Zukunft nahe. Vor diesem Hintergrund haben Pfarrer, Pfarrgemeinderat und Kirchenvorstand schon im Jahr 2016 beschlossen, an dem Projekt Kirchliche Immobilien Strategie (KIS) des Bistums Limburg teilzunehmen, um sich für die Zukunft inhaltlich zu orientieren und dabei auch in besonderer Weise den Gebäudebestand kritisch zu untersuchen. Auch hier gilt der Leitsatz aus den Feldern von Design und Architektur: *form follows function*.

Profanierungen den Haupt- und Ehrenamtlichen in der Pastoral zur Verfügung stellen. Vgl. Bistum Essen 2019, Abschied von Kirchen-Räumen, https://www.bistum-essen.de/fileadmin/relaunch/Bilder/Seelsorge_und_Glauben/Liturgie/Bistum_Essen_Arbeitshilfe_Abschied_von_Kirchen-Raeumen_2019.pdf (Zugriff am 02.01.2022).

[6] Mercier 2006, 168.
[7] Vgl. Foucault 2005.
[8] Vgl. Katholische Kirche in Frankfurt am Main, 2020, https://frankfurt.bistumlimburg.de/beitrag/kirche-st-christophorus-in-preungesheim-soll-aufgegeben-werden/ (Zugriff am 02.01.2022).

In einer Arbeitsgruppe wurden in einem ersten Schritt alle Gebäudetypen erfasst. Schnell wurde klar, dass die notwendigen Instandhaltungskosten der sechs Kirchen und Gemeindehäuser sowie der sieben Pfarrhäuser mit mehr als 9,9 Millionen Euro dauerhaft nicht zu finanzieren sind. Die bestürzenden und ernüchternden Zahlen haben im zweiten Schritt im Jahr 2019 dazu geführt, dass ein Gebäudekonzept erarbeitet wurde. Die Vorschläge wurden inzwischen in verschiedenen Gremien und öffentlichen Sitzungen vorgestellt und kontrovers diskutiert. Die Gedanken und Anregungen gehen weit. Nicht nur der Verkauf von Pfarrhäusern ist geplant, selbst an den Abriss der Kirche St. Christophorus und die Errichtung eines Ersatzneubaus mit einer Kindertagesstätte samt verkleinertem Gemeindezentrum sowie die Mitnutzung der benachbarten evangelischen Kirche ist gedacht. Und es ist diese Perspektive, die die Menschen vor allem am Kirchort St. Christophorus empört und aktiviert hat.[9]

Es zeigt sich auch hier an den Reaktionen, dass Orts- und Nutzungsveränderungen „immer in der Ambivalenz von Verweigerung und Widerstand einerseits und Aufbruchsstimmung andererseits"[10] stehen. Neben jenen, die sich mit den Vorschlägen nicht einverstanden wissen, gibt es auch jene, die darin eine Chance sehen. Aus diesem Grund ist es unerlässlich, dass der Prozess der Umnutzung von Kirchen behutsam, multiprofessionell und nicht zuletzt seelsorglich begleitet wird. Für alle Beteiligten ist das eine Zumutung, denn das Festhalten und Binden gehört eher zu den Kompetenzen der Kirche als das Loslassen und Verändern.[11]

Der Unmut, der Widerstand, die Organisation von Protest zeigen, dass v. a. Kirchen nicht auf ihre finanzielle Last zu reduzieren sind. Ihre Bedeutung lässt sich nicht hinreichend mit funktionalen oder soziologischen Kriterien erfassen.[12] Eine Fokussierung auf diese Bereiche wird von Menschen oftmals als Abwertung ihrer eigenen Glaubensbiografie und -praxis erlebt, denn Kirchen sind Orte, die das religiöse und familiäre Leben von Generationen geprägt haben. Die Hochzeit hat darin einen Erinnerungsraum, aber auch die Taufe, die Erstkommunion, die Firmung der Kinder. Kirchen sind auch Orte des Abschieds am Ende eines Lebens. Sie stehen damit für erfahrene Trauer und Auferstehungshoffnung. Kirchen sind Erinnerungs- und Gedenkorte.[13] Sie „sind Orte vergegenwärtigender Erinnerung und unbewusster Identifikation."[14]

In dem Engagement für eine Kirche zeigt sich auch der Wunsch nach Verortung. Kulturanthropologisch wird dieses Phänomen „locality" genannt.

---

[9] Vgl. ebd.
[10] Reuter 2012, 57.
[11] Vgl. ebd., 58.
[12] Vgl. ebd., 55.
[13] Vgl. Bucher 2017, 120.
[14] Reuter 2012, 56.

> Locality meint: Menschen haben das Bedürfnis nach Orten persönlicher Identifikation wie nach sozialer und emotionaler Zugehörigkeit. Locality beschreibt ein komplexes System, bei dem die Gemeinschaften, mit denen ich mich identifiziere und denen ich mich zugehörig fühle, sowie bestimmte Rituale mit ihren Wegen, ‚Symbolen', Gegenständen, besonderen Erzählungen und besonderen Orten sowie Rollen zentrale Dimensionen sind. All dies ist verbunden mit je eigenen Räumen und Raum-Imaginationen.' Der Kirchenraum wird durch die in ihm Ort gewinnende, gefeierte Liturgie zu einem Halt gebenden Raum. Er ermöglicht, dass ich mich einer Gemeinschaft zuordnen und mich mit ihr identifizieren kann.[15]

Vor diesem Hintergrund verwundert es nicht, dass es sich v. a. bei Kirchen um emotional aufgeladene Räume handelt. Sie verweisen auf Lebenszusammenhänge, auf Gewesenes und Erhofftes. Sie konfrontieren mit dem, was war, jetzt nicht mehr ist bzw. sich weiterentwickelt hat. Daher erfahren Menschen den Umbau, die Profanierung, den Abriss von Kirchen auch als Wegnahme eines persönlichen Erinnerungsraumes – und das schmerzt.

Es fällt ferner auf, dass sich Menschen für den Erhalt von Kirchen einsetzen, die selbst keine Kirchgänger_innen oder aktive Mitglieder der Gemeinde sind. Ihr Engagement verweist auf einen weiteren und bedeutsamen Aspekt: Kirchen prägen den sozialen Raum, das Dorf, den Stadtteil. Insofern sind Kirchen „sprechende Gebäude". Jede Kirche hat ihre eigene Klangfarbe.[16] Und damit bewahrheitet es sich, dass gewohnte Muster und Rhythmen vor allem dann wahrgenommen werden, wenn sie eine Unterbrechung erfahren. Der Soziologe und Philosoph Henri Lefebvre drückt das so aus: „We are only conscious of most of our rhythms when we begin to suffer from some irregularity."[17]

Dabei spült die Unterbrechung von Rhythmen noch etwas deutlich zutage: Raumfragen sind immer auch Machtfragen.[18] Eine Kirche ist mehr als die Kubatur eines Raumes, sie ist niemals nur die Hülle für das, was sich in ihr ereignet (z. B. die Hochzeit), sondern sie steht für Gravitationen, die immer auch sozial produziert sind. Das zeigt sich z. B. daran, wer im und über den Raum etwas zu sagen hat, wie die Körper in diesem platziert sind.

Im Modus der Macht sind auch Fragen nach dem Kirchenraum vergleichsweise schnell zu lösen, denn wo Macht ist, können Dinge angeordnet und Um-

---

15   Raschzok 2014, 146–147.
16   Auf den Zusammenhang von Menschen, Pflanzen, Orten und spezifischen Rhythmen machen Henri Lefebvre und Catherine Régulier aufmerksam. „You at once notice that every plant, every tree has its rhythm. And even several rhythms. Leaves, flowers, fruits and seeds. [...] Henceforth you will grasp every being [chaque être], every entity [étant] and everybody, both living and nonliving, ‚symphonically' or ‚polyrhythmically'. You will grasp it in its spacetime, in its place and its approximate becoming: including houses and buildings, towns and landscapes" (Lefebvre / Régulier ²2015, 89).
17   Lefebvre / Régulier ²2015, 86.
18   Bei den nachfolgenden Ausführungen beziehe ich mich auf Überlegungen und Formulierungen eines kürzlich erschienenen Textes von mir. Vgl. Wustmans 2021.

setzungen eingefordert werden. Ein solches Vorgehen zieht i. d. R. Unbill und Unverständnis nach sich. Autorität geht verloren. Autorisierung kann nicht eingeklagt werden, sondern diese ist durch Anerkennung von anderen zu erwerben. Es gilt daher nicht die Verordnung, sondern in Autorisierungsprozessen zählt das Argument. Diesem folgt man, weil es begründet, einleuchtend und überzeugend ist.[19] Autorisierungsprozesse sind notwendigerweise Kommunikationsprozesse. Andere müssen überzeugt werden. Sie sollen dem Argument folgen können.

Das Volk Gottes und damit auch jene, die keine Eigentumsrechte auf eine Kirche haben, sind ein Teil der Autorisierung eines Vorschlags, was mit und in dem kirchlichen Raum geschehen kann. Solche Prozesse sind heikel, weil sie scheitern können. Autorisierung und Zustimmung stehen und fallen mit der Glaubwürdigkeit der Argumente.[20] Es braucht daher gute Argumente und die wechselseitige Bereitschaft zu einer ernsthaften Kommunikation, wenn es um so etwas wie die Umgestaltung oder Aufgabe eines Kirchenraumes geht. Kirchen sind ein Zugang zu Gott; das dürfen sie nicht genau in dem Prozess verlieren, wenn es um die Suche nach neuen Nutzungsmöglichkeiten geht.[21] In diesem Sinn sind Kirchen Orte des Versprechens, mit der Frohen Botschaft in Kontakt zu kommen oder zu bleiben.

2. Von Autorisierungen und neuen Perspektiven

Es ist zu bedenken, was durch Verkauf, Umnutzung oder Abriss an bedeutsamem gesamtgesellschaftlichem Kulturgut verloren geht. Vor diesem Hintergrund kann der Abriss nie an erster Stelle stehen, sondern die kluge Suche nach angepassten alternativen Nutzungskonzepten. Ein Ansatz liegt dabei unzweifelhaft auf der Konzentration der Aktivitäten der Gemeinde in dem Kirchengebäude. Damit wird im Grunde wieder an eine Form der Nutzung erinnert, die es lange Zeit gab. Kirchen dienten historisch betrachtet der liturgischen Feier, der tätigen Hilfe und der Versammlung. „De facto waren Kirchenräume in der Geschichte multifunktional und keineswegs für eine einzige Nutzung – etwa die Feier der Eucharistie – reserviert."[22] Gerade diese wiederentdeckten multifunktionalen Nutzungen bergen Potential, und sie erweisen sich als eine echte Ressource nicht nur für die Gläubigen und darüber hinaus. Sie machen deutlich, dass das Christliche über sich hinausweist, weil es Menschliches befördert und diesem im wahrsten Sinn des Wortes auch Raum geben

---

[19] Vgl. Arendt ⁴2016, 189.
[20] Vgl. Klinger 2011, 165–178.
[21] Vgl. Bucher 2017, 120.
[22] Gerhards 2017, 26.

kann.²³ Pfarreien können so zu einem Begegnungs- und Kommunikationsort von Kirche und Gesellschaft werden.²⁴ Denn die Fragen nach Kirchenbauten und deren Nutzung sind eben nicht nur eine Angelegenheit der Finanzen, sondern der Inhalte, der Ideen, der kreativen Potentiale, des Mutes. Daher bedarf es neben der finanziellen Betrachtung immer auch des pastoralen Blickes als konstruktiv-kritische Ergänzung. Es geht dabei auch darum, dass der religionsgemeinschaftlichen Perspektive die pastoralgemeinschaftliche Sicht zur Seite gestellt wird. Diese beiden Perspektiven gehören integral zur katholischen Kirche, wie der Dogmatiker Hans-Joachim Sander trefflich herausgearbeitet hat.²⁵ Er unterscheidet Kirche als Religions- und Pastoralgemeinschaft und zeigt auf, dass beide Gemeinschaftsformen von unterschiedlichen Grammatiken geprägt sind.

Die Religionsgemeinschaft und ihre institutionellen Bereiche stehen im Dienst der Tradition und der Ordnung.²⁶ In religionsgemeinschaftlichen Kontexten geht es um die Vermittlung und Gewährleistung von Sicherheit und Beständigkeit. Die Pastoralgemeinschaft hingegen fühlt sich in besonderer Weise den Menschen vor Ort verpflichtet. Sie ist von Flexibilität und Passgenauigkeit geprägt. Dies liegt nicht zuletzt daran, dass sie sich von den Zeichen der Zeit und der Freude und der Not der Menschen her entwirft (vgl. GS 1) und sich diesen gegenüber verpflichtet weiß. Somit steht die Kirche immer in der Differenz von Religions- und Pastoralgemeinschaft. Dabei geht es „nicht um eine andere Idee von Kirche, sondern um eine andere Tätigkeit von Kirche, die für diese Erfahrung tauglich ist."²⁷

Ein Blick in die Geschichte zeigt, dass sich die Kirche mit Beginn der Moderne als Religionsgemeinschaft organisiert. Sie beschreibt fortan ihre Identität als *societas perfecta* und sie übersteht in diesem Modus die Wirren der Zeiten (den Absolutismus, die Aufklärung und den Kommunismus).

Allerdings verdunstet schon seit dem Ende der 60er-Jahre im letzten Jahrhundert und in einer globalisierten Welt die Macht dieser Religionsgemeinschaft. Sie steht unter Druck und ihre Instrumente greifen immer weniger. Die Macht der Religionsgemeinschaft verblasst. Pastoralgemeinschaften haben das Ziel, den Menschen vor Ort zu dienen. Entsprechend kann die Pastoralgemein-

---

[23] Vgl. Jullien 2019, 68.
[24] Genau in diesem Modus bewegt sich das Projekt „Wir haben eine Kirche, haben Sie eine Idee?" in Stuttgart. Mit dieser Frage hat sich das Team im Jahr 2017 an die Öffentlichkeit gewendet und zurück kamen viele Ideen. Es zeigte sich auch hier schnell, dass die Kirche mehr zu bieten hat als einen Raum für Liturgie. Seither versteht sich St. Maria als Dialog-Projekt, „als Raum des Miteinanders, den wir stetig weiter gemeinsam ausprobieren wollen", wie es auf der Homepage heißt. Vgl. St. Maria als, https://st-maria-als.de/ (Zugriff am 02.01.2022).
[25] Vgl. Sander 2002, 11–29.
[26] Bei den nachfolgenden Ausführungen beziehe ich mich auf Überlegungen und Formulierungen eines Textes von mir. Vgl. Wustmans 2010.
[27] Sander 2002, 118.

schaft den Themen vor Ort nicht ausweichen. Pastoralgemeinschaften setzen unmittelbar bei der Lage der Menschen an. Ihre Identität ist von dem geprägt, was jetzt Not tut, und sie orientieren sich am ersten Satz der Pastoralkonstitution Gaudium et spes: „Freude und Hoffnung, Trauer und Angst der Menschen von heute, besonders der Armen und Bedrängten aller Art, sind auch Freude und Hoffnung, Trauer und Angst der Jünger(innen) Christi." Pastoralgemeinschaften suchen nach Antworten auf die Zeichen der Zeit. Sie entdecken vor Ort fragile Perspektiven der Hoffnung, die im Evangelium gegründet sind. Daraus resultieren die Kraft zum Wagnis und die Bereitschaft, neue Wege einzuschlagen. Und genau diese fragilen Perspektiven sind es, die auch bei den Fragen nach der Nutzung von Kirchengebäuden eine bedeutsame Rolle spielen. Hier reicht eine religionsgemeinschaftliche Perspektive auf Dauer nicht.

3. Notwendige Rahmensetzungen und Hilfestellungen

Die Pfarreien sind Eigentümerinnen der Gebäude. Und mit Gebäuden kann man etwas machen. Sie für Menschen bereitzuhalten, kann ein (im guten Sinn des Wortes) missionarischer Dienst sein. Dabei ist entscheidend, dass die Räume mehr sind als museale oder im strengen Sinn liturgische Orte. „Es stellt sich also die Frage, wie die Verantwortlichen selbst ihre Räume wahrnehmen, welchen Umgang sie mit ihnen haben und wie sie sie weiterentwickeln."[28] Dazu ist es aber erforderlich, dass

> Christen ihre Räume ‚besetzen', indem sie sie auch außerhalb der Sonntagsmesse regelmäßig nutzen. Merkwürdigerweise ist das Wissen um die Bedeutung sakraler Räume bei vielen Nichtchristen stärker ausgeprägt als bei manchem Kirchensteuerzahler.[29]

Diese Aspekte zeigen auf, dass Pfarreien mit den Fragen von Baulast und der Entwicklung kreativer Nutzungsangebote oftmals an Überforderungsgrenzen stoßen. Vielfach wird gewünscht, dass doch alles so bleiben möge, wie es mal war. Dann ist es gut, wenn die Diözesen ihnen mit Know-how zur Seite stehen. Damit das aber gelingen kann, ist es notwendig, dass es für alle klare Kriterien zur Orientierung gibt, die von einer breiten Mehrheit aktiv unterstützt werden. Die nachfolgenden Ausführungen basieren auf den Erfahrungen, die im Bistum Limburg im Kontext von Kirchenumnutzungen gemacht wurden.[30]

---

[28] Gerhards 2017, 27.
[29] Ebd., 25.
[30] Vgl. Bistum Limburg 2018.

4. Von der Suche nach tauglichen Perspektiven

Seit 2016 begleitet eine interdisziplinäre Arbeitsgruppe Pfarreien in der Entwicklung von Perspektiven nachhaltiger Haushaltskonsolidierung und kirchenentwicklerischer Perspektiven in der Pastoral. Im Bistum Limburg gibt es gut 500 Kirchen – und zwei Drittel davon sind denkmalgeschützt. Wie auch andernorts beanspruchen die Kirchen einen erheblichen Anteil aller Investitionen. Dabei gilt es im Blick zu behalten, dass es im Umgang mit Kirchengebäuden nicht nur um die Bearbeitung einer finanziellen Zumutung geht, sondern ebenso um eine pastorale Herausforderung. Und genau an diesem Punkt werden die Schnittmengen von Religions- und Pastoralgemeinschaft konkret. Vor diesem Hintergrund ist klar, dass Kirchen nicht leichtfertig aufgegeben werden sollen. So hat denn auch der Erhalt einer Kirche den grundsätzlichen Vorrang vor dem Erhalt des Gemeindehauses oder eines Pfarrhauses. Dabei ist klar, dass auch denkmalgeschützte Kirchen nicht von der Umnutzung ausgeschlossen sind. Gerade dieser Aspekt zeigt, dass die Fragestellung über die einzelne Pfarrei hinausreicht und nur in enger Zusammenarbeit von Pfarrei, Bistum und Denkmalbehörden gemeinsam zu bearbeiten ist. Und in diesem Zusammenhang kommt auch ins Spiel, dass eine Option für eine Vielzahl an Baustilen und -epochen zu treffen ist. Es kann nicht sein, dass Vorlieben von Entscheider_innen oder aktueller Geschmack das letzte Wort haben; dies gilt gerade mit Blick auf Nachkriegsbauten. Inhaltlich zeigt sich, dass die Umnutzung einer Kirche ein Bewährungsort von Kirchenentwicklung ist. Es geht darum, anderen kirchlichen und gemeinschaftlichen Zwecken Raum zu schaffen und dies sehr gerne in ökumenischer Verbundenheit. Daneben sind aber auch Partner_innen im öffentlichen Raum von Bedeutung. Mit ihnen können die Kirchen neue soziale und kulturelle Nutzungen erfahren.[31] Zugleich bleiben diese ein sichtbarer Ort, der über das Hier und Jetzt hinausreicht. So ist man bestrebt, dass es möglich sein soll, einen Bereich für Stille, Gebet, Liturgie zu erhalten.

Und natürlich gibt es die Option, auch anderen Konfessionen und Religionen einen Ort des Gebets zu bieten. Hierbei ist nicht nur an christliche Kirchen zu denken, sondern Nostra Aetate zur Umsetzung zu bringen. In Nostra Aetate 2 heißt es:

> Die katholische Kirche lehnt nichts von alledem ab, was in diesen Religionen wahr und heilig ist. Mit aufrichtigem Ernst betrachtet sie jene Handlungs- und Lebensweisen, jene Vorschriften und Lehren, die zwar in manchem von dem

---

[31] Vgl. Kulturzentrum Alte Kirche Niederselters, https://www.selters-taunus.de/tourist-info/kulturzentrum-alte-kirche-niederselters (Zugriff am 19.05.2023).

abweichen, was sie selber für wahr hält und lehrt, doch nicht selten einen Strahl jener Wahrheit erkennen lassen, die alle Menschen erleuchtet.[32]

Bezüglich des Islam wird in Nostrae Aetate 3 ausgeführt:

> Mit Hochachtung betrachtet die Kirche auch die Muslim, die den alleinigen Gott anbeten, den lebendigen und in sich seienden, barmherzigen und allmächtigen, den Schöpfer Himmels und der Erde, der zu den Menschen gesprochen hat. Sie mühen sich, auch seinen verborgenen Ratschlüssen sich mit ganzer Seele zu unterwerfen, so wie Abraham sich Gott unterworfen hat, auf den der islamische Glaube sich gerne beruft. Jesus, den sie allerdings nicht als Gott anerkennen, verehren sie doch als Propheten, und sie ehren seine jungfräuliche Mutter Maria, die sie bisweilen auch in Frömmigkeit anrufen. Überdies erwarten sie den Tag des Gerichtes, an dem Gott alle Menschen auferweckt und ihnen vergilt. Deshalb legen sie Wert auf sittliche Lebenshaltung und verehren Gott besonders durch Gebet, Almosen und Fasten.[33]

Mit Blick auf dieses lehramtliche Dokument verwundert es, dass die Deutsche Bischofskonferenz noch immer dabei bleibt, nur das Ökumenismusdekret in Umsetzung zu bringen.[34] Dabei gibt es nach theologischer Betrachtung gute Argumente für eine Überlassung von Kirchen an eine nicht-christliche Glaubensgemeinschaft, und auch der kirchenrechtliche Befund weist aus, dass eine Überlassung an eine nicht-christliche Religionsgemeinschaft möglich ist und sich innerhalb der Weltkirche Referenzobjekte finden lassen und festzustellen ist, dass sich die Evangelische Kirche mit diesen Fragestellungen leichter tut.[35]

Auch kommerzielle Nutzungen sind nicht grundsätzlich ausgeschlossen, aber nicht alles geht. Um dies auch bei einem Verkauf sicherzustellen, ist zu überlegen, ob die Möglichkeit der Umnutzung mittels eines Eintrags im Grundbuch garantiert werden kann. Jedoch muss klar sein, dass mit einem Verkauf eine direkte Einflussnahme auf die Nutzung nicht mehr gegeben ist. Bevor es dazu kommt, sollte gezielt das Gespräch mit potentiellen Partner_innen wie den Kommunen oder anderen zivilgesellschaftlichen Akteuren gesucht werden. Für Kirchen, für die sich keine andere Nutzung ergibt und keine andere Rechtsperson den Erhalt übernimmt, ist an Zwischenlösungen zu denken. Auch die Option eines längeren Leerstands ist zu prüfen, um sich so möglicherweise neue Optionen für die Zukunft freizuhalten. Der Abriss einer Kirche ist die letzte aller Optionen, aber auch eine realistische Möglichkeit.

---

[32] Vgl. Nostra Aetate, https://www.vatican.va/archive/hist_councils/ii_vatican_council/-documents/vatii_decl_19651028_nostra-aetate_ge.-html (Zugriff am 02.01.2022).
[33] Ebd.
[34] Vgl. Bucher 2012, 40.
[35] Türkei: Auch Chora-Kirche wird wieder Moschee - Vatican News, https://www.katholisch.de/artikel/19070-diese-kirche-ist-jetzt-eine-moschee (Zugriff am 19.05.2023); Von der Schlosskirche zur Synagoge, https://www.cottbus.de/.files-/storage/file/98829baa-e2c7-4976-8641-12a57cdeefff/Schlosskirche.pdf (Zugriff am 19.05.2023).

5. Die leitende Perspektive: Pastoralgemeinschaftlich re/agieren

„Pastoral ist die kreative und handlungsbezogene Konfrontation von Evangelium und konkreter gesellschaftlicher wie individueller menschlicher Existenz."[36] Vor dem Hintergrund dieser Definition von Rainer Bucher gilt mit Blick auf die Umnutzung oder Aufgabe von Kirchengebäuden, dass beide Perspektiven nur mit Sorgfalt zu verfolgen sind und dabei im Blick bleiben muss, dass Kirchengebäude Orte der bedingungslosen Gastfreundschaft und des Asyls sind. Sie sind „Orte selbstloser Pastoral für alle."[37] Kirche ist kein Selbstzweck, und es geht daher auch nicht nur

> um den Menschen als religiöses Wesen, sondern um ihn als einen und ganzen Menschen. Seelsorge ist damit nicht mehr nur Sorge um die Seele, sondern – als Pastoral des Volkes Gottes – Sorge um den ganzen Menschen. Pastoral geht es in dieser Sorge um die Rettung der menschlichen Person und um den rechten Aufbau der Gesellschaft, tatsächlich um nichts weniger als um die Fortführung des Werkes Christi.[38]

Bei der Entwicklung von Perspektiven gilt es, die Menschen vor Ort einzubeziehen und dabei zu beachten, dass zum Volk Gottes alle berufen sind. „Das fordert viel vom Volk Gottes vor Ort, es fordert die Fähigkeit zur Analyse der Zeichen der Zeit, die realistische Einschätzung der eigenen Möglichkeiten und die Überschreitung der eigenen Selbstbezüglichkeit."[39]

Der Gedanke der Überwindung der Selbstbezüglichkeit gewinnt in neuen Nutzungskonzepten gerade dann Gestalt, wenn multifunktionale pastorale Räume als Ermöglichungsräume für Gott und die Menschen vor Ort entwickelt werden. Und dabei ist die Diakonie nicht zu vergessen, die die Schwester der Liturgie ist. „Denn die Diakonie ist ein gleichrangiger Grundvollzug der Kirche, Gott ist tatsächlich die Liebe und Christus in den Armen ebenso präsent wie in der Eucharistie."[40]

Aus einer solchen Betrachtung können Ideen und Perspektiven für die Nutzung von Kirchengebäuden entstehen. Wofür die Menschen vor Ort sich letztlich entscheiden, wird in mühsamen und intensiven Prozessen errungen, wie die Erfahrung zeigt. Denn es geht um ein verantwortliches Handeln für die Zukunft dessen, wofür Kirchengebäude stehen.

---

[36] Bucher 2012, 43.
[37] Ebd.
[38] Bucher 2004b, 37.
[39] Ebd., 45.
[40] Ebd.

Literatur

Althaus, Michael (2018): Diese Kirche ist jetzt eine Moschee, Zugriff am 19.05.2023 https://www.katholisch.de/artikel/19070-diese-kirche-ist-jetzt-eine-moschee

Arendt, Hannah (^{4}2016): Zwischen Vergangenheit und Zukunft. Übungen im politischen Denken I., München.

Bistum Essen (2019): Abschied von Kirchen-Räumen, Zugriff am 02.01.2022 https://www.bistum-essen.de/fileadmin/relaunch/Bilder/Seelsorge_und_Glauben/Liturgie/Bistum_Essen_Arbeitshilfe_Abschied_von_Kirchen-Raeumen_2019.pdf

Bistum Limburg (^{2}2018): Umnutzung und Aufgabe von Kirchen im Bistum Limburg, Zugriff am 19.05.2023 https://pastoral.bistumlimburg.de/fileadmin/redaktion/Bereiche/Pastorale_Dienste/Umnutzung_von_Kirchen_20181118_finale_Broschuere__Auflage2.pdf

Bistum Limburg (2022): Kirche St. Christophorus in Preungesheim soll aufgegeben werden, Zugriff am 02.01.2022 https://frankfurt.bistumlimburg.de/beitrag/kirche-st-christophorus-in-preungesheim-soll-aufgegeben-werden/

Bucher, Rainer (2004a): Entmonopolisierung und Machtverlust. Wie kam die Kirche in die Krise?, in: Ders. (Hg.): Die Provokation der Krise. Zwölf Fragen und Antworten zur Lage der Kirche, Würzburg, 11–29.

Bucher, Rainer (2004b): Die pastorale Konstitution der Kirche. Was soll Kirche eigentlich?, in: Ders. (Hg.): Die Provokation der Krise. Zwölf Fragen und Antworten zur Lage der Kirche, Würzburg, 30–44.

Bucher, Rainer (2012): Liquidierungen. Der Verkauf von Kirchen und die aktuelle Neukonstellation pastoraler Orte, in: Büchse, Angelika u. a. (Hg.): Kirchen – Nutzung und Umnutzung. Kulturgeschichtliche, theologische und praktische Reflexionen, Münster, 31–46.

Bucher, Rainer (2017): Unaufdringliche Antreffbarkeit. Ein Plädoyer für kreative und multiple pastorale Kirchenraumnutzung, in: Theologisch-praktische Quartalschrift 165, 115–122.

Deutsche Bischofskonferenz (Hg.): Katholische Kirche in Deutschland – Zahlen und Fakten 2020/21 (Arbeitshilfen 325), Zugriff am 02.01.2022 https://www.dbk.de/fileadmin/redaktion/Zahlen%20und%20Fakten/Kirchliche%20Statistik/Allgemein_-_Zahlen_und_Fakten/AH-325_DBK_BRO_ZuF_2020-2021_Ansicht.pdf

Foucault, Michel (2005): Die Heterotopien, in: Ders.: Die Heterotopien. Der utopische Körper. Zwei Radiovorträge, Frankfurt a. M., 7–22.

Gerhards, Albert (2017): Verortung der Suche nach dem Anderen in multireligiösen und religiös indifferenten Kontexten, in: Gerhards, Albert / de Wildt, Kim (Hg.): Der sakrale Ort im Wandel (Studien des Bonner Zentrums für Religion und Gesellschaft 12), Würzburg, 15–29.

Gerhards, Albert (2019): Transformation von Kirchenräumen. Ein zukunftsweisendes Projekt für Kirche und Gesellschaft, in: Gerhards, Albert / de Wildt, Kim (Hg.): Wandel und Wertschätzung. Synergien für die Zukunft von Kirchenräumen, (Bild–Raum–Feier. Studien zu Kirche und Kunst 17), Regensburg, 13–29.

Huffschmid, Anne / Wildner, Kathrin (2009): Räume sprechen, Diskurse verorten? Überlegungen zu einer transdisziplinären Ethnografie, Zugriff am 02.01.2022 https://www.researchgate.net/publication/45346188_Raume_sprechen_Diskurse_verorten_Uberlegungen_zu_einer_transdisziplinaren_Ethnografie

Jullien, François (2019): Es gibt keine kulturelle Identität. Wir verteidigen die Ressourcen einer Kultur, Berlin.

Klinger, Elmar (2011): Macht und Autorität. Die Unfehlbarkeit des Papstes – ein Sprachproblem, in: Delgado, Mariano u. a. (Hg.): Das Christentum in der Religionsgeschichte.

Perspektiven für das 21. Jahrhundert. FS Hans Waldenfels (=Studien zur christlichen Religions- und Kulturgeschichte 16), Stuttgart, 165–178.

Kulturzentrum Alte Kirche Niederselters, Zugriff am 19.05.2023 https://www.selters-taunus.de/tourismus-freizeit/ausflugstipps-und-sehenswertes/kulturzentrum-alte-kirche-niederselters/

Kuratorium der Schlosskirche zu Cottbus (2014): Von der Schlosskirche zur Synagoge, Zugriff am 19.05.2023 https://www.cottbus.de/.files/storage/file/98829baa-e2c7-4976-864112a57cdeefff-/Schlosskirche.pdf

Lefebvre, Henri / Régulier, Catherine (^{2}2015): The Rhythmanalytical Project, in: Lefebvre, Henri (Hg.): Rhythmanalysis. Space, Time and Everyday Life, London / New York, 81–92.

Mercier, Pascal (2006): Nachtzug nach Lissabon, München.

Müller, Konrad (2010): Gottesdienst und Locality, in: Raschzok, Klaus / Müller, Konrad (Hg.): Grundfragen des evangelischen Gottesdiensts, Leipzig, 79–113.

Raschzok, Klaus (2014): Die Liturgie als Ort, in: Kutzner, Hans-Jürgen / Arnold, Jochen (Hg.): Orte für das Wort – Raum für den Himmel. Mit Architektur Gottesdienst gestalten (=Gemeinsam Gottesdienst gestalten 25), Hannover, 145–151.

Zweites Vatikanisches Konzil, Erklärung Nostra aetate über das Verhältnis der Kirche zu den nichtchristlichen Religionen vom 28. Oktober 1965, Zugriff am 02.01.2022 https://www.vatican.va/-archive/hist_councils/ii_vatican_council/documents/vatii_decl_19651028_nostra-aetate_ge.html

Reuter, Wolfgang (2012): „Orts-Veränderung" als Lebensprojekt. Psychoanalytische und theologische Überlegungen zur Dynamik und Ambivalenz von Verortung und Ortsverlust, in: Büchse, Angelika u. a. (Hg.): Kirchen – Nutzung und Umnutzung. Kulturgeschichtliche, theologische und praktische Reflexionen, Münster, 47–58.

Sander, Hans-Joachim (2002): nicht ausweichen. Die prekäre Lage der Kirche, Würzburg.

Vatican News, Türkei: Auch Chora- Kirche wird wieder Moschee, Zugriff am 19.05.2023 https://www.vaticannews.va/de/welt/news/2020-08/tuerkei-istanbul-chora-hagia-sophia-islam-moschee-erdogan-byzanz.html

Wustmans, Hildegard (2010): Fragile Orte der Hoffnung in der Pastoral. Von religionsgemeinschaftlichen Abstiegserfahrungen und pastoralgemeinschaftlichen Aufstiegsperspektiven, in: Theologisch-praktische Quartalschrift 158, 408–416.

Wustmans, Hildegard (2021): Besitz bindet. Kirchengebäude als Zumutung, in: Aigner, Maria Elisabeth u. a. (Hg.): Weiter Gehen. Eine Roadmap ins Offene, FS Rainer Bucher, Würzburg, 381–387.

Gegenwärtige Gestaltung von Friedhöfen und Friedhofsteilen unter der Prämisse des „Heiligen"

Dagmar Kuhle

1. Perspektiven der Freiraumplanung

Der folgende Text ist aus der Perspektive der Freiraumplanung geschrieben. In dieser ist ein Paradigma, dass sich für baulich-räumlich Strukturen nicht zwingend bestimmte Nutzungen, Aneignungen oder Geschehen ergeben. Vielmehr ist davon auszugehen, dass die räumlichen Strukturen eine Basis darstellen für Dinge, die sich darin und daraus ergeben – was sich jedoch einstellen wird, muss letztendlich offenbleiben.[1] Und natürlich ermöglicht ein Befassen mit Wechselwirkungen aus baulich-räumlichen Strukturen und ihrem Gebrauch bzw. mit dem, was sie ermöglichen, für Zukünftiges einen Rahmen anzulegen, in dem sich als bewährt Reflektiertes fortsetzten oder, sofern die Gegebenheiten offen genug angelegt sind, sich Neues einstellen kann.

Auf dem Friedhof werden Verstorbene bestattet und es wird ihrer gedacht. Die Erfahrung des Todes und der Umgang mit dieser Erfahrung sind insofern anders als alltägliche Handlungen, weil der Tod, wie der Soziologe Peter L. Berger schreibt, *alle* gesellschaftlich objektivierten Wirklichkeitsbestimmungen in die Schranken weist. Weiter führt Berger aus, dass in Grenzsituationen, wie die Erfahrung des Todes eine ist, Religion eine zentrale Rolle zukommt. Denn die Religion ist es, die Menschen in Grenzsituationen ihren Platz in einer allumfassenden heiligen Wirklichkeit gibt.[2] Dies ermöglicht dem Menschen, der solche Situationen durchmacht,

> sein Leben in seiner Gesellschaft fortzusetzen – nicht, ‚als ob nichts geschehen wäre', was bei schweren Grenzsituationen psychisch kaum möglich ist, sondern im ‚Wissen', daß selbst solche Ereignisse oder Erlebnisse ihren Platz in einem sinnvollen Universum haben.[3]

---

[1] In der Freiraumplanung war und ist, wie Helmut Böse (1981, 11) schreibt, der nach individuellen und sozial vereinbarten Zuständigkeiten differenzierte und zugeordnete Gebrauch von Freiraum der Ausgangspunkt von Forderungen. Freiraumplanung knüpft an Nutzbarkeiten und notwendige Alltagstätigkeiten an. Sie gilt einer Praxis, die daraufsetzt, dass sich Planungen im Alltag der Nutzer_innen bewähren. Vgl. Böse, 12.
[2] Vgl. Berger 1973, 43.
[3] Ebd., 43–44.

Im Durchleben von Grenzsituationen ist das alltägliche Umfeld nur bedingt hilfreich, denn:

> Den unbegreiflichen, unserem Verstand nicht zugänglichen Bereichen des Seins können wir uns nur in uneigentlicher, übertragener, bildlich vergleichender Weise nähern.[4]

Mit dem Friedhof und im Friedhof finden sich solche Möglichkeiten der Annäherung. Eine Option sind Symbole. Nach Manfred Lurker kristallisiert sich alle Symbolik um die Pole des Seins, so auch um Werden und Vergehen.[5] Für ihn ist ein Merkmal echter Symbole ihre Doppelwertigkeit, und dass sie von einem Bedeutungspol zum anderen überwechseln können.[6] Das Symbol ist hier ein sichtbares (wahrnehmbares) Zeichen für eine unsichtbare (nicht wahrnehmbare) Wirklichkeit.[7] Bild und in dem Bild Vergegenwärtigtes fallen zusammen.[8] Das Symbol, so formuliert es Marianne Beuchert, „ist immer mehr, als es vordergründig zu sein scheint, es ist immer Zeichen für etwas anderes, das möglicherweise Grund zum Hoffen gibt."[9] So wird es in den weiteren Ausführungen auch immer wieder um die Anwesenheit von Symbolen und die Symbolkraft von Gegenständen im Friedhof gehen.

Nachfolgend wird das Thema gegenwärtige Friedhofsgestaltung am Beispiel des Hauptfriedhofs in Kassel erörtert. Dabei ist – zum Beispiel mit Blick auf andere Kulturen, denen in hiesigen Friedhöfen zunehmend eigene Abteilungen zugestanden werden – noch grundsätzlich vorwegzuschicken, dass Friedhofskultur je nach Kultur, Religion und Konfession sehr unterschiedlich geprägt sein kann. Der Kasseler Hauptfriedhof steht in der Trägerschaft des Evangelischen Stadtkirchenkreises. In diesem Friedhof finden, im Unterschied zu Neuanlagen, von denen Barbara Happe einige unter dem Blickwinkel des Sakralen beschreibt[10], Neuerungen im Bestand statt. In Kassel brauchten seit 1970, dem Eröffnungsjahr des Westfriedhofs, aufgrund der Entstehung so genannter Überhangflächen weder ein neuer Friedhof noch Friedhofserweiterungen angelegt werden Diese Situation gilt so oder ähnlich auch für viele andere größere Städte. Gründe für die vielerorts konstatierte Entstehung von zu viel Friedhofsfläche sind ein verändertes Bestattungsverhalten, so die Tendenz zur Feuerbestattung, mit der kleinere Gräber als für Körper einhergehen, zunehmende Mobilität der Gesellschaft mit schwächer werdender Bindung zum Familiengrab und die Wahl von Bestattungsorten jenseits des herkömmli-

---

[4] Lurker 1990, 13.
[5] Vgl. ebd., 26.
[6] Vgl. ebd., 26.
[7] Vgl. ebd., 20.
[8] Vgl. ebd., 22.
[9] Vgl. Beuchert ²2001, 11.
[10] Vgl. Happe 2012, 62–65.

chen Friedhofs.[11] Vor diesem Hintergrund bedeutet in Kassel gegenwärtige Friedhofsgestaltung eine enge Verzahnung zwischen Altem und Neuem. Historisches ist die Basis für Neues, und Neues führt Historisches in die Gegenwart.

In den Blick genommen werden zwei aus der Vergangenheit stammende Ausschnitte der Baufreiraumorganisation, die für Neuerungen im Friedhof relevant sind (ein Teil der Einfriedung und zwei Eingänge) sowie seit 2003 hinzugekommene Neuerungen im Altbestand – dies sind neue Grabformen in einer Allee und in Gräberfeldern in Erweiterungen des Friedhofs. Begegnungen mit Heiligem können in einem verschiedentlich entstehenden „Dazwischen" aufscheinen, so in Räumen, die entstehen, indem Historisches in Gegenwärtigem nachwirkt. Um davon eine Vorstellung zu geben, werden an geeigneter Stelle historische Quellen eingeflochten, die Auskunft über zeitgenössische Absichten für Gebautes und Gepflanztes geben.

Begegnungen mit dem Heiligen können sich weiter in Momenten ereignen, die entstehen, indem sich der/die Friedhofsbesucher_in symbolische Bedeutungen von Gegenständen erschließt, so dass das, was zu sehen ist, über selbiges hinausführt. Solche Gegenstände können historische Symbole sein oder Anderes, das sich für ihn/sie individuell als geeignet erweist, ihm/ihr Bedeutung zu geben. Für Letzteres sind es vor allem die Themen Landschaft und Natur, die sich kulturgeschichtlich im Zusammenhang des Friedhofs als Zugänge zu Religiösem etabliert haben. Sie erhellen zum einen Rückblicke in die Historie, worin Gegenwärtiges wurzelt, zum anderen wird auch der Bogen zu dem am 29. Juni 2023 im baden-württembergischen Süßen eröffneten *Campus vivorum* geschlagen, wo über zukünftige Friedhofsgestaltung zu diskutieren ist[12] und Vorschläge zur zukünftigen Gestaltung von Friedhöfen bereits veranschaulicht werden[13], wenngleich in letzterem ein Widerspruch in sich liegt. Der *Campus vivorum* wurde gemeinsam von vielen am Friedhof Beteiligten entwickelt. Die Anlage besteht aus einem Weg, zwischen dessen Beginn und Ende beidseits insgesamt zwölf Räume thematisch gestaltet sind.[14]

2. Einfriedung

Der Kasseler Hauptfriedhof liegt an der stark befahrenen Ausfallstraße „Holländische Straße". Zu dieser ist er durch eine hohe Mauer abgegrenzt (Abb. 1). Sie stammt in ihrer jetzigen Form aus dem Ende der 1950er Jahre, als der

---

[11] Vgl. Venne 2010, 276.
[12] Vgl. Initiative Raum für Trauer (Hg.) 2023, 8.
[13] Vgl. ebd., 1.
[14] Vgl. ebd., 4–5.

Friedhof aufgrund einer Straßenverbreiterung zurückgebaut werden musste, doch schon vorher hatte es als Einfriedung eine Mauer gegeben.[15]

Abbildung 1: Grenze zwischen zwei Welten, Hauptfriedhof Kassel, Bildrechte: Peter Trump.

Historisch hat sich der Architekt Johann Michael Voit, der sich für die Anlage geometrischer Friedhöfe einsetzte, wie auch der Kasseler Hauptfriedhof einer geworden ist, für die Mauer als – im Vergleich zu Bretterzaun und Hecke – beste Möglichkeit einer Friedhofseinfassung ausgesprochen. Sie erfüllte seine grundlegende Forderung nach einer Einfassung für jeden Gottesacker, damit der Ort der Ruhe nicht von außen gestört werde.[16] Hinzu kamen die Begründungen, dass sie zwar kostspielig, aber sehr dauerhaft sei, und dazu noch zweckmäßig, weil man innerhalb des Friedhofs an ihr – im Wechsel mit Gesträuch – Monumente und Grabmäler aufstellen könne.[17] Mit seinem Traktat „Über die Anlegung und Umwandlung der Gottesäcker in heitere Ruhegärten der Abgeschiedenen" forderte Voit im Sinne der Aufklärung eine „Veredelung"[18] der zu seiner Zeit oft ungepflegten Kirchhöfe[19] in freundliche Ruhegärten als Gebot der Bildung und Geisteshaltung[20], wobei im Motiv Garten der Garten als Symbol für das Paradies[21] mitschwingt.

Nach Voit ist es das Herkommen des Menschen aus Gott und, dass das Innere der Hingegangenen der Unsterblichkeit gehört, weswegen sich der Mensch nach dem Jenseitigen sehnt und ihm die Erde, in der die Toten ruhen, eine „geweihte, theure Stätte"[22] ist. Mit dieser Stätte untrennbar verbunden ist Ruhe:

---

[15] Vgl. Pasche 1993, 24–25.
[16] Vgl. Voit 1825, 11.
[17] Vgl. ebd., 11–12.
[18] Vgl. ebd., Vorwort.
[19] Vgl. ebd., 4.
[20] Vgl. ebd., 2.
[21] Vgl. Butlar 1995, 79.
[22] Vgl. Voit 1825, 2.

Sie ehren sie (die Gräber der Toten, D. K.) nicht durch die kalte Nachfeier im Worte, denn die tiefsten Gefühle des Menschen haben keine Töne; aber sie betreten gerne das stille Heiligthum der Ruhe, dem das Vergängliche des Menschen anvertraut ist, sie schmücken es freundlich und heiter aus und finden darin eine große Beruhigung; den Toten recht oft in der Erinnerung sich näher zu rücken; wie er ihnen einst nahe stand, eher der Tod ihn in seine Arme nahm.[23]

Abbildung 2: Historische Grabzeichen unter dem Dach ausladender Bäume, Bildrechte: Peter Trump.

Noch in der Gegenwart wird Ruhe als ein grundlegendes Merkmal für Friedhöfe wahrgenommen, wie ein Zitat von Isolde Ohlbaum aus einem Buch über Grabskulpturen auf historischen Friedhöfen belegt. Dabei beruht die von ihr beschriebene Ruhe auch auf einer zeitlichen Distanz, die sich inzwischen zum historischen Grabkult eingestellt hat. Darin findet Wahrnehmung von Natur statt:

> Alte Friedhöfe – Oasen der Ruhe, der Stille, des Schweigens, Museen des Imaginären, auch der Geschichte, Orte der Melancholie ohne melancholisch zu machen, Orte, wo man zu sich selbst kommt, wo es duftet nach Moos und Erde, Nadelbäumen, vertrockneten Blüten.[24]

Isolde Ohlbaums Beschreibung lässt an den Ausspruch denken, dass das Große nur in der Stille laut wird.[25] Mit dem Zitat ist schon gestreift – es sei auf den Abschnitt Baumgräber vorgegriffen – dass sich auch auf dem inzwischen gealterten Friedhof in Kassel aus dem Zusammenspiel historischer Grabzeichen und alter Bepflanzung (Abb. 2) für Passanten beiläufig flüchtige, atmosphärisch

---

[23] Vgl. ebd., 2.
[24] Ohlbaum 1992, Vorwort.
[25] Lurker weist auf diesen Ausspruch hin, vgl. ders. 1990, 23.

besondere Momente ergeben können, die individuell interpretierbar sind. Nach Manfred Lurker entzieht sich das Symbol einem allein begrifflichen Denken durch das Transzendieren, durch das Übersteigen auf eine andere Seinsebene, und für sein Zustandekommen sind Inspiration, Intuition und Imagination nicht gering einzuschätzende Entstehungsfaktoren.[26] Vor diesem Hintergrund sind Momente und Situationen, wie die gerade Genannten, in denen sich der Geist entspannt und einfach offen ist, für das, was er sieht, ist der gegenwärtige Augenblick bedeutsam.

Ein am Eingang des Kasseler Hauptfriedhofs aufgestelltes Schild mit Auszügen aus der Friedhofsordnung fordert von den Besucher_innen ein der Würde des Ortes angemessenes Verhalten, womit auch ein ruhiges Verhalten gemeint sein kann. Wo aber verlaufen die Grenzen für Ruhe? Über den Hauptfriedhof führt ein Wanderweg, und im *Campus vivorum* ist Kinderspiel auf einem Friedhof mitgedacht.[27] Werden damit Grenzen überschritten?

Um einen heiteren Ruhegarten zu erreichen, empfahl Voit für den geometrischen Friedhof zwar eine sparsame Bepflanzung des Friedhofsinneren, aber wenn möglich für die Hauptwege Alleen.[28] Die Gräber sollten als liebliche Blumengärten gestaltet[29] und die Grabzeichen von Künstler_innenhand geschaffen und mit christlichen, tröstlichen Bildern versehen sein.[30]

In Kassel sind alle Hauptwege des Friedhofs als Alleen bepflanzt, auf die an anderer Stelle eingegangen wird. Um noch bei der Mauer zu bleiben: Von außen sind über die Friedhofsmauer ragende Forsythien und Eiben zu erkennen. Wer um die Symbolik der dunklen Eibe weiß, kann in ihr ein Symbol für den Tod und die Unsterblichkeit sehen[31] – worin die eingangs für Symbole genannte Doppelwertigkeit zu finden ist – und im Frühjahr in den im Kontrast zu den dunklen Eiben stehenden gelben Blüten der Forsythien ein Zeichen für Licht, dem als Symbol im gesamten Totenbrauchtum große Bedeutung zukommt. Häufig wird es mit Leben und Hoffnung gleichgesetzt. Ein Beispiel ist der 2014 angelegte „Lichtwald" auf dem Kaiser-Wilhelm-Gedächtnis-Kirchhof in Berlin, in dem zwischen dunklen Bäumen Grabzeichen aus gelben Kunststoffscheiben tagsüber Licht speichern, um es in der Dämmerung wieder abzugeben. Von der dortigen Friedhofsverwaltung wird es als Licht, das erhellt, was dunkel erscheint, interpretiert, und den Friedhofsbesucher_innen nahegelegt, sich daran als Zeichen der Hoffnung zu erfreuen.[32]

Johann Michael Voits Vorstellungen finden sich im Kasseler Friedhof in zahlreichen historischen Grabzeichen verwirklicht. Die Grabstätte der Familie von

---

[26] Vgl. Lurker 1990, 20.
[27] Vgl. Initiative Raum für Trauer (Hg.) 2023, 1.
[28] Vgl. Voit 1825, 33.
[29] Vgl. ebd.
[30] Vgl. ebd., 36.
[31] Vgl. Beuchert ²2001, 67.
[32] Vgl. Kuhle 2019, 84.

Schutzbar genannt Milchling zum Beispiel ist mit einer großen, von einem Engel bewachten Scheintür versehen[33], vielleicht ein Sinnbild für den Eingang zum Paradies (Abb. 3). In anderen Darstellungen sind Engel den Lebenden tröstend zugewandt, wie auf dem Grabmal Pfeiffer, wo ein Engel einer Trauernden Halt und Richtung gibt[34], oder sie setzen sich fürbittend für die Toten ein, wie auf der Grabstätte Zierau[35]. Mit Motiven wie diesen findet sich der Friedhof zu einem Ort ausgestaltet, an dem jenseitige Räume ganz nah scheinen, wenngleich unbetretbar bleiben. So hat die Einfassungsmauer im Laufe der Zeit auch die Bedeutung bekommen, zwei Welten voneinander zu trennen. Vor diesem Hintergrund sind in die Mauer eingelassene historische Grabzeichen vom Altstädter Friedhof, der vor der Eröffnung des Hauptfriedhofs als Bestattungsplatz diente[36], mehr als nur eine Verzierung, wie Eibe und Forsythie repräsentieren sie etwas von der Innenwelt Friedhof nach außen und lassen ihn schon von außen betrachtet zu einem Symbol werden. In einer Publikation im Zusammenhang des *Campus vivorum* wird es unter Verweis auf Peter Düren so gesehen, dass der Bestattungsort

> für den Christen eine sakrale Bedeutung (hat), weil er die Grenzen von Leben und Tod betrifft, spürbar werden lässt, dass Zeit und Ewigkeit nur durch einen dünnen Schleier voneinander getrennt sind, und so zum Eingangstor für die Begegnung mit dem Göttlichen und damit auch mit den Toten wird.[37]

Abbildung 3: Scheintür auf historischem Grab, Hauptfriedhof Kassel, Bildrechte: Peter Trump.

---

[33] Vgl. Schuchard / Siegmann 2000, 5, Abb. 2.
[34] Vgl. ebd., 4, Abb. 1.
[35] Vgl. ebd., 5, Abb. 3.
[36] Vgl. Pasche 1993, 9.
[37] Schnelzer 2023, 61.

3. Eingänge

Abbildung 4: Blick in die sakral anmutende Allee eines Hauptweges, Hauptfriedhof Kassel, Bildrechte: Peter Trump.

Eingänge sind Schwellen zwischen den beiden durch die Mauer voneinander abgesetzten Welten. Der Eingang an der „Holländischen Straße" auf den ältesten Friedhofsteil stammt, wie die Umfassungsmauer, aus dem Ende der 1950er Jahre (Abb. 4). Er besteht aus einem funktionalen Metalltor, das, wie Sörries zusammenfassend für ähnliche Friedhofstore formuliert, den Unterschied zwischen drinnen und draußen auflöst.[38] Hingegen zeigt ein Foto[39] des vormaligen Eingangs ein hohes Tor aus Ziegelsteinen in Form eines gotischen Bogens, die damalige Umfassungsmauer bei weitem überragend, ohne eine besondere Zweckbestimmung. Das Kreuz unter der Spitze jedoch weist auf die Bedeutung hin, den Eingang zum Friedhof in einem übertragenen Sinn zu überhöhen.[40] Unter dem Zeichen des Kreuzes stehend wurde die anschließende Allee zum „grünen Kirchenschiff" mit Säulen aus Baumstämmen und einem Gewölbe aus

---

[38] Vgl. Sörries 2016, 339.
[39] Vgl. Diefenbach 1993, 39, Abb. ohne Nummer.
[40] Diese Interpretation ist angelehnt an eine Einschätzung von Reiner Sörries, der den Sinn eines schlichten, doch im Vergleich zur Einfassungsmauer höheren Kirchhofsportales in Herzberg (Mark) im Landkreis Ostprignitz-Ruppin in Brandenburg darin sieht, den Eingang zum Friedhof in einem übertragenen Sinn zu überhöhen: Vgl. ders. 2016, 9–10.

Baumkronen. Diese Interpretation ist zwar auch gegenwärtig noch möglich, doch ist die Assoziation von weiter herzuholen. Denn im Vergleich zur historischen Situation ist der gegenwärtige Eingang viel weiter auseinandergezogen und bietet hintereinander gestaffelt viele Anlässe, langsamer zu werden und sich auf den Friedhof einzustellen. Linkerhand steht ein Schild mit einem Auszug der Friedhofssatzung, ein weiteres zur Pflanzen- und Tierwelt, rechterhand steht eines mit einem Überblick über den Friedhof, es finden sich Halterungen für Fahrräder und Gießkannen, ein weiter Rasen mit einem Lapidarium aus historischen Grabsteinen und in einiger Entfernung eine Engelplastik. Erst hinter dieser beginnt der Friedhof aus Gräbern.

Beim Haupteingang an der Karolinenstraße ist das Zeichen des Kreuzes, das über der Friedhofskapelle hängt, zwischen zwei Toren, die auf den Friedhof führen, schon von weitem zu sehen.[41] Im Zusammenhang mit der 1926 eröffneten Kapelle wurden die zu jener Zeit an der Straße entstehenden Neubauten in die Eingangsgestaltung des Friedhofs einbezogen.[42] Die letzten Gebäude haben hohe Arkadengänge, bevor der/die Ankommende vor der Trauerhalle einen großen, beidseits von straff aufrechten Säuleneichen gerahmten Platz betritt. Arkaden und Eichen betonen die Vertikale, und führen damit auf das Kreuz hin, das sich auch als Verbindung zwischen Himmel und Erde lesen lässt. Eine ernste, feierliche Stimmung zieht sich bis in den Straßenraum.

4. Neuinterpretationen für neue Grabformen

4.1 Friedpark

2003 wurde in Abteilung 54 des Kasseler Hauptfriedhofs der erste Friedpark eingerichtet, später kamen weitere Anlagen hinzu.[43] Fast alle liegen in Erweiterungen mit geometrischem Grundraster, das durch überblickbare Hecken sichtbar ist. Somit entstehen mit dem Friedpark von Hecken eingefasste kleine Friedhöfe im Friedhof (Abb. 5). Ihre Entstehung ist vor dem Hintergrund zu sehen, dass 2001 etwas nördlich von Kassel der erste FriedWald® Deutschlands angelegt wurde, zu dem nach einer Antwort durch eine annähernd vergleichbare Grabform auf dem Friedhof selbst gesucht wurde. Überhangflächen erlauben einen belegungsextensiven Umgang mit dem Raum; und es gibt einen hohen Anteil an Urnengräbern, die sich gut in landschaftliche Formen integrieren

---

[41] Vgl. Abb. in Pasche u. a. (Hg.) 1993, Titelbild.
[42] Vgl. Pasche 1993, 20.
[43] Weitere Anlagen entstanden in den Abteilungen 20a, 30, 18, 38, und in A, B, D im Militärfriedhof. Freundliche Auskunft der Friedhofsverwaltung Kassel per E-Mail vom 11.10.2023.

lassen. Mit dem Friedpark halten landschaftliche Gestaltungsprinzipien in das Innere des Friedhofs Einzug. Sie stehen im Zusammenhang mit einer Entwicklung im frühen 21. Jahrhundert, in deren Zuge jenseits der Einzelgrabstätte ein neuartiges Mosaik von zumeist naturnahen Miniaturlandschaften auf Friedhöfen entsteht.[44] Zu diesen zählt Norbert Fischer *Memoriam-Gärten*, *Bestattungsgärten* und auf dem Zentralfriedhof in Wien der *Park der Ruhe und Kraft*, der Meditation dienen soll.[45]

Abbildung 5: Landschaft als Friedhof im Friedhof, Hauptfriedhof Kassel, Bildrechte: Peter Trump.

Für den Friedpark ist charakteristisch, dass Grenzen bezüglich Gräberfelder, Wege und Grab aufgelöst sind: Auf Rasenflächen stehen in unregelmäßigen Abständen Bäume und Großsträucher unterschiedlicher Art. Statt vorgegebener Wege ist der Rasen frei begehbar. Die Gräber haben keine Einfassungen, ihre Grenzen sind nur noch an je vier bodenbündig in den Rasen eingelassene Mosaikpflastersteine an den Ecken zu erkennen. Grabzeichen sind bodenbündig im Rasen verlegte Steinriegel mit jeweils dem Namen der bestatteten Person.

Friedhofshistorisch hat, wie Wilhelm Cordes formulierte, das Motiv Landschaft den Parkfriedhof „geweiht". Für den 1878 eröffneten Friedhof Ohlsdorf in Hamburg schuf Cordes aus Teichen, einem geologischen Hügel und einer Waldpartie eine abwechslungsreiche Landschaft[46] als Gesamtkunstwerk.[47] Im ersten Friedhofsführer aus dem Jahr 1897 schrieb er:

> Der Friedhof soll nicht eine Stätte der Todten und der Verwesung sein. Freundlich und lieblich soll Alles dem Besucher entgegentreten und dadurch der Ort aus der umgebenden Landschaft herausgehoben und geweiht werden.[48]

---

[44] Vgl. Fischer 2012, 21.
[45] Vgl. ebd., 21–22.
[46] Vgl. Butenschön 2012, 54.
[47] Vgl. Fischer 1996, 45.
[48] Vgl. Friedhof zu Ohlsdorf-Hamburg 1897, 14.

Mit der Entstehung von Parkfriedhöfen wie dem Ohlsdorfer Friedhof wurden zentrale Elemente des Landschaftsgartens in den Friedhof übernommen.[49] Mit der Geschichte des Landschaftsgartens wiederum war eine Verschiebung des Motivs des Grabes aus dem kirchlichen Zusammenhang in die idealisierte Natur des Gartens verbunden, sowohl als Scheingrab[50] als auch als echtes Gartengrab[51], und die neue Sichtweise, dass der Tod natürlicher Bestandteil des Lebens und damit der Natur selbst ist[52]. Mit dem Grab in der idealisierten Natur des Landschaftsgartens wurde Transzendenz als Metamorphose in einen höheren Naturzustand verstanden.[53] Zugleich war mit dem Grab im Landschaftsgarten dem alten Paradiessymbol des Gartens eine zu jener Zeit neue naturreligiöse Wendung gegeben.[54]

Der Friedpark steht insofern in dieser Tradition, als auch in ihm das Gestaltungsziel eine ästhetische, homogene Landschaft ist, in der (nur) echte Gräber Bestandteil sind, der Tod also Teil der Natur ist. Für das Zustandekommen einer gleichmäßigen Landschaft müssen die Gräber unsichtbar sein, dafür gibt es in der Friedhofssatzung die Vorgabe, dass sie nicht bepflanzt werden dürfen. Nicht überall wird dies eingehalten, doch so lange es sich nur um wenige Gräber handelt, ließen diese sich im Sinne von im Landschaftsgarten integrierten Gräbern interpretieren. Die homogene Landschaft löst sich allerdings in den Abteilungen auf, in denen Nutzungsberechtigten das Mitbringen und Pflanzen von Bäumen und Sträuchern gestattet ist und das Erscheinungsbild des vorhandenen Baumbestandes allmählich durch viele unterschiedliche, individuell gewählte Pflanzen überlagert wird.

Der Kieler Professor für Philosophie und Schöne Wissenschaften Christian Cay Lorenz Hirschfeld, der den Landschaftsgarten theoretisch begründete, hat in der Theorie zum Landschaftsgarten für Rasen beschrieben, wie diese den Raum für Naturbeobachtung und -wahrnehmung idealtypisch öffnen. Grundsätzlich ist das Beschriebene auch in der Gegenwart noch und auch im Friedpark gültig, wenngleich letzterer im Vergleich zum Landschaftsgarten eine nur ganz kleine Abteilung ist:

> Sie (die Rasenflächen, D. K.) erheitern, nach dem Umherwandeln in einer schattigen Gegend, durch Himmel und Luft. Sie erfrischen in den kühlen Stunden des Morgens und des Abends, oder nach einem Sommerregen, indem die Wolken über unserm Haupt umherschweben, und ihre lieblichen Malereyen bilden, verändern, auslöschen. Sie eröffnen den Anblick der längern Stralen und der Spiele des Regensbogens.[55]

---

[49] Vgl. Fischer 1996, 28.
[50] Vgl. Butlar 1995, 80.
[51] Vgl. ebd., 85.
[52] Vgl. ebd., 80.
[53] Vgl. ebd., 103; mit Bezug auf Butlar vgl. Happe 2012, 44.
[54] Vgl. Butlar 1995, 79.
[55] Hirschfeld, Zweiter Band, 1780, 81.

Da im Friedpark die Gräber keiner Pflege bedürfen, können Besucher_innen durchaus die Muße haben, sich der Naturbeobachtung hinzugeben. Die von Manfred Lurker im Zusammenhang der Entstehung von Symbolen genannten Kriterien Inspiration, Intuition und Imagination hätten im Beschriebenen Raum. In der „Theorie der Gartenkunst" führt die Wahrnehmung von Landschaft verschiedentlich zu Ehrfurcht und Andacht vor etwas Größerem, wie weiter unten im Kapitel Baumgräber ausgeführt werden wird.

2022[56] wurde in Abteilung 23 der Ruhewald-Hauptfriedhof angelegt, der im Vergleich zum Friedpark von dunklen Gehölzen geprägt ist, als Variante des Friedparks angelegt. In der Öffentlichkeitsarbeit zum Ruhewald-Hauptfriedhof wird eine Entsprechung zur Auffassung des Todes als Teil der Natur im Landschaftsgarten greifbar: Stärker noch als im Friedpark soll der Gedanke „durch die Bestattung unter einem Baum in das ‚große Ganze' einzugehen"[57] berücksichtigt werden. Ausdrücklich wird darauf hingewiesen, dass dieser Gedanke mit „christlichen Wertvorstellungen, wie auch anderen Religionen"[58], vereinbar ist.

4.2   Gemeinschaftsgräber

Fast zeitgleich mit dem Friedpark wurde 2004 im ältesten Friedhofsteil in Abteilung 6 ein großes, mehrstelliges Grab in ein Gemeinschaftsgrab umgewandelt (Abb. 6), das ehemalige Grab der Familie Harloff.[59] Im Laufe der Jahre entstanden noch weitere Urnengemeinschaftsanlagen in Kombination mit aufgelassenen historischen Grabstätten.[60] In der Nähe des ersten Gemeinschaftsgrabes befinden sich weitere alte große Familiengrablegen, die, eingezäunt und zum Teil noch immer von Nutzungsberechtigten vielfältig bepflanzt, bis in die Gegenwart einen Eindruck des historisch von Johann Michael Voit angestrebten Friedhofs als heiterem Ruhegarten vermitteln. Im Gemeinschaftsgrabmal wird die Bepflanzung von der Friedhofsverwaltung mit nur noch wenigen Blumenarten vorgenommen. Die Situation vor der Umgestaltung, dass bei der Grabstätte der zum Weg begrenzende Zaun nicht mehr vorhanden war, wurde beibehalten – wohl deshalb, weil die damit verbundene Veröffentlichung des Grabes dem Umbau von einer privaten Familiengrabstätte für wenige Körpergräber zu einer Gemeinschaftsgrabstätte für über hundert Urnen von Menschen, die allein noch die Wahl des Motivs zusammenführt, bereits entsprach. Die ehemalige Sitzbank unterhalb des Engels wurde zu einer Ablagestätte für

---

56   Freundliche Auskunft der Friedhofsverwaltung Kassel per E-Mail vom 11.10.2023.
57   Friedhofsverwaltung Kassel (o. J.), o. S.
58   Ebd.
59   Freundliche Auskunft der Friedhofsverwaltung Kassel per E-Mail vom 11.10.2023.
60   Weitere Gemeinschaftsanlagen wurden in direkter Nachbarschaft zur ersten Anlage und in den Abteilungen 12, 13 und 21 angelegt, ebd.

Blumen umgewandelt und eine neue Sitzbank vor dem Grab aufgestellt. Fast bruchlos wird die historische Absicht des heiteren Ruhegartens aus vielen kleinen Grab-Gärten fortgeführt. An der großen Akzeptanz der Gemeinschaftsgrabstätte wird die hoch auf dem Grab sitzende Figur eines in den Himmel blickenden Engels großen Anteil haben: Nach einigen Jahrzehnten weitgehender Diskreditierung als historischer Kitsch gewinnt die Figur des Engels seit dem ausgehenden 20. Jahrhundert erneut als Identifikationsgestalt an Bedeutung[61], zum Beispiel als Helfer in spiritueller Not[62]. Es ist ein Grabzeichen, das „eine Geschichte erzählt".

Abbildung 6: Urnengemeinschaftsgrab mit Engel, Hauptfriedhof Kassel, Bildrechte: Peter Trump.

Konkret liegt die Herausforderung in der Gestaltung der umgebenden, überwiegend von historischen Gräbern und gealterter Vegetation geprägten Gräberfelder darin, in der Pflege das richtige Maß zwischen Romantik und Brache zu finden, als Basis eines weiteren Interesses am Historischen und eines Raumes, in dem im Sinne von Isolde Ohlbaum inspirierende „Funde" möglich sind.

4.3 Baumgräber

Unter einigen der alten Eichen in den Alleen wurden ab 2017 Baumgräber eingerichtet (Abb. 7).[63] Jedes dieser Gräber ist an seinen vier Ecken, an denen je ein Steinpfosten leicht über einen kniehohen Bodenbewuchs aus Ziergras hinausreicht, zu erkennen. In einen der vier Pfosten ist der Name eingeschrieben. Die Wahl gerade dieser Bäume, obwohl es an anderer Stelle genügend freie Flächen gegeben, um hierfür junge Bäume zu pflanzen, erklärt sich zunächst aus der

---

[61] Vgl. Schuchard / Siegmann 2000, 53.
[62] Vgl. ebd., 8.
[63] Freundliche Auskunft der Friedhofsverwaltung Kassel per E-Mail vom 11.10.2023.

grundsätzlichen Faszination, die von Bäumen, insbesondere von alten Bäumen, auf den Menschen ausgeht. Auf dem Kasseler Hauptfriedhof gibt es so viele aufgrund ihres Alters, ihrer Art oder Wuchsform besondere Bäume, dass 2011 ein dendrologischer Führer publiziert wurde. Darin werden die Eichenalleen, zwei große, einzelnstehende Trauerbuchen und eine große amerikanische Eiche im Grabfeld 3 als besonderer Schatz hervorgehoben.[64] Die Vielfalt kommt dadurch zustande, dass erstens im Laufe der Zeit die für den Friedhof Verantwortlichen ihre jeweilige Handschrift im Rahmengrün hinterlassen haben[65], und zweitens Bäume auf Gräbern groß geworden und zum Bestandteil des Rahmengrüns geworden sind. Die weit ausladenden Äste der amerikanischen Eiche, die einen großen Raum unter sich bilden, werden inzwischen gestützt (Abb. 8). Bei den Hängebuchen sind es, wie bei der auf dem Grab der Familie Pfeiffer aus dem Ende des 19. Jahrhunderts, weit herabhängende Äste, die einen grünen Dom bilden (Abb. 9). Die durch sie entstehenden Räume und Stimmungen können Anlass zum Innehalten und Staunen geben. Historisch hat Christian Cay Lorenz Hirschfeld in der Theorie der Gartenkunst die Überlegung einfließen lassen, dass Bäume aufgrund ihrer Höhe, ihres hohen Alters und mit ihnen einhergehender Stille, Ehrfurcht hervorrufen können.[66] Er führte den Gedanken dahingehend fort, dass das Erleben stimmungsvoller Natur zur Anbetung des „höchsten Wesens" und zur „Aussicht in eine Welt, die über die gegenwärtige ist"[67] führen könne.

Abbildung 7: Baumgräber an den Stammfüßen alter Eichen, Hauptfriedhof Kassel, Bildrechte: Peter Trump.

---

[64] Vgl. Rehs / Ebert 2011, Vorwort.
[65] Vgl. Pasche 1993b, 29.
[66] Hirschfeld, Zweiter Band, 1780, 61.
[67] Ebd., 62.

Gegenwärtige Gestaltung von Friedhöfen und Friedhofsteilen 279

Abbildung 8: Amerikanische Eiche, Hauptfriedhof Kassel, Bildrechte: Peter Trump.

Abbildung 9: Hängebuche auf historischer Grabstätte, Hauptfriedhof Kassel, Bildrechte: Peter Trump.

Einer anderen historischen Quelle, einer Reiseschilderung des Naturforschers Alexander von Humboldt aus dem Jahr 1825, die Alexander Demandt in eine Kulturgeschichte der Bäume aufgenommen hat, ist ein besonders eindrückliches Zeugnis der Faszination vom Baum zu entnehmen. Um das „Baumerlebnis"[68], wie Alexander Demandt es nennt, nachempfinden zu können und auch, weil der Text den Begriff „Naturdenkmal" mitbegründet hat, das nachfolgend in Bezug auf das Baumgrab von Interesse ist, wird das Zitat in ganzer Länge wiedergegeben:

> „Hinter dem Dorf Turmero, Maracay zu, bemerkt man auf 4, 5 Kilometer weit am Horizont einen Gegenstand, der wie ein runder Hügel aussieht. Es ist aber weder ein Hügel noch ein Klumpen dicht beisammenstehender Bäume, sondern ein einziger Baum, der berühmte *Zamang de Guayere*, bekannt im ganzen Land wegen der ungeheuren Ausbreitung seiner Äste, die eine halbkuglige Krone von 187 Metern im Umfang bilden. Die Zamang ist eine schone Mimosenart, deren gewunde Zweige sich gabelig teilen. Sein feines, zartes Laub hob sich angenehm vom blauen Himmel ab. Wir blieben lange unter diesem vegetabilischen Gewölbe. Der Stamm ist nur 20 Meter hoch und hat drei Meter Durchmesser, seine Schönheit besteht aber eigentlich in der Form der Krone. Die Äste breiten sich aus wie ein gewaltiger Sonnenschirm und neigen sich überall dem Boden zu, von dem sie ringsum vier bis fünf Meter abstehen. Der Umriß der Krone ist so regelmäßig, daß ich verschiedene Durchmesser, die ich nahm 62 und 60 Meter lang fand. Die eine Seite des Baumes war infolge der Trockenheit ganz entblättert; an einer anderen Stelle standen noch Blätter und Blüten nebeneinander. Tillandsien, Lorantheen, die Pitahaya und andere Schmarotzergewächse bedecken die Zweige und durchbohren die Rinde derselben. Die Bewohner dieser Täler, besonders die Indianer, halten den Baum in hohen Ehren, den schon die ersten Eroberer ziemlich so gefunden haben mögen, wie er jetzt vor uns steht. Seit man ihn genau beobachtet, ist er weder dicker geworden, noch hat sich seine Gestalt sonst verändert. Der Anblick alter Bäume hat etwas Großartiges, Imponierendes; die Beschädigung dieser Naturdenkmäler wird daher auch in Ländern, denen es an Kunstdenkmälern fehlt, streng bestraft. Wir hörten mit Vergnügen, der gegenwärtige Eigentümer der Zamang habe einen Pächter, der es gewagt, einen Zweig davon zu schneiden, gerichtlich verfolgt. Die Sache kam zur Verhandlung, und der Pächter wurde vom Gericht zur Strafe gezogen".[69]

Anders als Grabdenkmäler, die die Erinnerung an Tote wachhalten und eine Botschaft aus der Vergangenheit transportieren sollen, ist der Baum als Naturdenkmal selbst eine Botschaft an die Zukunft. Er erinnert daran, ihn um seiner selbst willen zu erhalten.[70] Wenngleich die im Kasseler Friedhof den Baumgräbern zur Seite stehenden alten Eichen keine ausgewiesenen Naturdenkmäler sind, können sie aufgrund ihrer Monumentalität doch fast schon als solche gelten. Somit enthalten die Baumgräber zwei Seiten. Zum einen gehen die schlichten Baumgräber in der potentiellen Bedeutung von Bäumen als Naturdenkmälern in deren In-die-Zukunft-gerichtet-sein auf. Damit ist Abschied genommen vom bürgerlichen Grabdenkmal des 19. und 20. Jahrhunderts und dem damit verbundenen Erinnerungskult, der, so Alexander Demandt, darin bestand, in ein Grabmal zu investieren, den Toten/die Tote zu idealisieren und einen Fortbestand durch fortwährendes Erinnert-werden anzustreben. Zum

---

[68] Demandt ²2014, 31.
[69] A. v. Humboldt 1825/1985, 157 in: Demandt ²2014, 315–316; Hervorhebung im Original.
[70] Vgl. Demandt ²2014, 316.

anderen gibt es für den Baum im Kulturraum Friedhof eine ganze Reihe friedhofsspezifischer kultureller Bezüge, die aus dem Friedhof heraus auf den Baum übertragen werden können, aber nicht müssen. Erstens wirkt in der Stattlichkeit der alten Bäume ein Rest des Glanzes repräsentativer bürgerlicher Gräber nach, die ehemals an den Hauptwegen unmittelbar hinter den Alleen lagen, und von denen hier und da auch noch ein Grab zu sehen ist. Zweitens – es sei an den historischen, nicht mehr existenten Friedhofseingang aus einem gotischen Bogen erinnert – können die Bäume im Zusammenhang der Allee als grüne, sakral anmutende Architektur wahrgenommen werden. Drittens taucht der Baum auf Grabdenkmälern in zahlreichen Varianten als Symbol und Sinnbild auf, zum Beispiel als Lebensbaum, als steinernes Kreuz, scheinbar aus Holz gefertigt, aus dem neue Blätter sprießen, oder im steinernen Grabzeichen in Form eines abgebrochenen Baumes, auf einem Fels mit Anker – einem christlichen Symbol für Hoffnung – wurzelnd. Wie historische Symbole einen Weg in die Gegenwart finden, dafür gibt folgendes, einem Selbsthilfebuch zur Orientierung bei schmerzlichen Verlusten entnommenes Zitat ein Beispiel:

> Ein Vater, der sein Kind verloren hatte, erzählte: ‚Der Schmetterling setzte sich genau auf den Grabstein, das kann kein Zufall gewesen sein'.[71]

Die Begebenheit wird im gleichen Buch an anderer Stelle als „Zeichen der Hoffnung"[72] gedeutet. Das Motiv Schmetterling kam vor allem auf Grabzeichen des Klassizismus vor. Christian Hirschfeld kommentierte in der „Theorie der Gartenkunst" seine Empfehlung des Motives Schmetterling für Grabzeichen dahingehend, dass sich unter diesem Motiv „schon die Alten die Unsterblichkeit der Seele sehr richtig vorstellten"[73]. Insbesondere auf Grabzeichen für Kinder fand es Verwendung. Auf dem Hauptfriedhof in Kassel findet sich noch eines im Lapidarium für die im Jahr 1810 19jährig verstorbene Luise Kühnemann. Darauf begleitet ein Thanatos oder ein Engel einen Schmetterling. Ähnliche Vorgänge der Übertragung sind auch für den Baum gut vorstellbar: Es ist die Weite des Feldes, die es so interessant werden lässt.

5. Ausblick

Das gegenwärtige Erscheinungsbild des Kasseler Hauptfriedhofs zeigt einen in verschiedene Themen auseinanderstrebenden Friedhof, gehalten von einer Einfassung, die ursprünglich einem Friedhof als heiterem Ruhegarten, als einem Sinnbild des Paradieses, galt. Ruhe, beziehungsweise Stille sind Merkmale

---

[71] Onasch / Gast 2017, 38.
[72] Ebd.
[73] Hirschfeld, Dritter Band 1780, 146.

des Friedhofs als eines besonderen, von der Umgebung abgesetzten Raumes. Sie zieht sich von der Historie des bürgerlich geprägten Friedhofs bis in das Heute durch – in der Historie als Basis der Totenehrung, in der Gegenwart stärker als Basis eines zu sich selbst Kommens. Religion steht scheinbar nicht mehr im Vordergrund, ist jedoch in Relikten anwesend und zum Teil bruchlos fortgeschrieben. In den Gestaltungen neuer Grabformen sind vor allem das Erleben von Landschaft und Natur die Wege, auf denen es möglich sein kann, dass sich Nicht-Alltägliches ereignet. Diese sind gerahmt, und dies erweist sich als nicht unwesentlich, von historischer Friedhofssubstanz, in der alte Symbole anzutreffen sind, die nicht nur ihren Teil zu flüchtigen, stimmungsvollen Atmosphären, sondern auch zu neuen Interpretationen beitragen können.

Wie korreliert das Vorgefundene mit dem *Campus vivorum*? Darin bildet individuelles Trauererleben die zentrale Achse[74], am Beginn des Weges mit der Sehnsucht nach einer nicht mehr erreichbaren Lebenssituation[75], und am Ende stehen, nach erfahrenem Wirkpotential des Friedhofs, Zuversicht und Hoffnung[76]. In den dazwischenliegenden zwölf Räumen, die verschiedene Möglichkeiten für individuelles Handeln aufzeigen, ist in einem das Thema Religionen dargestellt.[77] In dieser Anordnung lässt sich einerseits der säkularisierte Friedhof erkennen. Andererseits sind jenseits des Raumes zum Religiösen zwei Räume dem Thema „Natur erfahren" gewidmet.[78] Am Ende wird der Blick mit Zuversicht und Hoffnung in die Weite der Schwäbischen Landschaft geführt[79] – vielleicht nicht ganz zufällig, ist sie doch Bedeutungsträger.

Literatur

Berger, Peter L. (1973): Zur Dialektik von Religion und Gesellschaft. Elemente einer soziologischen Theorie, Tübingen.
Beuchert, Marianne (²2001): Symbolik der Pflanzen, Frankfurt am Main / Leipzig.
Böse, Helmut (1981): Die Aneignung von städtischen Freiräumen. Beiträge zur Theorie und sozialen Praxis des Freiraumes. Gesamthochschule Kassel GhK. Arbeitsberichte des Fachbereichs 13 Stadtplanung und Landschaftsplanung, Heft 22, Kassel.
Butenschön, Sylvia (2012): Neue Gegenstandsfelder auf dem Weg von der Gartenkunst zur Landschaftsarchitektur, in: Schweizer, Stefan / Winter, Sascha (Hg.): Gartenkunst in Deutschland. Von der Frühen Neuzeit bis zur Gegenwart, Regensburg, 53–69.

---

[74] Beide Räume haben keinen religiösen Inhalt, vgl. Initiative Raum für Trauer (Hg.) 2023, 31.
[75] Vgl. ebd., 30.
[76] Vgl. ebd., 31.
[77] Vgl. ebd., 27.
[78] Vgl. ebd., 24–25.
[79] Vgl. ebd., 31.

Butlar, Adrian von (1995): Das Grab im Garten. Zur naturreligiösen Deutung eines arkadischen Gartenmotivs. Originalveröffentlichung in: Wunderlich, Heinke (Hg.): „Landschaft" und Landschaften im achtzehnten Jahrhundert: Beiträge des Kongresses der Deutschen Gesellschaft zur Erforschung des 18. Jhs. in Wolfenbüttel 1991, Heidelberg, 79–119, Zugriff am 15.10.2023 http://archiv.ub.uni-heidelberg.de/artdok/volltexte/2022/7764

Demandt, Alexander (^{2}2014): Der Baum. Eine Kulturgeschichte, Köln, Weimar, Wien.

Diefenbach, Joachim (1993): Die Friedhofsverwaltung – Geschichtliche Entwicklung, in: Pasche u. a. (Hg.): Todtenhof und Nordstadtpark. 150 Jahre Kasseler Hauptfriedhof, Kassel, 35–39.

Fischer, Norbert (1996): Vom Gottesacker zum Krematorium. Eine Sozialgeschichte der Friedhöfe in Deutschland, Köln u. a.

Fischer, Norbert (2012): Ein Mosaik von Miniaturlandschaften: Über den Friedhof des 21. Jahrhunderts, in: Friedhofskultur, Juni 2012, 21–23.

Friedhof zu Ohlsdorf-Hamburg (1897) Hamburg, Faksimile-Reprint von 2009 nach einem Original aus der Bibliothek des Förderkreises Ohlsdorfer Friedhof e. V.

Friedhofsverwaltung Kassel (o. J.), Ruhewald-Hauptfriedhof, Zugriff am 23.10.2023 https://-www.Friedhofsverwaltung-kassel.de/ruhewald-hauptfriedhof/

Happe, Barbara (2012): Der Tod gehört mir, Berlin.

Hirschfeld, Christian Cay Lorenz (1779–1785): Theorie der Gartenkunst. Fünf Bände, Leipzig. (Nachdruck in zwei Bänden Hildesheim, New York 1973).

Initiative „Raum für Trauer" (Hg.) (2023): Von Raum zu Raum. Lösungen für erfolgreiche Friedhöfe, Süßen.

Kuhle, Dagmar (2019): Landschaftliche Gräberfelder auf Friedhöfen. Bestandsaufnahme und Diskussion der Gestaltung, Kassel.

Lurker, Manfred (1990): Die Botschaft der Symbole. In Mythen, Kulturen und Religionen, München.

Ohlbaum, Isolde (1992): Denn alle Lust will Ewigkeit. Erotische Skulpturen auf europäischen Friedhöfen, München.

Pasche, Hans-Günter u. a. (Hg.) (1993): Todtenhof und Nordstadtpark. 150 Jahre Kasseler Hauptfriedhof, Kassel.

Pasche, Hans-Günter (1993): 150 Jahre Kasseler Hauptfriedhof 1843–1993, in: Ders. u. a. (Hg.): Todtenhof und Nordstadtpark. 150 Jahre Kasseler Hauptfriedhof, Kassel, 9–26.

Pasche, Hans-Günter (1993 b): Der Hauptfriedhof als öffentliche Grünanlage, in: Ders. u. a. (Hg.): Todtenhof und Nordstadtpark. 150 Jahre Kasseler Hauptfriedhof, Kassel, 27–34.

Rehs, Jürgen / Ebert, Gerhard (2011): Dendrologischer Führer Hauptfriedhof Kassel, 2011.

Schnelzer, Thomas (2003): Raum für seelische Gesundheit, in: Initiative Raum für Trauer (Hg.): Der Friedhof als kommunales Erfolgsprojekt der Zukunft. Theorie und Praxis für Entscheider, Süßen, 52–63.

Schuchard, Jutta / Siegmann, Katharina (2000): Engel – Wächter über Leben und Tod. Ein Begleitheft zur gleichnamigen Ausstellung. (Friedhof und Denkmal 5), Kassel.

Sörries, Reiner (2016): Der Tod ist die Pforte zum Leben. Die Geschichte des Friedhofseingangs vom Mittelalter bis zur Gegenwart, Wiesbaden.

Venne, Martin (2010): Nachfrageorientierte Strategien zur Nutzung städtischer Friedhofsflächen, Kassel.

Voit, Johann Michael (1825): Über die Anlegung und Umwandlung der Gottesäcker in heitere Ruhegärten der Abgeschiedenen. Ein Wort zu seiner Zeit an alle christlichen Gemeinden Teutschlands, Augsburg.

Welche Räume braucht Religion?
Zur Bedeutung von Orten und Räumen für religiöse Lernprozesse

Angela Kaupp

1. Einleitung

„Meine Wohnung und ich" – so titelt eine compact-Ausgabe der Zeitschrift „Psychologie heute", die sich damit auseinandersetzt, was wir zum Wohlfühlen brauchen, was die eigenen vier Wände über uns erzählen und wie wir einen Ort fürs Leben finden. Wohnen ist zentral für unsere Existenz und unsere Gesundheit. Wohnungslos zu sein, ist eine Krise und Gefahr. „Wenn du keine Grenze ziehen kannst, keine Geheimnisse und keine Rückzugsräume hast, bist du buchstäblich nicht", sagt der amerikanische Psychologe Irwin Altmann.[1] Wir brauchen eine Wohnung, um fünf Grundbedürfnisse zu befriedigen: Intimsphäre, Sicherheit, Kommunikation, Komfort und Repräsentation. Da diese Bedürfnisse verschieden stark ausgeprägt sind, gestalten Bewohner_innen ihre Wohnungen sehr unterschiedlich, um ihre spezifischen Bedürfnisse zu befriedigen. Allgemein gilt, dass wenig Lärm, warme Farben, harmonische Raumformen, Schutz vor zu viel Einblick und grüne Pflanzen vor dem Fenster oder in der Wohnung das Wohlbefinden stärken.

Dies sind Aspekte, die aus religiöser Perspektive von Bedeutung sind, denn auch Religion ist ohne Orte und Räume nicht denkbar. Daher ist zu überlegen, wie diese Räume gestaltet sein müssen, um die genannten Grundbedürfnisse in (religiösen) Lehr-/Lernprozessen zu befriedigen.

Die Bedeutung von Orten und Räumen für religiöse Lernprozesse werden in folgenden Schritten bearbeitet: Zunächst wird zwischen Ort und Raum differenziert und verschiedene Raumkonzepte vorgestellt (2). Mit Blick auf Religion werden die Raumkonzepte durchbuchstabiert (3) und religiöse Räume als „andere Räume" beschrieben (4). Anschließend wird der Raumbezug religiöser Bildungsprozesse (5) und die daraus folgenden Konsequenzen für die raumbezogene Didaktik formuliert (6).

---

[1] Altmann zit. n. Rohde 2021, 31.

2. Raumkonzepte[2]

In den Kultur-, Sozial- und Geisteswissenschaften wurden in den letzten Jahrzehnten zahlreiche Raumkonzepte entwickelt,[3] die zu dem Begriff des „spatial turn"[4] als neuem wissenschaftlichem Paradigma führten.

Begrifflich ist zwischen Ort und Raum zu unterscheiden. Susanne Rau definiert Ort/locus als „eine bestimmte, herausgehobene Stelle in einem Raum. Dies kann sowohl allgemein und abstrakt wie auch symbolisch (heiliger Ort, erinnerungswürdiger Ort) oder konkret gemeint sein".[5] Im Unterschied zu dem Ort als Bezeichnung für „einen Platz, eine Stelle [...] meist geographisch markiert"[6], ist ein Raum ein Konstitutionsprozess, der an einem Ort stattfinden kann, aber nicht notwendig an einen Ort gebunden ist, wie z. B. das Internet zeigt.

Dieser Beitrag konzentriert sich auf drei Dimensionen des Raumbegriffs in ihrer Bedeutung für (religiöse) Bildungsprozesse: auf das dreidimensionale Koordinatensystem, den Sozialraum und die Verbindung von Leibraum und Atmosphäre.

a) Raum als dreidimensionales Koordinatensystem
Ein Raum als dreidimensionales Objekt wird gegenständlich gebildet: Ein Gebäude wird gebaut, ein Zimmer eingerichtet. Durch die gegenständliche Gestaltung wird Räumen eine bestimmte Nutzung zugewiesen. Sie ist verbunden mit unterschiedlichen Atmosphären, abhängig von Architektur, Einrichtung und Sitzanordnungen. Ein Klassenzimmer wirkt anders als ein Meditationsraum. Eine Sitzordnung mit Podium anders als ein Stuhlkreis.

b) Raum als Sozialraum
Ein Ort wird zu einem symbolischen Raum aufgrund der Bedeutung, mit der er aufgeladen wird. Diese Symbolisierungen sind teilweise allgemein-anthropologisch begründbar, sie unterliegen jedoch auch kulturellen Codes und deren Transformationsprozessen. So entsteht ein Sozialraum, der durch subjektiven Sinn, Aneignungsprozesse und symbolische Ordnungen der Gesellschaft mit deren Ein- und Ausschlussprozessen bestimmt ist. Diese Ordnungen regeln, wer dazu gehört, wer sich in welchem Raum wann aufhalten darf und wie man sich dort verhalten muss. Wem aufgrund von Alter, Geschlecht, sozialer Klasse, Milieuzugehörigkeit, Nationalität etc. der Zugang zu bestimmten Orten und Räumen verwehrt wird, der ist aus dem Sozialraum ausgeschlossen.

---

[2] Kapitel 2 lehnt sich an die Ausführungen in Kaupp 2020 an.
[3] Zum Überblick über die verschiedenen Bezugstheorien und Disziplinen vgl. Rau 2013, 72–121. Ausführlich vgl. Günzel 2009. Zur Diskussion in verschiedenen theologischen Disziplinen vgl. u. a. Kaupp 2016.
[4] Döring / Thielmann 2008.
[5] Rau 2013, 58.
[6] Löw 2001, 199.

c) Leiblicher Raum und Atmosphäre

Eine weitere Raumperspektive ist der Leib als Raum.[7] Er ist das Medium der Interaktion zwischen Innen- und Außenraum. Mit ihm werden optische, akustische, olfaktorische und haptische Eindrücke erlebt[8] und Erinnerungen gespeichert. Subjekte schaffen durch ihre Interaktion und Kommunikation atmosphärisch bestimmte Raumqualitäten.[9] Erst durch diese Interaktion zwischen Raum und Person kommt den Dimensionen des mathematischen und sozialen Raums eine Atmosphäre zu, die der Einzelne emotional erlebt. Atmosphäre und Leib sind also nicht unabhängig von einem Subjekt zu definieren. Dieses Phänomen kann ausgehend vom Begriff der Befindlichkeit auf zweifache Weise beschrieben werden:

> *Sich befinden* heißt einerseits sich *in einem Raume befinden* und heißt andererseits *sich so und so fühlen,* so und so gestimmt sein. Beides hängt zusammen und ist in gewisser Weise eins: In meinem Befinden spüre ich, in was für einem Raume ich mich befinde. Natürlich ist der Raum nicht nur das, was ich von ihm empfinde, nämlich die Atmosphäre. Der Raum hat auch seine dingliche Konstitution und vieles, was zu ihr gehört, geht nicht in mein Befinden ein.[10]

Unter der Perspektive der leiblichen Anwesenheit werden Räume bzw. Atmosphären auch unabhängig von der baulichen Gestaltung gebildet. Eine Sitzordnung im Kreis spiegelt z. B. eine andere Atmosphäre wider als eine Kommunikation zwischen Podium und Plenum. Durch ihre Gestimmtheit oder den Anlass des Zusammenseins schaffen die Anwesenden eine bestimmte Atmosphäre. Diese kann belastend und entlastend wirken, kommunikativ oder unkommunikativ sein, etc. Dies bezeichne ich als ‚reale Atmosphäre'.

Von der realen kann die ‚imaginierte Atmosphäre' unterschieden werden, die in Rollenspielen, Fantasiereisen, Filmen o. ä. inszeniert wird. Die von den Anwesenden erzeugte Raumstimmung kann, muss aber nicht, mit der realen Befindlichkeit übereinstimmen, da sie durch Rollen vorgegeben wird. Durch eine imaginierte Raumgestaltung können Alternativen zur Realität erprobt und eventuell eingeübt werden. Hierdurch erweitert sich Rollenflexibilität und es wächst die Fähigkeit zur gegenseitigen Perspektivübernahme.

Die Dimensionen der Atmosphäre und des Leibraums verweisen darauf, dass die Raumgestaltung oder -inszenierung nicht nur werkästhetisch oder als gesellschaftliche Konstruktion zu betrachten ist, sondern auch rezeptionsästhetisch von den Wirkungen auf diejenigen, die sich im Raum befinden.

---

[7] Zum Begriff „Leibraum" in der Philosophie vgl. Schmitz 1967; ders. ³2015. Zur Bedeutung von Leiblichkeit für religiöse Lernprozesse vgl. Becker 2005; Leonhard 2006.

[8] Zur Konstituierung von Raum in den Sinnesorganen und zur Frage, welche Eigenschaften des Raums jeweils zur Sprache kommen, vgl. aus theologischer Perspektive Jooß 2005, 79–91.

[9] Vgl. Assmann ⁵2010.

[10] Böhme ²2013, 122 (Kursivsatz im Original).

Raumerschließung bzw. Raumaneignung basiert auf allen drei Raumkonzepten. Je nachdem, wie das Subjekt mit Räumen konfrontiert wird und sich diese erschließt, folgt daraus eine Veränderung des Selbst- und Weltverhältnisses. Hier zeigt sich auch, wie „eng Raum bzw. Raumerschließung an Sozialisations-, Lern- und Bildungsprozesse gebunden ist."[11]

3. Verortung von Religion und religiöser Erfahrung

Auch Religionen haben einen Raumbezug. An bestimmten Orten entstehen religiöse Räume und Menschen machen an bestimmten Orten religiöse Erfahrungen. Es ist daher zu unterscheiden, ob einem Ort durch eine Gemeinschaft mittels seiner Gestaltung eine besondere religiöse Prägung zugewiesen wurde oder ob ein Mensch dem persönlichen Erleben eines Ortes eine religiöse Raum-Dimension zuspricht. Diese Unterscheidung ist religionspädagogisch wichtig, da es zwar möglich ist, die Erfahrung religiös geprägter Räume (didaktisch) zu inszenieren, jedoch nicht die subjektive religiöse Raumerfahrung.

Im Blick auf physisch vorhandene Orte, die religiöse Räume sein können, sind mindestens folgende Differenzierungen möglich:
a) Orte in der Natur
Religionen kennen bestimmte „heilige Orte" in der Natur; Orte, denen eine besondere Kraft zugesprochen wird, wie z. B. dem Ayers Rock der Aborigines oder keltischen Kraftorten. Obwohl Orten in den monotheistischen Religionen nicht explizit eine solche Kraft zugesprochen wird, gibt es auch in Christentum, Judentum und Islam Orte, die besonders verehrt werden, weil sie mit der Erinnerung an ein wichtiges Ereignis in der Religionsgeschichte verknüpft sind. Sie werden oft als Wallfahrtsorte qualifiziert und waren oft schon in Vorzeiten Kultstätten, was z. B. für den Mont St. Michel in der Normandie angenommen wird.[12] Letztlich ist ungeklärt, inwieweit diesen Orten eine Kultur übergreifende, archetypische Funktion zukommt[13] und inwieweit diese Orte durch soziale und kulturelle Zuschreibungen geprägt und damit auch Veränderungsprozessen unterworfen sind. Daneben gibt es Orte in der Natur, die eindeutig durch solche Zuschreibungsprozesse qualifiziert sind, wie Friedhöfe oder Wegkreuze.
b) Liturgische Orte
Der Gestaltung von Sakralräumen wurde in der Menschheitsgeschichte stets großer Wert beigemessen. Mit hohem Aufwand wurden Kunstwerke geschaf-

---

[11] Unger 2013, 213.
[12] Vgl. Assmann ⁵2010, 298–339; Riedel 2001.
[13] Vgl. die psychoanalytische Darstellung der Elementarformen von Umhüllungen wie Dach, Wand, Tür und Fenster in ihrer Entwicklungsgeschichte in: Funke, Dieter (2006): Die dritte Haut. Psychoanalyse des Wohnens, Gießen.

fen, deren Formvollendung nur durch die Zusammenarbeit vieler gelingen konnte. Obwohl religiöse Bauwerke meist viele Generationen überdauern, materialisiert sich in ihrer Grundanlage – zumindest in der westlichen Hemisphäre – meist auch die Theologie und das Lebensgefühl der jeweiligen Erbauer_innengeneration: Eine gotische Kathedrale ist nach einer anderen Raumidee gestaltet als eine moderne Kirche. Die Raumideen sind daher zeitlich und kulturell bedingt und verkörpern auch Hierarchisierungsstrategien.[14]

Liturgische Orte sind einerseits architektonisch für die Liturgie gebaut, anderseits werden sie durch die Liturgie oder eine andere Praxis gestaltete Räume, die auch aufgrund der jeweiligen Praxis unterschiedlich erlebt werden: In einer Kirche kann ein Gottesdienst oder ein Konzert stattfinden. Ein Gottesdienst kann je nach Datum im Kirchenjahr oder nach biographischer Situation der Gottesdienstbesucher_innen Raum der Erinnerung, Raum der Freude, der Trauer, des Gebetes, der Gottesbegegnung oder der Langeweile sein.[15] Liturgische Räume können daher in ihrer Wirkung zeitlich wie kulturell differenziert betrachtet werden.

c) Alltagsräume

Auch in Alltagsräumen wird Religion erfahren: Während das kindliche Abendgebet vermutlich im Kinderzimmer stattfindet, werden religiöse Feste in der Familie im Wohnzimmer gefeiert. Kommunionkatechese findet häufig in Privaträumen oder in einem mehr oder wenig ansprechend gestalteten Raum des Gemeindezentrums statt. Religionsunterricht wird im Klassenzimmer, im Videoraum der Schule oder im eigens gestalteten Religionszimmer erteilt. Fragen nach Tod und Auferstehung werden möglicherweise in einem sterilen Krankenzimmer gestellt. Während Naturräume wegen ihrer besonderen Ausstrahlung als heilige Orte verehrt werden und liturgische Räume für die religiöse Liturgie geschaffen wurden, stehen bei Alltagsräumen keine religiösen, sondern andere Gestaltungsideen im Vordergrund, z. B. die Kommunikation- oder Rückzugsfunktion eines Raumes oder die Möglichkeiten einer vielseitigen Verwendung.

d) Museen

Museen inszenieren Religion nicht nur durch Ausstellungen zu religiösen Themen, sondern auch durch die Museumsarchitektur selbst. Die Gegenstände einer Ausstellung sind zugleich Wissens- und Wertbestände einer Kultur und fördern so eine Auseinandersetzung mit Religion als Element der Kultur. Interessanterweise sind Museen selbst nach quasi „sakralen Raumprogrammen"[16] gestaltet. Demensprechend gibt es Parallelen im Verhalten von Besuchern von Museen und von Kirchen: langsames Bewegen, ruhiges Verhalten und oft eine besondere Kleidung.

---

[14] Vgl. Ricker 2014.
[15] Zur wirkungsästhetischen Betrachtung vgl. Bethge 2015.
[16] Offe 2004, 121.

e) Virtuelle Räume
Die Dimension virtueller Räume, die Raum und Körperlichkeit noch einmal anders erleben lässt, kann hier nur erwähnt werden, da eine differenzierte Beschreibung den Umfang dieses Beitrags sprengen würde. Interessant ist jedoch welche Vielzahl von Raumbegriffen, wie Datenspeicher, Netz, Datenautobahn etc., hier verwendet werden.

4. Religiöse Orte als „andere Räume" oder die Sehnsucht nach Heterotopien

Die Suche nach Erlebnissen und Erfahrungen, die sich vom Alltag unterscheiden, lässt Menschen Orte und Räume aufsuchen, die dies ermöglichen: Erlebnisparks, Museen, aber auch Kirchen. Nach der Trennung von Heiligem und Profanem im heutigen gesellschaftlichen Kontext stellt sich umso mehr die Frage, welche Dimensionen von Religiosität ein Ort und eine Raumgestaltung ermöglichen und welche sie eventuell verschließen.

Der Philosoph und Soziologe Michel Foucault bezeichnet die heutige Zeit als „Epoche des Raums"[17] und arbeitet den Unterschied zwischen Utopien und Heterotopien heraus. Utopien sind „Platzierungen ohne wirklichen Ort"[18]; Heterotopien dagegen „tatsächlich realisierte Utopien, in denen die wirklichen Plätze innerhalb der Kultur gleichzeitig repräsentiert, bestritten und gewendet sind, gewissermaßen Orte außerhalb aller Orte, wiewohl sie tatsächlich geortet werden können"[19].

Foucault unterscheidet „Krisenheterotopien" als die in einer Kultur privilegierten, geheiligten oder verbotenen Orte (z. B. Sakralräume, Friedhöfe oder Räume für Übergangsrituale zum Erwachsensein) und „Abweichungsheterotopien" als die Orte, wo Menschen leben, deren Verhalten nicht gesellschaftlichen Normen entspricht (z. B. psychiatrische Kliniken und Gefängnisse).[20] Jede Kultur schafft solche Heterotopien, die in Folge kultureller Wandlungsprozesse wieder verschwinden können oder denen neue Formen des Funktionierens zugewiesen werden.[21] Interessanterweise „[erreicht] die Heterotopie ihr volles Funktionieren, wenn Menschen mit ihrer herkömmlichen Zeit brechen"[22]. Foucault unterscheidet zwischen Heterotopien, welche die Zeit speichern (wie z. B. Museen) und solchen, die an Flüchtigkeit gebunden sind (wie z. B. ein

---

[17] Foucault 1990, 34.
[18] Ebd., 38.
[19] Ebd., 39.
[20] Ebd., 40.
[21] Vgl. ebd., 40–42.
[22] Ebd., 43.

Fest).²³ Heterotopien sind immer mit Öffnungen und Schließungen verbunden.²⁴

a) Heilige Räume als Heterotopien

Sakrale Orte und Räume können daher Heterotopien sein: Orte, die sich durch wertvolle Gestaltung von Alltagsräumen unterscheiden und die z. B. in Bildern Utopien darstellen, wie etwa das Leben im Himmel. Sakrale Räume können aufgrund ihres Transzendenzbezugs als „heilige Räume" bezeichnet werden. Sowohl die Raum- als auch die Zeitdimension hebt sie vom Alltag ab. Religionsphänomenologische Deutungsansätze unterscheiden folgende Bedeutungen, die einem „Heiligen Raum" zugewiesen werden²⁵:

- als Macht-Raum, in dem sich Macht spiegelt bzw. kundgetan wird,
- als Erlebnis-Raum, in dem besondere, evtl. numinose Gefühle erlebbar sind,
- als Kult-Raum, der den kultischen Vollzügen einer Gemeinschaft dient,
- als Begegnungs-Raum, an dem sich „eine Symbolstiftung vollzieht"²⁶,
- als Übergangs-Raum zwischen Himmel und Erde, Transzendenz und Immanenz.

Diese Bedeutungen werden dem Raum zum einen von einer Gemeinschaft zugeschrieben. Zum anderen sind es Bedeutungen, die ein Subjekt dem Raum im eigenen Erleben zuweist. So ist der Sakralraum für eine religiöse Gemeinschaft je nach Anlass ein Erlebnis-, Kult-, Begegnungs- und Übergangsraum. Touristen, die evtl. einer anderen oder keiner Religionsgemeinschaft zugehören, erleben den Raum eher als Erlebnis- oder als Übergangsraum, weniger als Kult- oder Begegnungsraum. Vielleicht erfahren sie ihn auch als einen Raum, der durch die Differenz zu Alltagsräumen die dem Alltag enthobene Zeit eines Urlaubs noch einmal überhöht. Auch in biographischen Schwellensituationen werden Sakralräume für Rituale (Taufe, Trauung, Beerdigung) von Menschen als alltagsenthobene (Lebens-) Räume bzw. Krisenheterotopien aufgesucht, die sich im Alltag kaum mit religiösen Fragen beschäftigen. Gleichermaßen wird der nicht-alltägliche Raum von Künstlerinnen und Künstlern geschätzt, die dort ihre Werke ausstellen oder Konzerte aufführen.

b) Quasi-religiöse Heterotopien

„Durch Re-Produktion religiös-christlicher Zeichensysteme und Symbolwelten, Codes und Deutungsmuster werden (neue) SehnsuchtsOrte und Sehnsuchts-Räume des Religiösen geschaffen"²⁷, die ebenfalls als Heterotopien bezeichnet werden können, aber diesseitige Heterotopien bleiben. So können Orte wie Museen, Stadien, Spa-Bäder oder/und Gärten zu quasi-religiösen Räumen werden, die Transzendenzen im Diesseits ermöglichen.

---

[23] Ebd., 43–44.
[24] Ebd., 44.
[25] Vgl. ausführlich Woydak ²2009, 39–43.
[26] Ebd., 42.
[27] Metzger / Pahud de Mortanges 2016, 7.

5. Die Raumbezogenheit von Religiosität

Weder Religiosität noch Menschsein selbst sind also ohne die Dimension des Raums denkbar. Lebensgeschichtliche Erzählungen oder Romane geben den Blick frei für die große Bedeutung, die Orten und Räumen (Kirche, Zimmer, Natur) insgesamt[28] und vor allem für die Darstellung von Religion und Religiosität zukommt.[29]

Die christlich geprägte Advents- und Weihnachtszeit macht deutlich, wie Erinnerungen an bestimmte Räume und Atmosphären oft sogar Zugangsweg zur religiösen Lebensgeschichte sind. Dies belegt das Interviewbeispiel, in dem die vierundzwanzigjährige Barbara ihre Erinnerungen an die familiäre Weihnachtsfeier nach dem Gottesdienst schildert:

> Danach kam man nach Hause und dann haben wir erst mal bei meiner Oma gefeiert. Da kamen dann [...] auch wieder Onkel, Tanten und Cousinen und dann gab es Geschenke für alle [...]. Wir hatten immer einen richtig schönen Baum und eine Krippe. Die Krippe durfte ich bei der Oma aufbauen. Die war richtig alt, ja und man hat das so richtig zelebriert: (Wir haben aus dem Keller die Plastiktüte geholt, von der man wusste: da ist die Krippe drin und die Kiste mit den ganzen Figuren. Vorher waren wir noch im Wald und haben Moos geholt. Dann wurde ein Tisch mit Moos hergerichtet, da kam die Krippe drauf, dann die Figuren: ein Hirte und ein Bub, die waren dann so auf dem Weg zur Krippe, die Heiligen Drei Könige, Ochs und Esel [...]. Dann saßen wir abends relativ lang noch da, und haben hauptsächlich gesungen. Nicht diese normalen Weihnachtslieder, die immer irgendwo stehen, sondern alte, die meine Oma aus ihrer Jugend noch kannte und die wunderschön sind. [...] (((leise))) Ja, es war halt richtig schön, dass das Licht so gedämpft war. [...] Wir hatten ja nicht mal alle Platz in diesem kleinen Zimmer. Es war immer ganz friedlich und richtig schön. [...] (In unserer eigenen Wohnung) da gab's dann auch noch einen großen Baum, am Anfang noch mit richtigen Kerzen, und dann hat das nach immer so toll gerochen, (((leise))) ja war richtig schön, ich erinnere mich auch gern daran. Ich feiere Weihnachten wahnsinnig gern, das ist für mich wirklich (((lauter))) heilig.[30]

Verschiedene Aspekte des Raumbegriffs lassen sich als konstitutiv für religiöse Erinnerungs- und Lernprozesse herausarbeiten:
- Die Erinnerung wird mit einem konkreten Ort, einem physischen Raum als dreidimensionales Koordinatensystem verknüpft.
- Dieser Ort wird dadurch bedeutsam, dass Menschen ihn mit Leben füllen: Sie geben ihm Atmosphäre, lassen einen Raum entstehen, der Erinnerungen speichert, Stimmungen spiegelt oder Verhalten begrenzt.
- Der Leib als weitere Raumperspektive lässt optische, akustische, olfaktorische und haptische Eindrücke erleben: der Raum, das Licht, die Lieder, der

---

[28] Vgl. Berghaus 2015.
[29] Vgl. Assmann ⁵2010, 298–339.
[30] Kaupp 2005, 325–326.

Kerzengeruch und das Aufstellen der Krippe.[31] Die Erinnerung der Erzählerin umfasst alle Sinne und ist sowohl von den konkreten räumlichen Gegebenheiten abhängig als auch von der subjektiven leiblichen Eingebundenheit.

– Ein- und Ausschlussprozesse werden über den sozialen Raum entschieden. Die Familie versammelt sich an einem konkreten Ort und realisiert dadurch auch Familie. Dies verdeutlicht, wer dazu gehört und wer nicht (mehr).[32]

6. Aspekte einer raumbezogenen Religionsdidaktik

In der Kirchenarchitektur und der Liturgie wurde die Bedeutung des Ortes und der Raumgestaltung schon immer mitgedacht. Die Auseinandersetzung mit der Frage, welche Bedeutung die Dimension des (religiösen) Raums für religiöse Lernsettings hat, steht jedoch noch relativ am Anfang. Die Bedeutung der Räume für Bildungsprozesse sowie die notwendigen Kompetenzen derjenigen, die Bildungsprozesse gestalten, sind dabei in den Blick zu nehmen.

6.1 Religiöse RaumBildung

Eine raumbezogene Didaktik berücksichtigt die Tatsache, dass nicht nur Worte und Taten, sondern auch Räume bilden.[33] Pädagogische Überlegungen zum Raum sowie Arbeiten aus der Lebens- und Sozialraumforschung haben gleichermaßen dazu beigetragen, die Relevanz des Raums für Entwicklungs- und Bildungsprozesse stärker beachten.[34] In der Bezeichnung „Raum als dritter Pädagoge"[35] kommt die Wichtigkeit der Raumgestaltung zum Ausdruck. Der Begriff wurde in einem Ansatz kommunaler Kindertageseinrichtungen in Reggio/Emilia (Italien) entwickelt, der die Kinder als „ersten", die Erzieher/innen als „zweiten" und den Raum als „dritten Erzieher" versteht. Neben den unterschiedlichen bildungstheoretischen Überlegungen sind auch die praktisch-

---

[31] Zur Konstituierung von Raum in den Sinnesorganen und zur Frage, welche Eigenschaften des Raums jeweils zur Sprache kommen: vgl. aus theologischer Perspektive Jooß 2005.
[32] Das Weihnachtsfest mit seiner spezifischen räumlichen und zeitlichen Gestaltung dient in besonderer Weise der Realisierung von Familie: vgl. Baumann 2010, 137–160.
[33] Vgl. Becker u. a. 1997; Liebau u. a.1999; Westphal 2007; Berndt u. a. 2016.
[34] Vgl. exemplarisch Forster 1999, 192–202; Böhme 2009; Schröteler-von Brandt u. a. 2012; Walden / Borrelbach [7]2012; Kraus 2015, 17–32; Unger 2013, 197–217; Deinet / Reutlinger 2004.
[35] Vgl. Schäfer / Schäfer 2009, 235–248.

theologischen Überlegungen der Sakralraum- bzw. Kirchenpädagogik weiterführend. Die Bedeutung von Orten und Räumen mit ihren Vernetzungen für (religiöse) Lehr-/Lernprozesse ist nicht zu unterschätzen. Der Theologe Fulbert Steffensky drückt den bewussten oder unbewussten Einfluss folgendermaßen aus: „Der Raum baut an meiner Seele. Die Äußerlichkeit baut an meiner Innerlichkeit."[36]

Die ungewohnte Schreibweise „RaumBildung" kennzeichnet ein zweifaches Verhältnis von Raum und Bildung. Zum einen werden religiöse Räume und Atmosphären gebildet: Kirchen, Meditations- oder Gemeinderäume werden als dreidimensionale Räume gebaut, Sozialräume werden auch durch religiöse Aspekte gestaltet und Menschen geben religiösen Räumen bestimmte Atmosphären. Daher ist zu klären, welche Raumgestaltung für religiöse Bildungsprozesse förderlich oder hinderlich ist. Zum anderen tragen Räume selbst zur Bildung bei, denn an ihnen kann eine bestimmte Theologie abgelesen und erlernt werden. Diese Tatsache nutzt die Sakralraumdidaktik, die seit einigen Jahren sowohl in der Praxis als auch in Lehre und Forschung großes Interesse findet.[37] Ihr Ziel ist, den Sinngehalt von sakralen Orten und Räumen in einer religiös und weltanschaulich pluralen Gesellschaft zugänglich zu machen. Hierzu wird die Tatsache genutzt, dass Räume diese Sinngehalte verkörpern und so zur Bildung beitragen können.

Neben der Tatsache, dass Menschen aus sehr unterschiedlichen Gründen Kirchen aufsuchen, können unter bildungstheoretischen Gesichtspunkten die Anbieter verschiedene Zielsetzungen haben. Holger Dörnemann unterscheidet zwischen kulturorientierten (stadtgeschichtlich, baukundlich, kunsthistorisch), theologieorientierten (frömmigkeitsgeschichtlich, katechetisch, liturgisch), subjektorientierten (mystagogisch/geistlich, symboldidaktisch/semiotisch, biographisch) und erlebnisorientierten (ganzheitlich, kreativ-gestaltend, handlungsbezogen) Typen,[38] die sich in der Ausgestaltung auch überschneiden können.

Das Fallbeispiel von Barbara zeigt jedoch, dass die Wechselwirkung zwischen Religion, Raum bzw. Atmosphäre und Subjekt ebenso in alltäglichen Zusammenhängen relevant ist. Denn religiöses Lernen findet vielfach in Schulräumen, Kinderzimmern, Gemeinderäumen oder Wohnzimmern statt. Es ist zu fragen, ob diese Räume für religiöse Bildungsprozesse geeignet sind bzw. welche Kompetenzen nötig sind, um sie zu geeigneten Räume zu gestalten.

Da Religion nicht nur Inhalt, sondern auch Form ist, beziehen sich auch religiöse Bildungsprozesse nicht allein auf die Dimension des Wissens. Es geht darum, „religiöse Sensibilität" als Zugang zu religiösen Fragen zu fördern und

---

[36] Steffensky 2003, 84.
[37] Zum Überblick vgl. Klie 2020 und Boehme 2021. Zur Praxis vgl. exemplarisch Rupp ³2016 und 2017. Exemplarische wissenschaftliche Forschungsarbeiten zum Themenfeld vgl. Aronica 2014; Dörnemann ²2014; Bethge 2015; Kindermann 2017; Bentin 2018.
[38] Vgl. Dörnemann ²2014, 95–115.

„religiöses Ausdrucksverhalten" zu entwickeln. Dies meint die Fähigkeit, die Codes einer Religion zu verstehen und sich entsprechend zu verhalten. Die Deutung des Kirchenraums fördert „religiöse Kommunikation" als die Sprachfähigkeit in einer Religion bzw. über sie. Dies kann möglicherweise zu einer Auseinandersetzung mit Fragen einer „religiös motivierten Lebensgestaltung" als der Handlungskomponente führen.[39]

Je nachdem, ob die Zielsetzung religiöser Lehr-/Lernprozesse eher eine kognitive Vermittlung von Inhalten oder eine erlebnisorientierte Aneignung von Atmosphäre und Glaubenspraxis ist, unterscheidet sich das didaktische Vorgehen.[40] Erlebnisorientiert soll durch die bewusste Erfahrung eines sakralen Raums ein probeweises Erleben (fremder) religiöser Ausdruckformen ermöglicht werden. Ziel ist, dass sich Menschen ihrer eigenen (religiösen) Gefühle bewusstwerden, sich in die Rolle der Gläubigen hineinversetzen und so die Bedeutung religiöser Symbole und Ausdrucksformen zumindest ansatzweise erleben. Durch diese Identifizierung mit einer religiösen Ausdrucksgestalt kann ein Verständnis und evtl. auch ein Zugang zu religiösen Ausdrucksformen einer Religion eröffnet werden.

6.2 „Raumkompetenz" als Voraussetzung für raumbezogene religiöse Bildung

Für eine raumbezogene religiöse Bildung benötigen die Beteiligten Raumkompetenz. Es ist unverzichtbar, „den Umgang mit Atmosphären (zu) lernen"[41] und die Botschaft eines Raums wahrzunehmen.

Folgende fünf Dimensionen können daher für eine Raumkompetenz als wesentlich angesehen werden:
- Raumkompetenz auf der Ebene des materiellen Raums: Vorhandene Räume sind dahingehend zu überprüfen, ob sie für religiöse Aneignungs- und Vermittlungsprozesse förderlich sind oder diese im Blick auf Zielsetzung. Alter oder ästhetische Vorlieben der Adressat_innen behindern.
- Raumkompetenz auf der Ebene des Sozialraums: Anknüpfend an die sozialräumlichen Theorien finden im jeweiligen Lebensraum Ein- und Ausschlussprozesse statt. Daher müssen in Pastoral und Schule Tätige fähig sein, solche Prozesse wahrzunehmen und Bildungs- und Unterrichtsprozesse so zu gestalten, dass sie für die Adressat_innen einen Lebensbezug haben. Die Wahrnehmung von „anderen Räumen" bzw. Heterotopien kann helfen, Religion in anderen Formen und an ungewohnten Orten kennen zu

---

[39] Vgl. Hemel 1988, 672–691.
[40] Zum Bezug zwischen verschiedenen religionsdidaktischen Konzepten und der Kirchenpädagogik vgl. Dörnemann ²2014, 170–255.
[41] Böhme ²2013, 43.

lernen und dadurch typische Ein- und Ausschlussprozesse zu durchbrechen.
- Raumkompetenz auf der Ebene der eigenen leiblichen Anwesenheit: Die Einführung in einem Raum und eine räumliche Inszenierung setzt voraus, dass die Beteiligten ihre eigene Leibräumlichkeit wahrnehmen und eigene Raum- Botschaften reflektieren. Nur wenn Sprache, Gestik, Mimik und Inhalt übereinstimmen, wird die Botschaft eindeutig gesendet.[42] Zu untersuchen ist, wie Raumbezüge der christlichen Botschaft deutlich werden bzw. wie sie inszeniert werden.
- Raumkompetenz auf der Ebene der Atmosphäre und des inszenierten Raums: Noch wichtiger als die physische Qualität eines Raumes ist die Atmosphäre, die durch die „Inszenierung" hergestellt wird. Es ist wichtig, dass der Religion zugängliche „Räume" gebildet werden und überlegt wird, welche Art von Religion in bestimmten Räumen inszeniert wird. Hierzu muss die Kompetenz vorhanden sein, Interaktionen zu reflektieren und unterschiedliche Raumqualitäten zu imaginieren.

Für die Raumkompetenz geht es also nicht nur um den Umgang mit der Materialität des Raumes und seiner Einrichtung, sondern mehr noch um die Ausbildung einer Fähigkeit zur atmosphärischen Inszenierung von Raum, die fast ohne Hilfsmittel auskommt. Wichtig ist auch, inwieweit die eingangs genannten Grundbedürfnisse berücksichtigt werden.

7. Fazit

„Heilige Räume" bzw. religiös konnotierte Orte und das Bedürfnis nach alltagstranszendierenden Räumen belegen, dass Menschsein nicht nur in Zeit-, sondern auch in Raumbezügen steht. Während der Raumbezug im liturgischen Kontext schon lange thematisiert wird, steht eine empirische Erforschung des Raumbezugs für religiöse Bildungs- und Aneignungsprozesse weitgehend aus.

Um Menschsein nicht nur in ihrem biographisch-zeitlichen Verläufen ernst zu nehmen, sondern auch in ihren Raumbezügen zu verstehen, ist der „spatial turn" unter theologischen, soziologischen, psychologischen und bildungstheoretischen Gesichtspunkten in die Praktische Theologie einzutragen.

Unter religionspädagogischer Perspektive ist der Raumbezug vor allem unter der Perspektive des Wechselverhältnisses von Lehr-/Lernprozessen und Raum bedeutsam. Wichtige Forschungsperspektiven sind die empirische Erfor-

---

[42] Zur Bedeutung von Leiblichkeit für religiöse Lernprozesse vgl. Becker, Sybille (2005): Leib – Bildung – Geschlecht. Perspektiven für die Religionspädagogik, Münster; Leonhard, Silke (2006): Leiblich lernen und lehren. Ein religionsdidaktischer Diskurs, Stuttgart.

schung der Wirkung von sakralen, aber auch von alltäglichen Räumen auf religiöse Bildungsprozesse sowie die Wirkung sakralraumdidaktischer Konzepte auf die Adressat_innen, vor allem im außerunterrichtlichen Kontext.

Literatur

Aronica, Markus (2014): Kirchenbegehungen im Freiburger Münster. Überlegungen aus religionsdidaktischer Sicht, Münster.
Assmann, Aleida (^{5}2010): Erinnerungsräume. Formen und Wandlungen des kulturellen Gedächtnisses, München.
Baumann, Maurice (2010): Weihnachtsfeier. Kindheitskultur des kreativen Konformismus, in: Morgenthaler, Christoph / Hauri, Roland (Hg.): Rituale im Familienleben. Inhalte, Formen und Funktionen im Verhältnis der Generationen, Weinheim, 137–160.
Becker, Gerold u. a. (1997): Räume bilden. Studien zur pädagogischen Topologie und Topographie, Seelze-Velber.
Becker, Sybille (2005): Leib – Bildung – Geschlecht. Perspektiven für die Religionspädagogik. Münster.
Bentin, Natascha (2018): Lernen im Begegnungsraum Synagoge. Eine interdisziplinäre Evaluationsstudie im Rahmen qualitativ-quantitativer Einstellungsforschung, Dortmund. (abrufbar unter: eldorado.tu-dortmund.de › bitstream › DissertationBettinEND12072017; Zugriff: 15.03.2020).
Berghaus, Stephan (2015): Das topographische Ich. Zur räumlichen Dimension der Autobiographie in Goethes „Dichtung und Wahrheit", Würzburg.
Berndt, Constanze u. a. (Hg.) (2016): Räume bilden – pädagogische Perspektiven auf den Raum, Bad Heilbronn.
Bethge, Clemens W. (2015): Kirchenraum. Eine raumtheoretische Konzeptualisierung der Wirkungsästhetik (Praktische Theologie heute 140), Stuttgart.
Boehme, Katja (2020): Art. „Kirchenraumpädagogik/Kirchenpädagogik", in: Wissenschaftlich-Religionspädagogisches Lexikon, Zugriff am 07.05.2024 https://www.bibelwissenschaft.de/stichwort/ 200823/
Böhme, Gernot (^{2}2013): Architektur und Atmosphäre, Paderborn.
Böhme, Jeanette (2009): Schularchitektur im interdisziplinären Diskurs, Wiesbaden.
Deinet, Ulrich / Reutlinger, Christian (Hg.) (2004): „Aneignung" als Bildungskonzept der Sozialpädagogik. Beiträge zur Pädagogik des Kindes- und Jugendalters in Zeiten entgrenzter Lernorte, Wiesbaden.
Döring, Jörg / Thielmann, Tristan (2008): Spatial Turn. Das Raumparadigma in den Kultur- und Sozialwissenschaften, Bielefeld.
Dörnemann, Holger (^{2}2014): Kirchenpädagogik. Ein religionsdidaktisches Prinzip. Grundannahmen – Methoden – Zielsetzungen (Kirche in der Stadt 18), Berlin.
Forster, Johanna (1999): Habitat ‚Schule'. Überlegungen zu Qualitätsmerkmalen von Schulbau, in: Liebau, Eckart u. a. (Hg.): Metamorphosen des Raums. Erziehungswissenschaftliche Forschungen zur Chronotopologie, Weinheim, 192–202.
Foucault, Michel (1990): Andere Räume, in: Barck, Karlheinz u. a. (Hg.): Aisthesis. Wahrnehmung heute oder Perspektiven einer anderen Ästhetik, Leipzig, 34–46.
Funke, Dieter (2006): Die dritte Haut. Psychoanalyse des Wohnens, Gießen.

Glockzin-Bever, Sigrid (2002): Was der Kirchenraum lehrt. Fachdidaktische Überlegungen zur Kirchenraumpädagogik, in: Dies. / Schwebel, Horst (Hg.): Kirchen – Raum – Pädagogik, Münster, 163–192.

Günzel, Stephan (Hg.) (2009): Raumwissenschaften (suhrkamp taschenbuch wissenschaft 1891), Frankfurt.

Hemel, Ulrich (1988): Ziele religiöser Erziehung. Beiträge zu einer integrativen Theorie, Frankfurt a. M.

Jooß, Elisabeth (2005): Raum. Eine theologische Interpretation (Beiträge zur evangelischen Theologie 122), Gütersloh.

Kaupp, Angela (2005): Junge Frauen erzählen ihre Glaubensgeschichte. Eine qualitativ-empirische Studie zur Rekonstruktion der narrativen religiösen Identität katholischer junger Frauen (zeitzeichen 18), Ostfildern.

Kaupp, Angela (Hg.) (2016): Raumkonzepte in der Theologie. Interdisziplinäre und interkulturelle Zugänge, Ostfildern.

Kaupp, Angela (2020): (Sakrale) Räume und religiöse Bildung, in: Karl, Katharina / Winter, Stephan (Hg.): Theologie und Raum, Münster, 223–238.

Kindermann, Katharina (2017): Die Welt als Klassenzimmer. Subjektive Theorien von Lehrkräften über außerschulisches Lernen, Bielefeld.

Klie, Thomas (2016): Art. „Pädagogik des Kirchenraums/heiliger Räume", in: Wissenschaftlich-Religionspädagogisches Lexikon, Zugriff am 07.05.2024 https://www.bibelwissenschaft.de/stichwort/200253/

Kraus, Katrin (2015): Dem Lernen Raum geben: Planung, Gestaltung und Aneignung pädagogischer Räume, in: Nuissl, Ekkehard / Nuissl, Henning (Hg.): Bildung im Raum, Grundlagen der Berufs- und Erwachsenenbildung, Baltmannsweiler, 17–32.

Leonhard, Silke (2003): Leiblich lernen und lehren. Ein religionsdidaktischer Diskurs (Praktische Theologie heute 79), Stuttgart 2006.

Liebau, Eckart u. a. (Hg.): Metamorphosen des Raums. Erziehungswissenschaftliche Forschungen zur Chronotopologie, Weinheim 1999.

Löw, Martina (2001): Raumsoziologie (suhrkamp taschenbuch wissenschaft 1506), Frankfurt.

Metzger, Franziska / Pahud de Mortanges, Elke (2016): Einleitung, in: Dies.: Orte und Räume des Religiösen im 19.–21. Jahrhundert, Paderborn, 7–8.

Offe, Sabine (2004): Museen, Tempel, Opfer, in: Bräunlein, Peter J. (Hg.): Religion und Museum. Zur visuellen Repräsentation von Religionen im öffentlichen Raum, Bielefeld, 119–138.

Rau, Susanne (2013): Räume. Konzepte, Wahrnehmungen, Nutzungen, Frankfurt a. M. / New York.

Reutlinger, Christian (^{3}2012): Erziehungswissenschaft, in: Günzel, Stephan (Hg.): Raumwissenschaften, Frankfurt a. M., 93–108.

Ricker, Julia (2014): Liturgie formt Räume, in: monumente – Zeitschrift für Denkmalkultur in Deutschland 6, Zugriff am 07.05.2024 www.monumente-online.de/de/ausgaben/2014/6/liturgie-formt-raeume.php

Riedel, Ingrid (2001): Beseelte Orte. Plätze der Natur – Stätten der Kultur – Räume der Spiritualität, Stuttgart.

Rohde, Sven (2021): Wie die Wohnung, so der Mensch?, in: Psychologie heute – compact 66: Meine Wohnung und ich, 27–33.

Rupp, Hartmut (Hg.) (^{3}2016): Handbuch der Kirchenpädagogik, Bd. 1, Stuttgart.

Rupp, Hartmut (Hg.) (2017): Handbuch der Kirchenpädagogik Bd. 2, Stuttgart.

Schäfer, Gerd E. / Schäfer Lena (2009): Raum als Dritter Erzieher, in: Böhme, Jeanette (Hg.): Schularchitektur im interdisziplinären Diskurs, Wiesbaden, 235–248.

Schmitz, Hermann (1967): Der leibliche Raum (System der Philosophie III, Bd. l), Bonn.

Schmitz, Hermann (³2015): Der Leib, der Raum und die Gefühle, Ostfildern.
Schröteler-von Brandt, Hildegard u. a. (Hg.) (2012): Raum für Bildung. Ästhetik und Architektur von Lern- und Lebensorten, Bielefeld.
Steffensky, Fulbert (2003): der heilige Raum, der die Sehnsucht birgt, in: Adolphsen, Helge / Nohr, Andreas (Hg.): Sehnsucht nach heiligen Räumen – eine Messe in der Messe, Darmstadt, 81–94.
Unger, Alexander (2013): Raum und Raumerschließung aus pädagogischer Perspektive, in: Jörissen, Benjamin / Westphal, Kristin (Hg.): Mediale Erfahrungen: Vom Straßenkind zum Medienkind, Weinheim, 197–217.
Walden, Rotraud / Borrelbach, Simone (⁷2012): Schulen der Zukunft. Gestaltungsvorschläge der Architekturpsychologie, Heidelberg.
Westphal, Kristin (Hg.) (2016): Orte des Lernens. Beiträge zu einer Pädagogik des Raumes (Koblenzer Schriften zur Pädagogik), Weinheim/München 2007.
Wildt, Kim de (2015): Gotteshäuser als Bildungsstätten. Eine komparative Feldforschung in der Sakralraumpädagogik, in: Gerhards, Albert / de Wildt, Kim (Hg.): Der sakrale Ort im Wandel, Würzburg, 93–118.
Woydak, Tobias (²2009): Der räumliche Gott. Was sind Kirchengebäude theologisch? (Kirche in der Stadt 13), Hamburg.

„Tritt nicht herzu, ziehe deine Schuhe von deinen Füßen; denn der Ort, darauf du stehst, ist heiliges Land." (Ex 3,5)
Von dem Entstehen Heiliger Räume im Dialogischen Religions- und Ethikunterricht

Carolin Simon-Winter

1. Respekt und Empathie als Voraussetzung, sich in einen Heiligen Raum zu begeben, der nicht durch räumliche Begrenzung definiert wird, sondern durch das, was in ihm geschieht.

Beginnen wir mit Moses, stellen wir uns zu ihm in die Wüste und wundern uns über diesen Busch, der da brennt und doch nicht verbrennt. Natürlich gehen wir näher ran, um zu sehen, was dort los ist. Wir wollen verstehen und analysieren, wie dies sein kann. Da hören wir die Stimme, die spricht: „Tritt nicht herzu, ziehe deine Schuhe von deinen Füßen; denn der Ort, darauf du stehst, ist heiliges Land."

Szenenwechsel: Wir sind im Jahr 2017, im Kellergang einer Offenbacher Berufsschule. Links und rechts befinden sich Türen zu Klassenzimmern. Schule eben. Doch vor einer Tür stehen aufgereiht ca. 20 Paar Schuhe, so viele wie eine Schulklasse eben Füße hat. Auch wir streifen unsere Schuhe ab und betreten den Raum, der genauso aussieht, wie Klassenräume in Schulen erwartungsgemäß aussehen: nichtssagend. Beim schuhlosen behutsamen Weitergehen wird es jedoch spürbar, dieses Andere, Unerwartete, nicht wirklich zu Begreifende.

20 Schüler und Schülerinnen sitzen in einem Kreis auf dem Boden, sie haben die Schuhe ausgezogen und blicken sich an. In der Mitte des Kreises liegt eine Decke, darauf befinden sich die unterschiedlichsten Gegenstände. Die Schüler_innen haben sie von zuhause mitgebracht. An ihnen wollen sie deutlich machen, was für sie in ihrem bisherigen Leben prägend war.

Auf der Decke liegen bereits Familienfotos, Boxhandschuhe, Gebetsketten, das Buch „Der Gotteswahn", ein Rosenkranz, ein Einmachglas mit kurdischen Vokabeln, ein Gesangbuch, ein Schlüsselanhänger in Form einer türkischen Flagge, der „Westöst-liche Diwan" von Goethe …

Die Schüler und Schülerinnen erzählen sich gegenseitig, was die Gegenstände für sie bedeuten. Sie sprechen reihum, wer nichts sagen möchte, schweigt und hört zu. Einige fragen interessiert nach, nicht alle Fragen werden beantwortet. Wie viel preisgegeben wird, entscheidet der- oder diejenige, die gerade spricht. Die anderen respektieren die Grenzen und trotzdem oder gerade deswegen herrscht ein Klima der Offenheit und der Nähe.

Was hier beschrieben wird, ist das Modul „Biographisches Lernen", das ein Teil des einjährigen Dialogischen Projektes mit dem Titel „Verschiedenheit achten – Gemeinschaft stärken" ist.

In diesem Projekt werden Schüler und Schülerinnen der elften Klassen eines beruflichen Gymnasiums gemeinsam im Klassenverband in den Fächern katholische, evangelische Religion und Ethik von einem Team entsprechender Fachlehrkräfte unterrichtet. Eine Ethiklehrkraft mit dem Schwerpunkt islamische Theologie ist ebenfalls Teil des Teams. Ziel ist es, dass die Schüler_innen lernen, aus ihrer je eigenen Tradition und Prägung miteinander in einen Dialog einzutreten und sich in diesem Geschehen in aller Unterschiedlichkeit verbunden zu fühlen.

Es entsteht ein Raum, in dem Menschen miteinander in Bewegung geraten. Der sich gerade dadurch auszeichnet, dass er nicht begrenzt ist, sondern offen hinsichtlich dessen, was gedacht und entwickelt werden kann. Klar begrenzt jedoch hinsichtlich des unverzichtbaren Schutzes für die teilnehmenden Individuen und die gesellschaftlich verbrieften Werte.

Wer sich hier hineinbegibt, hat Freude an Veränderung und innovativer Gestaltung. Wer verstehen will, was geschieht, muss seine Schuhe ausziehen und spüren können. Dann kann es geschehen, dass im Keller einer Schule ein heiliger Raum entsteht und Menschen, wie damals Moses, spüren können, was möglich werden kann, allen Zweifeln zum Trotz.

2. Didaktische Konkretionen erster Teil oder: „Warum die Schuhe ausziehen?"

Beginnen wir wieder mit Moses. Moses zieht seine Schuhe nicht aus, weil man das eben so macht, wenn ein Raum betreten wird.

Der Raum, den Moses am Dornbusch betritt, ist als solcher zunächst überhaupt nicht erkennbar. Er ist nicht durch Mauern begrenzt. Es ist ein Raum, der ist, indem er entsteht. Durch die Stimme wird Moses deutlich, dass er die Schuhe ausziehen muss, um dies zu begreifen. Das Schuhe-Ausziehen steht somit für die Bereitschaft, die eigenen Sinne zu schärfen und barfuß nicht nur den Boden zu berühren, sondern sich in gewisser Weise schutzlos berühren zu lassen, von dem, was in dem Raum, der einen umgibt, sichtbar wird.

Für die Schule heißt das:

2.1 Damit Differenzebenen sichtbar werden[1]

Eigentlich, so könnte eingewandt werden, muss in unserer Gesellschaft und auch in unseren Schulen niemand die Schuhe ausziehen, um sich der Heterogenität bewusst zu werden. Allerdings wird diese Heterogenität meist als ein zu behebendes Problem gesehen und somit wird sie von einem sich stets verstärkenden „Ruf nach Eindeutigkeit" begleitet. In seiner Schrift „Die Vereindeutigung der Welt – über den Verlust an Mehrdeutigkeit und Vielfalt" beschreibt Thomas Bauer eindrucksvoll, in wie vielen gesellschaftlichen Bereichen der Verlust von Vielfalt erfahrbar wird und vor allem, welche teils dramatische Konsequenzen dieser nach sich zieht. Bauer geht es in erster Linie nicht

> um eine Kartierung der Vielfalt um uns herum, sondern um unsere Bereitschaft oder unseren Unwillen, Vielfalt in all ihren Erscheinungsformen zu ertragen. Thematisiert wird einerseits unser Umgang mit äußerer Vielfalt wie ethnischer Diversität oder einer Vielfalt an Lebensentwürfen, sowie andererseits auch unser Umgang mit den vielfältigen Wahrheiten einer uneindeutigen Welt. Denn genau dies ist unsere Welt: uneindeutig.[2]

In der Schule werden die Schüler_innen durchaus in ihren unterschiedlichen Religionszugehörigkeiten bzw. Nichtzugehörigkeiten wahrgenommen. Gleichzeitig werden sie aber aufgrund dieser Zugehörigkeiten „kartiert". Sie werden in evangelische, katholische und Ethikgruppen eingeteilt und implizit erfahren sie dadurch: Religion ist das, was uns voneinander unterscheidet und was uns trennt. Wobei diese Art der Trennung oft Anlass zu einem „Ranking" bietet: „Das dort sind die Anderen und wir hier sind besser."

Dies ist schade, nicht nur um des lieben Friedens willen, sondern weil mit dieser Haltung die Möglichkeit verloren geht, die Welt in ihrer Mehrdeutigkeit zu sehen und das Leben in ihr als ständigen, auf unterschiedlichsten Ebenen stattfindenden Transformationsprozess, zu begreifen.

Eine besondere Gefahr liegt auch darin, dass Schüler_innen aufgrund ihrer formalen Zugehörigkeiten mit bestimmten Einstellungen oder Erfahrungen bezüglich ihrer Religion identifiziert werden, die für den/die Einzelne/n vielleicht überhaupt keine Rolle spielt.

Um die bestehende Vielfalt wirklich wahrzunehmen, zu erkennen, ist es wichtig, den Schüler_innen deutlich zu machen, dass Religionen und Kulturen nicht miteinander sprechen können. Sondern dass es in ihrer je eigenen Ver-

---

[1] Zu diesem Abschnitt vgl. Simon-Winter 2021a, 385–387.
[2] Bauer 2018, 12.

antwortung liegt, die Schuhe auszuziehen und sich hinzutasten zu dem, was ihnen wichtig ist und dies sprachfähig und für andere verständlich zu machen.

Dafür müssen in einem ersten Schritt die Schubladen der formalen Zuweisung „gesprengt" werden. Dies geschieht in unserem Projekt zu Beginn des Schuljahres in einer raumgreifenden Installation, gut sichtbar in der gesamten Schule.[3] Bei diesem sogenannten Fadenbild entsteht ein wildes Muster an roten Lebensfäden, durch die die einzelnen Schüler_innen in stets wechselnden Gruppen verbunden oder auch mal alleine stehen gelassen werden.

Zum Abschluss steigen alle auf die Tische und beschauen sich das Bild von oben und es ist zu erkennen, was es heißt, in Unterschiedlichkeit verbunden zu sein, ohne sich angleichen zu müssen. Darüber hinaus wird deutlich, dass es verschiedene Differenzebenen gibt: die zwischen den Religionen, Konfessionen und Weltanschauungen. Aber auch Differenzen innerhalb der jeweiligen Traditionen und vor allem gibt es auch Differenzen innerhalb eines Individuums. Auch ein einzelner Mensch ist in dem, was er/sie glaubt oder nicht glaubt, nicht immer eindeutig, sondern trägt teils Widersprüchliches in sich.

Diese vielen Differenzebenen wahrzunehmen, auszuhalten, sie als Gegebenheit zu verstehen und als Ressource zur Erschließung der Komplexität der Welt zu begreifen, ist ein erster wichtiger Erkenntnisschritt und funktioniert nur, wenn die Bereitschaft besteht, die Schuhe auszuziehen und barfuß (auch) unvertrauten Boden zu betreten.

2.2 Damit Grenzen respektiert und produktiv genutzt werden

Wenn sich Menschen auf unvertrautes Terrain begeben, ist es wichtig, bei aller produktiven Ungewissheit für Sicherheiten zu sorgen. Daher werden die Schüler_innen für das Thema der Bedeutung von Grenzen sensibilisiert. Hierbei ist die Begrenzung des Denkens und damit einhergehend die Vielfalt der Begegnungsmöglichkeiten von Menschen unterschiedlicher Traditionen bewusst ausgenommen. In einem Raum, der begrenzt ist durch Angst vor Konflikten, dessen Wände enger gesetzt werden, weil alte Gebietsansprüche nicht verletzt werden sollten, dessen Türen nicht für alle gleichermaßen geöffnet werden, weil in vorauseilendem Gehorsam verhindert werden soll, dass einige dann nicht eintreten wollen, in solch einem Raum, kann sich kein Dialog ereignen. In einem das Denken begrenzenden Raum behält jede_r seine/ihre eigenen Schuhe an, stapft in diesen vor sich hin, tritt durchaus auch auf die Füße anderer und sieht vor allem nicht das Feuer, das brennt und doch nicht verbrennt. In dem Dialogischen Unterricht werden unter dem Stichwort „Grenzen" vor allem drei Aspekte behandelt.

---

[3] Zur Methode vgl. Simon-Winter 2021a, 386–388.

a) Grenzen als Schutz für das Individuum
Wie oben beschrieben, werden „Schubladen" bewusst „gesprengt", um somit vorschnelle Zuweisungskategorien aufzubrechen. Damit sich die Schüler_innen in den neu entstehenden freien Raum wagen können, sollen sie erfahren, dass alle miteinander für den Schutz des Individuums verantwortlich sind. Alle Formen der Diskriminierung, der Herabsetzung eines/r Anderen, der Würdelosigkeit in der Begegnung oder des Machtanspruches innerhalb der Gruppe werden angesprochen und „ausgegrenzt". Um diese Grundhaltung des Respektes zu etablieren, werden zu Beginn des Schuljahres Safe Space-Regeln[4] ausgegeben und besprochen. Diese sind nicht verhandelbar, dienen nicht der Disziplinierung, sondern sichern einen Raum des gegenseitigen Respekts, der eigentlich immer gewahrt sein sollte, wenn Menschen sich begegnen. Schule ist ein guter Ort, sich dies bewusst zu machen, wiederum die Schuhe auszuziehen und zu spüren, wie sich der Boden verändert, auf dem wir stehen.

b) Grenzen als Schutz für Werte
Eine Gemeinschaft erhält sich auch am Leben durch gemeinsame Werte. Hierbei geht es nicht um die Vermittlung eines tradierten Wertekatalogs, durch den sich eine proklamierte Leitkultur in Abgrenzung zu anderen Kulturen in ihrer Vorherrschaft etablieren möchte, sondern um universelle Werte, wie sie z. B. in den Menschenrechten formuliert sind. Ein besonderer Fokus wird in diesem Unterrichtsgeschehen auf den Wert der *Toleranz* gelegt. In Anlehnung an Rainer Forsts Analyse von Toleranzkomponenten und -konzeptionen[5] erfahren Schüler_innen, dass Toleranz nicht bedeutet, alles geschehen zu lassen, dass sie nicht mit Gleichgültigkeit zu verwechseln ist, sondern immer etwas beinhaltet, was aus eigener Perspektive abzulehnen ist. Toleranz hat immer dort ihre Grenze, wo Menschen in ihrer Würde verletzt werden.

c) Grenzen als Schöpfungszonen
In einer anderen Perspektive werden Grenzen als sogenannte *Schöpfungszonen*[6] identifiziert. Gerade dort, wo Ambiguität herrscht, kann Neues entstehen. Was damit gemeint ist, wird in den Modulen, die sich mit der historischen Epoche von Al-Andalus beschäftigen, erkennbar. Die Schüler_innen erfahren, dass sich inmitten von Krieg und Feindschaft immer wieder Gruppen von Menschen unterschiedlicher Religionen entschlossen hatten, zusammenzuarbeiten und damit eine kulturelle Blüte geschaffen haben. Diese Erkenntnis ist in der aktuellen gesellschaftlichen Situation vor allem deswegen relevant, weil für die Schülerinnen und Schüler ihre aktive Rolle für ein friedliches Zusammenleben aller deutlich wird.

---

[4] Vgl. Knauth 2017, 206.
[5] Vgl. Forst 2003, 42–48.
[6] Nieser 2011, 23.

2.3 Damit Gemeinschaft als Körper begriffen wird, der sich im Prozess selbst gestaltet und gestaltend in die Umgebung wirkt

Gemeinschaft entsteht nicht durch Gemeinsamkeit. Fast überall, wo Dialoge geführt werden, begeben sich die Dialogpartner_innen auf die Suche nach ihren Gemeinsamkeiten. Derer wird sich vergewissert, um zu zeigen, dass wir doch gar nicht so unterschiedlich sind. Die „fehlenden" Differenzen scheinen dann ein Garant dafür zu sein, dass ein Dialog geführt werden und sich eine Gemeinschaft etablieren kann.

Auch in der Schule, wenn zu Beginn des Schuljahres Arbeitsgruppen zur Bearbeitung bestimmter Themen gebildet werden, fällt bei der Evaluation des Arbeitsprozesses oft der Satz: „Es war gut, wir sind aller einer Meinung".

Schade eigentlich, gehen mit dieser Einstellung doch die Ressourcen verloren, die gerade aufgrund der Unterschiedlichkeit helfen könnten, die Komplexität der Welt besser zu verstehen und in der Folge eben auch gemeinschaftlich zu gestalten (s. o. Differenzebenen). Aus diesem Grund wird im Dialogischen Lernen stets die Bedeutung der Unterschiede betont. Wir sind eben nicht alle gleich und das ist gut so!

Um diese Sichtweise, das Entstehen von Gemeinschaft aufgrund der Unterschiede, wahrnehmen zu können, ist es auch nötig „die Schuhe auszuziehen" und ganz bewusst dieses, für viele unbekannte Denk-Terrain zu erkunden.

In der Schule kann dies geschehen, indem konträre Einstellungen der Schüler_innen als wichtig für den Prozess des umfassenden Verstehens gewürdigt werden. Wenn zum Beispiel ein Schüler/eine Schülerin sagt: „Ich halte nichts von Religion, damit wurde in der Welt so viel Übel angerichtet." Dann besteht der erste Reflex oft darin, Gegenbeispiele zu finden und den/die Andere/n zu überzeugen, dass dem nicht so ist.

Im Dialogischen Lernen bleibt diese Aussage erst einmal so stehen und der/die Andere wird eingeladen, diese Sichtweise in das Dialoggeschehen einzubringen: „Wie gut, dass du eine so andere Sichtweise hast, vielleicht hilft uns das, unser Thema besser zu verstehen."

Damit wird deutlich: In einem Dialogprozess entsteht Gemeinschaft nicht durch die Suche nach Gemeinsamkeiten oder vergleichbaren Traditionen und Inhalten. Gemeinschaft entsteht durch die Haltung eines tiefgehenden Verstehen-Wollens aller Beteiligten. Dieses Verstehen-Wollen bezieht sich durchaus auch auf verschiedene Traditionen und Glaubensüberzeugungen. Entscheidend ist, dass sich die Teilnehmenden bewusstwerden, dass ihre Gemeinsamkeit in einer existentiellen Suchbewegung liegt, durch die sie in dem Dialogprozess verbunden werden.

Die Schüler_innen nähern sich dieser Erkenntnis durch Bubers im dialogischen Prinzip formulierten Aussage: „Ohne Du gibt es kein Ich". In der Annahme/Anerkenntnis dieses Satzes begeben sie sich in einen hierarchiefreien Raum, in dem die Aussagen und Überzeugungen ihrer Mitschüler_innen bei aller Unterschiedlichkeit vollkommen gleichwertig sind.

Dieses Setting schützt auch davor, dass die in einer Gesellschaft vorherrschende Tradition automatisch zum zentralen Vergleichspunkt wird (Benchmark), auf den sich alle anderen beziehen sollen. Solch eine implizit vermittelte Vormachtstellung ist häufig das Einfallstor für Konkurrenzen und „Verteidigungs-Verhärtungen" und steht somit einer existentiellen Suchbewegung entgegen, die transformatorische und lebensgestaltende Prozesse, individueller und gesellschaftlicher Art, in Gang setzen kann.

Um diesen Erkenntnisprozess auch theoretisch zu begleiten, wird in einem Modul der *Komplementäre Lernprozess* von Jürgen Habermas behandelt.[7] Dieser hat sich darin mit dem an den Grenzen zwischen religiösen und nicht religiösen Bürger_innen liegenden Erkenntnispotential auseinandergesetzt.

> Zusammengefasst lässt sich sagen, dass sich in der postsäkularen Gesellschaft die Erkenntnis durchsetzt, dass die Modernisierung des öffentlichen Bewusstseins phasenverschoben religiöse wie weltanschauliche Mentalitäten erfasst und reflexiv verändert. Beide Seiten könnten, wenn sie die Säkularisierung der Gesellschaft als komplementären Lernprozess begreifen würden, ihre Beiträge zu kontroversen Themen in der Öffentlichkeit dann auch aus kognitiven Gründen gegenseitig ernst nehmen. Ziel sei es, dieses Übersetzungsprogramm als kognitives Mittel zu verstehen, das eine Wechselwirkung zwischen säkularer und religiöser Vernunft generieren könne zur Überwindung des Defätismus der Moderne[8]

Die Grenzen zwischen religiösen und nicht religiösen Schüler_innen bleiben bestehen und die Unterschiede werden auf keinen Fall verwischt oder neutralisiert, sondern die pluralisierte, für den Gestaltungsprozess der Gesellschaft wichtige Vernunft entsteht gerade dadurch, dass sie sich in – „gleichmäßiger Distanz zu starken Traditionen und Weltanschauungen hält, also Grenzen zieht. Und darin jedoch lernbereit bleibt, ohne ihre Eigenständigkeit zu verlieren, osmotisch nach beiden Seiten hin geöffnet."[9]

Habermas spricht davon, dass das einigende Band der Prozess selbst ist.

Die Schüler_innen erfahren somit in der Auseinandersetzung mit diesem Modell, dass die Unterschiedlichkeit als Quelle der Gemeinschaft zu sehen ist. „Die Anderen" sind somit keine Objekte einer potentiellen Feindschaft, sondern Subjekte, mit denen in aller Unterschiedlichkeit ein gemeinsamer Weg beschritten werden kann –in der Hoffnung auf neu zu gestaltenden Lebensraum.

Dies wird dann an gesellschaftlich virulenten Themen und Fragestellungen ganz praktisch geübt. Die Schüler_innen erarbeiten sich mit Unterstützung ihrer Fachlehrer_innen aus philosophischen und religiösen Traditionen Wissen

---

[7] Simon-Winter 2020, 104–116.
[8] Ebd., 115. Vgl. dazu auch Thomalla 2009, 4.
[9] Habermas 2001, 11.

z. B. zu den Themen „Gerechtigkeit", „Gender", „Umgang mit Krisen" und legen ihre Erkenntnisse auf jeweils anders farbigen Kärtchen (jede Religion und Weltanschauung hat eine eigene Farbe) auf dem Boden aus. Die entscheidende Frage ist nun nicht: „Welche der Tradition hat die klügste und beste Antwort?" sondern: „Welche Elemente sind für mich/für uns alltagstauglich?" Die kategorisierenden Grenzen sind gefallen, die Unterschiede mit ihrem Reichtum an Erkenntnis und Gestaltungsmöglichkeiten bleiben bestehen.

Und in den Evaluationen der Schüler_innen ist dann immer häufiger zu lesen: „Wir hatten es einfach, wir waren so unterschiedlich!"

2.4 Damit das Dialogpotential innerhalb der religiösen Traditionen erkannt werden kann

Innerhalb des Jahreszyklus ist eine Phase eingeplant, die sich ausschließlich mit den Schriften der drei monotheistischen Religionen beschäftigt.

Der Grund hierfür ist, dass es nicht wenige Schüler_innen gibt, die ihre jeweilige Tradition als verfestigtes Gesamtpaket präsentieren und leben. Andere, nicht religiöse Schüler_innen, sehen Religionen als starre, unveränderliche und denkfeindliche Phänomene, die einer lebendigen Gesellschaft eher im Wege stehen als nützlich wären. Insofern ist es wichtig, von religiösen Traditionen zu erzählen, die durch den Glauben an Gott Ermutigung für eine gedankliche und räumliche Beweglichkeit und somit Gestaltungsfähigkeit des Lebens gesehen haben.

Die Geschichten von und um Abraham, Sara und Hagar sind hierzu in besonderer Weise geeignet, unter anderem weil Abraham in allen drei Religionen als „Grenzgänger" und „Grenzüberschreiter" beschrieben wird. Der jüdische Theologe Krochmalnik fasst dies zusammen, indem er von dem „Transmigrant Abraham als dem Ebenbild des transzendenten Gottes" spricht, „[...] weil Abraham alle Bande durchschritt, überschritten seine Nachfolger alle geographischen und sozialen Grenzen".[10]

Das reizvolle an den Abrahamsgeschichten in den drei Traditionen ist, dass sie voller Brüche, Widersprüchlichkeiten und unvereinbaren Gegensätzen sind. Insofern unterscheiden sie sich nicht so sehr von der heutigen gesellschaftlichen Situation und die Schüler_innen finden schnell Anknüpfungspunkte. In der Beschäftigung mit religiösen Texten können dabei Potentiale erfahrbar werden, die auf einer „tieferen Ebene" liegen. Es gibt eine Verbundenheit auf spiritueller Ebene zwischen Menschen ganz unterschiedlicher religiöser Prägungen und Traditionen. Ephraim Meir spricht hierbei von einer „Trans-

---

[10] Krochmalnik 2011, 59.

Differenz", in ihr „werden das Gleiche und das Andere gemeinsam gedacht; man erkennt das Besondere und überschreitet es."[11]

Es handelt sich hierbei, wie auch in den Abrahamsgeschichten, um eine präinstitutionelle Begegnung mit Gott. Diese Begegnung ist nicht wirklich planbar, es ist jedoch wichtig, im Unterrichtsgeschehen „Räume" einzuplanen, in denen dies erlebbar werden könnte. Das heißt auch an dieser Stelle wieder, die Schuhe ausziehen und spüren können, was möglich ist.

Um solch einen Begegnungsraum zu schaffen, bekommen die Schüler_innen Texte aus der jüdischen, christlichen und muslimischen Tradition. In ihnen werden aus der jeweiligen Binnenperspektive dialogförderliche Motive aus der Geschichte von Abraham, Hagar und Sara teilweise auch in ihrer Wirkungsgeschichte beschrieben.

Die Schüler_innen können sich je nach Interesse den einzelnen Gruppen zuordnen. Die Aufgabe besteht darin, wesentliche Motive auf unterschiedlich farbige Karten zu schreiben. Diese werden dann zum Ende der Arbeitsphase zu einem großen Bodenbild ausgelegt. Dabei sind Übereinstimmungen, Unterschiede und auch Widersprüchliches zu entdecken. Das anschließende Gespräch hat nun keine Kategorisierung oder gar Frage nach dem, was „richtig" oder „wahr" ist, zum Ziel. Sondern die Frage an die Schüler_innen zielt darauf zu formulieren, inwiefern die verschiedenen Perspektiven zu einer Erweiterung der eigenen Sichtweise beigetragen haben und ob es Motive gibt, die für sie persönlich, für ihre Lebenssituation wichtig geworden sind.

Dabei wird deutlich: Alle drei Religionen definieren den Glauben Abrahams, Sarahs und Hagars als einen, der nicht in die Sicherheit eines von Gott beschützten Lebens führt[12], sondern der ermächtigt, das Leben mit allen Herausforderungen leben zu können. Karl-Josef Kuschel spricht davon, dass dieser Glaube davon geprägt ist, dass mit Gott Unmögliches möglich wird. Dies gilt für Abraham, wie auch für Sara und Hagar. Sie alle sind auf je unterschiedliche Art „archetypische Gestalten radikaler Hoffnungsexistenz"[13].

Für die Schüler_innen ist es auch unter Genderaspekten bedeutsam und erhellend, auf die Rolle der Frauen in den Traditionen der monotheistischen Religionen einzugehen. Vielen ist nicht bewusst, dass durch die patriarchal geprägten Strukturen und den damit verbundenen Rezeptionen ein Bedeutsamkeitswandel einhergegangen ist. Dies lässt sich am Beispiel der Hagar in den islamischen Traditionen in besonderer Weise zeigen. Von Hagar wird erzählt, wie sie sich in Bewegung setzte, als sie in der Wüste am Verdursten war. Siebenmal lief sie zwischen zwei Hügeln hin und her und hat dadurch die Quelle *ZamZam* (Lebensquelle) gefunden.

---

[11] Fermor u. a. 2022, 34.
[12] Vgl. Simon-Winter 2021b, 22.
[13] Vgl. Kuschel 2006, 121.

Dazu passt, dass ihr Name im Arabischen dieselbe Wurzel wie *hijrah*[14] hat, dies bedeutet, das Sich-Aufmachen und Herausbrechen aus bestehenden heimatlichen und vertrauten Strukturen, um an neuen Orten Gottes Wille zu leben. An dieser, eher aus dem Moment entstandenen Aktion schließt sich dann eine Haltung an, die das weitere Leben entscheidend verändert und betrifft. Im Islam wird hierfür das Wort *Itjhihad*[15] gebraucht. Hierbei geht es darum, sich durch individuelle, intellektuelle Anstrengung den Problemen der Zeit aus dem Glauben heraus zu stellen. Durch die Erkenntnis, dass die althergebrachten Strukturen das dem Glauben innewohnende Potential eher einengen, wird sich aus ihnen befreit und aufgebrochen, um dann im weiteren Lebensvollzug die gewonnene Freiheit zur Lebensgestaltung, auch in Anfechtung, umzusetzen. „Wer wie Hagar zu einem Körper in Bewegung wird und aus den zugewiesenen Räumen, dem Sklavenhaus in die gefährliche, aber freie Wüste entkommt, der kann durchaus schöpferisches Potential entwickeln."[16]

So können die Abrahamsgeschichten ein Beispiel dafür sein, dass Grenzen zu Orten der Freiheit werden, weil an ihnen die Heterogenität sichtbar wird. An ihnen wird deutlich, dass Unterschiede keine Angst machen müssen, sondern als Ressource zur Gestaltung der Gesellschaft genutzt werden können. Die Bequemlichkeit des dualistischen Denkens, das immer schon im Voraus weiß, was von „den Anderen" zu erwarten ist, weicht der Zumutung der geistigen Flexibilität. Diese Haltung findet sich in den Geschichten um Abraham wieder, in dem Gottvertrauen, in der gesegneten Vielfalt, in *Itjhihad*.

Ganz profan, aber nicht weniger wichtig, sind diese Geschichten ganz einfach Geschichten, „die eine Absage an jegliche Form des vereinfachenden Dualismus sind. Entsprechend ist das, was sie einüben können, weniger ein dualistisches Denken, sondern ein vernetztes Denken"[17].

Und dies bezieht sich nicht nur auf unterschiedliche Religionsgemeinschaften, sondern schließt alle Menschen mit ein, ganz gleich ob religiös oder nicht religiös. Und damit sind wir wieder bei Habermas (s. o.).

---

[14] Vgl. Abugideiri 2002, 84.
[15] Ebd.
[16] Nieser 2011, 391.
[17] Ebd., 415.

3. Didaktische Konkretionen zweiter Teil oder: „Was hilft beim Schuhe-Ausziehen und Barfuß-Gehen-Können?"

Beginnen wir wieder mit Moses. Er zieht die Schuhe aus und geht dann eben nicht munter los, in diesen neu entstehenden, materiell nicht sichtbaren Raum, sondern er verhüllt sein Gesicht und fürchtet sich. Kleinlaut sagt er: „Wer bin ich denn? Was kann ich denn schon tun?"

Genau das ist die Reaktion, die wir auch oft bei den Schüler_innen erleben. Sie sind es nicht gewohnt, dass sie und ihre auch oft unfertigen Gedanken für Andere und für sie selbst bedeutsam und wichtig sein können.

Der Akt des Schuhe-Ausziehens ist eben kein Automatismus, der sofort den Blick und die Haltung verändert. Moses zweifelt und debattiert auch barfuß noch mit Gott.

Damit dieser Bewusstwerdungsprozess gelingen kann und Menschen erfahren können, welche Möglichkeiten entstehen, wenn sie bereit sind, die Schuhe auszuziehen, sich im Inneren berühren zu lassen und sich auf unbekanntes Terrain zu begeben, ist es hilfreich, einen Blick auf flankierende, aber unverzichtbare Maßnahmen zu werfen. Dazu gehören:

3.1 Klärung der Begrifflichkeiten

Bei aller gewünschten Mehrdeutigkeit sind einheitliche Begriffsklärungen und Regeln für den Umgang miteinander die Voraussetzung. Auch soll deutlich werden, dass sich das Lernen nach dialogischen Prinzipien sowohl in der Zielsetzung wie auch in der Haltung gegenüber den Mitschüler_innen und Lehrkräften in der Regel von den ansonsten an die Schüler_innen in der Schule gestellten Anforderungen unterscheidet.

So treten die Schüler_innen in der ersten Stunde klassenweise in einen vollkommen leeren Raum ein, an dessen Wänden drei Plakate mit folgenden Inhalten hängen:

> DIALOG ist immer
> zwischen Menschen und nicht zwischen Religionen und Kulturen!

> DIALOGISCHES LERNEN GEHT DAVON AUS:
> Ohne DU gibt es kein ICH,
> Ich kann von der /dem Anderen lernen,
> *und es*
> schützt vor Gewalt und Diskriminierung.

> Für einen DIALOG IN DER SCHULE brauchen wir:
> Klare Regeln „Safe Space" (s. u.),
> Zeit zum Nachdenken und Zuhören,
> Mut, auch unfertige Gedanken zu sagen
> und kein Ergebnis, bei dem alle am Ende das Gleiche denken.

Die Schüler_innen bekommen Zeit zum Umhergehen, zum Nachdenken, zum Miteinander-Ins-Gespräch-Kommen, zum Fragen-Stellen und zum Zweifel-Äußern... Es bilden sich immer neue und andere Grüppchen, manch eine/r steht auch mal alleine, es gibt keine Taktung, keine Vorgaben...

In diesem Vorgehen erfahren die Schüler_innen bereits, wie dialogisches Lernen geschehen kann.

In einem nächsten Schritt wird der Unterschied zwischen einer Diskussion und einem Dialog herausgestellt.[18]

	Diskussion	*Dialog*
Haltung	Wissen	Herausfinden
Ziel	Eine Position verteidigen	Neue Möglichkeiten erkunden
Geste	Antworten – Beweise suchen	Fragen – zuhören
Sozialer Modus	Gewinnen oder verlieren	Miteinander teilen
Status	Macht	Respekt

Die Wertschätzung des Dialogs bedeutet nicht, dass in Schulen nicht mehr diskutiert werden darf. Der Dialog ist aber eine andere Gesprächshaltung und benötigt andere Lernsettings als eine Diskussion. Daher braucht es klare und verabredete Gesprächsregeln für die dialogischen Phasen des Unterrichts. Nötig ist ein

3.2 „Safe Space"

auf den sich im Vorfeld alle verständigen und für dessen Einführung, Erläuterung und Einhaltung die Lehrkraft zuständig ist.

Die in diesem Raum geltenden Regeln bieten die Grundlage für eine Begegnung der Teilnehmenden auf Augenhöhe (Gleichberechtigung aller Positionierungen). Sie ermöglichen das Heraustreten aus der üblichen Unterrichtstak-

---

[18] Die Tabelle wurde gekürzt übernommen aus: Hartkemeyer 2018, 58.

tung. Eine effektive Nutzung der Lernzeit beinhaltet auch Zeiten der Stille und Langsamkeit. Sie geben Raum für den Mut, unfertige Gedanken zu sagen. Das unter diesen Regeln stattfindende Gespräch ist bewertungsfrei. Es gibt keine Belohnung für die, die am meisten reden. Folgende Regeln gelten:
- Es gibt kein Melden. Jede/r hat reihum Redezeit, muss diese aber nicht nutzen. Wer nicht reden möchte, sagt einfach „Nein!" Dieses „Nein" wird ohne Nachfragen angenommen und nicht kommentiert.
- Wenn ein/e Schüler/in spricht, darf von den Anderen nachgefragt werden. Dabei gibt es keine Tabus im Rahmen des gegenseitigen Respekts. Ob der/die Sprechende alle gestellten Fragen beantwortet, liegt in seinem/ihrem Ermessen. Ein „Darauf möchte ich jetzt nicht antworten" wird kommentarlos respektiert.
- Wer versucht, das Gespräch zu dominieren, darf von den Moderator_innen darauf angesprochen werden.
- Alles, was in dieser Runde erzählt wird, bleibt im geschützten Raum der Klasse. Alle persönlichen Äußerungen werden nicht wertend kommentiert (auch nicht mit Grimassen).
- Meinungsverschiedenheiten müssen nicht ausdiskutiert und „beseitigt" werden. Manchmal gibt es verschiedene Sichtweisen und das ist gut so!

3.3 Haltung der Lehrenden

Die Lehrenden besitzen eine „fluide Rolle", das heißt sie nehmen im Lernprozess verschiedene Rollen ein. Sie sind gleichzeitig Lehrende und Lernende wie auch Moderator_in und stehen für die Einhaltung des *Safe Space* ein. Stellenweise sind sie Referent_in für andere Religionen/Weltanschauungen und erfüllen diesen Part mit entsprechendem Material aus der jeweiligen Binnenperspektive. Sie stehen für eine reflektierte Positionalität. Das heißt, dass sie ihre eigene Position und ein Wissen um die Einbindung in und die Auseinandersetzung mit der eigenen Tradition einbringen und somit auch als Menschen mit Überzeugungen und Zweifeln erkennbar werden.

3.4 Rolle der Schüler_innen

Auch die Rolle der Lernenden besitzt verschiedene Facetten. Sie sind Expert_innen durch und für ihre eigene Erfahrung, jedoch niemals Expert_innen für ihre gesamte Tradition. Im Laufe des Dialogprozesses erkunden sie ihre eigene Besonderheit und Begrenztheit und beginnen ihre eigene Positionalität zu reflektieren und zu verbalisieren.

Durch die Begegnung mit Menschen anderer Prägung, auch innerhalb ihrer eigenen Tradition und auch durch die Widersprüchlichkeiten in sich selbst entwickeln sie Ambiguitätsbewusstsein und Ambiguitätstoleranz.

3.5 Reflexion auf der Metaebene

Damit den Teilnehmenden bewusstwerden kann, welche Veränderungsprozesse durch das dialogische Lernen in ihnen initiiert werden können, ist es wichtig, für derartige Reflexionsphasen ausreichend Zeit zu geben. Diese Phasen finden immer im *Safe Space* statt. Durch das Aufsetzen einer „Dialogbrille" kann das Geschehene mithilfe der Fragen
- „Was hat sich bei mir/in mir verändert?"
- „Was hat sich innerhalb der Gruppe verändert?"

betrachtet und geteilt werden. Sich der Veränderungen in der Gemeinschaft bewusst zu werden, ist für diese konstitutiv und setzt Gestaltungspotential frei.

4. Entdecken von „Gestaltungsraum" in der Gesellschaft oder: Zurück zu Moses an den Dornbusch

Kehren wir noch einmal zurück zu Moses an den mittlerweile entstandenen, aber stets noch werdenden Heiligen Raum am Dornbusch.

In den vorhergehenden Abschnitten wurde beschrieben, wie es auch an einer Schule geschehen kann, dass Menschen sich öffnen, berührbar machen und dadurch erfahren, wie neue Räume der Begegnung, der Erfahrung und Erkenntnis entstehen können. An der Geschichte von Moses wird jedoch deutlich, dass eine weitere entscheidende Dimension eines auf diese Weise entstehenden Raumes dazu kommt. Es ist die Dimension der Gestaltungsmöglichkeit von Lebenswelt.

Wie wir wissen, endet die Geschichte von Moses nicht an dem Dornbusch, aber durch den dort vollzogenen Akt des Schuhe-Ausziehens haben sich im Weiteren unvorstellbare Wirk- und Lebensräume aufgetan. Sie sind entstanden durch Öffnung, Bewegung und dem Vertrauen auf die in jedem Menschen innewohnende, so wie ich glaube, von Gott geschenkte Kraft.

Auch in der Schule können solche Heiligen Räume entstehen. Dafür sind jedoch bestimmte Voraussetzungen nötig, die geschaffen und vermittelt werden müssen und deren Bedeutung in den vorliegenden Abschnitten erläutert wurde.

Wann aber genau die Heiligkeit eines Raumes erlebt wird und wirken kann, davon lässt sich nur erzählen:

Im November 2016 besuchte der damalige deutsche Bundespräsident Joachim Gauck die Theodor-Heuss-Schule in Offenbach, um sich dort ein Bild über den Umgang mit Pluralität zu verschaffen. Er hatte von dem Dialogischen Unterrichtsprojekt Verschiedenheit achten – Gemeinschaft stärken gehört und wollte dieses näher kennenlernen. Im Vorfeld des Besuches wurden die Schüler_innen aufgefordert, ein Plakat zu entwerfen, das ihre Erfahrungen zeigen sollte, wie Dialog und Gemeinschaft gelingen können. Das, was sie dem Bundespräsidenten auf ihrem Plakat präsentierten, war ein leerer Kubus:[19]

Einen Begegnungsraum bräuchten sie, um ein gutes Miteinander zu gestalten. Diesen hätten sie in dem gemeinsamen Religions- und Ethikunterricht bekommen, kommentierten sie ihr Ergebnis.

Und dann erläuterten Schüler_innen verschiedenster religiöser Traditionen und Weltanschauungen, wodurch sich solch ein Raum auszeichnet.

So z. B. *Jasmin*: Sie machte deutlich, dass sie das erste Mal gemeinsam mit jungen Menschen ganz unterschiedlicher Ethnien, kultureller Traditionen, Religionen und Weltanschauungen in einem Raum zusammen ist, in dem diese Unterschiedlichkeit thematisiert und als Ressource zur Bearbeitung verschiedener Themen genutzt wird.

Waleed betonte, dass die Voraussetzung für diese Form der Begegnung darin besteht, die „Schubladen" aktiv aufzubrechen, in die wir andere stecken oder in denen wir uns selbst verstecken. Er berichtete davon, wie er dadurch, dass er nie wirklich in Berührung mit Jugendlichen anderer Religionen oder Weltanschauungen kam, diese in Schubladen steckte und sich als Moslem oft selbst in solch einer fühlte. Irgendwie wussten alle, was und wie „die Christen", „die Moslems" oder auch „die Ungläubigen" sind. Waleed sprach auch über die damit verbundenen Ängste. Am Anfang hätte sich kaum eine/r getraut, etwas von sich zu erzählen, „und dann", führte er seinen Satz zu Ende, „waren wir richtig neugierig aufeinander."

Für *Thomas* war es besonders wichtig, dass die Schüler_innen, die sich in diesem Raum befinden, „sich in erster Linie als „Menschen" definieren. Religion, politische Einstellungen und Herkunft treten erst einmal in den Hintergrund. Dadurch geschieht Veränderung, auch bei mir selbst." Thomas, der aus einem sowohl religiös als auch ethnisch nahezu homogenen kleinen Dorf in der Nähe von Offenbach kam und dem Projekt zunächst sehr kritisch gegenüberstand, hat in seiner Aussage eine wesentliche Erkenntnis formuliert. Bei aller Betonung der Differenz und dem Benennen von Unterschieden sei ihm in der Begegnung mit „den Anderen" die Wesensverbindung auf der menschlichen Ebene bewusst geworden. Er habe, wenn er Mitschüler_innen zum Beispiel von der Bedeutung seines eigenen Glaubens erzählt hatte, ermessen können, wie

---

[19] Vgl. Simon-Winter 2020, 133–143.

bedeutsam dann auch für den/die Andere seine/ihre Art zu glauben ist und dadurch gelernt, auch mit anderen Überzeugungen achtsam und respektvoll umzugehen. Insofern eröffnete der Dialog für ihn die Begegnung zwischen Menschen auf einer Ebene, die Erich Fromm mit dem Begriff „Kern"[20] umschreibt. Thomas sagte, dass es ihm erst durch das Bewusstwerden dieser Verbindungsebene möglich wurde, mit anderen in einen Dialog zu treten. Diese Erfahrung habe ihn auch persönlich verändert. Er habe den Raum, in dem er „den Anderen" begegnen konnte, grundsätzlich anders verlassen, als er ihn betreten habe.

Dragan formulierte: „Trotzdem stehen wir zu unseren unterschiedlichen Traditionen und Überzeugungen. Wir sprechen über Konflikte, können sie nicht lösen, aber entwickeln Verständnis." Dragan sagte, dass gerade in der gemischten Gruppe die Unterschiede an- und ausgesprochen werden könnten und somit auch deutlich würden. Als Kind von Kriegsflüchtlingen aus dem ehemaligen Jugoslawien hatte diese Erfahrung für ihn eine ganz besondere Bedeutung. Ähnliches erfahren Kurd_innen und Türk_innen oder, wie in einem der vergangenen Jahrgänge, ein Israeli und eine Palästinenserin. Insofern lernen die Schüler_innen, dass die Verwurzelung in einer bestimmten Tradition nicht aufgegeben werden muss, um in einen Dialog treten zu können – selbst dann nicht, wenn sie konfliktbeladen ist. Insofern ist ein Dialog auch dadurch gekennzeichnet, dass es nicht nur um ein Austauschen von Meinungen oder Standpunkten geht, sondern dass es im Dialog auch um ein Mit- und Einfühlen in „den/die Andere/n" geht. Dies ist in dem Unterricht immer wieder zu erfahren. Wenn Schüler_innen, die aus konflikt- und krisengeschüttelten Teilen der Welt kommen und in dem Unterricht mit ihren „eigentlichen Gegnern" zusammensitzen und hören (müssen), wie die Geschichte in den Ohren der anderen klingt, dann haben sie durch diese Form des Dialogs die Möglichkeit zu erfahren, dass das Leid kein Monopol einer Religion oder Nationalität ist, sondern dass genau diese Leiderfahrung sie in ihrem Menschsein verbindet.

Knauth spricht in seinem Beitrag *Dialogische Religionspädagogik als Weg aus dem Identitäts-Relevanzdilemma* diese Erfahrung folgendermaßen an:

> Es gibt eine Tiefendimension von Dialog, die in der Solidarität mit dem Anderen liegt. Dialog heißt auch: sich für den Schmerz des Anderen verantwortlich zu wissen, im dialogischen Handeln für die Annahme des Schmerzes einzustehen und nach Möglichkeiten einer gemeinsamen Verbindung zu suchen. Dialog beinhaltet auch die ethische Verpflichtung, das comittment an Gleichberechtigung und Achtung des Anderen gerade dann festzuhalten, wenn sich der Andere im radikalen Widerspruch zu mir befindet.[21]

Kim beschloss den Reigen, indem er den Dialograum als einen Raum des Respekts beschreibt: „Um diese Dialoge zu schaffen, sollen alle frei, ohne Vorurtei-

---

[20] Fromm 1997, 70–71.
[21] Knauth 2012, 46.

le und Beurteilung reden können und dürfen. Jede/r darf ihre/seine Meinung geschützt in einem Raum des Respekts erzählen, denn so schaffen wir Gemeinschaft mit Unterschiedlichkeiten. Wir gehen raus und haben gelernt, dass wir zu unseren unterschiedlichen Überzeugungen stehen, diese wertschätzen und dadurch schätzen wir andere."

In all diesen Aussagen wird deutlich, dass die Schüler_innen sich durch das Geschehen in diesem Dialograum berühren ließen, mit dem Bild des Anfangs gesprochen: Sie haben ihre Schuhe ausgezogen und dadurch eine Veränderung in ihrer Lebenshaltung erfahren. Diese Haltungsänderung bleibt nicht auf Veränderungsprozesse innerhalb des Individuums beschränkt, sondern entfaltet ihre transformatorische Kraft auch in die Gesellschaft hinein.

So haben Schüler_innen, die an dieser Form des Unterrichts teilnahmen, sich über Jahre mit öffentlichkeitswirksamen Aktionen für einen Mitschüler und seine Familie eingesetzt, die von Abschiebung bedroht waren. Jedes Jahr wurde im Rahmen der interkulturellen Woche eine Info- und Kulturveranstaltung organisiert, bei der über gesellschaftlich relevante Themen in kreativer Weise informiert und die Stadtgesellschaft dazu eingeladen wurde. Auch erschütternde Anlässe wurden zum Anlass genommen, Präsenz und Haltung zu zeigen. So im Februar 2020 als in Hanau neun junge Menschen brutal ermordet wurden: Aus der Schulgemeinde hatten Angehörige verschiedener Religionen und Weltanschauungen aus ihren jeweiligen Perspektiven Texte und Gedanken des Trostes und der daraus resultierenden Verantwortung geteilt. Die Tafel mit den Fotos der Ermordeten hatte noch lange Zeit einen Platz in der Aula der Schule. Ein großes weißes Tuch zog sich wie ein Fluss in den Raum, der täglich von Hunderten von Schüler_innen betreten wird. Das Tuch blieb weiß, alle hatten, im übertragenen Sinne, ihre Schuhe ausgezogen.

In Erinnerung bleibt auch die Gedenkfeier anlässlich des zehnten. Jahrestages der Anschläge des 11. Septembers 2001. Zu diesem Abend wurden gezielt auch die Eltern eingeladen und so war die Aula gefüllt mit Menschen ganz unterschiedlicher Herkunft. Ziel war es, an diesem Abend zu zeigen, dass wir, auch wenn die Welt nicht friedlich und harmonisch ist, in unserer Entscheidung frei sind, wie wir persönlich unseren Mitmenschen begegnen wollen und dass genau dies eine Haltung ist, die zum Frieden beiträgt. Die Vorbereitung nahm viel und vor allem intensiv gefüllte Zeit in Anspruch. Es wurde diskutiert, entschieden, wieder verworfen und neu gedacht. Mit Unterstützung von Studierenden der Hochschule für Gestaltung haben die Schülerinnen und Schüler eine Friedensskulptur erstellt, die in der Aula aufgebaut wurde. Sie haben nach geeigneter Musik aus verschiedenen Ländern und Traditionen gesucht, die teilweise live von ihnen selbst dargeboten wurde. Im Mittelpunkt des Abends stand die Vorstellung von Projekten in Konfliktgebieten, in denen Menschen es sich zur Aufgabe gemacht hatten, eigentlich verfeindete oder gar sich bekämpfende Gruppierungen in Verbindung zu bringen, damit sie sich als

Menschen kennenlernen könnten. Dies wurde von den Schüler_innen zum Vorbild genommen.

Und so standen an diesem Abend eine Kurdin und ein Türke, ein Serbe und eine Bosnierin, ein Israeli und eine Palästinenserin auf der Bühne unserer Aula, haben gemeinsam Friedensprojekte vorgestellt und auch von ihrer jeweiligen Familiengeschichte erzählt, in der es immer auch einen Grund gegeben hätte, mit dem oder derjenigen, die hier nun zum Partner_in geworden war, nicht gemeinsam aufzutreten. Das war teilweise sehr schwer, vor allem auch für die Eltern. Es gab Tränen der Trauer und Tränen der Freude, aber es gab keinen Hass und keine Verunglimpfung.

Und damit ein letztes Mal zurück zu Moses. Er hätte gut hineingepasst in diese Szene, in der Hunderte von Menschen ihre Schuhe ausgezogen hatten. Sie waren da als Menschen ungeschützt und trotzdem geborgen und ließen sich berühren von dem Feuer, das da brennt und doch nicht verbrennt.

Heiliger Raum in der Schulaula!

Literatur

Abugideiri, Hibba (2002): Hagar: A historical Model for „Gender Jihad", in: Yazbeck Haddad, Yvonne / Esposito, John L. (Hg.): Daughters of Abraham. Feminist Thought in Judaism, Christianity, and Islam, Gainesville/Florida, 81–108.

Bauer, Thomas (2018): Die Vereindeutigung der Welt – Über den Verlust an Mehrdeutigkeit und Vielfalt, Stuttgart.

Forst, Rainer (2003): Toleranz im Konflikt, Frankfurt.

Fermor, Gotthard u. a. (2022): Dialog und Transformation, Pluralistische Religionspädagogik im Diskurs, Münster.

Fromm, Erich (1979): Die Kunst des Liebens, Frankfurt u. a.

Habermas, Jürgen (2001): Glauben und Wissen. Rede zum Friedenspreis des deutschen Buchhandels 2001, Berlin, https://www.friedenspreis-des-deutschen-buchhandels.de/allepreistraeger-seit-1950/200 0-2009/juergen-habermas

Hartkemeyer, Martina u. a. (^{3}2018): Dialogische Intelligenz. Aus dem Käfig des Gedachten in den Kosmos gemeinsamen Denkens, Frankfurt.

Knauth, Thorsten (2012): Dialogische Religionspädagogik als Weg aus dem Identitäts-Relevanzdilemma des Religionsunterrichts, in: Englert, Rudolf u. a. (Hg.): Welche Religionspädagogik ist pluralitätsfähig? Kontroversen um einen Leitbegriff, Religionspädagogik in pluraler Gesellschaft 17, Freiburg, 34–48.

Knauth, Thorsten (2017): Dialogisches Lernen als zentrale Figur interreligiöser Kooperation, in: Lindner, Konstantin u. a. (Hg.): Zukunftsfähiger Religionsunterricht – konfessionell, kooperativ, kontextuell, Freiburg, 193–212.

Kuschel, Karl-Josef (^{5}2006): Streit um Abraham. Was Juden, Christen und Muslime trennt – und was sie eint. Düsseldorf

Krochmalnik, Daniel (2011): Die Abraham-Formel im Dialog der Monotheisten, in: Behr, Harry Harun u. a. (Hg.): Der andere Abraham. Theologische und didaktische Reflexionen eines Klassikers, Berlin, 55–74.

Nieser, Claudia (2011): Hagars Töchter. Der Islam im Werk Assia Djebars (Theologie und Literatur 25), Ostfildern.
Simon-Winter, Carolin (2020): „Standhafte Beweglichkeit" – Chancen eines dialogischen Religions- und Ethikunterrichts mit ausgeführtem Praxisbeispiel von „Abraham zu Habermas", (Religion und berufliche Bildung 10), Münster.
Simon-Winter, Carolin (2021a): Chancen eines dialogischen Religions- und Ethikunterrichts, in: Katechetische Blätter 5/21, 385–390
Simon-Winter, Carolin (2021b): „Verschiedenheit achten – Gemeinschaft stärken" Projekt eines dialogischen Religions- und Ethikunterrichts, in: Tuna, Mehmet Hilmi / Juen, Maria (Hg.): Praxis für die Zukunft, Stuttgart.
Thomalla, Klaus (2009): Habermas und die Religion, in: Information Philosophie, 02, Zugriff am 04.04.2017 www.information-philosophie.de

Das Deuteronomium als Lernlandschaft
Bibeldidaktische Impulse aus Dtn 5

Egbert Ballhorn

Die Raumsoziologie hat in den letzten beiden Jahrzehnten eine Blüte erlebt. Sie hat sich auch als eine neue kulturwissenschaftliche „Zentraldisziplin" etabliert, die ganz unterschiedliche Diskurse miteinander zu verknüpfen in der Lage ist. Die vielen einzelnen Forschungszweige kamen so zusammen, dass man insgesamt von einem „spatial turn"[1] spricht. Diese Bewegung kam durchaus überraschend, als um die Jahrtausendwende noch das Stichwort der Globalisierung viele Debatten entscheidend prägte und die Kategorie Raum sich aufzulösen schien. Es gab jedoch Gegenbewegungen, die das Bewusstsein für Räumlichkeiten neu geweckt haben: Grenzziehungen und Nationalisierungen, Kriege und Flüchtlingsbewegungen, auch die Fragen nach Postkolonialismus. Und schließlich hat auch die Corona-Pandemie mit Lock-Down-Erfahrungen und der Verlagerung vieler Formen der Kommunikation in elektronische Medien erheblich dazu beigetragen, über Verortungen und Entortungen, über Räume und Enträumlichungen neu nachzudenken. Die gesamte schulische und universitäre Lehre ist hiervon tief geprägt worden.[2]

1. Raum heißt Gestaltung und Beziehung

Raum ist nicht einfach vorhanden, er kommt nicht einfach vor und ist „Bühne" für das Handeln der Menschen, sondern wird handelnd hergestellt. Unabhängig von Wahrnehmung und Handeln ist Raum als individuelles und kollektives Ereignis nicht vorhanden. Raum „an sich" kann nicht erfahren werden. Umgekehrt gibt es kein Ereignis, das nicht im Raum stattfindet. Aber durch die Anordnung im Raum entsteht zugleich eine Hierarchisierung. „Räume sind ... institutionalisierte Figurationen auf symbolischer und – das ist das Besondere – auf materieller Basis, die das soziale Leben formen und die im kulturellen Prozess hervorgebracht werden".[3] Über Platzierungen im Raum erfolgen Hierar-

---

[1] Zum Überblick s. Bachmann-Medick ⁵2014, 285–329.
[2] Vgl. hierzu auch Ballhorn 2023.
[3] Löw 2004, 46; vgl. auch Dünne 2008.

chisierungen und damit Beziehungssetzungen – zwischen den Elementen im Raum und zwischen Menschen, die darin leben und sich in ihm anordnen.[4]

Vom eigenen Stand-Punkt her definiert sich die Identität. Schon unser Körper selbst ist räumlich, er bewegt sich im Raum und ist selbst als Raum erfahrbar. Alle sozialen Prozesse spielen sich im Raum ab. Insofern kommt der räumlichen Dimension auch in Lern- und Lehrprozessen eine herausragende Bedeutung zu. Weil Raum immer etwas Gemeinsames ist, das vorgeprägt, aber vor allem in sozialen Interaktionen je und je errichtet wird, hat er auch für Lern- und Lehrprozesse eine wichtige Funktion.

Der vorliegende Beitrag stellt sich die Aufgabe, anhand eines konkreten biblischen Beispieltextes zu zeigen, wie die literarische Raumkonstruktion eines biblischen Texts selbst schon die Grundlage didaktischer Prozess sein kann.

2. Text als Raum

In der Exegese hat sich Textwahrnehmung im Verlauf der letzten Jahrzehnte verändert. Strukturalistische Ansätze sehen Texte als Beziehungsgeflechte an und analysieren sie in diesem Sinne. Allein dies verändert schon die Raumwahrnehmung von Texten. Aus dem Zeitstrahl als Leitkategorie der (An-)Ordnung von Texten und Textbruchstücken wird ein zweidimensionales Netz. Damit erhöht sich zugleich der mögliche Komplexitätsgrad erheblich. Man könnte diesen Blick auf Texte „synchron" nennen, würde dann aber doch wieder auf versteckte Weise das Zeitparadigma in die Methodik eintragen.

Beim Umgang mit „Raum" in literarischer und didaktischer Perspektive sind drei unterschiedliche Aspekte zu unterscheiden. Da ist zum einen der medial vorliegende Text selbst als Raum: Texte sind Raum. Buchstaben selbst haben eine zweidimensionale Ausdehnung. Wo Text gelesen wird, wird Fläche, wird gestalteter Raum wahrgenommen. Zudem gibt es eine Vielzahl kaum je bewusst wahrgenommener kultureller Konventionen, *wie* Texte dargestellt und gegliedert werden: Abstände zwischen Worten, Groß- und Kleinschreibung, Satzzeichen. Bei der Lektüre müssen schlicht Zeilen gelesen werden, so dass das Lesen, gleich in welchem Medium, immer ein Wandern der Augen durch Textzeilen darstellt. Texte selbst sind in ihrer Lektürepraktik immer schon räumliche Phänomene. Jede Schülerin, jeder Schüler, der mit den Augen Lesen lernt, wird in eine kulturelle Praktik des Räumlichen eingeführt.

> Lesen bedeutet, den Raum des Textes Wort für Wort, Zeile für Zeile abzuschreiten und mit jedem neuen Lesen verändert sich der imaginierte Raum, verändert sich

---

[4] Vgl. Ballhorn 2011, 73–134.

die Reise durch die Sätze. [...] Der literarische Raum, der durch Raummetaphern entsteht, ist keine Abbildung eines realen Raumes, sondern als ein ‚world-making' zu verstehen.[5]

Eine zweite Dimension von Text-Raum entsteht dadurch, dass Texte (vor allem narrative) auch selbst von Raum handeln, dass sie „Bühnen" bauen, aber auch immer mit räumlichen Metaphern arbeiten. Texte lassen imaginäre Räume erstehen. Sie setzen auf die räumliche Imaginationskraft ihrer Leserinnen und Leser. Lange Zeit stand vor allem die Zeit im Zentrum der Erzähltextanalyse, jetzt ist es auch der Raum. Texte erstellen erzählte Räume.

Und schließlich ist als dritter Aspekt zu benennen, dass Texte so etwas wie ein „Raumangebot" darstellen. Dieser Aspekt ist keine hinzukommende Dimension, sondern sie ergibt sich aus der rezeptionsästhetischen Reflexion der ersten beiden Aspekte. Verstehen wird hier prozesshaft und interaktiv begriffen. Individuelle Voraussetzungen der Lesenden und individuelle Konkretionen sind Bestandteil des Lektüreprozesses. Hierin liegt der Ansatz für eine Praxis von Lektüre, die ihre rezeptionsästhetischen Voraussetzungen didaktisch fruchtbar macht. Denn im Leseprozess geht es nicht um die Realisierung des vermeintlich objektiv Vorgegebenen. Wäre es so, könnten nur fertige Informationen durch Lesen aufgenommen werden, und es könnte und müsste klar definiert werden, wann ein Lektüreprozess diesen Anforderungen nicht gerecht wird und damit als gescheitert angesehen werden muss. Wird dagegen der Text als ein „Netzwerk von an den Rezipienten gerichteten Appellstrukturen"[6] verstanden, so öffnet das ein weites Feld ganz unterschiedlicher Realisierungsformen von Textstrukturen. Ganz verschiedene Menschen können ihre individuellen Lebenserfahrungen und Zugänge einsetzen, um einen eigenen Aspekt des vorgegebenen Textes zu erfassen. Reflektiert man dies auch unter einem inklusionstheoretischen Aspekt, so ist wichtig, dass hier keine zwei Kategorien eröffnet werden für eine von vornherein festgelegte standardisierte Textwahrnehmung, die dann normativ und „normal" gesetzt wird, während ein zweiter Zugang unter Inklusionsaspekt gewissermaßen mit einem „reduzierten" Qualitätsanspruch ausgestattet wird. Vielmehr verhält es sich so, dass jeder rezeptionsästhetischen Verarbeitung eines Textes ihre eigene Qualität zugesprochen werden kann, diese kann jeweils eigenständig analysiert und auch in ihrer Textbeziehung reflektiert werden.

Text als Raumangebot bedeutet in rezeptionsästhetischer Hinsicht, dass im Lektüreprozess der vorliegende „Textraum" bewusst um die Dimension der Leserinnen und Leser erweitert wird. Das bezieht sich sowohl auf den Aspekt, dass der „vorliegende" zweidimensionale Text in den konkreten Raum, z. B. den Klassenraum, hinein erweitert wird, in dem sich die ad hoc versammelte Gruppe als Lesegemeinschaft situativ konstituiert. Allein durch physische Lek-

---

[5] Bail 2004, 54.
[6] Antor 2008, 651.

türe von Texten entsteht Raum zwischen Text und Leserschaft. Die Selbstverständlichkeit und damit auch „Unsichtbarkeit" dieser Dimensionen von Lektüre können sichtbar und didaktisch fruchtbar gemacht werden.[7]

Die Wahrnehmung des Raumangebots bezieht sich auf die Lektüreschritte selbst, die beinhalten, dass die narrativen Raumangebote des Textes imaginativ realisiert werden. Diese Formen von Räumlichkeit können didaktisch bewusst ausgestaltet und weitergeführt werden. Es ist kein Zufall, dass die Exegese eines Textes auch „Auslegung" genannt wird – eine in höchstem Maße räumliche Metapher. Gerade Texte, die von Räumen handeln, laden dazu ein, sie auch in der Auslegung zu „verräumlichen". Was unthematisch bei der Lektüre geschieht, kann didaktisch genutzt werden: die Einladung, sich in den Raum eines Textes hineinzuversetzen. Der im Folgenden vorgestellte Text soll als Beispiel für eine „räumliche" Lektüre dienen.

3. Deuteronomium 5: Gedächtnis- und Lernorte

Dtn 4,44 Und dies: die Tora, die legte Mose
vor das Angesicht den Söhnen Israel.
[45] Dies: die Vertragsbedingungen, die Satzungen
und die Rechtsvorschriften,
die Mose redete zu den Söhnen Israel
in ihrem Ausziehen aus Ägypten,
[46] jenseits des Jordans,
in der Niederung, gegenüber Bet-Pegor
im Land des Sihon, des Königs der Amoriter,
der wohnt in Heschbon,
den geschlagen haben Mose und die Söhne Israels
in ihrem Ausziehen aus Ägypten.
[47] Und sie nahmen sein Land in Besitz
und das Land des Og, des Königs von Baschan,
der beiden Könige der Amoriter,
die jenseits des Jordan, [gegen] Sonnenaufgang,
[48] von Aroer, das am Rand des Tales des Arnon,
bis an den Berg Sion, das ist der Hermon,
[49] und die ganze Ebene jenseits des Jordans,
nach Sonnenaufgang zu und bis an das Meer der Ebene
unterhalb der Abhänge des Pisga.

Der hier vorgestellte Textabschnitt leitet den vielleicht bekanntesten Text des Alten Testaments ein: die Zehn Gebote. Hier ist schon ein erstes Einhalten sinnvoll: Vom Dekalog ist man gewohnt, ihn kontextlos und raumlos als frei flottie-

---

[7] Zum Aspekt der Gemeinschaftswerdung durch Lektüre vgl. auch Konrad 2020, bes. 262–310.

renden Vorschriftstext anzusehen. Diese „Ortlosigkeit" prägt auch seine Wirkungsgeschichte, die ihn vor allem als Verbotstext wahrnimmt. Der Dekalog ist jedoch narrativ verortet, und zwar in der umfangreichen Exoduserzählung: Auszug aus Ägypten, Befreiung aus der Sklaverei, vierzigjährige Wüstenwanderung durch Mose als Leitfigur sind der Kontext. Mose fungiert als Mittler zwischen Gott und Mensch, und er übermittelt Israel am Sinai in einer literarisch fantastischen Inszenierung die Tora, den Willen Gottes, der u. a. seine Konkretion im Dekalog erfährt. Die folgende Analyse geht der Konstruktion von Raumvorstellungen im Erzählablauf nach.

Das Buch Deuteronomium ist literarisch als lange Abschiedsrede des Mose aufgebaut, der rückblickend den Exodusweg des Volkes aus Ägypten rekapituliert und auch kommentiert. In diesen Rückblick hinein sind die Zehn Gebote und die folgenden Gesetze als „Erinnerung" an das von Gott am Sinai Offenbarte platziert.

Die Kapitel 1–3 sind als Moserede konzipiert, die alle Ereignisse vom Aufbruch am Horeb bis hin zur Ankunft im Ostjordanland an der Grenze zur neuen Existenzform im Verheißungsland „rekapituliert". Und das vierte Kapitel ist eine Predigt, eine Paränese, die Lehre aus der Geschichte zu ziehen und die eigenen Erfahrungen mit dem Befreiergott in die eigene Form der Lebenspraxis umzusetzen. Genau dies ist der Ort der Tora: sie will die praxis- und handlungsbezogene Umsetzung der eigenen Geschichte in die alltägliche Lernkultur Israels, in Gemeinschaftsethik und die Staatsform sowie in die jahreskreisliche Liturgie sein. Dies ist der Inhalt des gesamten Blocks Dtn 5–28. Dann folgen in den letzten Kapiteln noch die Vertrags- und Bundeszeremonie in Moab und der Mosesegen, bevor Mose dann stirbt (Dtn 34) und das Volk ohne ihn den Übergang von der Wüsten in die Landesexistenz wagen muss. Damit vollzieht sich auch der Übergang vom Ansprechpartner Mose zum Ansprechpartner Tora, die nun die Mittlerinstanz zwischen Gott und Mensch darstellt. Und mag Josua noch so sehr als Nachfolger des Mose hervorgehoben werden, er hat nur einen zeitlich begrenzten Auftrag. Was aber vom Werk des Mose die Zeit überdauern wird, das ist das, was er als Mittler von Gott her seinem Volk übergeben hat: die Tora. Die bisherige Hörpraxis, die auf Mose als Leitfigur bezogen war, wird auf eine Lese- und Lernpraxis bezogen, die sich ab dann um die verschriftlichte Tora dreht, welche es zu hören, zu lesen, aufzuführen und zu lernen gilt.[8]

Und an diesem Punkt, dem Scharnier von mosaischer Paränese zur Gesetzespromulgation steht Dtn 5. Dabei kommt die Raumdimension unter mehreren Gesichtspunkten zum Tragen: Das gesamte Buch Deuteronomium „spielt" in einem konkret narrativ errichteten Raum-Zeit-Kontinuum, und zwar am letzten Lebenstag des Mose; Ort der Handlung ist das Ostjordanland, wo das gesamte Volk unter Leitung des Mose versammelt ist, um seinen letzten Worten zu lauschen. Alle schauen vom Gipfel des Berges über den Jordan hinüber

---

[8] Hierzu grundlegend: Finsterbusch 2005.

in das Land der Verheißung, das sie am nächsten Tag, nach dem Tod des Mose, unter der Führung Josuas betreten werden.

„Dies ist die Tora..." (Dtn 4,44). Das ist ein einleitender Satz, eine weite Überschrift. Damit ist auch eine umfangreiche Entgrenzung des Torabegriffes verbunden. Mit dieser Überschrift werden nicht nur die folgenden „Einzelbestimmungen" typisch gesetzesförmigen Charakters gemeint sein, wie es der folgende Vers ausführt, sondern auch alles weitere, auch das stärker paränetisch ausgeprägte Material der folgenden Kapitel. „Tora" wird zu einem literarischen Metabegriff, der geoffenbarten Gotteswillen nicht allein mit einer Aufzählung von Rechtsvorschriften gleichsetzt, sondern ihn von Anfang an von seiner Einbettung in einen umfangreichen Lern- und Erfahrungsweg her definiert. Tora meint schon hier die Verbindung von Geschichte und Gesetz (vgl. Dtn 1,5). Diese Linie wird in der weiteren Wirkungsgeschichte aufgenommen und ausgeführt, wenn schließlich der gesamte Pentateuch unter dem Oberbegriff „Tora" subsummiert wird.[9]

Die gesamte Situation der Darstellung der Tora ist eine räumlich inszenierte. Tora wird in Raum eingebettet, und der sprechende Raum „färbt" die Tora.

Dtn 4,45 wiederholt den Vorgängervers in abgewandelter Form. Der Raum, der durch beide ganz ähnliche Verse errichtet wird, ist von Bedeutung. In Dtn 4,44 heißt es wörtlich, dass Mose die Tora den Israelitinnen und Israeliten „vor das Angesicht setzt", während es im folgenden Vers heißt, dass Mose die (einzelnen) Satzungen „redete". Streng genommen ist dieses „Vorlegen" eine räumliche Aussage, auch wenn es in den üblichen Übersetzungen nicht durchscheint. Zwar ist die hier verwandte hebräische Präposition „לפני" („vor" bzw. wörtlich „vor das Angesicht") ein Allerweltswort, aber im Kontext der gesamten Raummetaphorik bekommt sie eine besondere Einfärbung.

Das lässt sich räumlich auswerten. Die Einzelvorschriften werden von Mose dem Volk aufzählend verkündet, wie es die kommenden Kapitel aufzeigen. Zugleich entsteht jedoch durch den Akt wörtlicher Rede so etwas wie die Vorstellung von Tora als einem Gesamtwerk, das durchaus ideell „Raum" beanspruchen kann, evoziert durch das Setting, in dem das Volk miteinander versammelt ist. Auch die Fortsetzung macht das deutlich, denn die Toraauslegung findet statt „in ihrem Ausziehen aus Ägypten". Damit wird sowohl eine räumliche als auch eine zeitliche Markierung gesetzt. In der Erzählchronologie liegt der eigentliche Akt des Auszugs aus Ägypten als Initialzündung der Befreiung vierzig Jahre zurück; hier aber wird der gesamte Wüstenzug bis zum Tag der erzählten Gegenwart in eine einzige Bewegung hineingenommen, so dass auch das letzte Innehalten vor dem Einzug ins Land als Teil der Auszugsbewegung betrachtet wird.

---

[9] Vgl. Ballhorn 2020, 36–40.

Der Auszug aus Ägypten ist gleichermaßen eine landschaftliche Bewegung, dazu ein zeitlich festgelegtes Ereignis der Vergangenheit, aber natürlich in erster Linie ein Erfahrungsvorgang.

Und dann heißt es in Vers 46: „Jenseits des Jordan". Die Übergabe der von Mose vermittelten Tora wird also ebenso an eine bestimmte Landschaft gebunden wie der Standort der Erzählung, der sich in der Erzählstimme äußert. Diese Landschaft wird hier nicht von einem Ort, sondern von einer Grenzlinie her bestimmt: dem Jordan. Und die Erzählperspektive befindet sich nicht aufseiten Moses und des Volkes Israel, sondern ist schon selbst im verheißenen Land angesiedelt, so dass der erzählende Rückblick auf das Ostjordanland nur erfolgen kann im Blick über den Fluss hinweg in das „Damals" und das „Jenseits".[10] Der Grenzfluss steht auch für die Raum- und Zeitgrenze. Die hier mit einem Wort ganz kurz aufblitzende Perspektive ist durchaus fruchtbar für eine gegenwärtige Textlektüre, denn sie zeigt das Konstruierte der Szene: Das Erzähltempus verweist auf die Vergangenheit, die narrativ „repräsentiert" wird, und der Erzählort bereits auf das Angekommensein im Land. Jede weitere und spätere Lektüre des Textes stellt also keinen Bruch zu einer vermeintlich ursprünglichen Erzählsituation dar oder ihre künstliche Wiederholung, sondern ist selbst deren von Anfang an angezielte Verlängerung bzw. Wiederholung. Die didaktische Perspektive ist also von Anfang an in den Text eingeschrieben. Der Text hat künftige Lektüre und künftige Leserschaften im Blick.

„Jenseits des Jordan, in der Niederung, gegenüber Bet-Pegor." (Dtn 4,46). Dies ist nicht irgendein beliebiger Ort, dem das Volk Israel gegenüber lagert, es ist ein Ort mit Vorgeschichte. Hier ging es immer um Entscheidungen. Zum ersten Mal begegnet der Ort im Rahmen der Bileamserzählung. Bileam soll für den fremden König Balak das Volk Israel verfluchen, doch er segnet. Nach zwei erfolglosen Versuchen führt Balak Bileam auf den Gipfel des Pegor. Bileam, der Prophet, sieht von diesem Aussichtspunkt aus Israel gelagert in der Ebene und spricht seinen Segen (Num 23,28; 24,1-2). – Alle diese Elemente der Bileamserzählung finden wir hier im Buch Deuteronomium wieder, nun mit anderen Akzenten. Mose ist der Prophet, der sein Volk vor die Entscheidung stellt, sich zwischen Segen und Fluch zu entscheiden (Dtn 30,15-20), und auch er selbst wird Israel am Ende segnen, und zwar das gesamte Volk (Dtn 33). Mose und das Volk befinden sich also im wörtlichen Sinne auf Bileams Spuren. Darüber hinaus ist mit Pegor eine weitere Geschichte verknüpft. Er ist der Ort des Abfalls der Israeliten, die sich von den Einwohnern Moabs zur Verehrung der moabitischen Götter verleiten lassen. Num 25,3: „Und Israel hängte sich an den Baal-Pegor. Da entbrannte der Zorn des HERRN gegen Israel". Und später kommt auch Bileam in den Ruf, Israel zum Abfall von seinem Gott überredet zu haben.

Die Geschichte Israels wird im Dtn durch die Ortsmarkierung rekapituliert. Vor dem Einzug in das Land der Verheißung steigt Mose auf den Gipfel des

---

[10] Vgl. Geiger 2010, 119–120.

Pisga, während das Volk im Tal bei Bet-Pegor bleibt (Dtn 3,29). Das Volk bleibt also wortwörtlich am Ort des Götzendienstes und Abfalls „stecken". Mose ist es, der dafür büßen muss, denn er wird das Land der Verheißung nur erblicken, aber nicht darin einziehen. Das Volk hat damals, außerhalb des Landes, den Gott seiner Erfahrung und der Verheißung des kommenden Landes verraten, indem es sich einem Götzen anvertraut hat, dem Baal (von) Pegor. Mose handelt hier als Stellvertreter des Volkes. Von seiner doppelten Bitte, in das Land der Verheißung einziehen und es sehen zu können (Dtn 3,25), bekommt er nur die zweite Hälfte erfüllt: Vom Gipfel des Pisga aus wird er das Land erblicken. Wenn also Mose in seiner Paränese in Dtn 4 dem Volk die Verehrung des einen, einzigen, einzigartigen Gottes einschärft, ist das keine allgemeine Ermahnung, sondern eine sehr konkrete Predigt an einem sehr konkreten Ort des Abfalls. Dtn 4,3f.: „Eure Augen haben gesehen, was der HERR bei/wegen Baal-Pegor getan hat. Denn jeden, der dem Baal-Pegor nachgefolgt ist, den hat der HERR, dein Gott, aus deiner Mitte vernichtet. Ihr aber, die ihr dem HERRN, eurem Gott, anhängt, ihr seid Lebendige, ihr alle, heute".

Gegenüber Dtn 3,29 wird noch einmal konkretisiert, dass es sich bei Pegor nicht allein um einen Ortsnamen handelt, sondern um den Ort eines Gegen-Gottes: Baal-Pegor.[11]

Der Raum, an dem sich das Volk unter Mose versammelt, hat also eine tiefe symbolische Bedeutung.[12] Mit Nennung des Ortsnamens „Pegor" werden andere Texte und erzählte Erfahrungen eingespielt, die dazu helfen, die Bedeutung der in Dtn 4 erzählten Szene zu beleuchten. Konkret heißt dies, dass die Anspielung auf Pegor Israel das Existenzielle der Entscheidungssituation, in der es sich befindet, deutlich machen soll. Vor seinem Tod stellt Mose das Volk Israel vor die Wahl. Es geht nicht darum, dass einfach der Text der Tora noch einmal informierend dem Volk übermittelt wird, sondern Israel vor eine existenzielle Wahl zu stellen zwischen Segensweg oder dem Weg, der in den Abgrund führt. Der Ort, an dem dies geschieht, trägt erheblich dazu bei, die Konsequenzen der Wahl aus den Erfahrungen der Geschichte heraus zu illustrieren. In der Nähe zum Ort Pegor befindet sich Israel buchstäblich im Entscheidungsraum.

4. Historische Topographie und symbolische Raumordnung

Aus der intertextuellen Vernetzung wird deutlich, dass der topographische Ort nicht primär Abbild einer Geografie des Ostjordanlandes ist. Das lag wohl auch

---

[11] Vgl. Braulik / Lohfink 2022, 137.
[12] Vgl. Geiger 2010, 104–106.

gar nicht in der Absicht der Verfasser dieser Texte. Vielmehr verwandten sie ihre eigenen Ortskenntnisse und auch Vorstellungen, um eine literarische Bühne, einen „Sinnraum" zu erstellen.

Ein Ort wie Pegor beispielsweise ist ein Gedächtnisort, ein Predigtort. Israel steht hier an der Stelle seiner Sünde und seines Versagens – und bekommt gerade hier aus dem Mund des Mose die Tora überreicht. Eine Realienkunde des Nahen Ostens würde hier nicht fündig, wenn sie die Orte abschreiten und nach Identifizierungspunkten biblischer Ortsnamen mit arabischen topographischen Bezeichnungen suchen wollte, um Indizien für Siedlungstätigkeiten biblischer Kulturen in dieser Gegend zu finden. Im erzählten Ort Pegor wird Zukunfts- und Lebensform der Tora mit der Vergangenheitsform eigenen Versagens topographisch verknüpft. Auf performativer Ebene bedeutet dies: Israel bekommt eine zweite Chance, sich diesmal richtig zu verhalten, ja zu Gott und seiner Tora zu sagen.

Übrigens wird Bet-Pegor später auch der Begräbnisplatz des Mose sein. In seinem Tod ist Mose die Verkörperung der Chancen und Verfehlungen seines Volkes. Am Ende aber wird dieses Grab niemandem bekannt sein (Dtn 34,6). Das hat eine doppelte Bedeutung: Mose „verschwindet" körperlich am Ende seiner Lebenserzählung, und dafür wird er in der Tora leben, jenem Text, für den er mit seinem ganzen Leben einsteht. Und der Ort „Pegor" wird schließlich zu einem literarischen Ort wichtiger Entscheidungsereignisse Israels, nicht mehr zu einem aufsuchbaren Platz. Der Ort der Entscheidung wird literarisiert, ethisiert, er selber soll aber nicht mehr zum Ort der Verfehlung werden können. „Pegor" muss nicht außerhalb der Bibel lokalisiert werden, weil er im Text verankert ist, und im Text muss er aufgesucht werden.

Im Verlauf der Erzählung der Mosereden werden jetzt weitere Gedächtnisorte benannt:

Das Land des Sichon, des Königs der Amoriter, der in Heschbon wohnt (Dtn 4,47). Die konkrete Landmarkierung erfolgt mit Hilfe des Arnontales, das zeitweilig die Grenze zwischen Amoriter- und Moabitergebiet bildete und dem Sion.

Sihon wird als Amoriterkönig geschildert, der das Territorium der Moabiter eingenommen hatte und sich weigerte, Israel friedlich durch sein Land ziehen zu lassen. Dafür schlug Israel Sihon und besiegte ihn. Der Beginn des Kampfes und des Sieges durch das Überschreiten Israels über den Arnon markiert den Einzug in das verheißene Land (Dtn 2,24).

Später werden Ruben und Gad sein Land einnehmen (Num 32,33), ebenso der halbe Manassestamm (Dtn 29,7).

Der Sieg über Sihon und ebenso über Og von Baschan, der mit ihm zugleich geschildert wird, wird in der Bibel zum Inbegriff eines Sieges über einen übermächtigen Feind. In seiner stereotyp wiederholten Form trägt die Siegeserwähnung stark legendarische Züge.

In unserem Kontext ist wichtig, dass hier ein Beispiel vor Augen geführt wird, in dem von Israels vollständigen Sieg die Rede ist, eine historische Erinnerung, die dazu verhelfen sollte, gegen viele Demütigungen durch machthabende andere Völker standzuhalten. Wichtig sind aber auch die Kennzeichen dieses legendär-legendarischen Sieges: Israel kämpft auf ausdrücklichen Befehl Gottes hin und erst dann, nachdem es eine friedliche Einigung erfolglos versucht hatte. Und schließlich vollstreckt es an diesem König und seiner Bevölkerung die Vernichtungsweihe (Dtn 3,6). Dieser Sieg wird zum Inbegriff des Sieges Israels über seine Feinde, er findet seinen Niederschlag an vielen Stellen der Bibel, u. a. im Psalter (Ps 136,11; 136,19; vgl. Jer 48,45).

In der Versammlung Israels an diesem Ort sind zwei überaus wirkmächtige Erinnerungen nebeneinander präsent: eine Niederlage aufgrund eigenen Versagens und eines falschen Propheten sowie ein Sieg aufgrund göttlichen Beistandes. Dies ist die Polarität, innerhalb derer die Weisung Gottes an sein Volk ergeht. Die Tora wird so noch einmal in die Geschichte des Volkes hinein kontextualisiert, ver-ortet im Sinne des Wortes, und: gegenüber dem „Nirgendwo" des Sinai neu konkretisiert. Hier ist eine gewollte topographische Erzählspannung aufgebaut: Der Ort der Gottesoffenbarung am Horeb auf dem Sinai existiert nur in der Erinnerung, er ist ein erzählter Ort, der nie wieder betretbar sein wird. Die in Dtn 4 erzählten Orte sind dagegen als ein „Zwischenzustand" konstruiert: Auch sie sind nicht zwangsläufig lokalisierbar, wohl aber ist es zumindest die konkrete Landschaft, in der sich die Szenen abspielen.

In der narrativen Ortskonstruktion, wie sie hier geschieht, wird die Tora in die Landschaft eingebettet. Oder umgekehrt: Die Landschaft wird zum Erinnerungsort für die Tora. Hier findet eine Perspektivumkehr statt, die nicht nur literaturwissenschaftlich, sondern auch didaktisch von besonderem Interesse ist. Klassischerweise würde man Landschaft als „Realie" und Erzählung als „weichen Faktor" ansehen. Hier ist es jedoch umgekehrt. Die mit höchster Autorität vermittelte Tora in ihrem festgelegten Textbestand ist erzählerisch das Vorgegebene, während die Landschaft nur die „Zugabe" ist, denn sie selber wird zum narrativen Bestandteil der Tora! Die Landschaftsschilderung ist Erinnerungsfigur und Textbestandteil der kanonisch fixierten Tora. Alles, was wichtig von der Landschaft ist, ihr Zeugnis- und Erinnerungscharakter, wird erzählerisch in die Tora hineingeholt. Dies ist die „wirkliche" Landschaft – in der Rangfolge des Textes, in seiner Setzung der Wertmaßstäbe. Bet-Pegor ist nicht primär eine Ansammlung von Siedlungsresten im Ostjordangebiet, auch nicht ein historischer Siedlungsort, sondern ein Erinnerungszeichen für die zu treffende Entscheidung zwischen Segen und Fluch, zwischen Abfall von Gott oder Treue zu ihm. Die imaginäre Landschaft ist das primäre Korrelat des Textes. Die „reale" Landschaft ist demgegenüber sekundär.

Der von Ernest Renan geprägte Ausspruch von der biblischen „Landschaft als Fünftes Evangelium" [13] ist in unserem Kontext umzukehren: „Der Bibeltext ist Landschaft".

5. Text als „Raumangebot"

Reflektiert man das in der Szene von Dtn 4 Geschehene in didaktischer Hinsicht, so zeigt sich ein „gestaffelter" Umgang mit Landschaft. Zum einen wird ja eine Handlung in einem Raum, einem „Bühnenbild" aufgebaut. Dazu tritt eine andere, noch wichtigere Dimension: Der Raum ist durch Erinnerung semantisch konnotiert. Die räumlichen Markierungen dienen als Erinnerungshilfen an vergangene Geschehnisse, die durch die topographischen Angaben implizit, aber wirksam eingespielt werden. Auf der Ebene des erzählerisch Dargestellten versammelt sich Israel daher in einer Landschaft, in der jedoch nicht die gegenwärtig sich abspielende, sondern eine vergangene Handlung der entscheidende Faktor ist. Israel tritt hier gewissermaßen in das leere Bühnenbild seiner Vorgeschichte ein. Die damaligen Akteure sind verstorben, und trotzdem ist das Vergangene am Ort präsent. Nicht erst die Leserinnen und Leser müssen sich also bei den Landschaftsmarkierungen etwas vor ihrem inneren Auge vorstellen, auch für das narrativ versammelte Volk erhält der Ort, an dem es sich befindet, die Qualität einer imaginären Landschaft. Schon auf dieser Ebene gibt es „nichts zu sehen", sondern die versammelten Israelitinnen und Israeliten müssen aus ihrem Geschichtsgedächtnis ergänzen, welche Bedeutung die Orte haben und welche Verstehens- und Handlungsimpulse mit ihnen verbunden sind.

Und dann findet eine weitere Form der Kommunikation statt, denn die explizite Nennung der Ortsnamen geschieht nicht auf der Ebene der Moserede, sondern der Erzählstimme. Die Instanz, mit der kommuniziert wird, sind die Leserinnen und Leser. Dabei wird stillschweigend vorausgesetzt, dass das vor Ort versammelte Volk ebenfalls über die Topographie und deren Bedeutung „im Bilde" ist. Aber die eigentlich Angesprochenen befinden sich außerhalb des Textes.

In einem zweiten Schritt geht es dann noch weiter: Mose redet nun direkt die versammelte Gemeinde an, auch hier ist eine zukünftige Hörerschaft bereits mit im Horizont. Mose ruft das ganze Volk zusammen, und zwar mit einem feierlichen Aufruf zum Hören (vgl. auch Dtn 4,1 und später auch in 6,4 und 9,1).

---

[13] Renan 1864, 45.

> Und es rief Mose ganz Israel
> und er sagte zu ihnen:
> Höre, Israel
> die Satzungen und die Rechtsbestimmungen,
> die ich rede in eure Ohren heute!
> Und lernt sie
> und bewahrt sie,
> sie zu tun!
> (Dtn 5,1)

Das Israel, das zum Hören aufgerufen werden soll, ist das hier aktuell versammelte Gottesvolk, aber ebenso wird es das ganze Israel der Zukunft sein.[14] Gott, schloss einen Bund am Horeb. Es heißt jedoch dezidiert: Nicht mit unseren Vorfahren, „[...] sondern: mit uns: wir, diese, hier, heute, alle wir, lebendige" (Dtn 5,3). Die Arbeitsübersetzung klingt so rhapsodisch, um die eigenartige, stakkatohafte hebräische Syntax wiedergeben zu können. Auf diesen einzeln geradezu mit Ausrufezeichen versehenen Worten liegt das Schwergewicht. Der erzählerische Clou besteht darin, dass auf der Ebene der Erzähllogik am Ende der vierzigtägigen Wüstenwanderung bis auf Mose und Josua niemand von der Auszugsgeneration mehr lebt. Nach der Darstellung des Mose hatte Gott also damals einen Bund mit einer noch nicht geborenen Generation geschlossen („nicht mit unseren Vätern [und Müttern]" Dtn 5,3), und jetzt, im Augenblick der Verkündung, wird es für diese (neue) Generation aktuell.

Es gab zwar am Horeb vor Jahrzehnten einen Bundesschluss, aber die damals anwesenden Väter und Mütter waren dabei gar nicht gemeint, sondern erst die jetzige Generation, die Mose gegenübersteht. Es ist also im Grunde die aktuelle Erzählsituation, die den damaligen Bundesschluss realisiert. Damit ist er jedoch aus seiner Vergangenheit und Einmaligkeit herausgeholt. Nicht das Gründungsereignis ist entscheidend, sondern die aktualisierende Erzählsituation. Damit ist der Text von seiner Anlage her bereits auf kommende Hörerschaften hin geöffnet. Es ist durchaus beabsichtigt, dass die Gruppe der versammelten Israelitinnen und Israeliten um die Leserinnen und Leser des Textes erweitert wird. Das Volk, das Mose im Text anspricht, ist der erzählerische Vorwand, um die Lesenden metaleptisch, also durch Überschreitung der Grenzen zwischen erzählter Welt und Welt des Erzählens, zu erreichen. Es liegt also in der Dynamik des Textes, dass die Gruppe der versammelten Israelitinnen und Israeliten virtuell um die Leserinnen und Leser des Textes erweitert wird. Das Volk, das Mose im Text anspricht, ist gewissermaßen der erzählerische Vorwand, um die Lesenden metaleptisch zu erreichen.

Dies ist auch der Sinn des „Heute", das ein häufiges Wort deuteronomischer Rhetorik ist und dabei sowohl einen festlich-feierlichen als auch einen beschwörenden Ton hat. Die in der Ursprungssituation angezielte Identifikation mit der Tora soll alle folgenden Generationen erreichen. An dieser Stelle

---

[14] Vgl. Finsterbusch 2005, 308.

expliziert die Tora, wie sie verstanden werden will: nicht allein als Bericht einer reinen Vergangenheit, noch nicht einmal als Genese eines Volkes, einer Verheißung und eines Gottesverhältnisses, sondern als eine für die immer neue Aktualisierung offene Geschichte der Vergangenheit, die dadurch Gegenwart ist. Wenn, nach jüdischem Diktum, jede Sekunde das Tor sein kann, durch das der Messias in die Gegenwart eintreten kann,[15] so ist die Tora jene Sekunde der Gegenwart, durch die jede Generation der Gegenwart in das Horebereignis eintritt. Jede Generation hat aktuellen Anteil an dem Bund, jede Generation hat die ethische Verpflichtung des Gottesgehorsams, und jede Generation steht im Lebensprinzip der Tora. Durch Identifikation mit der Erzählsituation und fiktive Rollenübernahme kann jede spätere Hör- und Lesegeneration in das Heute des Textes eintreten.[16] Das Ende von Dtn 4 und der Beginn von Dtn 5, wie es hier dargelegt wurde, ist ein Text, der den Dekalog regelrecht „zubereitet", ihn topographisch einbettet. Die exegetische Skizze zeigt, wie bereits das Buch Deuteronomium selbst seine Bühne als „Lernlandschaft" aufbaut. Eine mehrfache didaktische Transformation findet dadurch statt, dass nicht eine erzählte Bühne mit „Anschaulichkeiten" besetzt wird, sondern bereits doppelt mit der Fiktionalitätskompetenz des im erzählten Raum versammelten Volkes und dann auch mit der auf einer eigenen Kommunikationsebene informierten Leserschaft gerechnet wird. Räumliche Imagination wird bereits innerhalb der Erzählwelt des Textes eingeübt, und sie setzt sich in der Lektüre fort.

6. Von der Exegese zur Raum-Didaktik

Der mehrfach inszenierte Charakter des Erzählraumes ist also deutlich erkennbar, die Ebene der eigenständigen Rezeption von der Textstruktur her bereits mitbedacht. Der fiktionale Charakter des Raums, in dem bereits Vergangenheitsraum und Gegenwartsraum der Erzählung zueinander in Beziehung gesetzt werden, erleichtert die weitere Staffelung der Räume und der Zeiten. Das lädt ein, das Rezeptionsangebot eines solchen Textes aufzugreifen und eigenständig zu gestalten. Im Text werden Hörerinnen und Hörer in eine Landschaft versetzt, die ihnen etwas „zu sagen" hat, und sie werden von der Figur Mose direkt angesprochen. Die Dimension der Leserinnen und Leser erweitert gewissermaßen das im Text abgebildete Auditorium um die aktuelle Gruppe. Die im Text dargestellte Entscheidungssituation ist eine Einladung, selbst Stellung zu beziehen. Das Betreten realer Landschaften kann als „Kartierung" bezeichnet werden: „Diese Form von Welterschließung ist der analogen Kartenmetapher nach weniger zweidimensional als vielmehr multidimensional vorzustellen;

---

[15] Benjamin 1974, 704.
[16] Vgl. Braulik / Lohfink 2021, 94–96.

eine Karte, die neben räumlichen eben auch zeitliche, handlungsspezifische bis hin zu emotionalen Relationen ‚abbildet'".[17] Das hier Gesagte lässt sich ohne weiteres auf den Umgang mit erzählten Räumen in literarischen Texten übertragen. In diesem Sinne kann Text als Einladung in eine individuelle Raum-Imagination verstanden werden, die sich im konkreten Lernraum von Schulklasse oder Hörsaal vollzieht und wo miteinander in kommunikativen Prozessen an einer gemeinsamen, jedoch nicht uniformen Raum- und Sinnperspektive gearbeitet wird. Am konkreten Beispiel heißt dies: Die „Lernlandschaft" des Deuteronomiums setzt sich in die Lernlandschaft der didaktisch gestalteten und reflektierten aneignenden und kreativ übersetzten Lektüre hinein fort. Aus der Lernlandschaft des Deuteronomiums entstehen neue Lernlandschaften der Lektüren. Das ist keine sekundäre Anfügung an den Text, sondern liegt in dessen ureigenster Dynamik.

Literatur

Antor, Heinz (2008): Art. Rezeptionsästhetik, in: Metzler Lexikon Literatur- und Kulturtheorie⁴, 650–652.

Bachmann-Medick, Doris (⁵2014): Cultural Turns. Neuorientierungen in den Kulturwissenschaften, Reinbek.

Bail, Ulrike (2004): Die verzogene Sehnsucht hinkt an ihren Ort. Literarische Überlebensstrategien nach der Zerstörung Jerusalems im Alten Testament, Gütersloh.

Ballhorn, Egbert (2011): Israel am Jordan. Narrative Topographie im Buch Josua, (Bonner Biblische Beiträge 162), Göttingen.

Ballhorn, Egbert (2020): Das Buch Josua als „Rahmung" der Tora. Ein literaturwissenschaftlicher Blick auf die Spannung von Abschluss und Eröffnung, in: Ders. (Hg.): Übergänge. Das Buch Josua in seinen Kontexten (Stuttgarter Biblische Beiträge 76), Stuttgart, 27–53.

Ballhorn, Egbert (2021): Wo liegt Gilgal? Anmerkungen zur Repräsentation eines biblischen Ortes, in: Hübscher, Sarah / Kreutchen, Christopher (Hg.): Contactzone. Ein Prinzip „der guten Nachbarschaft". FS Barbara Welzel, Dortmund, 346–352.

Benjamin, Walter (1974): Über den Begriff der Geschichte, Anhang These B, in: Tiedemann, Rolf / Schweppenhäuser, Hermann (Hg.): Gesammelte Schriften Bd. I /2, Frankfurt a. M., 691–704.

Braulik, Georg / Lohfink, Norbert (2021): Sprache und literarische Gestalt des Buches Deuteronomium. Beobachtungen und Studien (Österreichische Biblische Studien 53), Berlin.

Braulik, Georg / Lohfink, Norbert (2022): Die Rhetorik der Moserede in Deuteronomium 1–4 (Österreichische Biblische Studien 55), Berlin.

Dünne, Jörg (2008): Art. Raumtheorien, kulturwissenschaftliche, in: Metzler Lexikon Literatur- und Kulturtheorie⁴, 607–608.

Finsterbusch, Karin (2005): Weisung für Israel. Studien zu religiösem Lehren und Lernen im Deuteronomium und seinem Umfeld (Forschungen zum Alten Testament 44), Tübingen.

---

[17] Kreutchen 2022, 62.

Geiger, Michaela (2010): Gottesräume. Die literarische und theologische Konzeption von Raum im Deuteronomium (Beiträge zur Wissenschaft vom Alten und Neuen Testament 183), Stuttgart.

Konrad, Kristin (2020): Gemeinschaftswerdung Israels im Buch Exodus. Ein Identifikationsangebot im Religionsunterricht (Religionspädagogik innovativ 23), Stuttgart.

Kreutchen, Christopher (2022): verorten_mentale Kartographie als Teilhabeaspekt, in: Gärtner, Claudia u. a. (Hg.): Begegnungsräume // Kontaktzonen, Bielefeld, 61–64.

Löw, Martina (2004): Raum – Die topologischen Dimensionen der Kultur, in: Jaeger, Friedrich / Liebsch, Burkhard (Hg.): Handbuch der Kulturwissenschaften 1, Stuttgart/Weimar 2004, 46–59.

Nünning, Ansgar (2008): Art. Raum/Raumdarstellung, literarische(r), in: Metzler Lexikon Literatur- und Kulturtheorie[5], 634–637.

Renan, Ernest ([4]1864): Das Leben Jesu, Berlin.

Wie viel Gegenwart verträgt ein Kirchenraum? Der Stadtdekan von Frankfurt im Gespräch mit Ilse Müllner

Johannes zu Eltz[1]

Ilse Müllner (IM)

Herr Dr. zu Eltz, Sie sind seit 2010 Stadtdekan in Frankfurt am Main. Welchen Platz hat die Katholische Kirche in einer solchen Metropole, die von ihrer Vielfalt und dem kulturellen Austausch lebt? Sehen Sie Ihre Aufgabe darin, ein Teil der Stadtgesellschaft zu sein? Hier in Frankfurt, mitten in der Stadt?

Johannes zu Eltz (JzE)

Ich verstehe meine Aufgabe als einen Beitrag dazu, dass die katholische Kirche eine Volkskirche bleiben kann. „Volkskirche" natürlich angepasst an die Bedingungen des Jahres 2023 und nicht identisch mit dem volkskirchlichen Verständnis, wie es im 19. Jahrhundert geprägt wurde, oder mit dem Selbstbewusstsein der 1950er Jahre, wohl aber als bedeutsamer Teil der Stadtgesellschaft, in der sie handeln muss. Dieses Verständnis wurzelt in meiner Überzeugung, dass es die katholische Kirche, anders denn als eine Volkskirche, überhaupt nicht gibt, und dass uns die Auswege in Sekten und Konventikel theologisch nicht offenstehen.

IM

Was verstehen Sie unter Volkskirche? Ich habe nicht den Eindruck, dass Sie den Begriff ausschließlich von Mitgliedszahlen in Relation zur Gesamtbevölkerung her definieren.

---

[1] Das Gespräch führte Ilse Müllner im Juni 2022.

JzE

Für mich ist Volkskirche eine katholische Kirche, die auch Leute gut und sinnvoll finden können, die den Glauben der Kirche nicht teilen.

IM

Der Anlass für unser Gespräch war ja auch, dass Sie im Kontext der Corona-Pandemie eine Impfaktion gestartet und diese im Bartholomäus-Dom, also einem klassischen „heiligen Raum" durchgeführt haben. Wie ist es dazu gekommen?

JzE

Wir sind nicht selber auf die Idee gekommen, sondern wir sind gefragt worden. Typisch! Die meisten guten Ideen entstehen bei uns in Reaktion auf Vorschläge oder Bitten, die an uns herantragen werden. So auch hier. Es sollten möglichst viele zum Impfen kommen. Deshalb spektakuläre *Location* in bestmöglicher Lage, 20 Meter neben der U-Bahn und 100 Meter neben der Straßenbahn. Ich denke, die Anbieter hatten dabei gemischte Motive, es ging bestimmt auch ums Geld, die Impfungen wurden ja abgerechnet. Das ist okay, das darf einen nicht stören. Wir müssen nur unsere eigenen Ziele im Blick behalten, die die Anbieter entweder auch hatten oder tolerierten: Volksgesundheit, *Heil und Heilung*, ein öffentliches Signal für „Fürchtet Euch nicht!", Unterstützung der Linie der Stadt Frankfurt, der der Dom ja gehört.

IM

Es war also auch eine Entscheidung für die spektakuläre *Location*!

JzE

Das war offensichtlich ein Wunsch derer, die uns die Impfaktion angeboten haben. Ich will aber mit unserem Reagieren etwas Typisches beschreiben. Wir müssen nicht vor allem etwas *machen*, sondern wir müssen der Resonanzraum und das wohlwollend bewegte Reagens sein für gute Ideen, die andere Leute bekommen, wenn sie den Dom sehen – von innerhalb und außerhalb der Kirche. Das hier war genau an der Schnittstelle. Der große Dom hat zwei Vorhallen, und wir haben die Station in der ersten Vorhalle aufbauen lassen, also nicht im eigentlichen Kirchenraum. Den Kirchenraum haben wir als Chill-Out-Zone für die Geimpften angeboten. Und beim Chillen kann sich ja dann die Gegenwart Gottes bemerkbar machen...

IM

Beim Thema Heilige Räume ist es natürlich spannend, dass Sie zwischen Vorhalle und eigentlichem Kirchenraum unterscheiden. Offenbar ist es wichtig, dass der Akt des Impfens in der Vorhalle stattgefunden hat?

JzE

Ich habe einfach unsere großzügigen Räumlichkeiten wahrgenommen und die Gunst genutzt, die mit ihnen gegeben ist. Der Dom selbst war während der Impfaktion nicht gesperrt, sondern wurde weiter normal besucht. D. h., es sind an der Impfaktion viele Leute vorbeigegangen, die nicht wegen der Impfung, sondern aus touristischen oder spirituellen Interessen den Dom besuchen wollten. Diese Begegnung wollte ich. Ich hätte aber bei anderer räumlicher Situation auf jeden Fall auch den heiligen Raum selber geöffnet; dann eben in einer geeigneten Zone, wo die Impfstation nicht gerade auf dem Altar aufgebaut werden muss.

IM

Es ist ja tatsächlich ein katholisches Konzept des heiligen Raums (das wir durchaus mit anderen Religionen teilen), dass es unterschiedliche Abstufungen in der Nähe zum Heiligen gibt.
   Wie war denn die praktische Durchführung während der Gottesdienste? Wurde da weiter geimpft oder die Aktion für diese Zeiträume gestoppt?

JzE

Ich meine mich zu erinnern, ja, Impfungen haben auch während der Gottesdienstzeiten stattgefunden. Ich weiß, dass es durch die beschriebene Situation – räumlich zwar verbunden, aber doch voneinander abgeschieden – keine akustische Beeinträchtigung gab, weder in die eine noch in die andere Richtung. Da haben wir einfach Glück gehabt mit dem Zuschnitt der Räume.

IM

Sie haben mit dem Frankfurter Dom eine Kirche, die auch sonst nicht nur liturgisch genutzt wird. Das erste Schild, das ich im Dom sah, war der Hinweis, dass während des Gottesdienstes kein Sightseeing stattfinden soll.

JzE

Sehr bedauerlich! Das liegt oft nahe. Es gibt so eine Security-Mentalität, eine Bequemlichkeit des Übersicherns, dass man lieber gleich die Tür zusperrt, um Störungen, die sich noch gar nicht entwickelt haben, von vornherein auszuschließen. Das finde ich grundverkehrt. Ich setze mich konstruktiv mit denen auseinander, die einen restriktiven Kurs fahren wollen, und bestreite ihnen auch nicht grundsätzlich ihr Recht. Ich selber aber versuche den anderen Kurs und setze ihn als Pfarrer auch öfters durch, nämlich überall dort, wo es nicht unmöglich ist, den Dom zu öffnen und allen zugänglich zu machen, auch während der Gottesdienste.

Zum Beispiel taufe ich im Dom auch immer inmitten der Besucher. Meine Erfahrung ist, dass die Leute dabei nicht stören, sondern dass sie Beziehung aufnehmen zu dem Geschehen und sich dann zumindest angemessen verhalten. Ich sehe es auch oft an ihren Gesichtern und an der ehrfurchtsvollen Bewegung, mit der sie im Raum gehen, dass sie sich innerlich mit dem kultischen Geschehen verbinden. Das sind wohlgemerkt nicht Leute, die wegen der Taufe gekommen sind, sondern es sind normale Touristen, von deren Glauben und deren spirituellen Interessen wir nichts wissen. Meine Rechnung geht eigentlich immer auf: es wird dadurch schöner und nicht schlechter!

IM

Das heißt, da kommen Leute in etwas, das durch die liturgische Praxis als heiliger Raum gestaltet wird. Es gibt den Begriff des Resonanzraums, den Theolog_innen und andere kirchliche Akteur_innen aus der Soziologie, vor allem aus dem prägenden Buch von Hartmut Rosa[2] gerade sehr stark aufgreifen. Dieser ermöglicht auch ein Verständnis von Heiligkeit: In (heiligen) Räumen gehen Menschen in Resonanz, und sie tun das von selbst. Wir müssen ihnen nicht zuallererst Regeln geben.

---

[2] Rosa, Hartmut (2016): Resonanz. Eine Soziologie der Weltbeziehung, Berlin.

JzE

Man kann ja eine Interventionsschwelle festlegen, über der Störungen nicht mehr tragbar sind. Aber nicht präventiv durchgreifen und es zu Misshelligkeiten gar nicht erst kommen lassen! Dazu braucht man ein bisschen gute Nerven und ein Grundzutrauen zum Verhalten von Leuten, die man nicht kennt, und die man nicht sortiert hat.

IM

Aber zumindest bei der Impfaktion haben Sie auch Gegenwind bekommen.

JzE

Diese Kritik ist in Frankfurt nicht ausdrücklich an mich herangetragen worden. Aber es gibt auch hier eine grollende Minderheit, fromme Menschen, die solche Experimente des Zusammenwirkens verschiedener sakraler und nichtsakraler Momente in einem Raum oder in einem gegebenen Augenblick für eine Entweihung des Heiligen halten, die also einen exklusiven und privativen Begriff von Heiligkeit haben.

Ich bin davon überzeugt, das habe ich anlässlich der Impfaktion auch öffentlich gesagt, dass die Impfung als Geschenk Gottes betrachtet werden kann. Ein Geschenk ist etwas, das angenommen werden muss, und das erst dadurch zum Geschenk wird, dass es angenommen wird. Es kann nicht aufgenötigt werden; wenn die Annahme erzwungen wird, verliert es mit der Freiheit seinen Geschenkcharakter. Ich hielt die COVID-19-Impfung in der Pandemie für einen Vorgang, der Wohl und Heil der Frankfurter unmittelbar betroffen hat. In einer so außergewöhnlichen Situation kann man die Menschen nicht einfach auf abgelegene Gesundheitseinrichtungen verweisen, sondern man muss sich mit diesem Geschenk Gottes auf die Straßen oder eben in die Kirchen stellen, damit sie kurze Wege zur Annahme haben. Ich hätte diese Aktion nicht unterstützen können, wenn ich nicht ein reflektiertes Verhältnis zur Notwendigkeit des Impfens gehabt und seine prinzipielle Ablehnung für unvernünftig gehalten hätte. Was ich aber auch sagen will: Die Sakralität des Kirchenraumes absichtlich zu missachten, um durch die Verletzung einen Effekt zu erzielen, das finde ich niederträchtig, käme mir nicht in den Sinn.

Zu unserer Dompfarrei gehört die Kirche Allerheiligen, die wir als Kunst- und-Kulturkirche verstehen und betreiben. Es ist ein wunderschöner Bau der Nachkriegs-Moderne, zunächst total karg, im Laufe der Jahrzehnte aber wohnlicher gemacht und konventionell verkirchlicht, so dass hinter dem Altar, in der vormals leeren Apsis der lichten ovalen Halle, ein großer Aufbau für den Tabernakel mit dem ewigen Licht beherrschend wurde. Vor einigen Jahren haben wir uns überlegt, den dafür im höchsten Maße geeigneten Raum der Kunst-Kultur-Kirche auch raumfüllenden Kunst-Installationen zur Verfügung zu stellen, die über Wochen stehen bleiben. Ich habe damals darauf gedrungen, dass dafür das Allerheiligste aus der Sicht-Achse der Kirche herausgenommen und in eine transparente, mit Backsteinen abgemauerte, baulich selbständige Seitenkapelle gebracht wird. Zum Kirchenraum hin weist an der Außenseite der Mauer nur das ewige Licht diskret auch den Besucher auf das Allerheiligste hin, der nicht gekommen ist, es zu suchen. Die bauliche Unterscheidung, die keine Trennung ist, hat uns Freiraum im Umgang mit nicht-sakraler Kunst in der Kirche erbracht. Im Dom haben wir diese Freiheit nicht. Wenn man ihn von Westen her betritt, sieht man hinten im Chor nicht nur das ewige Licht leuchten, sondern auch ein prachtvolles gotisches Sakramentshaus als unverrückbare Heimstatt für die dauernde Präsenz Jesu Christi im eucharistischen Brot. Das, finde ich, klärt und reguliert auch die Nutzung des Raums. Zum Beispiel würde ich im Dom keine Vernissage zulassen, wo die Leute ein Sektglas in die Hand bekommen, sich von der Kunst ansprechen lassen und sich miteinander austauschen. In der Kunstkirche Allerheiligen machen wir das, und ich habe keine Bedenken. Es passt.

IM

Das ist sicher eine Frage, die bei solchen Aktionen – ob Impfen, Kunst oder eine politische Aktion – von Mal zu Mal diskutiert werden muss. Wo ist die Grenze, wo wirklich das Heilige auf eine Weise verletzt wird, dass man zum Beispiel den Tabernakel mit dem ewigen Licht zumindest räumlich verändert? Diese Grenze wird tatsächlich von unterschiedlichen Menschen sehr unterschiedlich wahrgenommen.

JzE

Unser kirchlicher Reflex ist es ja oft, bei denen zu beginnen, die von einer Neuerung kulturell beleidigt oder religiös verletzt sind. Die dürfen dann die Grenzen bestimmen.

Das vollziehe ich so nicht mehr nach. Ich möchte schon auf traditionell kirchliche Einwände wirklich hören, sie nicht gleich abtun, aber ich muss und will sie mit den Einstellungen und Interessen anderer vermitteln, die nicht als Mitglieder, sondern als Mitmenschen und Mitbürger ein Recht an unseren Kirchen haben und auf sie. Da gelten für die Impfaktion während einer Seuche sicher andere Prioritäten und Kriterien als für eine Kunstausstellung. Aber beides hat ein Recht mit Religion und Kultus zusammen. Von beidem lebt der Mensch, und von beidem lebt auch die Volkskirche, zumal in einer Zeit, in der viele das Soziale als Zweck der Kirche sehen.

IM

Das lässt sich auch bibeltheologisch wunderbar argumentieren. Wenn ich das Buch Levitikus lese, dann sehe ich dort eine sehr enge Verschränkung von rituellen und sozialen Handlungen. Unsere künstliche Trennung von Liturgie und Diakonie funktioniert in vielen biblischen Texten nicht.

JzE

Da bringen Sie mich auf mein absolutes Lieblingsthema, nämlich die Unterscheidung von Gegensätzen und Widersprüchen. Gegensätze sind, wenn sie richtig aufgestellt und zueinander in Spannung gebracht werden, befruchtend und belebend, das Salz in der Suppe des Lebens. Das ist kein frisch ausgedachter Gedanke, sondern bereits Weisheit der Antike. Erst dort, wo Gegensätze in Widersprüche umschlagen; wo das eine das andere nicht mehr leben lassen kann, muss eine Entscheidung fallen und eine Festlegung getroffen werden, und auch dann tunlichst so, dass nur die radikalisierten Ränder beschnitten werden und in der Mitte des Kompromisses Freiraum für Vielfalt übrig bleibt. Mein Eindruck ist, dass wir in der Kirche *viel* zu schnell Widersprüche identifizieren, wo es sich nur um anstrengende Gegensätze handelt. Das wird unter dem Vorwand frommer Klärung getan, schützt aber in Wirklichkeit Machtinteressen.

IM

Das würde aber auch bedeuten, dass wir in der Kirche ungeheuer viel Potential liegen lassen.

JzE

Man könnte ja denken, die Heiligkeit wird dadurch besonders zum Vorschein gebracht, dass man die dunkle Hälfte des menschlichen Lebens und des Kosmos verleugnet oder einfach ausblendet. Wenn ich in Räumen bin, wo ich solche Bestrebungen wahrnehme, wo Ambivalenzen übergangen werden, da fühle ich mich immer wie bei einer Wohlfühl-Sekte, die den Insidern dieses Gefühl als Erlösung verkauft. Mit der vermeintlichen Vertreibung des Bösen geht auch ein ästhetisches oder architektonisches Statement einher: harmonische Abrundung, Erd- und Pastellfarben, Clearness. Da schüttelt es mich!

Kirchen, zumal gotische wie der Frankfurter Dom, mit diesem kosmisch weiten Aufschlag, machen das Ganze sichtbar, z. B. dort, wo die Fratzen an der Westfassade in den Wind spucken, mit dem sie die Dämonen kommen sehen! Also wenn wir da nicht auf den Punkt zeitgenössisch sind! In einer gotischen Kathedrale sind die Gegensätze und auch die Widersprüche der sichtbaren und der unsichtbaren Welt integriert. Nicht manichäisch; durchaus so, dass das Spiel der Gegensätze auf Gottes Bahnen läuft und die dunklen Mächte nicht einfach machen können, was sie wollen. Aber sie sind sichtbar in ihrer irritierenden Scheußlichkeit, und so wird ihre Macht gebannt, die durch Verdrängung oder Verleugnung entfesselt wird.

IM

Eben dies spricht auch gegen eine *Cancel-Culture*: Indem ich bestimmte Wörter nicht mehr verwenden darf, mache ich sie riesengroß. Wo Lebensbereiche ausgeschlossen werden, erhalten sie oft sehr große Macht. Das erleben wir in den Kirchen immer wieder mit dem Körper, der scheinbar erst sublimiert werden muss, bevor er in die Nähe des Heiligen darf.

JzE

Cancel-Culture ist ein gutes Beispiel, auch in Zusammenhang mit der Frage nach dem Impfen in einem Kirchenraum. Die Spritze trifft ins nackte Fleisch. Die Angst, der Schmerz, der Blutstropfen treten in scharfen Gegensatz zur reinleinernen Kühle der kirchlichen Gottesdienste. Wenn wir unbefangen das Kreuz anschauen, zumal mit einem gotischen Erbärmde-Christus daran: das ist doch höchst anstößige Körperlichkeit – allerdings von unseren Sehgewohnheiten in eine entschärfte Symbolwelt entrückt.

Nach christlichem Verständnis ist ja Gott der Herr der ganzen Schöpfung. Der Tod hat keine Macht über ihn, der Fürst der Finsternis muss vor ihm zu Kreuze kriechen. Aber uns kann er mit Blendwerk verführen, mit Angst lähmen und der Gewissheit des Glaubens abspenstig machen. Diese Gefahr gehört zu unserem Leben und deshalb auch in unsere Kirchen. Es unterschätzt, glaube ich, die Herrlichkeit des HERRN, dass man ihm das alles aus dem Blickfeld räumen müsste.

IM

Wie ordnen Sie diese Debatte um die Impfaktion im Dom in gegenwärtige kirchliche Diskurse ein?

JzE

Da denke ich sofort daran, dass große Pfarreien auch ein Segen sein können. Wir haben in der Dompfarrei insgesamt acht Kirchen. Davon werden drei von Orden selbständig geleitet, aber fünf davon stehen der Pfarrei zur Verfügung. Nicht alles aus diesem Spannungsfeld, das wir jetzt so ein bisschen durchschritten haben, muss man in *einem* Kirchenraum abbilden. Man kann den einen auch ein bisschen zurückhaltender sein lassen und im anderen ein bisschen mehr riskieren. Wenn es nur eine einzige Kirche gäbe, fände ich das erheblich schwieriger.

IM

Also nicht jede ortsgebundene Gemeinde muss alles tragen können.

JzE

Und die einzelnen Menschen auch nicht. Die Gläubigen haben hier sehr kurze Wege, wenn sie um das, was ihnen missfällt, einen Bogen machen und woanders ihren Glauben feiern wollen. Das wäre in einer kleineren Stadt oder auf einem Dorf so nicht möglich.
 Man darf das allerdings nicht schönfärben. Die Flexibilität hat Grenzen, und beim *aggiornamento* werden auch grobe Fehler gemacht. Z. B. von uns, als wir bei der Umwidmung der Allerheiligenkirche von einer Gemeinde- zu einer Kunst-Kultur-Kirche die spanischsprachige Gemeinde, die in dieser Kirche ebenfalls seit 50 Jahren zuhause ist, in die Entwicklung des doch sehr anspruchsvollen und ambitionierten Projekts überhaupt nicht mit einbezogen haben. Das Projekt ist von fortschrittlichen deutschsprachigen Kulturbeflissenen entwickelt worden, und als es dann öffentlich auf dem Tisch lag, war nichts mehr rückgängig zu machen. Ich greife mir heute an den Kopf, dass uns so etwas passiert ist. Der spanischsprachigen Gemeinde war jedenfalls unsere störungsfreundliche, irgendwie faustische Grenzgängerei zwischen Kunst und Kirche völlig fremd und ist es, so fürchte ich, bis heute geblieben.

IM

Haben Sie herzlichen Dank für dieses Gespräch!

Autor_innen

Beatrix Ahr ist Theologin und Pastoralreferentin im Mentorat der kirchlichen Studienbegleitung für Lehramtsstudierende im Fach Katholische Theologie an der Universität Kassel und im Dekanat Kassel-Hofgeismar. Ihre Interessensschwerpunkte liegen u. a. in biblischer Theologie, Kirche und Frauen, gefährliche Seelenführung, feministische Theologie–Sprache–Musik.

Egbert Ballhorn ist Professor für Exegese und Theologie des Alten Testaments am Institut für Katholische Theologie der TU Dortmund und Vorsitzender des Katholischen Bibelwerks e. V. Er studierte Chemie in Bonn und Katholische Theologie in Bonn, Jerusalem und Wien. Seine Schwerpunkte liegen im Bereich der biblischen Bücher Psalmen, Josua und Baruch; zudem forscht er zu den Themen Methodik und Hermeneutik der Exegese, Bibel und Liturgie, Bibeldidaktik.

Christian Bauer ist Professor für Pastoraltheologie und Homiletik an der Katholisch-Theologischen Fakultät der Universität Münster sowie Vorsitzender der Arbeitsgemeinschaft für Pastoraltheologie. Forschungsschwerpunkt: Diskurse, Praktiken und Spiritualitäten christlicher Zeitgenossenschaft (v. a. Wissenschaftstheorie und Methodenfragen, Nouvelle théologie und Zweites Vatikanum, Raumforschung und Leutetheologien).

Andreas Bieringer ist Professor für Liturgiewissenschaft, Hymnologie und christliche Kunst an der Philosophisch-Theologischen Hochschule Sankt Georgen in Frankfurt am Main. Zu seinen Forschungsschwerpunkten zählen u. a. die Verbindung zwischen Literatur und Liturgiewissenschaft (Poetische Liturgie), Liturgische Anthropologie und Gesangbuchforschung.

Jakob Helmut Deibl ist assoziierter Professor für Religion und Ästhetik an der Katholisch-Theologischen Fakultät der Universität Wien und Mitglied des Forschungszentrums „Religion and Transformation in Contemporary Society". Er ist Mitherausgeber des Open-Access „Interdisciplinary Journals for Religion and Transformation in Contemporary Society" (JRAT).

Carl Stephan Ehrlich ist Professor für Geschichte und Geisteswissenschaften an der York University (Toronto, Kanada). Er hat an der University of Massachusetts/Amherst (B.A.), an der Harvard University (M.A. und Ph.D.) sowie als Gast an der Universität Freiburg i.Br. und an der Hebräischen Universität (Jerusalem) Judaistik, Altorientalistik und Hebräische Bibel studiert. Zu seinen Veröffentlichungen gehören die Monographien „The Philistines in Transition" (1996), „Bibel und Judentum" (2004) und „Judentum Verstehen" (2005) sowie die (mit)herausgegebenen Sammelbände „Purity, Holiness, and Identity in Judaism and Christianity" (2013), „Israel and the Diaspora" (2022) und „Jewish Studies on Premodern Periods" (2023).

Johannes zu Eltz ist seit 2010 Dompfarrer und war bis 2024 Stadtdekan in Frankfurt. Er besuchte das Kolleg Sankt Blasien und schloss das Jurastudium in München und Mainz mit einer Promotion ab. Darauf folgten Studien der Philosophie und Theologie sowie des Kirchenrechts in Frankfurt/St. Georgen und Rom. Nach der Priesterweihe Tätigkeiten als Pfarrer, Gerichtsvikar, Bischofsvikar und Vorsitzender des Caritasrates.

Hans Gerald Hödl ist Professor am Institut für Religionswissenschaft der Universität Wien. Seine aktuellen Arbeitsgebiete sind: afrikanische und afroamerikanische Religionen, Mythen- und Ritualtheorie, Religionsästhetik, Vergleichend-systematische Religionswissenschaft.

Angela Kaupp ist Professorin für Praktische Theologie/Religionspädagogik an der Universität Koblenz. Ihre Forschungsschwerpunkte sind: Religiöse Lehr-/Lernprozesse unter der Perspektive des Raums; Sozialraumorientierung; Biographieforschung; Außerschulische religiöse Bildung; Theorie und Praxis in der Hochschuldidaktik.

Elisa Klapheck ist Rabbinerin in Frankfurt am Main und Professorin für Jüdische Studien an der Universität Paderborn. Zu ihren Schwerpunkten gehören politische Theologie des Judentums, jüdischer Feminismus/Genderstudien sowie jüdische Wirtschaftsethik. In diesem Zusammenhang gibt sie die Reihe „Machloket/Streitschriften" heraus. Von ihr erschienen u. a. „Fräulein Rabbiner Jonas. Kann die Frau das rabbinische Amt bekleiden?" (1999), „Margarete Susman und ihr jüdischer Beitrag zur politischen Philosophie" (2014), „Zur politischen Theologie des Judentums" (2022).

Dagmar Kuhle ist Landschafts- und Freiraumplanerin und arbeitet bei der Arbeitsgemeinschaft Friedhof und Denkmal e. V./Zentralinstitut/Museum für Sepulkralkultur in Kassel in der Beratung von Friedhofsträgern und in der Organisation und Durchführung von Fortbildungsveranstaltungen.

Mirja Kutzer ist Professorin für Systematische Theologie mit dem Schwerpunkt Dogmatik und Fundamentaltheologie am Institut für Katholische Theologie an der Universität Kassel. Ihre Forschungsgebiete sind: Theologie und Kulturwissenschaft, Theologische Anthropologie und Erkenntnislehre, Theologie und Literatur, feministische Theologie/Gender Studies, christliche Mystik.

Martin Matl ist Diözesanbaumeister und -konservator im Bistum Fulda, Mitglied der Diözesankunstkommission und der Dombaukommission. Veröffentlichungen zu Kunst, Architektur und Denkmalpflege mit dem Schwerpunkt auf sakralen Räumen. Er ist im Redaktionsbeirat der Zeitschrift „Das Münster".

Hamideh Mohagheghi promovierte am Zentrum für komparative Theologie und Kulturwissenschaften der Universität Paderborn, ist Theologin und Religionswissenschaftlerin, Mitarbeiterin im Haus der Religionen für Bildungsarbeit mit Schulklassen und Weiterbildung der Lehrkräfte zu interreligiöser Kompetenz, Lehrbeauftragte an der Universität Innsbruck und Universität Hannover und Sprecherin des Rates der Religionen in Hannover.

Ilse Müllner ist Professorin für Katholische Theologie/Biblische Theologie mit dem Schwerpunkt Altes Testament am Fachbereich Geistes- und Kulturwissenschaften der Universität Kassel. Ihre Forschungsschwerpunkte sind die Samuelbücher, biblische Narratologie, feministische Theologie/Gender Studies und biblische Ethik.

Viera Pirker ist Professorin für Religionspädagogik und Mediendidaktik am Fachbereich Katholische Theologie der Goethe-Universität und derzeit Vizepräsidentin für Studium und Lehre ebendort. Ihre Forschungsschwerpunkte sind: Religionspädagogik in der digitalen Transformation, visuelle Religionskulturen, Medienbildung und Bildungsmedien, Identität und Pluralität.

Christian Preidel ist Professor für Pastoraltheologie an der Universität Luzern. Seine Forschung umfasst das Verhältnis von Raum, Kirche und Gesellschaft, virtuelle Räume und Materialität. Er ist Vorsitzender der Institutsleitung des Religionspädagogischen Instituts und betreut den Forschungsschwerpunkt Theologie und Leadership.

Annegret Reese-Schnitker ist Professorin für Religionspädagogik und ihre Didaktik des Religionsunterrichts am Institut für Katholische Theologie an der Universität Kassel. Ihre Forschungsgebiete sind: Empirische Unterrichtsforschung, Genderforschung, Sexualisierte Gewalt als Thema im Religionsunterricht, Interdisziplinäre und Interreligiöse Lehrer_innenbildung. Sie ist Vorständin der Arbeitsgruppe der Religionspädagoginnen der ESWTR.

Judith Roth-Smileski hat an der Universität Kassel Katholische Theologie und Deutsch als Lehramt (Haupt- und Realschule) studiert und ist derzeit Lehrerin im Vorbereitungsdienst. Ihr besonderes Interesse gilt der Verbindung von Kunst und Theologie, insbesondere hinsichtlich der pädagogischen Chancen für einen zeitgemäßen Religionsunterricht.

Bertram Schmitz ist Professor für Religionswissenschaft an der Friedrich-Schiller-Universität Jena. Er hat Ausstellungen zu Weltreligionenkunst gestaltet, u. a. in der Stadtkirche St. Michael in Jena. Publikationsbeispiele: Religion als Kunst – von der religionswissenschaftlichen Theorie bis zum interreligiösen Kunstwerk, Baden-Baden 2022; Religionswissenschaft. Einführung, Baden-Baden 2021.

Carolin Simon-Winter ist Pfarrerin der EKHN, Ausbilderin für Evangelische Religion am Studienseminar für berufliche Schulen in Darmstadt und Mitbegründerin des dialogischen Unterrichtsprojektes „Verschiedenheit achten - Gemeinschaft stärken" an der Theodor-Heuss-Schule in Offenbach/Main.

Susanne Talabardon, geboren und aufgewachsen in Berlin/Ost, studierte evangelische Theologie an der Humboldt-Universität zu Berlin. Ihre Promotion befasste sich mit der jüdischen Rezeption der Deutung Moses als Prophet; die Habilitation widmete sie der chassidischen Hagiographie. Von 1997 bis 2008 war sie wissenschaftliche Mitarbeiterin am Institut für Religionswissenschaft der Universität Potsdam. Seit 2008 hat sie die Professur für Judaistik an der Otto-Friedrich-Universität Bamberg inne.

Hildegard Wustmans ist Bereichsleiterin Pastoral und Bildung im Bistum Limburg und dort u. a. verantwortlich für die AG Umnutzung von Kirchen, apl. Professorin für Praktische Theologie am Fachbereich Katholische Theologie der Goethe-Universität Frankfurt am Main.

Joanna Zdrzalek hat an der Goethe-Universität Katholische Theologie auf Lehramt studiert und ist Lehrerin im Vorbereitungsdienst (Primarstufe).